图1 剑湖边的狮河村

图2 狮河村村委会

图3 甸南镇领导到村看望课题组成员

图4 水稻丰收在望

图5 养殖户家的奶牛

图6 烟叶长势良好

图7 烤烟

图8 狮河木雕

图9 手工木雕

图10 宏盛古建公司

图11 木雕电话机

图12 木雕挂屏

图13 狮河小学(1)

图14 狮河小学(2)

图15 狮河村幼儿园

图16 狮河村本祖庙

图17 狮河村表演队

图18 狮河村卫生所

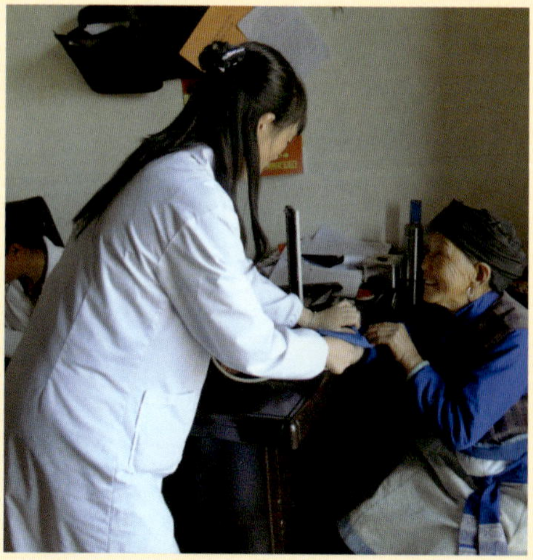

图19 村民就诊

图20 村里人的幸福生活

图21 丰盛的晚餐

图22 村规民约墙

图23 剑湖边上的白族民居

图24 太阳能热水器

图25 村里的硬化路

图26 电气、沼气灶具

图27 联通代办点

图28 热情的房东张云山一家

图29 刘玉根夫妻

图30 张月秋一家

图31 张竹先一家

图32 李海龙一家

图33 杨润奎一家

图34 李国锦一家

图35 烟草
专业户段
胤平一家

图36 张根汉一家

图37 刘育清一家

图38 残疾夫妻李吉林一家

图39 罗金林一家

图40 养殖户
张连山一家

图41 张辉龙与孙子

图42 张四中一家

图43 张昌林一家

图44 刘玉根介绍情况

图45 匾牌雕刻

图46 张有福(右)接受采访

图47 线锯机-张四中儿子正进行木雕

图48 采访杨卫龙（左）

图49 左起：村委会书记兼主任杨继兴、宏盛公司总经理张根汉、本课题负责人杨聪

图50 老支书张定尔(右)

图51 采访张根树(前)

图52 杨锡龙老人介绍雕刻样式

图53 张银旺老人演奏乐器

图54 身残手艺人刘全山夫妇

图55 段亦平(右)接受采访

图56 木雕绘画师刘灿兴（右）

图57 建房木匠师傅张连春

图58 残疾手艺人杨中育

图59 李兆龙（左）接受采访

图60 匾牌雕刻师傅段跃增（左一）

图61 剑川县工业园区狮河木雕园规划图

图62 狮河村领导与课题组人员合影

中国民族经济村庄调查丛书

狮河村调查

（白族）

杨　聪　主编

中国经济出版社
CHINA ECONOMIC PUBLISHING HOUSE
北京

图书在版编目（CIP）数据

狮河村调查：白族／杨聪主编．

北京：中国经济出版社，2014.6

（中央民族大学“985”工程中国民族经济村庄调查丛书）

ISBN 978－7－5136－1791－8

Ⅰ．①狮…　Ⅱ．①杨…　Ⅲ．①乡村—白族—民族经济—调查报告—剑川县　Ⅳ．①F327.744

中国版本图书馆 CIP 数据核字（2012）第 192469 号

出版发行：中国经济出版社（100037・北京市西城区百万庄北街 3 号）

网　　址：www.economyph.com

责任编辑：余静宜（电话：010－68359421）

责任印制：马小宾

封面设计：华子图文设计

经　　销：各地新华书店

承　　印：三河市佳星印装有限公司

开　　本：170mm×240mm　1/16　　**印张**：20　**彩插**：1　**字数**：300 千字

版　　次：2014 年 6 月第 1 版

印　　次：2014 年 6 月第 1 次印刷

书　　号：ISBN 978－7－5136－1791－8　　**定价**：48.00 元

服务热线：68344225　68369586　68346406　68309176

中央民族大学

“211 工程”中国少数民族经济发展研究项目

“985 工程”中国民族地区经济社会发展哲学社会科学创新基地

中国民族经济村庄调查丛书　编委会

本书作者及分工

杨　聪　第一部分二（二）、三（一）（二）（三）（四）、四、五、六、七（一）（四）（五）、八（三）（四）；第二部分一（四）、四（四）；第三部分一（五）、二（三）；前言、附录、后记。

王科琼　第一部分一、二（一）（三）、三（一）（二）（三）（四）、五、六；第二部分四（四）；第三部分二（三）。

杨健理　第一部分七（一）（二）（三）（四）（五）；第二部分三（一）；第三部分二（一）。

李新宇　第一部分五（一）（二）（三）（四）（五）；第二部分一（一）、三（二）；第三部分一（三）、三（二）。

赵勇慧　第二部分二（五）、四（六）；第三部分二（四）、三（三）。

李泽安　第一部分六（一）（二）（三）（四）、九（二）；第二部分一（二）、二（六）；第三部分一（一）、四（五）。

张梦婷　第一部分八（一）（二）；第二部分二（四）、四（三）；第三部分一（四）、四（四）。

李天羽　第一部分九（一）（三）（四）；第二部分二（二）、三（三）；第三部分二（二）、三（五）。

杨雄飞　第一部分十（二）（六）（八）（九）；第二部分三（四）、四（五）；第三部分二（五）、四（一）。

李雪巧　第一部分十（一）（四）（五）；第二部分二（一）（三）；第三部分四（二）（三）。

杨涵玲　第一部分十（三）（七）（十）；第二部分四（一）（二）；第三部分一（二）、三（一）；

赵培丹　第二部分一（三）；第三部分三（四）。

总　序

村庄，是农民的聚居地，也是农民生产和生活的社会形式。村庄形成于农业文明时代，在中国最为典型和普遍，迄今依然是中国基本的社会单位。所有中国人，或是生于长于村庄，或是父祖辈来自村庄。村庄是中华民族的根基，是我们走向现代化的立脚点和必须改变其内容和形式的地方。认知中国的现实和历史，一个重要环节，就是了解村庄。

中国的民族经济，包括以下层次：一是以中华民族为主体的经济，二是中华民族五十六个支民族的经济，三是少数民族地区的经济。不论从哪个层次研究，都必须涉及村庄这个基本单位。以往的民族经济研究和行政管理研究，对于村庄的关注，主要是在总体性的统计及对策方面，鲜有对某一村庄的专注的系统调查。这种情况使我们所从事的理论探讨总显得有些飘浮，言不及意，大而不当。反思许久，不能不下决心从小处做起，将村庄调查作为根基，扎实做去。恰“985”项目实施，经费有所保障，故组织本创新基地近百名教师带二百余博士、硕士研究生和高年级本科生，结十五个调查组，计划用六七年的暑、寒假，从五十六个支民族中各选一二典型村庄，深入调查，总百余村，每村一书，为中国民族经济三个层次研究，为政府行政决策，提供基础资料。

百村，不及中国村庄万分之一。我们的村庄调查虽只是抽样性质，但却是探根摸底，力求深入、真实、详细。二〇〇八年夏各组分赴河北、内蒙古、宁夏、云南、广西调查点，历经一月左右，获初步资料。因为首次，困难颇多，思路和方法也要不断调整，秋、冬写作时又各自补充调查。时间虽短，但师生与村官、村民情谊颇深，既为调查提供条件，又为后续补充予以协助。各地党、政机构，对调查全力配合。无此，则调查难以进行。这套丛书，实为共同努力之成果，并赖中国经济出版社黄允成社长、孙岩主任鼎力支持，得以出版。本调查还要持续数年，望读者批评，我们再努力。

劉永佶

二〇〇九年三月十八日

前言

白族自称“白子、白尼、白伙”等，汉语意为“白人、白家”，他称以汉人称之为“民家”者多，1956 年国务院将其定名为“白族”，有那马、勒墨两个支系。据2000 年第五次全国人口普查统计，白族人口为1858063 人。其中，60% 以上的人口聚居在云南省大理白族自治州的洱海周围，其他散居在云南省的丽江、怒江、昆明等地，贵州省的毕节地区、四川省的凉山彝族自治州和湖南省的桑植县等地也有分布。洱海是白族人民的摇篮。

一、历史沿革

白族历史悠久，自古聚居在云南大理洱海周围。至少在3000 年前，洱海地区就有白族先民生息繁衍。洱海区域先后发掘了马耳、佛顶、马龙、中和、白云、打渔村、白羊村等新石器文化遗址。它们与剑川海门口的“铜石并用文化遗址”及祥云大波那“青铜器文化遗址”，构成洱海地区原始社会后期向奴隶社会过渡的3 个发展阶段。

秦汉时期，洱海地区和祖国内地的联系，随着蜀（四川）至身毒（印度）古道的发展日益密切。西汉元封二年（前 109 年），洱海地区设置了叶榆、云南、邪龙、比苏四县，属益州郡管辖。汉王朝采取“以其故俗治，毋赋税”的政策，基本保持了洱海地区各部落原有的政治经济生活状况。东汉永平十年（67 年），洱海地区设“益州西部都尉”，管辖叶榆、云南、邪龙、比苏、嶲唐、不韦六县。永平十二年（69 年），新置哀牢、博南二县，与以上六县一起改属永昌郡，并将居民编入户籍，征收赋税。225 年，诸葛亮征服云南，对洱海地区改置云南郡，以加强对这一地区的统治。

唐、宋时期，洱海地区先后建立南诏、大理国地方政权，历时500 多年。唐初，洱海周围居住着河蛮农耕各部落，有杨、赵、李、董数十大姓。以后又逐渐形成浪穹、施浪、邆赕、越析、蒙嶲、蒙舍等六诏。其中，蒙舍诏在南部，故称南诏。唐王朝为了防御吐蕃，扶植南诏合并六诏，统一了洱海地区，建立了以白蛮文化为中心的南诏奴隶制政权。738 年，唐王朝封皮罗阁为

“云南王”。南诏王阁逻凤征服西爨后，强迫20万户白蛮迁移滇西，又将原居山区的乌蛮移居西爨白蛮故地。在洱海地区白蛮文化的影响下，南诏王室后期已白蛮化。南诏历时13代，共247年，有10位国王接受唐王朝封号，于902年崩溃。

南诏灭亡后的36年中，洱海地区相继建立过郑氏“大长和”国、赵氏“大天兴”国、杨氏“大义宁”国3个政权。937年，白族段思平以宽徭役为号召，联合滇东37部蛮举行起义，推翻杨氏王朝，建立了号称大理国的封建制政权。大理国统治时期，通过更易制度，捐除苛令，减免部分徭役和赋税等一系列改革措施，社会秩序迅速恢复，生产力进一步得到发展。大理国王不断向宋王朝称臣纳贡和要求互市。宋王朝曾册封大理首领白万（白王）为云南八国都王，从而使洱海地区与内地的联系更为密切。大理国历23代国王，存世316年，于1253年被忽必烈平定。洱海地区以“大理”之称一直沿用至今。

元、明、清时期，大理白族地区先后分属其行政建制。元朝在云南建立行省，在洱海地区设大理路和鹤庆路，起用“大理”旧主段氏“还镇大理”。1381年，明王朝进军云南。次年闰二月，明军破大理，大理路改为“大理府”，鹤庆路改为“鹤庆府”，并实行改土归流。元明两朝，内地数十万汉族军民迁移云南屯垦，大理白族地区经济文化受汉族的影响颇深。清沿明制，洱海地区的白族大部分仍属大理府。剑川、鹤庆两地设州，改属丽江府。

1840年鸦片战争后，大理地区先后发生了李文学领导的农民起义和杜文秀领导的反清起义。中国共产党成立初期，白族张伯简、赵琼仙、施滉等就加入了中国共产党。抗日战争时期，白族将领周保中在东北抗击日本侵略战争中立下了汗马功劳。

中华人民共和国成立后，大理专员公署于1950年2月1日成立，辖15个县市。1956年11月22日，成立大理白族自治州。以后，州内县、市及其辖区几经调整。1983年，经国务院批准撤销大理县、下关市，合并成立大理市。至2008年底，大理白族自治州辖1市11县，即大理市、漾濞彝族自治县、祥云县、宾川县、弥渡县、南涧彝族自治县、巍山回族彝族自治县、永平县、云龙县、洱源县、剑川县、鹤庆县。其中，白族居住较集中的地方是大理市、洱源县、剑川县、鹤庆县、云龙县等地，其他县也有白族分布。

二、经济社会

大理白族地区自古经济比较发达，据白羊村等新石器文化遗址出土的碳化谷、陶片、纺轮、网坠等的考证，远在3700多年前，白族先民就从事农耕、渔猎及制陶、纺织等生产活动，已能种植水稻。剑川铜石并用文化遗址表明，在3100多年前，白族先民已掌握冶炼技术。祥云大波那铜棺墓的发掘，说明战国时期，洱海地区的白族先民已进入青铜器时代，冶炼技术已达到相当水平。

从西汉至南北朝期间，洱海地区的经济已经比较发达。生活在这里的昆明人，部分定居从事农业，其他仍过着游牧生活。从大理市大展屯东汉二号墓发掘的水田与池塘陶模看，汉代洱海地区的居民已能利用水利工程，以保证水田的种植。

唐代，洱海地区的经济开始进入兴盛时期。7世纪中叶，大量汉人来到洱海地区，出现“其富与蜀埒”的景象，洱海地区经济得到很大发展。如农业方面，修筑了苍山“高河”水利工程，灌田数万顷；“犁田以二牛三夫”，“然专于农，无贵贱皆耕”；“治山田，殊为精好”，“浇田皆用泉水，水旱无损”（唐？樊绰《蛮书》卷七）。手工业产品中的浪剑闻名天下，精细的纺织品氎则是贡品。保存至今的崇圣寺三塔，是唐代白族先民建筑技术的结晶和标志。铸造的崇圣寺两口大钟各重5万千克，又铸高7.92米的雨铜观音像。经济的发展使南诏日益强大，维持统治200多年。

宋代，洱海地区在大理国政权的统治下，白族及各族居民安居乐业达300多年。大理马闻名于世，无论驮运、乘骑、进贡，乃至军事无处不用。冶炼、锻铸技术水平相当高，又以大理蛮刀闻名，《岭南代答》卷六“蛮刀条”记：“蛮刀以大理所出为佳”。

元明清时期，大理白族地区经济已成为全国经济的有机组成部分，在中央王朝的统一管辖下，水平大致与全国相同。清朝末期，已出现商业资本的萌芽。近代的“鹤庆帮”、“喜洲帮”等在中外已是具有相当实力的大商帮。

中华人民共和国成立后，大理白族地区的经济发生了翻天覆地的变化。

首先，农业现代化的模式初步形成。1949年，全州有效灌溉面积仅30682公顷（46万多亩），粮食年总产量为3亿多千克。至2007年，全州建成中型水库14座，小型水库418座，坝塘7564座，引水工程5239件，总库容67272万立方米。其中，“引洱入宾”、大理白塔邑、富美邑抽水站等一大批引水、提水工程发挥了重要作用。2006年，全州农林牧渔总产值完成115.9亿元。除粮食外，烤烟、林果、茶叶、油料、畜牧、水产、甘蔗、蚕桑、蔬菜等均建立了生产基地，农业生产发生了历史性的飞跃。2010年，全州农业总产值实现198.7亿元，比上年增长12.5%。其中，种植业产值88.6亿元，增长8.0%，林业产值20.0亿元，增长30.0%，畜牧业产值78.2亿元，增长11.3%，渔业产值5.0亿元，增长22.0%。

其次，地方工业体系建成。中华人民共和国成立初期，大理白族地区仅有13家私营小型工业企业，工业产值只有1千万元。通过50多年的发展，到2003年，工业总产值首次突破百亿元。2006年实现翻番，达到210亿元。全州地方工业体系初步建成，即电力工业全州电网基本建成；煤炭工业机械化开采程度提高；冶金工业形成多种采选冶炼系统；建筑工业发展较快，大理石等产品远销国内外；机械工业具有一定规模和地方特色；医药工业中化学药品、生物制剂、中医药品等全面发展；森林工业的采运、加工、林产化工等综合运用能力提高；纺织工业门类齐全，是云南省第二大纺织基地；食品工业基础雄厚，发展快，地方特色突出；烟草工业独具优势，产品畅销全国。2008年8月，大理创新工业园区位列云南省10个优秀工业区之一，园区产业示范带动作用已初步显现。2010年全州工业现价总产值完成477.1亿元，比上年增长26.2%。2011年1月至11月，大理州工业总产值突破500亿元大关，累计达550亿元，增长30%。

再次，商业经济得到全面发展。大理白族地区虽然在近代已出现一些大商帮，但对地方工农业生产的发展和人民生活提高的作用是有限的。中华人民共和国成立后，特别是1956年大理白族自治州成立后，白族地区的商业得到迅速发展。在“发展经济，保障供给”的总方针指导下，白族商业坚持为生产服务，为满足人民的消费服务，充分发挥了桥梁和纽带的作用。外贸进出口总额达9035万美元；旅游业发展平稳，接待国内游客894万人次，海外游客26.8万人次，旅游社会总收入66.2亿元。白族地区商业形成消费热点多元化，市场活跃的局面。随着社会主义市场经济的发展，大理白族自治州的市场体系逐步健全和完善。2010年全州社会消费品零售总额实现142.1亿元，比上年增长18.0%。

三、文化科教

大理白族地区自古有“文献名邦”之称。如前所述，洱海地区新石器时代文化遗址中已有丰富的文化内涵，体现了白族先民的古老文明。汉代洱海地区已“建学立师”。唐代，这里的文化不但得到全面发展，而且达到一定水平，如创立了自己的历法和医学，明代的白族学者周思濂《太和更漏中星表》及李星炜《奇验方书》等对此作过总结；尚存至今的大理三塔、剑川石宝山石窟、德化碑等闻名中外；创作了《南诏中兴国史画卷》《南诏奉圣乐》等在全国有较大影响的艺术精品；白族诗人杨奇的《途中》、杨义宗的《题大慈寺芍药》《洞云歌》等诗，被称为“高手”佳作，收入《全唐诗》。

大理国时期，由于奉行“以佛治心、以儒治国”的原则，佛教文化和儒家思想广泛传播。大理国“描工”张胜温于1172年所画的《大理画卷》被称为“南天瓖宝”，是中国古代艺术珍品。大理国时期曾有《白史》《国史》。其中，《国史》曾多达数百卷，可惜已失传，仅有《白史》片段散见于明代碑文中。后来创作并保存至今的《南诏野史》《郡大记》等书，是研究洱海地区历史的重要资料。

元、明、清时期，洱海地区文化更多地受到内地汉族文化的影响。在全国统一的科举制度及书院等教育中，涌现出大批白族优秀知识分子。如元代，中统科有赵州进士苏隆。明代，太和、赵州、邓川、浪穹、剑川、鹤庆等州县，共录取进士67人、文举人643人，还有少量武举人。清代，这些州县共录取进士103人（其中太和县47人）、文举人829人。

中华人民共和国成立后，大理白族地区的教育、科技、文化、卫生、体育等得到全面发展。

首先，教育有了很大发展。1949年底，大理白族地区有小学1005所，初级中学20所，高级中学1所，中等师范学校2所，简易师范学校1所，农业学校1所，完全中学44所。到2010年，全州拥有各类学校1859所，其中：高等教育1所，中等教育3所，普通中学212所，职业中学14所，小学1042所，幼儿园587所；各类学校在校学生614623人，招生184285人，毕业生153109人。该年，全州高考上线率98.7%，连续六年蝉联全省第一；一本上线率、本科上线率分别比云南省平均水平高出2.91和12.13个百分点。民族教育得到较好发展。

其次，科技与文化有了很大发展。20世纪50年代初，大理白族地区的现代科技基本上属于一片空白。从20世纪50年代中期起，大理白族自治州的现代科学技术开始进入初创阶段。经过近60年的努力，在农技推广、籽种繁育、土肥植保、林业技术、畜牧兽医、水产养殖、工业技术、农机研制、计量测试、技术监督、环境监测、医药卫生及气象、水文、地震等方面，白族取得了丰硕成果，出现了尊重知识、尊重人才、“科技兴州”的大好局面。同样，文化方面在继承传统文化的同时，文化产业蓬勃发展。2010年，全州拥有各种艺术表演团体5个，文化馆14个，公共图书馆13个。全州广播、电视人口覆盖率分别达到96.0%和98.8%。广播发射机43台，电视发射机39台，有线电视用户46.25万户，数字电视用户26.22万户。2011年起，随着全国文化体制改革的发展，具有大理白族地区特色的文化发展之路已经呈现。

再次，卫生与体育有了很大发展。中华人民共和国成立前，大理白族地区医疗机构寥寥无几，缺医少药。疟疾、鼠疫、天花、霍乱等传染病流行，严重危害人民群众的身体健康。经过近60年的发展，大理白族地区卫生机构不断增多，技术队伍逐渐加强，医疗、防疫、保健网络已经形成。显微外科（断肢、断指再植）、体内人工心脏起搏器安装、体外循环心内直视手术、人工肾、经皮胆道内窥镜取石、撕剥式盆腔淋巴清扫术等技术处于全省地州级领先水平。2010年末全州卫生机构688个；卫生机构拥有床位数11130张；卫生技术人员9107人，人民健康水平普遍提高。体育方面，白族传统体育项目如赛龙船、赛马、秋千、霸王鞭、射弩、陀螺、武术、耍龙、跳花盆、跳山羊等在民间广为流传。同时，体育事业人才辈出。著名白族运动员张国伟被誉为“中长跑之王”，他曾2次破亚洲纪录、18次破全国纪录、3次获亚洲冠军。2010年，全州参加省级以上体育比赛分别获得金牌49枚、银牌22枚、铜牌35枚。

综上所述，白族人民不仅具有悠久的历史文化，而且善于学习和吸收汉族及其他各民族的优秀文化，创造了灿烂辉煌的古老文明。

狮河村是云南省大理白族自治州剑川县甸南镇辖行政村。位于甸南镇东部、剑湖东南侧，依山傍水，有狮子河从村南流过而得名。全村国土面积13.60平方公里，海拔2200米，年平均气温12.30℃，年降水量827.10毫米。环湖公路穿村而过，交通便利，距镇政府3公里，距县城12公里。东部与鹤庆县接壤，南部连接本镇回龙村，西傍剑湖，北同本县金华镇青瓦场村相邻，是甸南镇第三大村。全村由官登、上河、下河三个自然村组成，下辖10个村民小组。狮河村是剑川县有名的木雕村，大部分人把主要时间和精力放到了木雕上，使木雕成为该村的支柱产业。狮河村也是剑川县甸南镇的小康示范村，在新农村建设中取得显著成效，是白族地区中较具特色的村庄之一。

目 录

第一部分　村　庄

一、村庄概况

狮河村是云南省大理白族自治州剑川县甸南镇辖行政村。位于甸南镇东部、剑湖东南侧，依山傍水，有狮子河从村南流过而得名。全村国土面积13.60平方公里，海拔2200米，年平均气温12.30℃，年降水量827.10毫米。环湖公路穿村而过，交通便利，距镇政府3公里，距县城12公里。东部与鹤庆县接壤，南部连接本镇回龙村，西傍剑湖，北同本县金华镇青瓦场村相邻，是甸南镇第三大村。全村由官登、上河、下河三个自然村组成，下辖10个村民小组。

据村委会书记兼主任杨继兴介绍：2011年8月，狮河村有村民690户，总人口2868人，其中白族占全村总人口的98.9%，是一个典型的白族聚居村。

据2010年的统计，全村常用耕地面积3664.00亩，其中：水田2581.00亩，旱地1083.00亩，人均耕地1.28亩，主要种植水稻、小麦、大麦、包谷、蚕豆等粮食作物。经济作物以油菜、烟叶、泡核桃、柿子、苹果、李子、梨、梅子为主；拥有林地15616.00亩，其中经济林果地880.00亩，人均经济林果地0.33亩，主要种植核桃、李子等经济林果；水面面积960.00亩，其中水产养殖面120.0亩；荒山荒地160.00亩。2010年，全村经济总收入1471万元，农民人均纯收入3690元。

狮河村是剑川县有名的木雕村，大部分人把主要时间和精力放到了木雕上，对承包的农田或转让给别人耕种，或自己附带耕种。但是，村委会不断加强和巩固农业的基础地位，严格坚持耕地保护制度，确保农田总量不减，质量不降。近些年通过多方筹集，先后投入420万元完善农业基础设施项目，对全村农田稳产高产起到了重要作用。2008年粮食总产量98.385万公斤，人均占有粮食350公斤。2009年粮食总产量134.928万公斤，人均占有粮食480公斤。养殖业在村里为数不多，比例不大，全村规模性养殖鸡的有2户、养殖猪的有21户、养殖鱼的有5户、养殖牛羊的有8户。

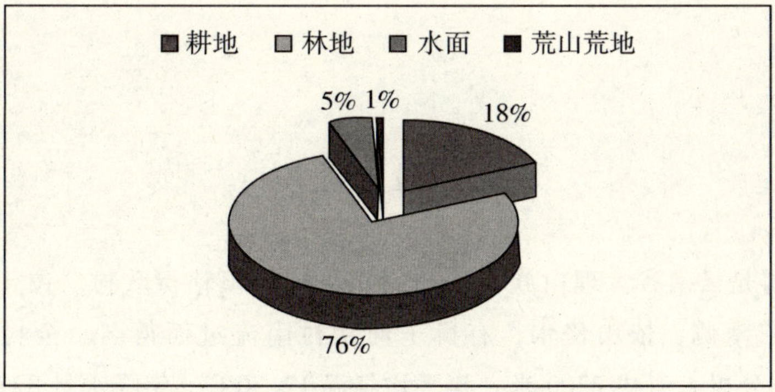

图1－1 狮河村土地面积构成图

数据来源：剑川县甸南镇狮河村村委会新农村建设信息网。

狮河村农民的收入以木雕为主。全村从事传统木雕工艺生产的有532户，占总户数的83.5%，有1680人从事木雕产业，占总人数的61.4%，占劳动力的80%。有32户企业吸纳周边村组2000多人从事木雕产业，辐射带动玉华、白山母、印合、桃园、永和、西中、新仁、文榜、沙溪、禄寿等周边村社。木雕产业的发展，带动和创造了7000万元的富民大产业，有效地转移了大批农村剩余劳动力，提高了农民的收入。

全村有32个残疾人，有6个五保户，所有残疾人都享受低保或五保户供养。残疾人中有26个学会木雕技艺，有的残疾人还当了师傅带徒弟。

二、村庄历史变迁

（一）新中国成立前后概略

狮河村的起源，据老辈子传说是从南京应天府迁过来的。先是住在山上，后来才搬到坝区的剑湖边。

这里环境好，南面有狮子河，北面有蛟龙河，是狮龙拥抱的地方，是神都羡慕的地方。传说，上帝派大黑天神到狮河村视察，他觉得这里的山好、水好、人更好，就没有舍得回去，留在了这里。狮河村人也觉得大黑天神是来保护他们的，就将大黑天神奉为“本主”，还修了一座“宝灵塔”一起供奉至今。

从此，狮河村人心安定，事业发达，人口增加，产生了张、杨、刘、李等几大姓人家。这里从古至今人畜兴旺，是人们羡慕和向往的地方。一些外地人或外村人也逐渐融入了狮河村（一般是通过娶媳妇或招上门女婿）。

据史料记载，剑川白族木雕艺术古来盛行，源于唐代，元、明、清时期，剑川木雕因其工艺精湛传遍滇、贵、川、藏等省区，甚至远销缅甸、泰国等地。过去狮河村的人靠种地、打鱼为生，农闲时，就背起木匠工具，出门挣些手艺钱或在家里做木雕。后来，村里有的工匠们索性在家里办起了木器厂，外边的人到村里找上门来买木雕产品。

新中国成立后，狮河村同全国一样，先后经历了互助组、合作社、人民公社等的变化。就全国而言，1950 年至 1952 年是土地改革时期，农民分得了土地。从 1954 年至 1955 年上半年，是初级社普遍建立和发展的阶段。其特点是：农民在自愿互利的原则下土地入股，实行按股分红和统一经营、按劳分配相结合。1955 年下半年至 1956 年底是农业合作化发展时期，基本实现了社会主义改造，即完成了由农民个体所有制到社会主义集体所有制的转变。1958 年由农业生产合作社联合组建而成人民公社，一乡建立一社，实行单一的公社所有制和政社合一。经多次调整后，1962 年起实行生产资料分别归公社、生产大队和生产队三级组织所有，以生产队的集体所有制经济为基础的制度。与此相适应，农村土地所有制经历了土改后的农民土地所有制，合作化以后的集体所有制。大理州白族地区的剑川县和狮河村的变化，基本同全国同步。现在的家庭联产承包责任制是土地集体所有制的一种实现形式，土地的所有权仍归集体，使用权、经营权归农民和家庭。农民有了土地，就等于有了粮食，有了生活的基本保障，心里就踏实了。

（二）土地所有权、使用权及其变化

新中国成立后，全国土地所有制的变化，有两次是根本性的：第一次是

新中国成立后的土地改革，是将封建地主土地所有制改为农民土地所有制，即没收了地主的土地，将土地分给了农民。第二次为社会主义革命期间对农业的社会主义改造，将土地农民个人所有制改为集体所有制。1978 年后的家庭联产承包责任制是土地集体所有制的一种实现形式，不算所有制变更。家庭联产承包责任制指土地的所有权归集体，使用权、经营权归农民和家庭。

狮河村的土地所有权、使用权及其变化，在新中国成立后的各个阶段基本与全国同步。特别是在 1979 年实行家庭联产承包责任制后，全村常用耕地面积3664.00 亩（其中：水田2581.00 亩，旱地1083.00 亩）及林地1.2 万亩左右，全部包到了农户。农民耕有其田，安居乐业。后来将林地包到了农户，原来一度荒废的山坡地，得到了开发利用，村民们在承包的林地除种植树木外，有的还种植了泡核桃或梨、苹果等其他果木。山绿了，村民们的收入也增加了。

这次土地制度的变迁，在保留土地集体所有的前提下，实行了土地使用权与所有权的分离，确立了农户作为农业生产经营的主体地位。家庭联产承包责任制的实质是打破了人民公社体制下土地集体所有、集体经营的旧的农业耕作模式，确立了土地集体所有制基础上以户为单位的家庭承包经营的新型农业耕作模式。其特点是将土地和其他生产资料承包给农户，承包户根据承包合同规定的权限，独立自主经营，并在完成国家和集体任务的前提下分享经营成果。其承包形式包括包产到户和包干到户。家庭联产承包责任制打破了“一大二公”、“大锅饭”的旧体制，有效地解决了人民公社制度下对劳动的监督成本过高和劳动激励缺乏的问题，调动了村民们的积极性，推动了农业生产的快速发展，解放了农业生产的劳动力，为其他产业的发展创造了条件，极大地提高了农业生产的效率和农民生活水平，保障了广大村民的温饱。因此家庭联产承包责任制，在狮河村社会生活的诸多方面均产生了积极而深远的影响。

狮河村在坚持以家庭承包经营为基础、统分结合的双层经营体制和依法自愿有偿的原则下，还进行了土地经营权合理流转，提高了土地的利用率。同时发展现代农业、推进农业结构调整，促进了农业增效、农民增收和村庄经济的发展。

（三）新世纪的村委会

狮河村自2000年进入村民委员会管理以来，已经历了四届。这四届的主要领导分别如下：

第一届（2000年8月—2003年8月）

党支部书记 李国胜

村委会主任 王旭东

文书 张亮祖

第二届（2003年8月—2007年5月）

党支部书记 李国胜

村委会主任 王旭东

文书 杨继兴

第三届（2007年5月—2010年5月）

党支部书记 杨子堂

村委会主任 杨继兴

文书 张根树

第四届（2010年5月—截稿日）

党支部书记、村委会主任 杨继兴

党支部副书记 张福盈

村委会副主任、文书 张根树

村委会主任助理 刘四阳

三、农业

（一）新中国成立前后概述

新中国成立前，狮河村的农业基本沿用传统方式，靠天吃饭，粮食产量低，收成没有保障。新中国成立后，农业生产发生了很大变化。但是，受各方面条件的限制，在较长时间内粮食亩产仅400公斤左右，经济效益差，村民生活仍然困难较多，部分村民还缺粮，要靠国家返销或到黑市购买。20 世纪 80 年代起，随着改革开放的发展和深入，实行土地家庭联产承包，充分调动了农民种田的积极性。特别是大力推广科学种田后，生产效率大大提高，粮食亩产提高到 700 多公斤。大部分家庭的粮食充足，有的还去卖粮。市场经济的发展，粮食市场不但稳定，而且品种很多，农民们可以自由选购。

（二）季节与耕作方式

狮河村的农业生产分大春、小春两季。大春以种植水稻为主，占种植面积的 60% ~70%，还种有玉米、烟叶等。种烤烟每亩可收入 7000 ~10000 元。小春以种植小麦为主，还有蚕豆和大麦。农户的日常菜蔬，主要靠自己家的菜地种植，或在田边地角种植，碰上街子天在市场上买点自己家没有的品种作为调配。由于市场上的粮食供应充足，大部分村民常年忙于木雕，对农田种植比较随意，或委托他人耕种。

狮河村的农田耕种过去长期以水牛耕作为主。新中国成立后，陆续有了机耕，于是形成了牛耕与机耕并重的局面，但是还是以牛耕为主。改革开放后的 30 多年中，牛耕的土地逐渐减少，大部分农田已经用机耕，个别小块土地也有用锄头挖的。

（三）肥料与水利

狮河村的农田耕种很重视底肥的施用。底肥仍保留着自家猪圈沤制的圈肥，在每季耕地前撒在田中，有时加点磷肥，随着土地的翻耕而埋入地中。农家肥肥效慢，但耐久，不会使土壤板结。曾一度滥用的化肥、农药已经得到减控。

狮河村的农田耕作历来重视水的开发利用。自古以来，狮河村的农田灌溉主要得益于狮子河的水。狮子河是一条四季长流水，其上游还修了玉华水库，部分水被引入了水库，但不影响狮河村的农田灌溉。相反，水库的修筑对保证水稻栽插季节的用水起了重要作用。狮河村的人畜饮水传统以来靠一家一户的井水。随着狮河村人口的增加和用水量的增大，加上全球气候的变迁和水位的下降，狮河村的人畜饮水开始面临供水不足的问题。村委会已着手开展论证和协调关系，准备从村后的白山母山箐饮水。

（四）林地与养殖

狮河村有林地1.2万亩左右，全部包到了农户。这些林地大部分是离村庄较远的山坡地，村民们在承包的林地里除种植树木外，也有种植泡核桃或梨、苹果等其他果木的。

畜牧业在狮河村形成规模养殖的不多。每家养有1~2头猪或几只鸡，备为自用。自家养的猪多为年猪，每年农历腊月家家户户都有杀年猪的习惯。有少量的养牛、养羊、养鱼户，但规模都较小。

狮河村木雕产业的发展，使投入农业的人力有减少之势。

四、木雕产业

（一）传统木雕

狮河村人从事木雕技艺的历史悠久，是远近闻名的木雕村。早在公元十世纪，剑川木雕就远近闻名。明清以来，剑川木雕技艺有了显著的发展和提高，剑川木匠遍及云南各地，俗话说："丽江粑粑鹤庆酒，剑川木匠到处有"。云南省内一些著名的木雕和建筑，如昆明的金马碧鸡坊、保山的飞来寺、洱海的八角亭以及鸡足山寺庙的木工部分，相传均出自剑川木匠之手。在剑川县，狮河村的木雕技艺是全县最好的村庄之一，这里有世代相传的木雕艺人。狮河村的孩子从小就开始学习木雕，十几岁就可以做木雕手工活了。全村男女老少都喜欢木雕手艺，延续千年，代代相传。如今，每家每户都设有木雕的作坊或工厂。当走进村里，就会看到用箩筐背着或用摩托车载着木雕板件匆匆赶路的人，就会听见从院落中传出锯子、斧、刨、凿的撞击声或电子雕花机的响声，就会看见正在忙着雕刻各种花案、打造各种产品的人们。

木雕工艺品集艺术、观赏、珍藏、实用为一体，形成建筑装饰、木雕家具、旅游小件三大类。在传统的生活中，主要用于建筑物的门窗装饰，其中又以格子门最为普遍。格子门是6扇为一堂，每扇由上中下雕花板及上下横板组成。雕刻最集中和最显工艺的是格子门的上雕花板，以浮雕为多，又以二层花、三层花、四层花、五层花等渐显档次，多层花雕刻是艺术价值很高的木雕工艺品。图案以四季花鸟、琴棋书画、博古、人物故事为主。底板以浅浮、镂空、十字、绣球、梅花为主。窗子雕刻的图案与格子门不同，有菊花、梅花、马蹄、绣球、四星望月、八角、夹梅、美女、寿字、福字等。其他木雕装饰，广泛用于大门和房屋的挛角、栾角等处。

狮河村的木雕主要是格子门，由于市场需求量大，村里的大部分人家都雕刻格子门，多使用松木，其木质软，易雕刻，售价低，利润薄。一些技术好的师傅，就用优质硬木精心雕刻各种高档挂件工艺品或建筑物、装饰物，虽然耗时多，成本高，但利润并不薄。因此，在狮河村不同层次和技艺的木雕人家并存，使其有了普遍性。产品也从单一的格子门窗、古式家具，逐步发展到了木雕工艺品。如九龙壁、座屏、挂屏、花瓶、雕像、玩具及各种旅游小件。

随着狮河村木雕产业不断得到发展，制作木雕家具的也多了。木雕家具以优质硬木雕花镶嵌大理石家具为上乘。木件部分包括精心雕出的龙、凤、狮、孔雀、梅花等传统图案，制成桌、椅、茶几等，再镶嵌上苍山特产的彩花大理石，显得古朴大方，新颖高雅，富于民族特色，实用而华美。

狮河村的村民普遍具有木雕技艺，与他们崇拜鲁班有密切关系。鲁班是中国木匠的祖师爷，鲁班的故事相传全国。但在剑川县相传，鲁班在一次干活的时候，不留神把他画线用的墨斗丢在了剑川，当地人捡起了墨斗，也学会了木匠手艺。而在狮河村，每年的农历八月初八都要欢度祖辈留下来的鲁班节，据说这天是鲁班的诞辰日。每到这个日子，狮河村通过举行盛大的鲁班圣会，祭拜这位木匠的先师，欢度木雕艺人自己的节日。他们讲述鲁班的故事，传授木雕艺人的规矩，让年轻人受到教育。狮河村的鲁班节非常隆重，仅次于本主节。

但是，在新中国成立后，狮河村的木雕产业发展一度受到限制。近30年来，随着国家政策的调整，经济社会有了很大发展，人们生活水平不断提高，盖新房的多了，对装饰品的需求也多了，许多古建筑也得到修缮或重建，木雕工艺的运用更加广泛，从建筑配件到生活装饰品，市场的需求越来越大，而且丰富多彩，为狮河村的木雕产业发展带来了历史机遇。狮河村传统的木雕技艺得到恢复和发展，老技师的手艺得到传承，大批年轻的技师正在成长，全村涌现出了大批木雕工艺的能工巧匠。昔日的小打小闹，成了现在大家羡慕、远近闻名的木雕村。1996 年，被国家文化部命名为“木雕之乡”。2001 年，被云南省委、省政府命名为“文化旅游木雕村”。2009 年 11 月，被中国家具协会授予“中国民族木雕家具产业基地”。

据 2010 年的统计，狮河村从事传统木雕工艺生产的有 532 户，占总户数的 83.5%；有 1680 人从事木雕产业（其中妇女 492 人），占总人数的 61.4%，占劳动力的 80%；有 32 户企业，吸纳外村 1292 人就业；辐射带动玉华、白山母、印合、桃园、永和、西中、新仁、文榜、沙溪、禄寿等周边村社发展木雕产业。木雕产业的发展，带动和创造了数千万元的产值，有效地转移了大批农村剩余劳动力，提高了农民的收入。

如今，狮河村几乎家家户户都搞木雕，男女老少都会木雕。木雕产品从原来单一的木雕格子门生产，发展到了木雕家具、木雕工艺品、木雕装饰品等多门类的 200 多种产品，形成了自己独有的木雕产业品牌。经过不断创新发展，狮河木雕的工艺水平和传统特色更加鲜明，造型美观大方，优雅别致，集明清各式木雕工艺之精华，白族木雕艺术风格突出。产品集艺术价值、观赏价值、实用价值、收藏价值和民族特色于一体，名扬海内外。生产的格子门、美女窗、九龙壁、龙床、贵妃床、挂屏等产品及旅游小件木雕，畅销四川、贵州、上海、北京、广州、香港、台湾、西藏等省市区及美国、德国、日本、新加坡、泰国、缅甸等国家。值得一提的是，北京天坛的龙椅和 99 昆明世博会台湾馆内参展的龙舟，均出自狮河村雕刻师之手。木雕已经成了狮河村的基础产业，也是支柱产业。

狮河村传统的木雕技艺为什么能得到恢复和发展呢？村委会总结了以下方面原因：一是每年农历八月初八，村里都要欢度祖辈流传下来的“鲁班节”，全村的木雕艺人用特有的民间传统方式纪念木匠先师鲁班，使精神崇拜得到传承；二是村里的老艺人以清朝光绪二十四年雕刻的一堂格子门为教材，将技艺传授给年轻人；三是确定了每星期三为狮河村的街子天，届时八方商客云集进行木雕产品交易，不但方便了农户，还使大家获得或分享许多信息；四是国家政策稳定，各级党委和政府大力支持，村委会积极引导，木雕工艺协会不断组织联络。

（二）木雕协会

2004年8月1日，剑川县狮河木雕工艺协会成立。通过民主选举一致同意张月秋为协会会长。协会成立后，创造了“协会+公司+基地+农户”的经营管理模式。他们通过向协会会员统一发放图纸、统一订货、统一验收产品、统一价格，对内增强了凝聚力，对外形成了强大的竞争力。协会成立的第二年，产品价格上涨30%左右，雕工的工资增加了51.5%，大大增加了群众的收入，带动了全村500多户从事木雕产业的发展。

随后，张月秋提议修订了协会章程，要求协会会员每人每年必须新招徒弟2至3人，而他自己则带头每年培训50多名徒弟。他要求一律不收来学木雕手艺学员的学费和生活费，学成者还赠送一套雕花工具，让他们长期有活做，让木雕技艺在民间得到传承。每年由狮河木雕工艺协会会员带出师的木雕工匠不低于500人。至2010年，挂靠狮河村的外村木雕工匠有10500多人，在外地加工安装的有8000多人。狮河木雕协会成为全省百强协会之一。

张月秋不但自己木雕技术精湛，而且非常善于培养徒弟、传授技艺。1982年以来，他带出了一大批杰出的徒弟（见表1-1），他们均是狮河木雕工艺协会的骨干。

表1-1　张月秋木雕杰出徒弟名单（1982—2010）

姓名	性别	民族	年龄	家庭住址	称号	代表性作品及获奖情况
杨自梁	男	白	43	剑川县甸南镇狮河村	民间木雕艺人	世博园龙船木雕
张继祖	男	白	36	剑川县甸南镇狮河村	民间木雕艺人	世博园龙船木雕
张陈岗	男	白	25	剑川县甸南镇狮河村	民间木雕艺人	世博园龙船木雕
段泽文	男	白		剑川县金华镇向前村	木雕艺人	猴王出生屏风
张继兴	男	白	36	剑川县甸南镇狮河村	木雕艺人	金马碧鸡坊雕刻

续表

姓名	性别	民族	年龄	家庭住址	称号	代表性作品及获奖情况
李顺康	男	白	43	剑川县甸南镇狮河村	木雕艺人	世博园台湾馆龙舟
苏有寿	男	白	39	剑川县甸南镇桃源村	木雕艺人	辽宁通化仿故宫格子门
杨寿伟	男	白	36	剑川县甸南镇狮河村	木雕艺人	五层雕花花板
张树荣	男	白	42	剑川县甸南镇印合合江村	木雕艺人	七彩云南大门
张嘉珍	男	白	48	剑川县甸南镇印合合江村	木雕艺人	七彩云南大门
张根发	男	白	40	剑川县甸南镇狮河村	木雕艺人	鸡足山金顶寺格子门
李繁禄	男	白	40	剑川县甸南镇狮河村	木雕艺人	石屏玉龙河公园文献楼
张志平	男	白	34	剑川县甸南镇狮河村	木雕艺人	石屏玉龙公园状元楼
普文鱼	男	白	35	剑川县甸南镇狮河村	木雕艺人	石屏玉龙公园状元楼
普文达	男	白	35	剑川县甸南镇狮河村	木雕艺人	石屏玉龙公园状元楼
张保兴	男	白	30	剑川县甸南镇狮河村	木雕艺人	云南民族村雕刻
张四昌	男	白	34	剑川县甸南镇狮河村	木雕艺人	丽江木府雕刻
增辉宇	男	白	43	剑川县甸南镇狮河村	木雕艺人	丽江束河雕刻
增辉栋	男	白	40	剑川县甸南镇狮河村	木雕艺人	丽江古城雕刻
张月华	男	白	44	剑川县甸南镇狮河村	木雕艺人	红楼梦屏风、广文会金鸡奖
杨寿辉	男	白	32	剑川县甸南镇狮河村	木雕艺人	花鸟挂屏
杨寿全	男	白	28	剑川县甸南镇狮河村	木雕艺人	龙床
王金亮	男	白	45	剑川县甸南镇狮河村	木雕艺人	贵妃床
王瑞新	男	白	45	剑川县甸南镇狮河村	木雕艺人	九龙壁
杨栋梁	男	白	34	剑川县甸南镇狮河村	木雕艺人	云南民族村雕刻
杨玉梁	男	白	29	剑川县甸南镇狮河村	木雕艺人	民居建筑构件
张瑞红	男	白	30	剑川县甸南镇狮河村	木雕艺人	封神榜雕刻
李仲龙	男	白	42	剑川县甸南镇狮河村	木雕艺人	西游记雕刻
杨胜祖	男	白	30	剑川县甸南镇狮河村	木雕艺人	四大美女雕刻
施国富	男	白		剑川县甸南镇回龙下庄村	木雕艺人	《四季花鸟挂屏》获县政府一等奖
张继祖	男	白	42	剑川县甸南镇狮河村	木雕艺人	《博古》获县政府三等奖

续表

姓名	性别	民族	年龄	家庭住址	称号	代表性作品及获奖情况
施兴顺	男	白	42	剑川县甸南镇回龙下庄村	木雕艺人	《花鸟挂屏》获县政府三等奖
施家顺	男	白	30	剑川县甸南镇回龙下庄村	木雕艺人	福禄寿喜
蒋勇	男	白	25	剑川县甸南天马村	木雕艺人	木雕横挂
杨德奎	男	白	42	剑川县甸南镇狮河官登村	木雕艺人	束河古镇雕刻
杨庆春	男	白	40	剑川县甸南镇回龙前江边村	木雕艺人	束河古镇雕刻
陈忠宝	男	白	28	剑川县金华镇龙凤村	木雕艺人	云南民族村雕刻
王亚东	男	汉	46	玉龙县九河乡关上村	木雕艺人	丽江遗产公园雕刻
赵国贤	男	白	45	剑川县金华镇白沙萍	木雕艺人	丽江丽水商岸雕刻
杨学华	男	白	30	剑川县金华镇龙凤村	木雕艺人	丽江新县城雕刻
海金华	男	白	32	剑川县金华镇龙营村	木雕艺人	丽江木府雕刻
赵二弟	男	白	18	剑川县金华镇水古楼	木雕艺人	束河酒吧一条街雕刻

2009 年，狮河木雕工艺协会被中国科协、国家财政部命名为“全国科普惠农兴村先进单位”。至 2011 年，狮河木雕工艺协会的会员中有 169 人是木雕企业的老板。协会从业人员中有 15 名工艺美术师，25 名设计师，328 名雕刻师，280 名组装师。带动了全县及周边县份的木雕工艺能手 18500 多名。协会还以每年培训 500 多人的速度递增，受培训人员大多来自丽江、洱源、鹤庆、巍山、兰坪、香格里拉等周边地州县，有的学员还来自省外，如山东、辽宁、江苏等地。通过培训，解决了一大批大中专毕业生、农村剩余劳动力、城镇下岗人员及残疾人员的就业问题，有的还通过木雕走上了致富之路。

狮河木雕工艺协会能够不断发展和得到社会的认可，一是他们立足长远的发展，顺应形势，勇闯市场，将科技创新、打造品牌作为推动木雕产业发展的重要法宝。二是他们坚持改革创新精神，积极与大中专院校合作，以专题培训、专家现场指导等多种形式，广泛开展木雕生产和经营管理、木雕技艺、绘图设计等培训，使传统的民间木雕技艺的传承走上科学规范之路。三是他们积极调整木雕产品结构，引进先进设备，转变经营理念，将传统工艺和现代生产技术相结合，将传统民族文化和现代元素相结合，把木雕产业做精做细、做大做强。

为此，剑川县狮河木雕工艺协会又制定了从2010年到2012年的扶贫培训计划。他们从2009年12月30日开始，经过爬山涉水、开车巡查，共跑遍羊岑乡、沙溪镇、金华镇、甸南镇中的贫困山区进行选点，最后确定了剑川县最落后最贫困的山区及半山区自然村，免费培训千名学员。通过各方面的推荐、报名和审核，已经落实了第一批学员。（见表1-2）

表1-2 狮河木雕工艺协会为剑川县22个贫困山区木雕工艺培训计划表（2010—2012）

村别	山区/半山区	学员数量（人）
清坪村炼坪	山区	98
白山母村青岩头	山区	22
白山母村南登	山区	25
白山母村温登	山区	23
白山母村北登	山区	18
华龙村丰登禾	半山区	39
华龙村象龙额	半山区	86
甸头村甸头禾	半山区	75
石龙村石龙	山区	68
三河村河东	山区	82
印盒村三元、发达村南山脚	半山区	101
石登村石登	山区	7
金坪村金坪	山区	32
兴文村兴文	山区	78
中羊村中羊	山区	78
新松村新松	山区	68
六联村六联	山区	9
玉华村北塘	山区	38
玉华村金和	山区	14
玉华村向阳	山区	15
玉华村福扇	山区	21
玉华村玉龙	山区	11
共计		1008

以上1008名为第一批学员。他们由剑川县金华、甸南、沙溪、羊岑4个乡镇22个贫困村的农村剩余劳动力、无职青年、孤寡人员、务工返乡人员等构成，年龄为16~39岁，孤寡、残疾人员及退伍军人从优录取。这批学员分11个教学点同时进行培训，学制2年。协会采取上门教学培训的方式，学员教学材料及实习材料实行全部免费。为了保证培训计划的落实，张月秋与云南技师学院于2010年4月17日正式签订了培训协议，于2010年6月22日正式开班。

贫困山区木雕工艺培训计划学习的课程内容是：

（1）素描、线描基础（花鸟绘画）

（2）美术基础知识（人物、动物绘画）

（3）木雕雕刻理论、木雕制作基础、不同材料的性质和特点

（4）对各种电动、手动工具的认识、学习、熟练使用

（5）各种造型的人物、动物、花鸟雕刻技术

（6）木雕打坯及修光技术

（7）基本刀功、刀法、工具的研磨技术

（8）浅雕及深雕技术

同时，剑川县狮河木雕工艺协会还构思了更长远的计划：第二批将在剑川县坝区培训2000名（学制2年）；第三批向大理州12个县、市进行培训；第四、五批向云南省16个地州、市进行培训。到那时，木雕艺人将遍布全省各地，将为农村剩余劳动力的转移和无职青年、下岗工人、孤寡残疾人员铺设就业、创业、成功之路，为贫困山区脱贫致富提供平台。

（三）狮河木雕园

剑川县及狮河村的木雕产业虽然名声在外，但实际发展与现状极不相符，品牌培育意思不强，产品市场占有份额小，企业规模小，大部分仍处于手工制作或家庭作坊生产阶段，机械加工运用率低。虽然家家户户长期都在加班加点生产，但生产方式粗放，场地狭小，生产工艺流程不规范，劳动生产率低，生产成本高，经济效益差，一直处于“以销定产”的局面。同时，还存在消防安全隐患，有噪音和粉尘污染等问题，极大地影响着狮河村木雕产业的发展。

针对剑川木雕产业一直难以形成规模化及产业化发展等问题，为提升剑川木雕产业发展的水平，鼓励和引导企业集聚发展，依托狮河村的区位优势及传统木器木雕加工产业相对集中、木雕技术人才众多等优势，剑川县政府制定的《剑川工业园区总体规划》拟订了在狮河村建设一个集民俗旅游、传统木器木雕产品生产和销售为一体的特色工业园区，以带动狮河村及全县木雕产业的发展，并得到云南省和大理州有关部门的同意。

2009 年 12 月，剑川县政府委托云南省开发研究院编制完成了《剑川工业园区狮河片区控制性详细规划》，规划面积为 1.05 平方公里。主要分为木雕展示区、旅游商品街、旅游定点加工企业区、木雕销售加工区和标准厂房加工区等 5 个区域。2010 年，根据《云南省人民政府关于加快工业园区标准厂房建设的意见》和《大理州关于加快工业园区标准厂房建设的实施意见》等文件精神，剑川县抓住省、州财政对标准厂房项目扶持补助的机遇，以标准厂房项目建设作为起动狮河木雕工业园区发展的突破口，县政府成立了领导小组，制定了实施意见，相继完成了《狮河片区标准厂房修建详细规划》《狮河片区标准厂房建设可行性研究报告》等论证材料。标准厂房加工区规划面积 33.63 公顷，建设标准厂房 11.4 万平方米，预计投资 26576 万元，分两期建设，每期建设 5.7 万平方米。在标准厂房建设中，按照集约利用土地的要求，单体均在 2000 平方米及以上，其中单层 25 幢、两层 20 幢，进行木料加工的 13 幢设计有航吊设备。2010 年 5 月，大理州经委和财政局联合将该项目上报了云南省工信委和财政厅。同年 12 月，剑川宏盛古建工程有限公司和剑川狮河金达木雕有限公司签订了入园协议，随后开始了土地平整等前期工作。剑川县人民政府多次到昆明、广东、武汉、成都等地考察、招商引资，并制定了 BT 模式融资建设标准厂房的方案，先后与云南省工业投资集团、昆钢力信钢构公司、大理经济开发总公司等洽谈合作建设事宜。2011 年 2 月，大理州政府程云川副州长率州工信局、国土资源局、人社局、商务局、财政局、发改局、林业局、水务局、环保局、供电局、技校等相关单位负责人到剑川县调研，并强调：“剑川要围绕‘中国民族木雕家具产业基地’这块牌子，做强、做大木器木雕产业”。还成立了程云川副州长为组长的大理州剑川木雕工业园区建设协调工作领导小组。

剑川县工业园区狮河木雕园的建设，进入了稳步发展阶段。他们已经意识到：要积极申报注册剑川木雕品牌，注重营销品牌的塑造；要进一步以市场为导向，开发优质木料，加强技术培训，传承和发扬雕刻技术；要在传统透雕、镂空雕技术基础上，创新设计，赋予产品更多的文化内涵，丰富产品种类，拓宽销售市场；要把木雕产业和旅游文化产业结合起来，构建剑川木雕的生产、销售、文化展示和旅游一体化，以木雕产业来拉动旅游产业，以旅游发展促进木雕销售，使剑川木雕走向世界，让农民得到更多实惠。

五、特色产业

（一）旅游业

狮河村境内有风景秀丽的白塔山景点和剑湖风景区，形成了山影倒映、天水一色，绿树成荫集旅游和民间传统木雕工艺为一体的专业村。随着大理、丽江和剑川石宝山旅游风景区的发展和大理飞机场通航，广大铁路、楚大公路、大丽公路、剑兰公路的通车以及大兰坪的开发，依托剑川县一湖水（剑湖）、一座山（石宝山）、一套家具（木雕木器）的开发，狮河村已经逐步形成了集旅游、木雕工艺为一体的民间工艺区，目前县委、县政府，镇党委政府也加大投入力度，把狮河村列为龙头民间工艺木雕村来抓，并大力鼓励木雕工艺向市场化和集团化发展。建设狮河木雕工艺村，是抓住西部大开发和我省建成民族文化大省的最好时机，树立内有凝聚力，外有吸引力的狮河形象，把创建“民间工艺园村”作为工作重点，促使狮河村民族文化优势和自然资源优势转化为经济优势，最终实现民族文化、生态、经济协调持续发展利用的目标。

剑川县政府制定的《剑川工业园区总体规划》，拟定了在狮河村建设一个集民俗旅游、传统木器木雕产品生产和销售为一体的特色工业园区。要把木雕产业和旅游文化产业结合起来，构建剑川木雕的生产、销售、文化展示和旅游一体化，以木雕产业来拉动旅游产业，以旅游发展促进木雕销售。2011年，狮河木雕园已经开工建设。不久，狮河村的民俗旅游业也将随之发展。

按照结构合理、发展均衡、网络健全、运行有效、惠及全民的原则，以政府为主导，以狮河木雕协会为骨干，鼓励全村积极参与，努力建设以木雕产品生产供给、设施网络、资金人才技术保障、组织支撑和运行评估为基本框架的，覆盖全村的木雕文化服务体系，文化的服务功能显著增强，木雕文化事业发展水平明显提高。加快发展具有狮河特色的木雕文化产业，积极培育具有狮河特色和白族特色的文化产业群，木雕文化的创新能力和产业综合实力大大增强，木雕产品更加丰富，国际文化交流活动不断增多，努力实现“文化魅力独特”的村寨旅游建设目标。

按照狮河自然状况和地理条件以及计划开发的旅游景点分布状况，未来旅游发展规划布局大致如下：

（1）农家乐园区：以发挥狮河农业优势为重点，建立以白族特色农家乐为主的农居旅游特色风景区，农家乐主要为游客提供白族特色的风味小吃以及休闲娱乐各种项目，体现白族乡村特色的文化风情，品味和新生态休闲旅游境界，领略大自然风光。

（2）剑湖湿地园区：以剑湖湿地自然的地理面貌，依湖建立休闲度假山庄为景点，吸纳深层次的旅游发展需求。沿途以生态自然河流和湖泊自然风景为旅游景点，伴以垂钓、假游、春游、健身游为主，满足城市近郊生态旅游的需求，发展乡村文化的特色旅游。

（3）花园景区：设在狮河木雕民族工艺园，开发建设以白乡特色花卉为主的花园景点，为游客展示一年四季的奇花异草，并伴以餐饮、休闲、娱乐为一体，增添赏花的乐趣。

（4）特色白族风情旅游区：以狮河木雕民族工艺园为主要景点。由狮河村组建成的10个文艺表演队和2个狮灯表演队在工艺园民族风情区内为游客表演白族风情的舞蹈和原生态白曲，让游客领略当地白族特色的民族风情，增加游客对白族历史的了解，在载歌载舞中让身心得到全面的放松。

（5）狮河文化广场：在狮河村和狮河木雕民族工艺园中间建立一个狮河文化广场，文化广场按当地的民族风情及群众需求而建，文化广场内设立数字电影院，平时供给当地群众娱乐、节日庙会、数字电影放映和广场演出，也可作为旅游的一个风景区，游客可以在此观看民族歌舞和数字电影，也可与当地群众一起欢歌载舞，享受民族风情。

（6）两座代表性木雕牌坊：用两座具有狮河木雕特色的牌坊作为狮河旅游的导航标志，一座设在大丽高速公路的入口处，另一座设立在下河村入村口与环湖公路交叉处，这两座木雕牌坊作为狮河木雕的代表作，不仅可以让游人看到狮河木雕宏伟的艺术品，也可以作为一个旅游的标志性建筑，对狮河木雕和狮河旅游具有极大的推动作用。

（二）商业

据不完全统计，狮河村共有小卖部12个，都属于个体经营户。其中3家属于中等型的小卖部，商品种类比较齐全，主要经营生活用品，方便村民的日常生活。

村中有一个比较小的农贸集市。在这个市场上，几乎每天都有村民买卖必需的生活物品，比如鱼肉、蔬菜、水果等。这个小集市上，没有衣服、百货之类物品的买卖。

每逢星期三，村中就会有一个较大的集市，或称村里的赶街日，也可以称作小型的物资交流会。这个集市是1983年开始建成的，设在从村里穿过的环湖公路两侧。在这个集市上，有来自各地的商家，其中有四川、贵州、浙江、湖南的，最多的是云南本地的商人。集市上有卖牲畜的，有卖生活用品的，有买电器的，有卖中草药的，货物琳琅满目，可谓是物资云集。集市全长200~300米。这一天，是村民一周中购买生活用品的主要时段。

狮河村设有一个中国联通代办点，主要销售联通手机卡，办理联通手机缴费业务。村里没有专门修理电器的营业部，没有修理手机的营业部，如果需要修理电器等，就要到甸南镇上修理。

（三）餐饮服务业

由于村中的游客比较少，村民日常多是自己开伙，餐饮服务业明显的不发达，仅有一家清真牛肉园。虽然木雕产业的快速发展带动了村中经济的快速发展，但是餐饮服务业的发展现在还没有被极大地带动。木雕产业的发展，带来了交通的发展，进入狮河村的客户也越来越多，但是顾客一般不在狮河村食宿，他们来狮河只是为了订货或者拉货，在村中的逗留时间十分短，或者由卖家提供食宿。

狮河村只有唯一的一家餐馆，这家餐馆是清真牛肉园。此餐馆于2011年上半年刚刚开业，属于个体户，规模很小，顾客也比较少，收益不是很高，不过能勉强维持开业。每天来餐馆吃饭的人很少，餐馆的业务不多，有时甚至没有顾客。

（四）建筑业

狮河村原来没有规模的建筑业，只有一些民间盖房的工匠。他们多是个体，在村里称之为大木匠，没有形成特定的生产部门，但他们称得上是农村建房的主要施工人员或专家。这些人平时比较分散，当有人需要建房时，他们才会组织起来，为主人建造房子等。他们主要从事的是民间传统土木工程。如果需要建造钢筋混凝土的房子，则需要请村子外的专家进行设计，由从事这方面的工人进行施工。

狮河村的古建修缮技术则是远近有名。村民张汉根组建的剑川宏盛古建筑工程有限责任公司，成立于1994年，公司总部就在狮河村。他们主要从事文物古建筑修缮保护和勘察设计、仿古建筑、园林绿化、装饰装修工程设计施工和木雕制品加工、木材加工经营的综合性企业。公司由剑川传统手艺精湛的工匠和建筑规划设计师，艺术雕刻师等多方面专家组成，具有国家文化部颁发的古建筑文物维修一级资质，古建筑勘察设计一级资质，云南省建设厅颁发的园林古建筑、装饰、装修专业承包三级资质。

公司自成立以来后，先后承接施工完成不同艺术风格的文物维修古建筑、园林古建筑工程、装饰装修工程，国家级、省级、市级、县级重点文物保护单位数百项，其主要代表工程有梁河南甸宣抚司署修缮工程，腾冲文星街城楼、文星楼、牌坊新建工程，腾冲“玉泉夜月”公园新建设工程，芒市菩堤寺修缮工程，宣威浦在廷故居修缮工程，曲靖陆良大觉寺修缮工程，思茅营盘山中华普洱茶博览园建盖工程，剑川西门街古建筑群修缮工程，保山板桥“光尊寺”整体修缮工程，缅甸瓦城云南会馆建盖工程，缅甸洋人街观音寺建盖工程。他们把生存发展的着眼点放在科学研究即提高技术能力上，使生产规模不断扩大。

目前，宏盛古建筑工程公司扩大了经营范围。他们于2010年1月申领了《云南省木材经营许可证》，同时购进了大中型木材加工机械进行木材加工，更好地为建筑业和木雕产业的发展服务。他们还把木雕制品加工向多样化发展，由原来单一的格子门扩展到家具、木雕小件工艺品等，积极促进狮河村的经济发展。

（五）交通运输业

据不完全统计，2009 年狮河村的村民拥有汽车大约 25 辆，其中摩托车 7 辆、微型车 11 辆、农用车 2 辆、手扶拖拉机 3 辆、客运微型车 1 辆、私家车 1 辆。近两年，村中的经济发展比较快，好多农民都买了新车，但是没有及时统计出来。现在专门从事运输的只有一户人家，而其他的则将运输作为副业或自用。这些车子有时载客，有时载货，没有固定的业务。

狮河村的公路建设，近几年发展比较快。环剑湖公路穿过狮河村的下河、上河、官登 3 村，全长大约 3000 米。村中的主干道建设也比较完善，大部分路面已经硬化。据《剑川县甸南镇狮河村 2008 年度社会主义新农村建设示范村项目投资一览表》交通栏记载：道路硬化工程：（1）上河村主干道，长度 2300 米，宽 3 米，为 C35 砼路面；（2）官登村主干道，长度 1788 米，宽 5 米，为 C35 砼路面；（3）下河村主干道，长度 3690 米，宽 3 米，为 C35 砼路面。道路硬化工程实施后，极大地方便了村民的出现。正如村民所说：过去下雨天要穿雨靴，如今下雨天穿皮鞋也可以了。

到 2010 年 11 月，《狮河村进村公路、村内主干道、巷道实现硬化和绿化汇总表》载：官登村的进村公路全长 1050 米，村中主干道 2100 米（宽度 5 米）；上河村的进村公路为 1790 米，村中主干道 3400 米（宽度 3 米），下河村进村公路为 2800 米，村中主干道为 420 米（宽度 3 米）。以上的公路和主干道都已完成绿化，狮河村进村公路总计 5640 米，村中主干道总计 5920 米。

六、科技推广

（一）农业科技

以前的千百年中，狮河村农业耕作方式简单，农作物品种单一，主要有水稻、玉米、小麦。完全用的是人力畜力，靠天吃饭，没有化学肥料、没有农药、没有农用机器，粮食产量低，收成没有保障。

新中国成立后，现代农业科学技术渐渐地进入狮河村的农业生产中。1975 年是狮河村农业机械运用的转折点。这一年，狮河村引进了柴油拖拉机，开始有了机械辅助的农业耕种。刚开始农机的数量少，费用很高，大部分田地还是选择水牛耕作。这时，由于没有科学种田的观念，田里施的是农家肥，农作物的产量很低，好的收成每亩仅有 500 斤。每年还有洪水等自然灾害，平均亩产不到 400 斤。

后来，普遍使用了化学肥料，才使农作物产量得到提高。在狮河村的化肥推广使用中，农业科技员李贵珍起到了很好的作用。当时，化学肥料和农药虽然已经引进到狮河村，但是它的推广却是很困难。特别在狮河村这样的贫困村庄，之前没用过，不知道效果如何，而且还要投入资金购买，如果产量没有提高，或者提高的量没有买肥料投资的多就会亏本。所以李贵珍在推广化学肥料时很困难，农药的使用推广就更加难了。作为农业科技员的李贵珍就坚持带头示范，带领全村几家人大胆尝试，耐心指导他们使用化学肥料和农药。其实，村民们都在观察她们使用化肥的效果，效果好了就跟着使用，假如不好就按原来的耕种。李贵珍也知道这个道理，她并没有抱怨，她作为农业科技员就坚持身先士卒，试用和推广新的耕种方式。她选择了农家肥做底料，等作物长势好了以后在施以化学肥料。她全身心地投入到农作物的科学护理上，看到害虫严重了，就施用农药，发现作物长势不好时施以肥料。她带领的几家也同步操作，使用化学肥料的农作物明显的比其他的好，到收成下来，连她也没有想到每亩产量竟提高 200 斤左右，达到了 700 斤。如此明显的效果使得村民们对化学肥料的放心。她根据积累的耕种经验和化学肥料使用指导相结合，慢慢地寻找出更好的施肥护理方法，开始在村里广泛推行。由于在农业科学技术的指导下，农作物的产量得到了提高，进而促进了农机的推广和使用。相辅相成，使农业生产效益明显提高，村民们在相同的时间内创造出更多的财富。

科学种田体现在农业生产的各个方面。如狮河村在水稻的种植管理上推行了很多科学的方法。他们这里水稻的种植，从以前的梅花秧（插秧时凭感觉自由间距插秧，密密麻麻，出来的效果像梅花）到推行条栽。水稻的条栽使得水稻间能够有足够的阳光且增强了通风性，从而使天地中央的水稻都能得到充分的阳光和二氧化碳的供应，使得整体的光合作用得到增强。光合作用是植物固定能量的关键，是直接影响着作物产量的因素。水稻的条栽还有一个好处是更加方便施肥和农药的喷洒。虽然条栽有这么多好处，但是推行时却有很大的阻力，因为条栽使得插的秧横直，按着顺序逐行的插，而且中间还有笔直的一条间距，乍看给人感觉有点稀松，而梅花秧密密麻麻视觉效果感觉很多。其实，在同样面积内，条栽种植的比梅花秧种植的株数多，有人还特意作了比较得到验证。再加上条栽的产量比梅花秧的高，这项技术才得以推广。

农业机械的推广和使用，进一步促进了狮河村农业经济的发展。新中国成立后，虽然陆续使用过一些农业机具，但农业机械化的发展并不是很快，曾在相当一段时间内只有耕地机械、手动农药喷雾器、碾米机、农用车（8~15马力拖拉机）等。而且数量少，利用率低。

2009年甸南镇政府根据云南省及剑川县的有关文件精神制订了农业机械购置补贴实施方案。认真遵照农业部、财政部对农业购机补贴项目提出的总体要求，紧紧围绕农民增收、农业增效、农村发展的目标，以改善农业装备结构、提高农业机械化水平、增强农业综合生产能力、发展现代农业、繁荣农村经济为主要任务，以推进主要粮食作物关键环节机械化为重点，兼顾油料作物、经济作物、林果业、畜牧业、渔业，以及血防疫区、山区农机化发展。突出高效、节能、安全、环保的先进适用机具，引导农机企业参与补贴市场竞争，规范操作程序，最大限度的发挥财政补贴的引导效应，充分尊重农民购机自主权，巩固和发展农民的购机和用农机的积极性，提高农机的社会影响力，推动甸南镇农机化全面可持续发展。以改善农业装备结构，提高水稻、大麦、小麦农用机装备水平，提高使用农机化技术及机具的推广力度，增加农民购买农业机械的能力，实施“以机代牛”的农业机械水平为目的。并确定了补贴机具种类：

（1）耕整地机械：旋耕机、铧式犁、翻转犁、起垄机、耕整机、微型机、田园管理机；

（2）种植施肥机械：秧盘播种成套设备、乘坐式插秧机、步进式插秧机；

（3）田间管理机械：中耕机、电动喷雾器、机动喷雾喷粉机、动力喷雾机、烟雾机、割灌机；

（4）收获机械：半喂入收割机、全喂入收割机、背负式玉米收获机、薯类收获机、秸秆粉碎还田机；

（5）收获后处理机：稻麦脱粒机、脱壳机、简易保鲜储藏设备；

（6）农产品初加工机械：组合米机、螺旋榨油机；

（7）排灌机械：水泵、喷灌机械设备、微灌设备；

（8）畜牧水产养殖机械：铡草机、饲料粉碎机、增氧机、投饵机、挤奶机、储奶罐；

（9）动力机械：8~15马力拖拉机、15~25马力拖拉机、25~40马力拖拉机、40~80马力拖拉机、履带式拖拉机；

（10）设施农业设备：塑料大棚、连栋温室。

通过2009年的推广和引导，剑川县第一批农业机械购置补贴资金263万元于7月底如期完成。在项目实施中，狮河村的村民同全县乡村一样踊跃报名，积极购机。2010年，剑川县为贯彻落实《中华人民共和国农业机械促进法》和中央惠农强农政策，经申请，又获中央财政农业机械购置补贴第二批资金160万元。

该年狮河村购进了联合收割机。基本实现了从耕种到收割全程机械化，促进了农业生产率的发展。

（二）畜牧业科技

在大理白族地区，畜牧业与农业的关系十分密切，相辅相成，构成共同发展的农业体系。在农业发展的过程中，畜牧业起到了很大的作用，同时农业的发展也促进了畜牧业的发展。但在过去，狮河村的畜牧养殖主要用作自家的食用，家畜数量不是很多，不成规模。以养殖为主业的农户不多。

狮河村的畜牧科技的推广，主要通过兽医。改革开放初期，狮河村仅有杨卫龙一人兽医，当时，狮河村养殖的家畜很少，足以应付。逐步地随着农业收成的增加以及科学技术的不断发展推广，促进了狮河村养殖业的发展，畜牧科学技术也得到广泛的应用和推广。当中，杨卫龙不断引进新的药物和新的品种，促进着狮河村畜牧养殖业的发展。1985年杨卫龙引进了猪的人工育种技术，使得育种成功率更高。同年他还引进了猪饲料、鸡饲料等专供养殖的饲料，提高了猪鸡生长的速度。1987年杨卫龙又引进了新品种的鸡，现如今养殖的大多数鸡都是当年他引进的品种。

作为兽医的他，在推广优良品种和养殖方法的同时，一直关注着家畜的健康和预防疾病等问题，在村里推广了鸡和猪的疾病预防。当初，村民认为家畜没有必要提前预防疾病。后来经历了几次疾病之后，村民慢慢地才认识到预防疾病的重要性和必要性。同样，每一个新的品种和新的医疗方法的推广，都要经过大家的验证才得以广泛接受。随着，狮河村畜牧养殖业的发展和村民们对畜牧科技的认可，对兽医的需求量也就增多，现今村里已有5位兽医。许多畜牧养殖科学技术已经得到普及。

（三）能源科技

能源发展和能源使用情况，能体现一个地方经济的发展程度和科学技术发展水平，同样表现出这个地区人们的生活水平。

狮河村村民使用能源的发展变化过程和大多数中国农村一样，从木柴、煤炭到现今的电、气等清洁能源。2006年甸南镇政府推广清洁能源沼气的使用，狮河村村民积极响应，建设沼气池。后来，这里主要使用的是沼气、电、太阳能。每个家庭都有太阳能，家庭生活基本为电气化。清洁能源的使用从根本上杜绝了村民上山砍柴，从而使得狮河村后山上的林木得到了保护。

自从电的推广和利用以来，狮河村的生产生活发生了翻天覆地的变化，耕种、运输、木雕、生活等都离不开油料或电力。碾米机、磨面机等的使用，使得粮食加工更加快捷方便。后来，电力运用到生活中每个角落，电视机、电冰箱、洗衣机、电磁炉等等，在村民中普遍使用。

至2010年，狮河村家家户户都通了自来水，普遍使用了现代通信和新型能源。现代通信的情况是：拥有电视机农户数520户，安装有线电视农户数518户，装有固定电话或拥有移动电话农户数580户（其中拥有移动电话农户数394户）。新型能源使用情况是：建有沼气池的农户数120户，装有太阳能的农户数40户，已完成“一池三改”农户数82户。

（四）木雕科技

狮河村的木雕从传统工艺到如今现代木雕产业的发展过程中有着几次历史性的变更和飞跃。改革开放前，这里的木雕为纯手工雕刻，仅刻刀就有圆刀、平刀、斜刀、玉婉刀、中钢刀、三角刀等二三十种。每一件木雕产品需要的工作量很大，效益很差，但是在没有别的活路可做的情况下，狮河村的师傅们只好用大量的劳动力，用手工操作来增加家里的收入。长时间中，这里的木雕工艺都处在艰难的环境当中，难以发展。

改革开放后，狮河村的农民生产获得了自由，加上宽松的经济政策，这里的木雕产业有了一定的发展空间，为木雕机器的运用和木雕科技的发展创造了条件。

狮河村最先运用的是木材加工机具，主要有锯木机和刨木机。通过锯木机的改料和刨木机的刨平，将原木加工成木雕所用的各种规格板料。从而大大地减轻了劳动强度，加快了木雕产品的加工和雕刻速度，增大了木雕的效益。使木雕工艺从传统当中走出，开始走向良好产业发展的方向。

另一类木雕机器即线锯机的出现，使其在木雕产业中运用十分广泛。线锯机的使用促使了很多木雕家庭开始走向规模化。线锯机主要是用来对画好图案的木料进行粗雕刻。木雕师傅在线锯机雕刻的基础上，再用手工刀具进行细加工，把细小的雕刻完成或完善。线锯机的锯条是由机器带动的，可以完成曲线的锯割，速度较快，但需要人来操作。要熟练掌握，必须进行学习或培训。

随着木雕科学技术的发展，电子技术也渗透到了木雕领域。从木雕图案的电脑设计到雕刻机的运用，使木雕产业发生了质的变化。

2005 年狮河村木雕工艺协会推广引进了数控木工雕刻机，数控木工雕刻机由两个电脑数控操作，电脑制图，导入系统，全自动雕刻。数控木工雕刻机雕刻出的木雕产品，通过打磨、抛光，就可以直接投入市场销售。它的全程完整雕刻使得木雕的生产力得到了空前的解放，生产效率也得到了很大的提高。2011 年，狮河村总共引进了 50 多台数控木工雕刻机。由于数控木工雕刻机的价格比较高，每台购价需四五万元或更多，仅有少数农户或公司购置，还没有达到普及，但是在木雕产业中已经起到了示范作用。

数控木工雕刻机是以电脑操作为基础，需要有较高的文化知识基础。如今，狮河村木雕产业已经有大学生参与，有的公司还引进了大学生员工。高素质人才的培养和参与，为不断提高狮河村木雕产业的科学技术水平奠定了良好的基础。

总之，在狮河村的现代事业发展中，各个方面都与科学技术有密切的关系。无论是农业、畜牧业、能源的使用以及木雕产业等，都伴随着科学技术的发展而发展着。科学技术是推动社会进步的主要动力，狮河村的发展也离不开科学技术的不断进步。

七、教育

（一）学校

狮河村建有小学1所，名为狮河小学。狮河小学是狮河村唯一的学校，地处剑川县东南角。据2011年的统计，校舍建筑面积1600平方米，学校有专职教师17人，学生250人。狮河小学生源复杂，来自附近的四个自然村。近几年木雕产业红红火火，人们的生活水平不断提高，但是大多数家长观念落后，只抓经济，对子女的教育不够重视，致使学生基础参差不齐，为学校教育教学工作带来诸多不便。

2008年开始，由于学校领导重视并在全体教师的共同努力下，学校的育人环境建设有了较大的改变，教学质量稳步提高，良好的学习风气逐步形成，学生的精神面貌焕然一新。全体教师团结一致，为教育教学出谋划策，充分利用现代远程教育和各种教育资源进行教学，并不断研究新教材，充分利用校本教育，转变教育观念，积极做好本职工作，群策群力办好学校的教育教学工作。

学校很重视硬件方面的建设，添设了四台计算机，一台复印机，一台扫描仪等，教学环境有了很大的改观，教育教学质量也随之有较大提高。

学校对育人环境的建设同样重视，2009年新建一块篮球场，并装配了一套体育健身器材，不仅重视小学生的书本知识学习，同时更注重他们的身体健康。学校还对这些健身器材的管理使用和学生家长签订安全协议，并重视学校周围环境的建设。

学校在环境建设上不仅注重小环境还照顾大环境。他们在学校操场东面、南面种植了松柏和一些花卉，在操场北面的四个花池里种植了一些高档的树木，使全体教师在人与自然和谐的环境中学习和生活，这样使得学生更安心学习，愉快生活。

为了让学生全面发展，学校非常重视素质教育，除了很好地完成教学任务，还经常组织学生开展丰富多彩的体育和文娱活动，陶冶情操，丰富课余生活。

（二）师资

甸南镇狮河小学2011年有教师17人。其中有5位教师身兼多门课和班主任工作。该校师资情况及特点是：工作积极性较高，有奉献精神；专业发展和提高的愿望强烈；但知识结构相对单一，教学视野比较狭窄；现代教学技能水平还不能跟上社会发展的需求；教学方式还比较注重传统和经验；教学效果还停留在“合格”水平，有待于进一步提高。

基于这些特点，狮河小学近几年通过“走出去，引进来”的方式对教师进行教学培训，以提高学校师资水平。他们以《中小学教师教育技术能力标准》为纲，在县和镇教育主管部门的帮助下，教师队伍及素质有了以下变化：教育观念更新，树立了现代教学观、课程观、学生观和评价观；教师现代教学技能提高，特别是教学信息资源获取的多、创新能力增强，以此带动教师教学能力的全面提升；加强对教师教科研方法与技能的引导培养，提高教师的教科研能力；巩固取得的成果，不断提高教学质量，大家齐心协力，为高一级学校输送更多的优秀学生而努力工作。

2006—2007年，狮河小学获得教育教学进步奖；2008—2009年学年度获得小学水平测试总分总评全镇第三名（甸南镇全镇共15所完小17个教学点）。

（三）学生

狮河村的适龄儿童接受教育情况基本稳定。学生家长支持，学生本人积极性较高。从近些年的统计情况可以看到这种稳定的局面。

表 1－3　**狮河村适龄儿童受教育情况一览表（2007—2010）**

年份	适龄儿童入学率			在校学生辍学率	15 岁人口中初等教育完成率		
	7～12 岁儿童人数	已入学人数	百分比（%）		15 周岁人口数	受完小学教育人数	百分比（%）
2007	303	303	100	0	52	52	100
2008	280	285	102	0	64	64	102
2009	248	248	100	0	59	59	100
2010	234	234	100	0	50	50	100

根据狮河村村委会提供的资料整理。

（四）教育模式

狮河小学同全镇的小学一起，于1996年实现了“普六”验收。2000年顺利完成了“两基”的验收。之后，他们抓住“危改工程”和“百件爱心助教工程”契机，使学校的硬件建设得到了极大改善，学校布局日趋合理。为了优化教育资源，实现资源共享，2006年与全镇的小学一起，完成了农村中小学远程教育工程项目，使学校的整体办学水平有了很大提高。通过不断努力，广大教师越来越深刻地认识了知识改变命运，教育成就未来的道理，自觉为学校的教育教学出谋划策，充分利用现代远程教育和各种教育资源进行教学，并不断研究新教材，充分利用网络教育，转变教育观念，积极做好本职工作，群策群力办好学校的教育教学工作。

通过不懈努力，狮河小学的各方面工作已经进入了规范管理。如每周一上午和周五下午举行升降旗仪式；每天清扫校园，保持校园各个角落清洁；健全了安全责任管理制度，做到教育为先，预防为主，警钟长鸣；每月对学生进行一次刀具管制检查；等等。为此，学校没有发生过安全事故。

（五）村民受教育程度

1. 普通村民受教育状况

据狮河村村委会的调查与统计，全村劳动力平均受教育为九年。劳动力的构成主要是中青年，说明狮河村的中青年基本接受了九年义务教育。但是，从年龄段看，40 岁以上者，小学文化程度占一定比例。30 岁以下者，高中文化程度的比例较大。需要指出的是，狮河村在 20 世纪五六十年代出生的人群中，有一批老高中毕业生，他们文化功底扎实，在青少年时吃过很多苦，如今都是村里各方面的骨干，有的还续了大学课程或文凭。狮河村能有今天的发展与成就，与这批文化人关系密切。

2. 狮河村部分大学生情况

新中国成立后，狮河村陆续培养或成长了一批大学生。特别是 20 世纪 80 年代后，大学生的比例明显增多。根据村委会的不完全统计，狮河村大学生的基本情况大致如下：

表 1－4　　2011 年狮河村部分大学毕业生名录

序号	姓名	性别	毕业学校	工作单位
1	张茂兴	男	云南师范大学	大理州委宣传部
2	张仕全	男	大理州财校	剑川县财政局
3	张树华	男	云南省委党校	剑川县交通局
4	杨永兴	男	昆明医学院	大理市医院
5	张义平	男	云南大学	大理市医院
6	杨飞	男	云南师范大学	大理市医院
7	普文科	男	云南省委党校	剑川县委组织部
8	张四龙	男		剑川县药监局
9	杨金妹	女	云南民族大学	剑川县沙溪政府
10	段福泰	男	云南政法大学	
11	曾月全	男	云南政法大学	剑川县公安局
12	罗金勇	男	云南民族大学	云南省临沧市永德县公安局
13	杨次川	男	云南民族大学	云南省临沧交警大队
14	张金伦	女	云南警官学院	昆明西山女子监狱
15	张金瑜	女	山西干部影视学院	海南电视台
16	王宝元	男	云南警官学院	云南省六库公安局
17	杨会兰	女	云南民族大学	剑川县国税局
18	段林生	男	云南师范大学	剑川县甸南中学
19	杨军	男	中央党校	大理州工商局

续表

序号	姓名	性别	毕业学校	工作单位
20	张剑岗	男	云南师范大学	昆明
21	张珍伟	男	西南林业大学	昆明建工集团
22	杨油天	男	昆明医学院	省外
23	曾艳青	男	云南农业大学	宾川县烟草公司
24	杨玉堂	男	武汉科技大学	
25	杨凤丽	女	大理学院	剑川县疾病控制中心
26	张琳	女	云南城市建设学院	剑川宏盛古建筑工程公司
27	张剑娥	女	楚雄师院	
28	刘秀莲	女	云南民族大学	

根据狮河村村委会提供的资料整理。

表 1－5　2011 年狮河村部分在读大学生名录

序号	姓名	性别	就读学校
1	杨国强	男	云南农业大学
2	邱亚丹	女	
3	杨林	男	云南省警官学院
4	杨凤益	女	大理学院
5	张明智	男	北京邮电大学
6	曾艳	女	楚雄师院
7	张德智	男	昆明医学院
8	张成花	女	上海海事大学

根据狮河村村委会提供的资料整理。

八、经济社会建设

狮河村隶属于剑川县甸南镇，位于剑川坝子东南角。早些年，由于交通、通信闭塞，全村除农业外仅有几户养鱼户，加之土地贫瘠、水患较多，粮食生产受自然灾害影响较严重，群众的生产生活十分贫困。近年来，在上级政府的正确领导和关心帮助下，狮河村村委会面对现实，勇挑重担，以“木雕产业为支撑，新农村建设为重点，实现木雕富村，逐步构建和谐狮河”为发展思路，全村经济社会得到了长足发展。在村干部以及村民的齐心协力之下，如今的狮河村告别了贫穷落后的面貌，基本实现了小康水平，村民的生活水平有了很大程度的改善。

如今，全村几乎男女老少皆动手，家家户户经营木雕工艺，已经形成了以木器木雕为基础的支柱产业，通过多年来的努力，狮河村的基础条件有了明显的转变，社会经济生态呈现逐步和谐发展的良好局面，告别了“看着荒凉，住着凄凉”的生存环境，成为剑川县的小康示范村。

狮河村之所以能够欣欣向荣地发展，与村委会干部的努力分不开，与村民们的奋斗分不开，与党和政府各个时期的经济制度与政策的颁布、执行和落实分不开。特别是在剑川县委、县政府和甸南镇党委和政府的关怀之下，村党总支和村民委员会深化对村情的再认识，从改善人居条件、转变群众观念和拓宽农村增收渠道入手，立足村情、理清民意、带领广大群众艰苦创业。秉承以改革开放为动力、以国家各项经济政策为纲领、以市场需求为导向、以农民增收为目标的观念，大力发展本村经济。狮河村立足本村实情，着重将经济建设的重点放在木器木雕、烤烟、畜牧业这三大支柱产业上，使全村综合经济实力明显增强。他们同时在烤烟生产上注重提质生效，抓实科技措施的应用，强化区域化布局和规模发展；在巩固林改成果方面，注重促进林业发展，深化集体林权配套改革，鼓励农民增收；在畜牧产业培植方面，以坝区生猪和奶牛养殖为重点，实施以短养长战略。通过上述措施，狮河经济实现了飞跃式的发展。村委会严格而积极地落实党和政府不同时期的经济制度和政策的同时，结合本村的村情实际，在改革和发展中不断地进行探索和思考，进行大胆地创新、尝试和改革，使得村庄建设取得明显的成就。主要表现在以下方面：

（一）新农村建设

新农村建设是在我国总体上进入以工促农、以城带乡的发展新阶段后面临的崭新课题，是时代发展和构建和谐社会的必然要求。全面建设小康社会的重点难点在农村，农业丰则基础强，农民富则国家盛，农村稳则社会安；没有农村的小康，就没有全社会的小康；没有农业的现代化，就没有国家的现代化。进入21世纪后，我国国民经济的主导产业已由农业转变为非农产业，经济增长的动力主要来自非农产业，根据国际经验，我国现在已经跨入工业反哺农业的新阶段。因此，我国新农村建设重大战略性举措的实施正当其时。

在国家新农村政策的引领下，狮河村新农村建设工作在剑川县主管部门的领导和指导下，狮河村大力开展了新农村建设工作。2008年，狮河村被剑川县委、县政府确定为社会主义新农村建设示范村。狮河村的干部、群众信心倍增，干劲十足，积极抓住机遇，确定了以下建设重点：以培育新优势，打造特色产业，实现产业富村；增强新动力，依托致富能手，实现能人带村；推广新科技，加强教育培训，实现素质强村；塑造新形象，倡导新型文明，实现文明新村；构建新和谐，扩大基层民主，实现民主治村。他们在创建新机制中，按照"好规划、好路子、好村庄、好体系、好村风、好班子、好制度"的要求，全面推进狮河村的新农村建设工作。同时进一步完善基础设施建设，改善村容村貌，不断提升木雕工艺经营质量和效益。通过三年的努力，至2010年狮河村各方面的建设得到了又好又快地发展。主要表现在以下方面：

（1）已完成《狮河村新农村示范村村庄规划》，和狮河村村庄规划外业1:500全数字野外测量，该规划由云南大学水利水电学院"县校合作"项目来负责完成，2010年该规划尚在实施当中。

（2）完成进村公路，村内主干道、巷道的绿化和硬化。共计耗资300多万元。

（3）突出木器木雕、旅游文化两大核心产业；抓实木器木雕加工生产、旅游文化、木器木雕工艺培训三大基地；以基地为载体，形成木器木雕产业带动旅游文化产业发展，旅游文化产业促进木器木雕产业壮大的良性发展格局，通过体制机制创新和政府推动，拉动产业链，增加附加值，实现支柱产业间良性互动多赢。以木雕为支撑产业，木雕从业人员人均收入已逾3690元。狮河的木雕产业不仅解决了本村劳动力就业和群众增收的问题，还解决和带动了周边村镇乃至全县的农村劳动力就业和群众增收。

（4）普及农户用电和液化气、沼气为主的清洁能源，普及率高达100%。要加快了村庄内能源建设步伐，在适宜地区积极推广沼气、秸秆气化、小水电、太阳能等清洁能源技术。从2008年起，大幅度增加村内沼气建设投资规模，在有条件的地方，还加快普及农户使用沼气，支持养殖场建设大中型沼气。以沼气池建设带动村庄改圈、改厕、改厨等。

（5）全村90%的农户均饮用井水，为了解决人畜饮水问题，优先解决高氟、高砷、苦咸、污染水及血吸虫病区的饮水安全问题，确保和实现饮用水的安全卫生，除了从源头上进行清洁，还新建了人畜饮水工程，该工程将于年底前完工。在有条件的地方，还发展集中式供水，提倡饮用水和其他生活用水分质供水。

（6）全村从事第二、三产业的人数有很大提高，从事第二、三产业劳动力占全村劳动力的比例由原来的15.37%增长到现在的77%，农民工资性收入也发生了很大程度上的提高，农民工资性收入比例现在已经占总收入的55%。

（7）全村人均衣着消费支出280元（其中上河村人均衣着消费支出300元，下河村人均衣着消费支出260元，官登村人均衣着消费支出280元），村民的消费水平得到提高，消费结构也得到了进一步的优化。

（8）人均住房面积40.39平方米，青瓦白墙工程达70.5%，居住条件得到很大改善。同时因地制宜，把发展经济林和生态林结合起来，搞好了村庄内的绿化。突出特色，从一家一户到整个村庄实现了干净整洁、美化亮化、户户青瓦白墙，做到了人与自然的和谐，与社会的和谐。

（9）以农业为基础，木器木雕和文化旅游这两大核心产业为支撑，加大劳动力的转移，着力推进新农村建设。高度重视粮食生产，大力普及实用科技和良种种法，提高了粮食的单产，促进了群众增产增收。发展优势特色生态农业基地1000亩，包括培植高产稳产啤大麦基地450亩，优质高原粳稻基地500亩，灯盏花50亩。发展经济林果200亩，高稳农田建设1600亩，恢复水毁农田300亩。同时借助大理旅游及剑川石宝山、千狮山、剑湖旅游开发，形成木雕文化品牌。

（10）大力发展劳务经济，坚持政府引导，强化服务，能人带动，有计划、有组织地输出劳动力，通过减少滞留在农村的剩余劳动力，提高劳动生产率，增加农民收入。同时通过开展木雕工艺培训和就业创业培训，引导村民自主创业和下岗再就业，进一步减少了村内的剩余劳动力数量。

（11）大力发展庭院经济、规模经济。村内发展了300户木雕专业户，1个木器木雕工艺协会，注册2家木器木雕公司（宏盛和金达），形成了“协会

+公司+基地+农户”的生产模式，培养了37个木雕经纪人，2户百货自选商场。同时不断加强对外交流，借助2003年1月13日甸南镇与日本福岛县大沼郡三岛町的关于“乡村文化资源保护与产业开发合作协议”的契机，与日本福岛县大沼郡三岛町结成“民间工艺姐妹乡”，促进对外交流与合作。

(12) 进一步加强村庄公路建设，基本实现村镇通油（水泥）路。在“政府出资村民出劳”的情况下，村内修建了崭新的主支干道。按照“建管并重”的原则，逐步把农村公路等公益性基础设施的管护纳入国家支持范围之中。村庄主、支干道路灯的设置和安放正在策划中。

(13) 建立了狮河村集市，加快了现代流通体系的建设，积极推进了农产品批发市场的升级改造。同时还大力发展农产品、农业生产资料和消费品连锁经营，建立了以集中采购、统一配送为核心的新型营销体系，改善了村庄的市场环境。

(14) 推进本村税费改革。巩固和发展税费改革的成果，进一步减轻了农民的税费负担，逐步降低农业税税率，为最终实现城乡税制的统一创造了条件。

表1－6　2010年狮河村新农村建设主要项目一览表

自然村	总人口	总户数	劳动力	清洁能源使用普及率%	人均住房面积（平米）	农民工资性收入（元）	人均衣着年消费支出	人均经济纯收入（元）
上河	1422	312	615	100	42	4742400	300	3800
下河	533	126	287	100	39	1915200	260	3750
官登	836	171	321	100	38.5	2599200	280	3520
合计	2811	609	1223	100	40.39	9256800	280	3690

根据狮河村村委会有关资料整理。

（二）社会事业建设

在近些年的发展中，狮河村的社会事业建设出现了新的面貌。主要表现在以下方面：

(1) 刑事案件的立案数目有减少趋势。

(2) 由于经济建设发展良好，人民生活水平都得到不断的提高。全村贫困人口有减少趋势，2010年仅有28人，占全村总人口比例的0.9%。

（3）卫生事业协调发展，成立了狮河村卫生所，农村医疗卫生工作得到正常开展。同时根据社会主义新农村建设的“生产发展、生活宽裕、村容整洁、乡风文明、管理民主”的政策方针，结合社会主义新农村示范村的要求和《剑川县甸南镇社会主义新农村建设狮河示范村建设实施方案》的总体部署，为搞好新村村容村貌，努力建设“经济社会发展，群众生活安康，环境整洁优美，思想道德良好，公共服务配套，人与自然和谐”的文明新村，还制定了一系列卫生公约及细则和村规民约及细则，并且严格实行“三清六改”（即清垃圾、清污泥、清路障、改房、改栏、改水、改厕、改路、改环境）专项整治行动，使得村容村貌焕然一新。

（4）逐步完善贫困救济、养老保险、医疗保险、财产保险、人身保险等制度，基本实现了村民间老有所养、病有所医、贫有所济的社会发展目标。2010年，全村各项保险参保率高达99.4%。建立健全了村内医疗救助制度和社会保障制度，逐步完善了村庄内五保户供养，贫困户生活救助，丧失劳动能力的贫困人口救助和灾民救济补助等社会救济活动，逐步探索建立本村最低生活保障制度。

除此之外，狮河村委会严格依据国家教育救助政策的规定，在各级政府的指导下，鼓励各类社会团体、基金会资助农村的贫困生，使得村内贫困家庭的孩子实现了上学梦，这些措施都产生了不错的扶持效果。

（5）村内各种科普工作有序开展，农业科技创新和推广服务体系得到不断完善。同时还加大了科技示范户的培育力度，抓好农业科技示范工程，提高了科技覆盖率，增强了辐射带动作用。

表1－7　2010年狮河村社会事业建设部分项目一览表

自然村	总人口	总户数	劳动力	劳动力平均受教育程度	通电话率（%）	庭院绿化率（%）	庭院硬化率（%）	电视机普及率（%）
上河	1422	312	615	9年	100	90	85	99.5
下河	533	126	287	9年	100	86.5	88	99
官登	865	171	321	9年	100	87	86	99.2
合计	2811	609	1223	9年	100	87.5	86.38	99.23

根据狮河村村委会有关资料整理。

（三）规章制度建设

1. 党的建设制度

（1）党支部书记工作职责

主持村委会党支部的工作，坚持集体领导，贯彻民主集中制原则，充分发挥支委班子的领导核心和支部成员的战斗堡垒作用，保证党在农村的各项路线、方针、政策的贯彻落实。

抓好党支部的自身建设，坚持支部和党员的双向目标管理制度、民主评议党员制度、组织生活制度，加强对党员的管理和教育。

制定党员发展规划和年度计划，做好入党积极分子的培养和发展工作，重视推优工作。

全力支持村委会行政工作，协调制定村委会经济和社会发展规划，对工作中重大问题提出决策性建议，使党支部工作和行政工作步调一致。

主持村委会干部的学习，负责村委会干部的管理及考核。

加强对共青团、村委会、农业社干部、群体组织的领导和管理，充分发挥他们的职能作用。

（2）组织委员的工作职责

①了解和掌握支部的组织状况，检查和督促党员小组的活动情况。

②负责对入党积极分子和预备党员进行培养、教育和考察，提出发展党员的意见，办理接收新党员和预备党员转正手续。

③接转党员的组织关系，按时收缴党费。

④做好党员和党组织的统计工作。

（3）宣传委员的工作职责

①了解党内外群众的思想情况，提出宣传教育意见，拟订和提出学习计划或建议。

②根据上级党委指示，围绕每个时期的工作任务开展宣传鼓动工作。

③指导本村委会党员学习科技、文化知识；协助指导村委会妇女、共青团组织开展文化体育活动。

（4）纪委检查委员的工作职责

①负责对党员进行党纪党风教育。

②了解党员执行党的路线、方针、政策，遵纪守法的情况，并进行检查督促。

③检查党员违法违纪的案件，负责办理处分党员的具体手续。

④受理并向支部委员会和上级党组织转递党员的控告和申诉。

2. 村委会管理制度

（1）村委会工作职责

①教育、组织村民认真贯彻执行党的路线、方针、政策，自觉遵守国家的法律、法规。

②向村民会议或村民代表会议负责并报告工作。

③积极完成镇人民政府布置的行政、经济等各项任务。

④维护和保障村民的合法权利和利益；教育引导村民履行公民义务。

⑤抓好农村经济，做好本村十个社村民小组生产的服务协调工作。

⑥办理本村公共事务和公益事业，调节民事纠纷，维护社会治安，保持农村稳定。向上级政府反映村民意见、建议和要求。

⑦发展文化教育，普及科技知识，提高村民的致富本领；促进组与组之间的互助、团结，带领群众开展社会主义精神文明建设。

⑧管理和使用好本村集体所有土地和其他财产，教育村民爱护公共财产。

⑨做好优抚优恤，救灾救济，五保户供养等项社会保障工作。破除农村封建迷信活动，开展移风易俗教育。

⑩做好计划生育工作，控制人口增长，提高人口素质，把好婚姻登记第一关。

（2）村委会工作制度

①认真贯彻落实党在农村的各项现行政策，切实保证镇党委、政府各项工作目标的实现。

②结合本村实际，制定切实可行的经济、社会发展规划，调整产业结构，积极推广科技措施，组织广大群众参与支柱产业的发展。

③坚守岗位，保证工作时间，做到来信。来访及时处理。

④依法行政、勤政廉洁、处理和解决问题公道正派，坚决同违法违纪行为做斗争。

⑤加强对各部门和村民小组的领导、支持，帮助他们大胆工作，发挥他

们的职能作用。

⑥坚持集体领导分工负责的工作制度，凡重大事项，需经集体研究方可决定，该个人处理的事情不推诿。

（3）村委会会议制度

①村委会每一个月召开一次办公会议，主要总结过去一个月村委会工作，研究部署下一步工作任务。

②每季度召开一次工作会议，通报本季度工作，研究下季度工作任务。

③半年召开一次汇报会，村委会成员各自汇报分管工作情况，同时研究部署下半年工作任务。

④年终召开一次汇报总结会，认真总结村委会一年来工作的成绩、经验、不足和教训，制订下一年的工作计划。

⑤如工作需要可以随时召开，每次会议做好记录，归档备查。

（4）村委会学习制度

①坚持每周一上午学习两个小时，以集体学习和自学相结合的原则。

②由党支部统一组织，集中学习党的农村各项方针、政策、国家的法律、法规、农业科学技术、经济管理等基本知识。

坚持每月至少一次学习机会，开展批评和自我批评的民主生活会。

坚持每年一至两次的村民大会，每季度一次的村民代表大会，集中传达学习有关文件精神和实施政策法规。

3. 财经制度

（1）财务管理制度

①坚持由农经站统一管理村委会和村名小组所有财务资金的原则。

②坚持每季度一次向村民公布财物收支结余情况。

③严格财务开支，坚持主任审批一支笔制度。1000 元以内由村委会主任审批，1000 元以上由集体讨论决定，必要时需经村民代表讨论通过。

④各种原始凭证严格实行对方签章，经手人签字，批准人签章的“三章制度”。

⑤严格控制非生产性开支，不符合财物的非生产性开支，财务人员有权拒付。

⑥现金与存款要分账管理，会计要按月结账编制报表，出纳未经领导批准不得私自接触现金。

(2) 农科员工作职责

①根据村委会农业生产发展计划，拟定促进生产发展所采取的科技措施。

②结合农事活动利用各种手段宣传农业科技知识，提高农民的科学种田水平，组织农民进行科技试验、示范、推广。

③完成上级安排的农业科技推广项目。

④协助村民委员会抓好产业结构调整，自己要带头参与支柱产业开发和科技试验示范。

⑤抓好良种推广，组织化肥农药供应等配套服务。

(3) 村民公开民主管理制度

①农业生产坚持村委会统一安排、统一布局、统一结构调整。

②公开公布地基使用指标，尽量少占用耕地、节约用地。坚持由村民代表讨论审批。

③坚持财务管理制度，及时向村民公布财务状况。

④坚持办学建校、村庄道路、供水电设施、水利建设等公益事业由村民代表会议或村民会议讨论通过的原则。

⑤及时公开上级党委、政府的指导性工作安排。

⑥及时公布村务内容，增加村委会工作的透明度。

4. 民主监督制度

(1) 村民代表会议制及议事规则

①村民代表要有一定的政治觉悟和参政议政能力，坚持原则，热爱集体、关心集体、办事公道。

②村民代表会议每季度召开一次，由村民委员会主持，村民代表、村党支部成员、村民委员会成员、村民小组长和驻村的镇人大代表参加。上诉参与人员都有表决权。

③议事内容：凡涉及村民利益的重要事项如村提留的收缴和使用、享受误工补贴的人数和标准、村集体经济所得收益的使用、公益事业需要村民负担的事项、土地承包、宅基地审批和项目承包的方案等。

④议事原则：实行少数服从多数的原则，所议的内容及做出的决定不与党的方针、政策和国家的法律法规相抵触。

(2) 民主评议干部制度

①坚持“实事求是、有利于工作、与人为善”的“三原则”民主评议村

委会干部。

②以村民代表会议的形式进行民主评议，每年进行两次，即上半年和下半年各一次。

③评议内容：从村委会及其他成员贯彻执行党的路线、方针、政策及国家的法律、法规，各项规章制度、办事、工作的任务完成情况、移风易俗、为民服务、工作水平与工作等几方面进行评议。

④坚持述职、民主评议、无记名投票、公开评议结果的评议程序。

(3) 干部廉政制度

①不准以权谋私，坚持公共道德。

②不准借用、挪用公款公物。

③不准截留化肥、农膜、农药等生产资料供应指标。

④不准在集体调工、提留、集体经营项目承包、宅基地审批、超生罚款收缴等方面偏亲厚友。

⑤不准利用集体公款吃、喝、铺张浪费。

⑥不准出差期间超标准食、宿、游山玩水。

(4) 民主监督制度

①坚持每季度公开一次财物使用情况、村民委员会办理和处理本村的自治事务情况。

②及时向村民公布计划生育、宅基地审批、国家建设征用土地、救济款物发放等政务性工作情况。

③凡村里的重大事项或村民群众关心的问题，及时向村民公开。

④坚持民主决策，尊重村民的民主权利，教育村民依法履行义务。

⑤定期进行民主评议村干部制度和向村民代表和村民代表大会报告村委会工作。

⑥坚持逐级反映村民意见和要求原则，及时反映社情民意，虚心听取村民意见。

⑦坚持村民委员会工作和村委会成员的行为始终置于村民群众监督之下。

(5) 文书工作职责

①负责村民委员会内勤工作，管理公共财物，耐心接待群众来办理的各种手续和来信、来访及时反映的意见。

②按时上报各种报表、进度和上级所需的材料，几号工作日志和会议记

录，负责积累和管理各种文件资料并及时归档。

③主持农经站工作，严肃财经制度，负责催收各种欠款，定期搞好财物公开。

④在做好本职工作的同时，积极协助做好支部和村委会的工作。

（6）调解主任（委员）工作职责

①认真贯彻“调防结合，以防为主”的工作方针，通过调解宣传政策、法律，根据纠纷发生的规律和结合当地实际，进行防范性宣传。

②依法及时调解民间纠纷，把民间纠纷解决在基层，消灭在萌芽状态。

③配合有关部门对承认错误的青少年开展帮助教育工作，帮助他们走上正道。

④钻研业务，认真总结工作经验。

⑤经常学习法律知识，提高自身素质，实事求是，依法办事。

（7）治保主任（委员）工作职责

①领导各社治保员层层落实责任制，年初有计划，半年有检查，年终有书面总结。

②预防和控制突发事件，尽量将问题控制和解决在萌芽阶段，防止事态扩大。

③协助公安机关查破各类案件，积极提供破案线索。

④依法打击“六害”，会同有关组织对村内违法和失足青少年的帮助。

⑤加强防火、防盗、防交通事故的宣传教育和检查工作。

（8）妇联主任职责

①完成上级下达及办事处妇女工作的任务，主动向党支部请示、汇报妇女工作、活动情况。

②积极带领妇女完成产业结构调整、科技推广、创十星级文明户等中心任务。

③深入了解掌握农村妇女的思想动态、愿望和要求、需要及时解决的实际问题，努力完成党支部交给的任务。

④调整研究办事处妇女的基本思路，创造性地开展工作。

⑤协助抓好计划生育工作，向狮河村妇女积极宣传党的方针政策、法律法规，妇女卫生保健知识，提高她们的各种素质，促进经济发展。

(9) 计划生育宣传工作职责

①努力学习计划生育现行政策、法律、法规以及业务知识，提高计划生育工作的管理水平。

②督促指导村民小组计生服务员的管理工作，每月29日召开听取服务员工作汇报，同时布置下月工作。

③健全完善“定期信息报告单”、“人口与计划生育登记册”、“人口与计划生育登记账”、“已婚育龄妇女动态管理”提示板和“已婚育龄妇女分类管理板”的规范化管理水平。

④认真宣传、贯彻落实计划生育政策、法规及避孕节育、优生、优育、优教知识和科普知识。

⑤按时按质按量地填写各种计划生育报表，反馈计划生育信息。

⑥建立健全计划生育档案管理工作。

⑦及时发放各种避孕药具，并对使用情况进行跟踪随访，在巩固“三为主”的基础上积极开展“三结合”工作。

(10) 民兵连长工作职责

①按照上级军事机关的指示，抓好民兵连的全面建设，带领民兵执行各项勤务。

②搞好各年度的民兵整组、预备役登记和兵役登记、统计工作，抓好民兵连的制度建设。

③落实军训人员，领导全连积极完成各种训练任务。

④组建一支高素质的基干民兵和应急分队，努力完成上级赋予的各种抢险任务。

⑤负责带领民兵协助办事处抓好产业结构调整和科技推广。

⑥结合本地实际，积极探索民兵在市场经济中的作用。

(四) 村规民约

为了认真深入贯彻党在农村的各项路线、方针、政策，树立社会主义荣辱观，加快“三个文明”建设，使广大村民有一个安定祥和的生活环境。结合狮河村的村情，经村民代表提议，村委会讨论，全体村民大会通过，制定本村规民约，请全体村民共同遵守执行。

第一条 每个村民都要学法、知法、守法，自觉地维护法律的权威和尊严，同一切违法犯罪行为做斗争。

第二条 严禁偷盗国家、集体、个人财物，严禁赌博、吸食和贩卖毒品以及私藏违禁物品。

第三条 爱护公共财物，不损坏水利、交通、供电和生产性公共设施，禁止在环湖路过村路段、柏油路上脱粒晒粮。

第四条 节约用水、用电，严禁偷水盗电。

第五条 遵守户口管理规定，及时申报或注册登记，严格按规定办理相关手续。

第六条 婚事新办，丧事从俭，破除陈规陋习，移风易俗，反对封建迷信及其他不文明行为，树立良好的社会风尚。

第七条 搞好公共、家庭、个人卫生，保持村容村貌整洁，不随地倒垃圾，不在路、道堆放粪草杂物。

第八条 自觉服从《狮河总体规划》。

第九条 村民之间要相互尊重，相互理解、谅解，互帮互助，和睦相处，建立良好的邻里关系，自觉维护社会秩序和公共安全。

第十条 严格执行《土地管理法》，依法使用土地、宅基地使用必须服从村整体规划，不得损害集体及四邻利益。

第十一条 自觉执行《计划生育法》，提倡晚婚晚育，男 22 周岁、女 20 周岁始得申请办理婚姻登记手续，提倡一对夫妇生育一个孩子。

第十二条 尊老爱幼，善待孤寡老人、残疾人、未成年人，义务教育阶段不准子女辍学。

第十三条 村民拒绝执行科技、计划生育、土地、文化、教育、卫生等有关方面的政策、法规者，村委会可采取停止一切社会优抚、救济和各种手续办理的制裁措施。

第十四条 护林防火，营林造林，人人有责。加强低产林地开发利用，以林业部门和本村制定的林业发展规划实施，主要发展种植华山松、红豆杉；未经批准擅自乱砍滥伐的视为非法行为，按有关规定给予处罚。

九、社会福利与保障

近30年来，狮河村村委会、甸南镇镇政府的建制，经过了公社改区、区改乡、乡改镇等多次机构撤并，村委会的名称及办公地点也多次变更和搬迁，资料保存情况不容乐观。目前能查找到的档资料非常有限：档案室里只能查到1995年以后的记录。为我们调查组成员开放的狮河村村委会资料室，党建资料保存得相对完善，而就业情况统计、养老现状、残疾人保障相关的资料非常稀少。更重要的是，文档资料更新也较慢，如"低保"方面的文档资料，只能找到2008年的，而且资料很不完善，仅有低保户的申请批准表和一张手写的简单统计户数。说明农村基层组织在重视政治性资料保存的同时，对与经济社会建设密切相关的档案资料的保存，还没有引起足够的重视。

为了获得较为完整的资料，我们采取了社会学的访谈方式，对现任的村委杨继兴书记兼主任，还有原上河自然村村长刘玉根进行了访谈。以下是我们调查、访谈的记录整理材料。

（一）就业

农村的就业情况很大程度上受到本村自然资源和文化传统的影响，即靠山吃山靠水吃水。大理白族地区的剑川木雕历史悠久，唐代时，剑川木匠就承担了南诏五华楼木雕构件的制作。被列为省级重点文物保护单位的剑川沙溪兴教寺、石宝山宝相寺，及剑川县城西景风公园气势宏伟、雕镂精巧、气韵生动的古建筑群等，均为剑川木匠的杰作。据考，西安、北京等地的皇宫园林建筑及木雕工艺，不少是出自剑川木匠之手；昆明金马碧鸡坊、筇竹寺，重建的大理五华楼、文献楼，建水的孔庙，宾川鸡足寺庙等古建筑或其木雕工艺都有剑川木匠参与建造。狮河村更是剑川木雕的聚集地，长久以来，狮河村有不少人就以木雕为生，从事木雕的家庭和个人非常普遍。

但是，狮河村的就业形式并不是单一的。大部分人家还在从事着种植业，在满足自家粮食需求之余，能有一半以上的粮食拿到市场上销售。因此，农业仍是狮河村的主业，没有出现土地荒废的现象。近年来，养殖业在狮河村有所发展，他们主要养殖奶牛、肉猪、土鸡等家禽。虽然规模不是很大，但其收入也在慢慢增加。还有从事民间艺术、歌舞、风水先生等行业，只是所占比例较小。从整体情况来看，由于木雕手艺和农田都代代相传，狮河村的就业情况较好，几乎所有适龄的人都有工作做，且收入较好。这在农村中，算是经济条件比较好的了。

狮河村的就业主要有木雕、农业、外出打工三种类型：

1. 木雕

云南西部民间有传说："丽江粑粑鹤庆酒，剑川木匠到处有"，剑川木匠有名，狮河村的木雕更是远近闻名。狮河村是剑川县传统的木雕村，据调查，2007 年，全村共 653 户，总人口 2745 人，从事木雕生产 1146 人，占全村总人口的 42%，占总劳动力 77%。全村已有 24 个龙头个体户，32 个木雕经营经纪人，从业人员中有妇女 125 人，残疾人 5 人，有设计师 20 人，雕刻师 281 人，工艺技术师 15 人。2007 年全村经济总收入 1089.6 万元，其中木雕工艺总产值 685 万元，占总收入的 63%。2010 年全村经济收入为 1471 万元，木雕产业占 1200 万元，占总收入 81.6%。

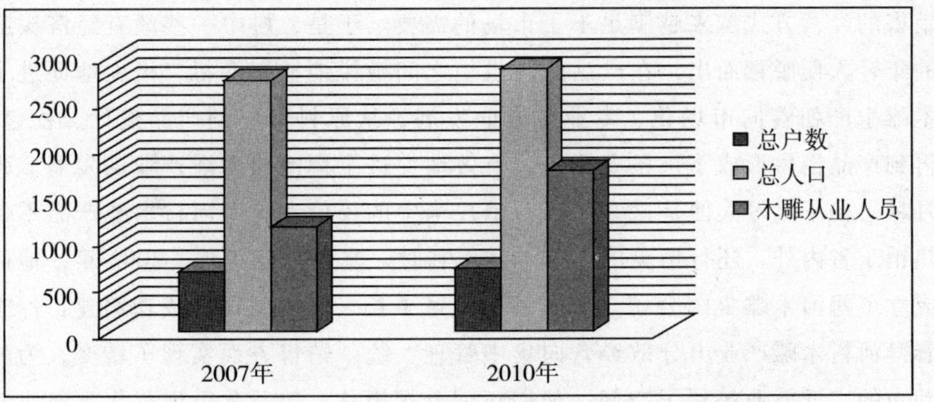

图 1－2 狮河村 2007 年和 2008 年总人口及从事木雕人员比例图

数据来源：2007 年、2010 年狮河村村委会统计资料。

狮河村目前的劳动力人口大部分为初中文化水平，他们大部分在初中毕业后便在家从事木雕工作，有建房子的大木匠，最多的人从事雕刻和组装格子门、木窗，还有专门从事精雕的艺术作品。

剑川县政府把历史悠久的木雕工艺作为富民兴村的重要支柱产业来抓，

积极引导木雕能手从民居建筑的简单雕刻装饰转化到专业从事木器木雕雕刻工艺的批量生产。通过木雕老艺人的传帮带，全村男女老少齐动手，家家户户抓木雕，使木器木雕从艺术到商品，大量进入流通市场，有效地转移了大量的农村剩余劳动力，拓宽了群众就业增收致富的路子。

2004年狮河村木雕工艺协会成立以来，不断从事木器木雕产品的开发、推广服务等活动，提高木雕工艺的水平和生产规模。至2011年8月，全村有37个木雕工艺能人大户，拥有厂房128间、占地5668平方米，并在外地拥有63个经营网点。狮河村木雕工艺协会十分重视木雕工艺生产龙头户和木雕工艺经纪人的培养，基本形成了产、供、销一条龙生产销售体系。他们还通过举办木雕培训班，批量培养木雕工艺人才，拓宽就业门路，不但适时吸纳本村的适龄青年就业，还大批吸纳外村人员到狮河村打工。

狮河村木雕产业的发展，不断带动着就业门路的拓宽，有的自主创业，有的学徒打工，大家都有一份工作做。20世纪80年代，狮河村主要经营的是格子门、木雕家具的制作，并形成了一定的规模和基础。20世纪90年代，随着人们生活水平的不断提高和对木雕制品需求多样化，传统家庭加工和零星销售的经营方式越来越满足不了市场的需要。于是，村中一些颇有经济头脑的年轻人便脱颖而出，在产品的产供销之间敏锐地捕捉商机，极大地促进了木雕生产朝着向市场化、专业化方向发展，从原料供应到产品设计、发包、再到产品销售形成了一条龙服务，有效地促进了狮河村木雕产业的发展。张月秋、杨子堂等人便是这些年轻营销户当中的佼佼者。狮河村木雕产品不仅热销于省内外，还行销美国、日本、比利时、澳大利亚等地。2002年，他们成立了狮河木雕集团公司，由张月秋任董事长。集团公司的成功组建，标志着狮河村木雕产业由分散经营向集中管理、统一销售方面实现了转变，为劳动力的广泛就业拓展了空间。他们正朝着规模化、效益化、规范化方向快速发展，为剑川县经济的发展积极地贡献着自己的力量。其中，张根汉创办的宏盛古建筑有限公司，在省内外承包大量古建筑的修复工作，带动了村里许多青年人的就业。如今，狮河村的许多木雕基础工作已由机器代替，宏盛公司招聘的年轻人，有的就被送到昆明或者省外学习电脑技术或相关的绘图工作。自主创业的代表还有年轻有为的张金林，他是家中祖传木雕手艺和几代做生意的传承人，十八岁时他便在村里开了自己的小商店，后来他创办了狮河村的第一个公司——狮河金达木器木雕有限公司。创办之前就由于手艺精湛又善于做生意，其加工的木雕产品非常好卖，成立公司后虽然自己已不再直接从事木雕手艺活，但是雇用了许多手艺人，安排了他们的就业，实现了木雕的批量生产。如今资产雄厚的他，还只是三十出头的年轻小伙。

木雕产业的发展，是狮河村劳动力就业的主要途径。

2. 农业

狮河村虽然以木雕远近闻名，但仍然是传统的农业村庄，家家都耕种田地，从事木雕的家庭在木雕生产之余都进行农业种植，一般以满足自家粮食需求为主，只有剩余部分用来售卖。纯农业户不是非常多。

据统计，2008 年全村人口 2747 人，劳动力 1428 人，其中有 883 人从事农业；2009 年全村人口 2816 人，劳动力 1568 人，其中从事农业 1324 人；2010 年全村人口 2868 人，劳动力 1560 人，其中从事农业 1320 人。需要指出的是，狮河村的从事农业人口大都是将农业作为木雕之余的副业，只是种植自家食用的粮食和少量瓜果蔬菜，一般来说，人口相对较少的人家，粮食产品的 1/3 供自家食用，2/3 拿到市场售卖。

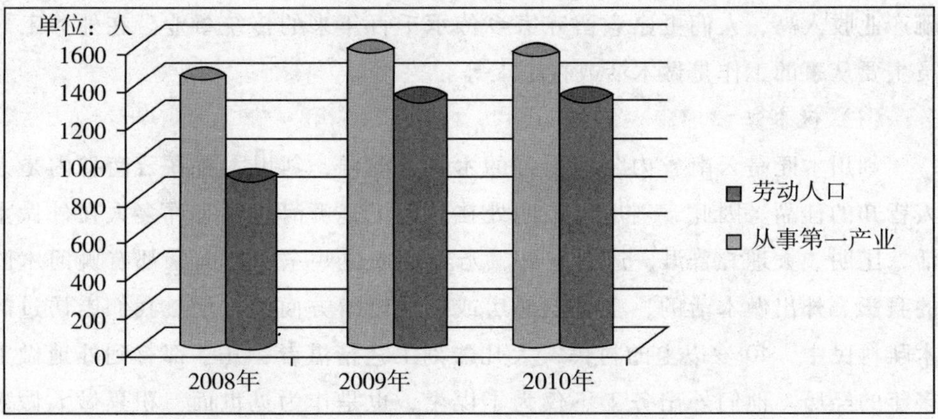

图 1－3　狮河村劳动人口及从事第一产业人口统计图（2008—2010 年）

数据来源：狮河村村委会 2008—2010 年统计数据。

资料来源：剑川县甸南镇狮河村村委会新农村建设信息网。

村里也有少量的专业养殖户。我们采访的张连山一家就是养殖户。他家做养殖之初主要是养猪和鸡，由于猪肉的市场价格变化较大，且猪鸡容易生病，养殖风险大，在养殖了几年之后将猪换为奶牛。奶牛市场价格较为稳定，瘟疫、疾病较少，相对风险较小，他家就以牛奶和牛奶加工品获取收入。总之，狮河村从事养殖的专业户少，规模也小。

狮河村的产业结构中还有一定的渔业，但比例极少。狮河村就在剑湖边上。剑湖周长约25里，平时水面近8平方公里（雨季则要宽阔得多），平均水深4米多。剑湖产有多种土著鱼类，狮河村原来有以打鱼为生者，后来多为兼营。剑湖的鱼肉质紧实，却又细腻无比，加上传统的酸辣鱼做法，实在是家家户户钟爱的一道传统美食。所以剑湖鱼销量很好，很多外地人都跑来一尝美味。

3. 在外务工

据统计结果显示，2007年狮河村外出务工收入40.00万元，其中，常年外出务工3个月以上有63人，6个月以上42人。在省内务工33人，省外务工9人。2008年至2010年，外出务工人数均为改变，收入有所增加。具体情况是：2008年外出务工收入为43.00万元，2009年外出务工收入为104.10万元，2010年外出务工收入为91.00万元。我们可以看到，狮河村外出打工的人非常少，仅占劳动人口的4%。这主要是由于狮河村的自己就业环境好，木雕产业收入高，人们更愿意留守家乡传承千百年来的传统事业。在外务工人员主要从事的工作是做木活或打杂工等。

（1）做木工

剑川木匠是云南省内公认最好的木匠，同样，剑川木雕在云南省内是人人皆知的佳品。因此，剑川木工四处在外做工，狮河村也有许多人在外做木活，昆明、大理、普洱，还有省外，乃至缅甸这些东南亚国家都有狮河木匠的身影。外出做木活的，多是做建房或古建修缮方面的木活。我们走访过的木雕村民中，40岁以上的村民，大凡雕刻工艺精湛者，几乎都有到外地做工多年的经历。他们外出务工不仅为了谋生，也是作为见世面、积累做人做事经验的机会。

（2）做杂工

虽说木雕是狮河村的祖传手艺活，但是在多元化社会的今天，木雕已不再是狮河村人唯一的技艺和谋生手段，许多年轻人都喜欢在外打工谋生。狮河村的打工族们在大理、昆明居多，也有一些在东部、南部沿海省份务工，因为那些地方经济发达，工作机会较多，报酬也较多。正如我们采访的村民介绍中，许多孩子初中毕业后，就到剑川县职业高中学习计算机、会计、旅游管理等实用知识，毕业后学校老师会带着同学到外省去实习或打工。他们一般都在工厂务工，每个月能有1500~2000元的收入。外出打工的年轻人大部分都是家里经济条件不是很好的，他们在生活上都比较节约，要攒些钱寄回家中贴补家用。

（二）医疗与卫生

农村医疗卫生工作不仅关系到人民群众的身体健康和生命安全，也关系到保护农村生产力、振兴农村经济、维护社会稳定。狮河村的卫生所坐落在下河村，总共有6名医务人员，他们是张有福、张育云、杨德瑞、罗汉梅、张树英、杨珍琴，张有福任所长。每天有两个人上班，轮换制，卫生所虽然有点狭小，只有一间药房和一间诊病的房间，但是它却维持着狮河村村民日常看病买药的需要。

以前，狮河村有好几家私人医疗室，分布在上河、下河、官登三个自然村里，罗汉梅、杨珍琴等都开着自己的私人卫生室。当时确实很方便村民看病，但是私人医疗室不受政府的管理，村里也不便于管理，时有发生私人医疗室不正规收费等问题。2007年国家推行的新型农村合作医疗的惠民政策在剑川县实施。狮河村加强了对农村医疗室的管理和监督，着手组建卫生所。

新型农村合作医疗制度是由政府组织、引导、支持，农民自愿参加，个人、集体和政府多方筹资，以大病统筹为主的农民医疗互助共济制度。但是，不同地方财政等方面的情况不同，使得新农村合作医疗政策体现或落实也有所差异。剑川县2007年年保险费用为每人10元，以户为单位缴纳，并在合作医疗定点机构医疗的费用可以报销15%，个人承担85%。

几年来，新型农村合作医疗政策在狮河村不断完善，参合人基本覆盖了全村。主要表现在以下方面：

（1）逐步规范统筹模式。新型农村合作医疗统筹模式主要有大病统筹加门诊家庭账户、住院统筹加门诊统筹和大病统筹三种模式。大病统筹加门诊家庭账户是指设立大病统筹基金对住院和部分特殊病种大额门诊费用进行补偿，设立门诊家庭账户基金对门诊费用进行补偿。住院统筹加门诊统筹是指通过设立统筹基金分别对住院和门诊费用进行补偿。大病统筹是指仅设立大病统筹基金对住院和部分特殊病种大额门诊费用进行补偿。狮河村新型农村合作医疗统筹模式已经规范到1~2种。

（2）合理制订补偿方案。新型农村合作医疗补偿方案主要包括起付线、封顶线、补偿比例和补偿范围等内容。狮河村在基线调查的基础上，按照以收定支、收支平衡、略有结余的原则制订补偿方案，努力提高参合村民受益水平。

到2007年下半年，在合作医疗定点医疗机构的费用可以报销的幅度增加到20%。私人医疗室都加入了新型农村合作医疗，并且接受国家规定的用药和统一的药费等。新型农村合作医疗政策的推行，解决了农民看病难等问题，而且遏制了私人诊所乱收费等现象，所有账目接受相关部门的管理和监督。

从2008年开始，按照国家卫生部、财政部《关于做好2008年新型农村合作医疗工作的通知》中指出提高筹资标准，完善财政补助的政策，各级财政对参合农民的补助标准提高到每人每年80元，其中中央财政对中西部地区参合农民按每人40元给予补助。农民个人缴费由每人每年10元增加到20元，改善和提高了新型农村合作医疗的资金储备。减少了很多狮河村人的看病等药费支出，使医疗健康更有保障了。

为了更好地管理新型农村合作医疗制度，狮河村在2009年底把所有私人医疗室合并到村卫生所，重新编制，村民委员会联营，按国家统一规定用药及统一药价，实行零差价政策。同时还推行了《国家基本药物目录（基层医疗卫生机构配备使用部分）》（2009年版）。基本药物目录中的药品是适应基本医疗卫生需求，剂型适宜，价格合理，能够保障供应，村民可公平获得的药品。

从此，狮河村就组建了卫生所一个，把医务人员作了分工，建立了值班、上班制度，并由村委会直接管理。

近几年，狮河村各方面发展很快，人民生活水平和村里道路、体育设施等都得到发展，但是医疗设施却没有跟上狮河村的发展。狮河村的村卫生所只有两间房，看病及病人输液等都在那狭小的空间内；全村有近3000村民，狭小的卫生所不足以满足需要；卫生所的设备仍较简陋，平时只能满足村民常见病症和内科的病症，而临产、外科的设备基本没有。所以，村民如果有重病，只有到甸南镇医院或者剑川县医院就诊。

如今狮河村作为剑川县规划和建设的新型工业区，它的发展速度和发展空间也要求医疗卫生等各个方面跟上。医疗卫生与人们的生产生活关系最为密切，在狮河村的发展中要加强对医疗卫生的投入，促进其发展。

除人的医疗外，狮河村还有兽医。过去只有杨卫龙一人，现增加到五六人。兽医队伍的壮大对保障狮河村养殖业的稳步发展发挥了积极的作用。目前，农村的兽医并没有像人的医生那样规范，而是私人开诊所，有时候还要外出行医。兽医的作用不仅是看病，还要为村里养殖户配种、接种、推行新的品种、新的养殖方法等。杨卫龙就是最有代表性的，他在狮河村养殖业的发展过程中起到了引导和推广养殖产品和品种的重要作用，而且他还把疫苗、人工配种等引进推行。如今，狮河村的养殖业也得到了很好的发展，与兽医工作的有力开展是分不开的。

狮河村的卫生与绿化工作开展得也很好。

狮河村也是剑川县甸南镇的文明卫生示范村。在新农村的建设中，极大地改变了狮河村的卫生状况。如今进出狮河村的交通要道和街道无堆放的杂物等，视野内干净整洁，庭院内绿化完好，外立面干净整洁，无乱贴乱画和广告等。他们还一并成立了环卫工作站，保持着街道的干净整洁。.

狮河村的绿化也得到了很大的发展，在道路两边都种有树木和花草。剑湖也得到了很好的维护，水质非常好，这都归功于狮河村人生态环保意识的增强。在狮河村生活环境不断改善的同时，保护和不断改善卫生环境是非常重要的。

至2010年，狮河村参加农村合作医疗的有2868人，占全村人口的100%，享受低保210人。村民的医疗主要依靠村卫生所和镇卫生院，卫生所面积为120平方米，有乡村医生6人，该村距离镇卫生所3公里。村里建有公厕2个，建有垃圾集中堆放场地2个，还有生活排水沟渠设施，形成了良好的医疗卫生环境，基本做到了小病不出村。

（三）养老

狮河村2010年全村总人口2868人中老年人有226人，占总人口比例的7.88%。他们的养老状况大致如下图：

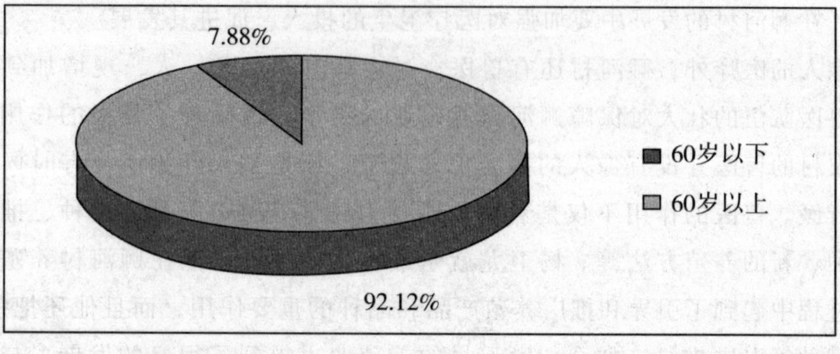

图 1－4　2010 年狮河村老年人占总人口比例

数据来源：2010 年狮河村村委会统计数据。

1. 养老现状

相对于剑川县内其他村寨来说，狮河村养老总体情况较好；但与内地、特别是沿海一带的乡村相比，经济社会各方面的差距是很大的。首先，狮河村所在的剑川县，仍然是国家级的贫困县，经济发展水平低；地处滇西北地区，交通不便，远离城市。这里的经济文化建设，比城郊农村就要落后许多。村子里还未建成敬老院，政府暂时也没有关于养老院建设的规划。老人全部居住于家中，或与儿女同住，或独居（独居的情况在狮河村非常少见）。

狮河是个传统的白族村寨，这里文化底蕴深厚，尊老敬老的传统一直保持得很好。老人们通常是和儿女生活在一起，不仅生活都有保障，而且在家中地位很高，人们通晓百善孝为先。狮河村里的大人小孩，没有不善待老人的。据我们采访的老年协会会长杨锡龙介绍，自他担任会长十余年来，从未有过老人向他告状或抱怨家人对待自己不好，或者生活困难，或者因老人而产生家庭矛盾的情况。就我们在这里的观察来看，狮河村的老人们确实生活得很幸福：路边，树下，时常可见到三五成群的老人一起晒太阳、抽烟、喝茶、聊天，过得轻松、闲适和愉快。

我们的调查显示：目前狮河村老年人（60 岁以上）养老方式大致为三种：一是“子女赡养型”，二是“自我供养型”，三是“二者兼具型”。

第一种是“子女赡养型”。就是老人与自己的子女生活在一起，这是村子里大多数老人的养老方式。属于典型的“养儿防老”。在狮河村，这一代老人基本都有 3 个以上的子女，子女之间相互分担赡养父母的责任，负担也不会太重。在我们采访的许多老人中，大部分都是在每个子女家分别住上几个月或者一年，由不同子女轮流赡养。狮河村村民普遍尊老敬老，我们的调查过程中，没有发现子女拒绝赡养父母，或者子女与老人因赡养问题发生纠纷的情况。总体情况是非常好的。

第二种属“自我供养型”。狮河村是传统的木雕村，几乎每一户人家都会木雕技艺。他们在农村里体力活做的较多，同时食用的蔬菜瓜果绿色环保，肉类也是家养，空气清新没有污染，非常有利于健康。因此，这里的多数老年人身体健康，身子骨硬朗，有的到了六七十岁还在做木雕活，靠木雕手艺养活自己。据我们采访的几位自我供养的老人，每年通过雕刻木窗、工艺品、祖灵盒等，能获得一万元左右的收入，可以保障自己的生活。这类老人，我们称之为“自我供养型”老人。

第三种是“子女赡养型”与“自我供养型”二者兼具。有的老人，因为子女家庭情况不错，老人身体状况也很好，几十年来忙惯了闲不下来，便做些轻松的木活或者农活，算是调节身心，同时又能给自己带来一笔收入。我们采访的老年协会会长杨锡龙老人正是这样的情况，他在做些手艺活的同时，还帮大儿子管理在村里办的木材厂，是儿子公司的“执行董事”，充分体现老有所为。

2. **老年协会**

狮河村老年协会已经成立十余年，在当地算是成立得比较早的老年人组织。老年协会的会长由参加协会的老人选举产生，一般是为村里做贡献较多、声望较高的老人担任。现任会长杨锡龙，今年 68 岁。他做得一手好木活，当地人称他的木雕技艺“能老能新，能粗能细”，是村里少有的能工巧匠。杨锡龙年轻时到外地打工做木活，后来又转行做起格子门和木材生意。多年后，他返回狮河村，热心公益事业，带领大家修河道、修本主庙和塔，主持鲁班会，还到镇里、县上为村民争取利益，所有的工作都是没有报酬的义工。因为种种的贡献，杨锡龙在村里很受别人尊重，被推选为老年协会会长。

据杨锡龙会长介绍，到 2011 年 8 月为止，狮河村 226 位 60 岁以上的老人中，有 162 位参加了老年协会，64 位还没有参加。在 162 位会员中，80 岁以上的老人有 29 位。平日里，老人们在协会所在地休闲，每年春暖花开的时节，老年协会要组织会员去春游，春游的地点一般在剑川县境内。

老年协会在本村能起很大的作用：村里的公益大事，譬如修路、修河道、重盖本主庙等事情，总先是在老年协会里讨论，讨论出结果后再向村领导汇报，征得村领导同意后就实施。狮河村很多公益事业的建设与发展，都有老年协会倡议、组织和实施。

虽然狮河村老年人的基本物质生活有保障，村里人对老人也很尊重，但是会长杨锡龙认为村里的老年工作还存在不足，他希望在以下几个方面能有所改进：

一是丰富、改善老人们的文化生活。村里的老年人生活圈子不断缩小，每天除了吃饭、休息、睡觉，偶尔打打牌、下棋、喝茶聊天，如果没有其他事可做，生活就会显得非常的单调与枯燥。目前老年人的文化生活不多，选择少，应该给予重视，努力丰富和改进。

二是要加强消防意识。狮河村是木雕村，其实就是一个大的生产场区，家家户户都有大量的木屑，大部分的处理方式是倒在农田里燃烧了事，只有少部分被木地板公司收购。木屑是易燃之物，很容易引起火灾。因此，在村里建设消防设施，加强村民，特别是老人的防火意识，是非常重要的一件事情。这一点杨锡龙老人非常担心，不久前县领导视察狮河村，他专门向领导汇报了这件事。

3. 存在问题

（1）农村养老保险政策亟须落实

中国拥有世界上数量最多的老年人口，其中百分之七十五在农村。在狮河村老年人（60 岁以上）也达到 7.8% 的比例，虽然与老龄化标准的 10% 还有一定距离，但是这样的老人人口数量也不可小看。而关于农村养老，不仅是在狮河村，在许多地区都没有建立农村社会养老体系，已建立的地区也存在很多缺陷，运行中也出现了许多问题，所以，目前完善农村社会养老保险体系的必要性与紧迫性也日益体现出来。

2011 年最新社保政策—新型农村社会养老保险政策已经推出。政策规定，年满 16 周岁（不含在校学生）、未参加城镇职工基本养老保险的农村居民，可以在户籍地自愿参加新农保。个人交费标准目前按每人每年 100 元、200 元、300 元、400 元、500 元五个档次缴纳，参保人可自主选择交费档次。[注：个人交费（包括享受政府补贴的 30 元）全部计入个人账户，用于将来退休时计算月个人账户养老金待遇时使用。]

但是据本次调查，狮河村尚未实行最新的养老保险政策，村支书和老年协会会长表示：镇政府里已收到相关工作的指示文件，具体工作的落实也在进行当中。

(2) 家庭赡养形式简单，年轻人负担加重

虽然说老年人在家庭就可以完成养老，但实际上农村的老年人传统的养老形式是非常简单的，换一句话来说，就是维持基本的生存，即提供基本生活所需物品，是名副其实的“养”。而在现实生活中由于计划生育的施行，农村自1978年以来实行的生育政策，目前60、70年代出生的人正在承担着赡养老人的义务，其兄弟姊妹一般就3~4个，这样，相比从前，在家庭规模小型化之后，同样赡养形式简单的完全家庭养老却加重了年轻人的负担。

(3) 老年人医疗困难、水平低

与城市不同，农村老年人本来就没有医疗保险，看病全由自己掏腰包。且农村里的老人大都没有每年到正规医院进行全面体检的习惯，不易了解自身身体状况，许多疾病在初期或者在突然病发之前是没有征兆的。而老年人又多发心血管疾病或是其他突发病症，如果没有及时治疗，生命非常危险。狮河村目前村里只有一个两间十多平方米屋子的小诊所，只能进行常规的疾病治疗。而甸南镇上也只有一个中心卫生院，且距离村子有4~5公里的距离，只有到了剑川县人民医院才有相对正规和完善的医疗条件。所以就目前的情况，狮河村老年人的医疗情况很令人担忧。

(4) 老年人文化生活贫乏

在狮河村，我们调查到的公共活动场所只有柏油路边的一块篮球场和公共健身器材。健身器材建成之初，是为老年人和小孩锻炼身体，增强体质之用，而如今建成未过几年，却损坏非常严重。我们看到那些器材许多螺丝掉了，或松动很严重，或者已由于人为破坏变形严重，大部分无法使用，而少部分即使能使用也存在很大危险。

美国心理学家马斯洛提出人的需要有不同的层次：即生理的需要、安全的需要、社交和友爱的需要、尊重的需要和自我实现的需要。需要的满足是由低级向高级逐步发展的，即低层次需要的满足是高层次需要产生的基础。依照这个理论和标准，狮河村老年人的生活需要还停留在物质生活的满足上，除了看电视、听新闻、打牌、下棋外，文化生活非常贫乏。

如今已是21世纪，若老年人的精神文化生活匮乏，则会导致信息闭塞、视野狭窄、思想封闭、观念落后，从而造成精神空虚、情绪低落。一是对老人的身心健康不利，二是给一些社会上的不法分子欺骗、拐卖老人提供条件。

虽然狮河村未出现这样的事件，但是在现实社会中欺诈老人的事件屡见不鲜，如有些人打着义诊的口号免费为老人体检，却开出黑心药给老人；或是农村中一些人利用封建迷信，声称替老人家中祈福消灾而骗取钱财的事情也很多。

4. **解决对策**

（1）建立健全社会保障体系

如前文提到，2011年最新的社保政策—新型农村社会养老保险政策已经推出，狮河村应该主动与甸南镇政府配合，积极落实农村养老保险政策。让老人真正感受到老有所养，也为老人的生活提供一份基本的保障，同时也能相对减轻家庭养老的负担。

（2）建立老年人医疗卫生服务中心

在农村老年人看病难主要是经济困难和交通不便。因此，今后农村的老年人社会工作方面还应考虑到老年人的特殊情况，在农村建立便利医疗点，发动一些城市的医疗组织机构志愿定时定点的去农村为老年人提供义诊和体检，探索多种形式的农村健康保障办法，改善农村落后的医疗面貌，普及卫生保健知识，增强老年人的自我保健能力，使老年人能够“病有所医”。同时要加强县医院的急救工作，增强急救人员，在村里普及老人自救方式以及加大遇到医疗紧急情况及时拨打当地急救电话的习惯。

（3）兴建适当的文化生活设施

狮河村可以从集体经济中抽出一部分资金来建立老年文化设施，如健身房、图书室、兴趣活动室；经常组织老年人开展他们喜爱文娱活动，如老年健身操、太极拳表演等，也可以在本主庙举行一些活动邀请老年人参加（GongWu. com. cn2008 - 1 - 17）。同时宣传一些自我保护的知识给老年人，使他们免于上当受骗。

（四）残疾人福利

世界上大约10%的人口即六亿五千万是残疾人。他们是世界上最大的少数群体。联合国开发计划署数据显示，80%的残疾人生活在发展中国家。世界银行估计，世界上最贫穷的人当中20%是残疾人，他们在各自所在社区里是最为弱势的群体。残疾妇女的条件更为不利，饱受性别和残疾带来的排斥。根据儿童基金会的数据显示，30%无家可归的青年是残疾人。而关于残疾人立法的比较研究显示，只有45个国家有反对歧视和其他关于残疾人的法律。联合国教科文组织称，发展中国家90%的残疾儿童没有上学，联合国开发计划署1998年数据显示，全球只有3%的残疾人和1%的残疾妇女拥有读写能力。

目前，我国除伤残军人外，还没有出台专门对于“残疾人”给予固定补助的政策性文件。

但是，国家和地方政府的现有法规、政策中，对于残疾人生活困难的家庭有给予优先照顾的规定。如国家的《农村五保工作条例》、《城市居民最低生活保障条例》、《国务院关于进一步完善农村最低生活保障制度的通知》（国发〔2007〕17号文件）等，都是国家出台的保障困难群众基本生活的法规、政策。符合农村五保条件的农村残疾人可以申请享受农村五保待遇（补助），因家庭困难家庭人均收入低于当地农村（城镇）最低生活保障线的，可以向乡镇人民政府申请享受农村（城市）最低生活保障待遇（补助）。

如果说残疾人是弱势群体的话，农村残疾人群体则体现出了双重的弱势性。因为相对于健全人来说，残疾人是弱势群体；相对于城镇残疾人来说，农村残疾人又是弱势群体。于是，狮河村的残疾人也成为我们本次调查的一个重要部分，由此可以看到村委会对于有困难村民的关注和帮扶程度。

1. 狮河村残疾人现状

2011年8月，狮河村有残疾人32个，占总人口的0.83%。其中有26位残疾人通过木雕手艺自食其力，占所有残疾人的81%，这是非常令人骄傲的数字。

根据《国务院办公厅转发劳动保障部等部门关于进一步做好残疾人劳动就业工作若干意见的通知》（国办发〔1999〕84号），云南省人民政府办公厅转发国务院办公厅的《通知》。强调残疾人劳动就业是发展残疾人事业的重要内容。做好残疾人就业工作具有重要的政治、经济和社会意义。各级政府和各有关部门要切实重视残疾人的劳动就业工作，保障残疾人劳动就业权利的实现，要把残疾人劳动就业纳入各地劳动保障事业整体规划之中，努力完成我省残疾人事业“九五”计划纲要规定的残疾人就业任务。

狮河村实现残疾人81%就业的成绩主要也归功于传统的木雕手艺，并且他们有着比别人更强的毅力和对生活的坚持，积极面对生活。狮河村近年来由于木雕的机械化，被机器伤了手指或是身体其他部分的事件频发，虽然只有很少部分伤至残疾，但身体受到伤害也是一件极大的痛事。

如我们调查的身残手艺人刘全山，下半身瘫痪只能依靠轮椅行动的他并没有放弃生活，而是更加努力地做自己擅长的精雕木活，他在养活自己的同时也分担了妻子养家的负担。云南省残联、大理州电视台多次来采访、慰问过他。我们为他的自强不息而感动。

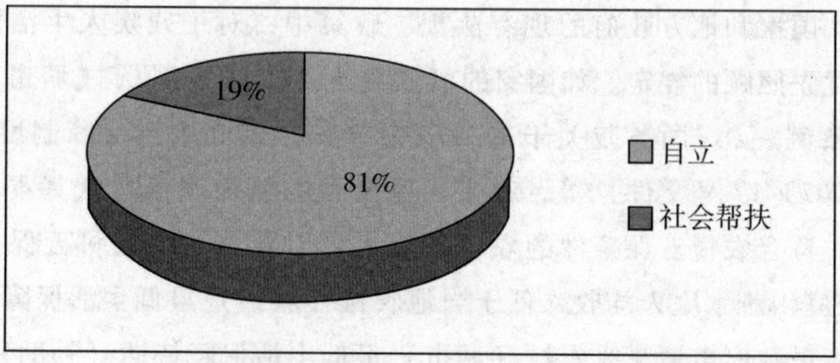

图 1－5　2011 年残疾人生活能力比例图

数据来源：2011 年狮河村村委会统计数据。

2. 狮河村残疾人福利现状

根据政府的扶贫政策，在狮河村只要有认可的《残疾人证》，就以低保的形式给予残疾人生活补助。2011 年前每个月有 60 元的生活补助，2011 年起涨到 80 元/月。狮河村的 32 名残疾人，无论家庭经济条件如何，都给予了补助。在我们入户的调查中，也确认了政府补助的落实情况。

3. 存在问题

（1）对残疾人的关心和补助较少

据我们调查，狮河村对残疾人仅有一项以低保形式进行的生活补助，补助金额为 80 元/月。对于完全没有能力供养自己的残疾人来说，每月 80 元是无法保证个人的生活。目前村里还没有其他的帮扶办法或措施。

（2）缺乏受残人员及时救治和康复的条件

在我们走访的几户残疾人家中，都存在一个共同情况，就是受伤后由于急救意识薄弱，在村民自救或者他人帮助急救的情况下帮了倒忙，加重了病情；或者是受伤后没有就诊的意识，在家中耽误了最佳治疗时间，造成永久性的残疾；村里医疗条件有限，只有一个小门诊，镇上和县里的医院医疗条件也相对落后，无法就近治疗，家中经济困难，没有足够的资金到大理市或者昆明市的正规大医院进行治疗。

(3) 残疾人就业没有优待政策

在狮河村的32名残疾人中，有26位残疾人在做木雕工作，实现经济独立。但是村里或者镇上没有对这些身残手艺人的木雕产品有补助政策，或者是帮助其销售。这些身残手艺人都是靠自己以前的客户或者亲戚朋友的介绍进行木雕生意。

4. 解决方案

(1) 提高补助数额，定期慰问残疾人

政府可以在其他方面的财政支出缩减一部分，调剂到残疾人的补助上。根据《中国残疾人事业"十二五"发展纲要》，"十二五"时期我国将建立贫困残疾人生活补助和重度残疾人护理补贴制度。纲要指出，"十二五"残疾人社会保障的主要任务是：残疾人基本生活得到稳定的制度性保障；城乡残疾人普遍按规定加入基本养老保险和基本医疗保险；逐步扩大残疾人社会福利范围，提高社会福利水平。希望狮河村在落实"十二五"发展的时候，做好残疾人保障方面工作的提高。只有人人都过上正常、平等的生活，一个真正的文明村庄才成立。

(2) 设立残疾人康复治疗专项资金

狮河村近年来由于木雕产业的大力发展，收入频频增加。政府应设立专门的帮助残疾人康复的款项，即使政府没有专门的拨款，也可以引导村里人为残疾人捐款。狮河村人均收入都较高，大家的力量聚合起来，就能够对贫困的残疾人有很大的帮助。

(3) 帮扶身残手艺人找市场

村里已有木雕工艺协会和几家大的木雕公司，村委会可以同协会和公司的负责人商议，将身残艺人的作品集中到木雕公司由其代替销售。在工业园区的规划发展中，为他们创造生产和销售的方便条件。

(4) 关注残疾人家庭

作为最重要的社会网络，家庭在农村残疾人社会支持系统中的作用无可替代。据调查，七成以上的农村残疾人生活在二代及以上家庭中，与家庭成员共同居住是农村残疾人的主要居住方式，且绝大部分残疾人依赖家庭成员的供养。较之一般农村家庭，有残疾人的家庭在供养、照料残疾人方面的负担是比较重的。为了防止农村残疾人家庭因残致贫，影响残疾人及家庭成员的生产和生活，必须对农村残疾人家庭给予切实的救助和扶持，帮助其提高经济收入。

(5) 建立健全农村残疾人权益保障体系，促进农村残疾人事业发展

由于陈旧思想观念的存在，就全社会而言农村对残疾人的歧视现象仍有存在，侮辱残疾人、侵害残疾人合法权益的事件也时有发生。狮河村虽然没有这种现象，但村委会也需要在村里的宣传栏或用其他方式进行残疾人与普通人权益平等的观念普及教育，倡导大家关爱、帮助残疾人，营造和谐新农村的文化氛围。

十、民族文化与风俗习惯

(一) 语言文字

白族有自己的语言文字。白语是白族的民族共同语，是白族这一共同体的重要民族特征。对于一个民族来说，语言不仅是一种交流思想、表达感情的工具，还是一个民族区别与其他民族的重要特征。白族之所以成为一个独立的民族的一个重要标志就是有不同于其他民族的语言——白语。白语反映了白族生存和发展的悠久历史、丰富多彩的文化、广博的生活生产科技知识、独特的精神世界和民族性格等许多方面。

由于白语在语言结构上与汉语、藏缅语族语言有着错综复杂的关系，所以关于白语的系属问题，学术界至今还未形成一致的认识。主要的意见有藏缅语族说、汉白语族说、汉语方言说、混合语说等多种。现在，藏缅语族说是民族语言学界的主流意见。1937 年，李方桂先生把白语归为藏缅语族彝语支。后来，傅懋勣、徐琳、赵衍荪等学者，先后明确提出把白语划入彝语支。周耀文、马曜、戴庆厦等学者则认为应把白语单列为藏缅语族白语支。有的学者则将白语列为藏缅语族中的“语支未定”语言。无论白语的语支是否确定，它在白族人民生产、交流中起到了无法磨灭的作用。

与汉藏语系的其他语言一样，白语是单音节的词根语，形态变化不复杂，词序和虚词是表示语法意义的重要手段。由于白语和汉语、藏缅语族的语言关系密切，白语在语音、词汇、语法上既有很多和藏缅语相同或相似的地方，

也有不少特点与汉语相同或相似。

白语分为中部、南部、北部三个方言，即剑川方言、大理方言和怒江方言。其中，怒江方言原称碧江方言，因怒江州碧江县于 1986 年撤销，故改称怒江方言。白语三个方言之间语法基本一致，词汇绝大部分相同，只是语音上有较大差别。剑川方言可分为剑川、鹤庆两个土语，以剑川语音为代表。大理方言可分为大理、祥云两个土语，以大理语音为代表。怒江方言可分为泸水、兰坪两个土语，以泸水语音为代表。白语三个方言之间，剑川方言和大理方言较为接近，除了一些方言词汇和语音的差异外，一般都可以相互通话。碧江方言和其他两个方言（特别是大理方言）的差别较大，通话有较大困难。白族民间一般认为，怒江方言最为"古老"，受其他语言（主要是汉语）的影响较少，剑川方言次之，大理方言受汉语的影响最大。

狮河村位于剑川县甸南镇，作为传统的白族村寨，白语作为狮河村居民的日常交际工具，在生产生活中得到广泛使用。狮河村白语属于白语剑川方言剑川土语，是白语剑川方言的典型代表，其特征与剑川方言特征基本一致。

辅音方面，剑川白语有双唇、唇齿、舌尖、舌面、舌根五组辅音，共有 21 个声母，都是单辅音，塞音、塞擦音不分清浊，而怒江方言的塞音和塞擦音有清、浊对立，虽然 31 调和 33 调的塞音、塞擦音的仍保留浊音，但不区别词义。

元音方面，元音数量都较少，元音都普遍分松紧两类，这一特点和彝语支语言相同。剑川白语有 30 个韵母，其中包括 8 个单元音，由这些单元音结合构成的 8 个复元音，以及这些单元音、复元音相对的 14 个鼻化元音。剑川方言保留着与口元音相对应的鼻化元音，而大理方言的鼻音韵尾已完全脱落，只剩下较单纯的口元音。另外，剑川方言没有卷舌元音，而大理方言和怒江方言仍有保留。

剑川方言有 8 个声调。声调因元音松紧可以分为松紧两类。一般在 42 调，21 调和 44 调上，元音有紧喉作用。白语的每个音节都有固定的声调，音节以开音节为主。汉语借词的声调和白语的声调之间有明显的对应关系，剑川方言在读现代汉语借词去声调时会出现特有的紧高平调。

词汇上，剑川方言与其他几个方言的绝大部分相同。在白语的固定语词中，单音节词较多，多音节词较少，绝大多数多音节词是由单音节词按一定的构词方式组合而成。白语词汇中汉语借词非常多，而且分布广泛，所占比例也非常大，这是白语词汇的一个重要特点。这部分词在语音、意义上与汉语有着密切的关系。白语吸收汉语借词，不仅借用汉语借词来表达本民族没有的概念，也用来表达白语已有的概念，形成了汉语借词与本民族语词并存并用的格局。借用方法上，绝大多数的汉语借词采用移植的方法，即音义全借，早期的汉语借词还能反映出古代汉语的读音。另外，极少的一部分采用半借半译的方式。早期的汉语借词可以追溯到上古汉语，并已进入白语的基本词汇，能够作为构词词素构成新词。近百年来，尤其是新中国成立以来，白语又从汉语中借入了大量的新词术语，几乎所有政治、经济、文化和科技术语，全都以音义全借的方式借入。以音义全借的方式吸收汉语词汇已经成为白语词汇发展的重要手段。这些大量的汉语借词已经成为白族基本词汇的重要组成部分，极大地丰富和发展了白语词汇，对白族的社会、经济、文化的发展产生了重要作用。

语法方面，白语各方言在语法上差异不大。词序和虚词是表示语法意义的重要手段，语序以 SVO 为主，和汉语类似，但仍保留古代白语的 OV 型语序。副词、助动词和能愿动词位置大多在中心动词之后。白语量词十分丰富，几乎每一种事物都有相应的量词，有时候甚至用 10 多个量词来修饰同一个事物的不同状态。《白语简志》曾经举例，白语中，特别强调人的不同形象的量词就多达 14 个。个子高大奇特的人，举止特别可笑的人，傲慢无礼的人，肥胖臃肿的人，瘦弱的人，细高的人，矮小的人，刁猾的人，尖下巴而瘦削人，奈何他不得的人，尴尬的人等，不同特征的人分别由不同的量词来表现，一种形象就有一个量词，十分丰富，将事物描写得细腻深入。另外，白语中结构助词和语气助词使用广泛。动词、助动词的否定和肯定、人称代词数和格的变化，都通过语音屈折变化来表示。白语语法在深受汉语影响的同时，也有着自己独特的一面。

白族不仅有自己的语言，也有自己的文字。白族历史上没有形成较为完备规范的文字，但在民间流传着老白文。老白文，是为了与新中国成立后创制的拼音白文相区别而得名。老白文，又称方块白文，是白族民间一些知识分子以及上层统治者间，出现的利用汉字字音、字意、字形或在汉字基础上自造新字的方法来书写白语的书写符号系统。老白文形成于汉白长期的交流中，早在南诏中后期（公元 9 世纪到 10 世纪）就已经使用，历史上称之为“新奇字”，白族民间称之为“白字”。老白文有着自己的造字方法和读写规则，是独立于汉文的白族民族文字。老白文形成以后，一直在民间使用。但由于自身的局限以及历代民族统治者都以汉文为官方文字，对白文不予重视，没有进行规范和推广，因此老白文一直没能发展成熟、规范、通用的民族文字。老白文的文献有南诏字瓦、南诏大理国写本佛经、白文碑铭、以及近现代白文作品。值得一提的是近现代的白文作品，其内容丰富，数量可观，包括大本曲、本子曲的曲本、民歌唱词以及白文祭文等。现今，这些文献仍在白族民间流传，对白族文化的继承和发展有着重要作用。

在狮河村，白语是当地白族日常生活中的交际工具。不论老人、中青年、还是小孩都在使用白语，甚至当地的其他民族也会说白语。白语在狮河村的使用范围很广，在日常生产生活中广泛使用，涉及生产生活的方方面面。村里各种大大小小的群众活动使用的都是白语，行政办公使用的也是白语。白族自古是一个乐于与其他民族交流的民族，与周边的民族相处融洽，并相互学习。狮河村的白族与汉族及其他民族有着密切的来往，当地的白族居民除了会说白语，几乎都会说汉语，方便与外界进行交流。

白语具有丰富性和复杂性，蕴藏了白族历史、文化、社会生活、风俗习惯、生产、科技、哲学思想、伦理道德、宗教信仰、文学艺术等方面的大量信息，还体现了白族的价值观、审美观和独特的文化性格。在狮河村，我们能听到许多当地人用白语口耳相传的民间故事、格言谚语，涉及生活的方方面面，十分丰富。狮河村作为木雕之乡，历代的匠人们总结的很多木工的技术和经验，都是靠白语口耳相传，独具特色、流传至今。

另外，在狮河村的采访中，我们可喜地看到老白文使用的踪迹。在对该村白族文化传承者段亦平的采访中，他为我们展示并诵读了其用汉字记录白文的方式书写的“祭文”，俗称白叙文，内容丰富，曲调婉转，极富白族特色，让我们感受了白族语言文字的魅力。

（二）节庆文化

狮河村的白族保持着许多传统的节日习俗，与剑川其他村庄白族过的节日基本上是一致的。当地过的传统节日名目繁多，内容丰富。由于白族在与汉族的长期相互交往、共同生活中的相互影响，现在白族过的许多节日与汉族是一样的。但这并不是白族就没有自己的传统节日，而是在保留自己固有的传统文化同时，很好地将汉文化中重要的节日和文化融合进来，体现了白族在处理民族关系时兼容并蓄的特点。

在狮河村，白族人从年初到年终几乎每个月都有节日，其中有些是本村的传统习俗，有些则是在与邻近的兄弟民族相互交往中逐步形成或引进的。这些传统节日有的与农事安排有关，也有的与宗教祭祀有关，还有的是人们调节生活娱乐的。其中，重要的或者具有本村特色的节日有春节、太子会、栽秧节、石宝山歌会（又称朝山歌会）、鲁班会等。

1. **春节**

春节于白族而言是一年中最重要的传统节日之一。狮河村春节的前一天即除夕就要为春节做准备。除夕这一天要早早地起来打扫好卫生，要将猪头煮好，杀好鸡，同时贴好对联，将春节需要的东西都准备好。到下午五点左右，将准备好的食物供奉到祖先牌位面前。然后到大门口点香，供祭品，还要燃放鞭炮。供的祭品中有猪头和猪尾巴、鱼等，表示有头有尾、年年有余，借此来表达美好的愿望。仪式结束后就要进去吃年夜饭。除夕晚上，传统的习俗就是守岁。一般是边吃东西、边聊天等，现在基本上家家户户都能看上电视，所以守岁时就边看电视、边休闲，娱乐的方式比过去增加了不少，到了十二点就要出去燃放鞭炮，祝福新的一年的开始。

大年初一的早上要烧头香，同时还要去接水，称之为“抢头水”，越早越好。家中老人还要准备一些供品如煎粉丝、糯米团、干拉（煎米粉皮）等。一份要供在祖先的牌位前，还要准备一份供到村里的本主庙里，以求得本主的保佑。同时还要遵循一些禁忌，如大年初一这天不动刀，不能吵架，不能泼水等，早上一般要吃米花茶，中午包元宵。初一这天是不去拜年的，大年初二大家才开始互相拜年。首先得先回娘家拜年，之后再去较亲的亲戚家。拜年时带的东西一般是饵块（这是必不可少的）、红糖、烟、酒、茶叶、糖等。过去拜年时，小辈都要规规矩矩的给老人磕头，老人才给发压岁钱。现在就免去了很多礼节，只是简单的问候即可。互相拜年到初七就算结束了。另外，初二就可以去上坟，特别是家中有新去世的，更加注重春节上坟，所有亲戚都要一起到坟前祭拜，并在坟前做、吃饭等，现在一般都是先在家里做好然后抬到坟地上吃。春节期间，家家户户都要在祖先灵前和大门侧烧香，富裕人家烧的香很粗大。

2. **太子会**

又叫“二月初八”，是生活在剑川的白族的盛大节日。狮河村的白族人们同样在每年的农历二月初八这一天共同迎接这一盛大的节日。太子，又叫“老爷太子”或“太子老爷”。据当地的老人介绍，这一天是佛祖释迦牟尼的诞生之日，这个节日就是为纪念此而兴起的，我们可以从中看到佛教文化对白族影响的深远。这一节日在“文革”期间曾遭到破坏，甚至消失了一段时间。后来“文革”结束后，太子会又才重新兴起，而且规模比以前更盛大了。举办太子会的时候，最重要的活动是“太子游四门”（活动是集中在剑川县城所在地金华镇来庆祝的，所以这一天大家就集中到那儿一同过节）。家家户户门口都点高香，同时把家里和街道都打扫得干干净净。中午时分，太子游四门活动就开始了，由四名男青年抬着太子，后面还跟着大群等着替换的男青年。他们大多是刚刚结婚的年轻人，希望通过庆祝佛祖诞辰，将来能为家里添上个健康白胖的男孩，成为自豪的父亲。同时还有人为太子打伞，后面跟着敲锣打鼓的，队伍浩浩荡荡，直到抬着太子游完四门。队伍里最多的是小孩子和他们的父母或爷爷奶奶，小孩子被打扮的神气十足，一个比一个好看。当然小孩子一般不知道自己参加游行的目的，只知道凑热闹，能得到东西吃。大人们是希望孩子们参加完太子会后，能得到佛祖保佑，平安成长，幸福一生。小孩子们参加太子会，给自己和大家带来了很多的乐趣与生机。

据老人介绍，太子会主要是完成游四门的仪式，后来慢慢加入了许多内容。基本形式仍是佛教的仪式，但是白族的许多歌舞表演却被带入其中，以此增加太子会的节日气氛。我们在狮河村的村公所就看到几张奖状，都是狮河村的歌舞队在参加太子会的表演时获得的奖项。这也体现出当地的白族人民生活丰富多彩，文化异彩纷呈。值得一提的是，在太子会期间大小商家也抓住机会销售各种商品，以此增加收入。这让整个太子会出现出更加热闹的一面，更加体现了当前经济社会的发展方式和发展节奏。同时折射出白族人民对待外来文化的包容及共存共处的态度。

3. 栽秧节

又称“栽秧会”，是白族人民的一种劳动与娱乐的活动。也是白族地区一个比较特殊的节日。大理、洱源、剑川等白族地区都过栽秧节。实际上是村里几十户人家或一个村庄的人自愿组织起来，以换工方式在一起栽插水稻。在过去，栽秧节快要到来的时候，要从村里选出一个人作为“赊头”。选出来之后，要缝一面大旗，备一套锣鼓。栽秧期间，每天打鼓出工，敲锣收工。旗子插到谁家的田地就轮到大家去帮谁家栽秧。在开始栽秧前，大家要用秧把砸“赕头”，往他身上泼泥和水，以此来表示开秧门的意思。第一家开秧门的要请大家吃饭，同时还要为本主献上生礼，求得本主的保佑，风调雨顺，获得丰收。现在，狮河村已经没有以前集体栽秧的习俗了，但是节日却被大家一直保留着。主要是在“关秧门”这天，大家一起聚到本主庙拼伙（意思是聚餐）做、吃饭，欢聚一天。

4. 石宝山歌会

石宝山歌会，是生活在剑川白族人民的一个歌舞盛会。据当地的老人介绍，石宝山歌会由来已久，具体从什么时候兴起已经不知道了。每年的石宝山歌会都在距离剑川县城15公里处的石宝山上举行，舞台搭建在宝相寺下的广场上。每年的农历七月二十八日，老老少少有坐车的，有骑马的，有步行的都聚集到石宝山上来参加盛会。石宝山歌会上除了剑川当地的白族，还有许多来自其他县份的白族，如洱源、丽江、大理、鹤庆等，他们有的是来看热闹的，也有的是民间歌手来参加表演，因为这是白族老百姓的舞台，只要你会唱白族调都能上台表演对歌。狮河村的白族村民，每年都有人去参加石宝山歌会。

石宝山歌会是当地白族人民娱乐的重要节日活动。其中，不仅有多才多艺的白族民间艺人的表演，还有更多的白族群众广泛参加，将白族的深厚的历史文化底蕴表现出来。现在的石宝山歌会越来越热闹，同时也越办越大。不仅为当地的经济及旅游的发展有很大的促进作用，还培养了一批又一批的白族艺人，更重要的是将白族文化以这样一种方式宣扬出去，让更多的人了解白族的文化。

5. 鲁班会

鲁班会是狮河村特有的节日。狮河村是一个传统的木雕村，这个节日与其木雕的文化发展是密不可分的。我们在采访杨锡龙老人的时候，他提到村里的这个节日，还为我们做了详尽的介绍，后来才得知杨锡龙老人作为当地出名的木雕艺人，已经主持过好几次鲁班会，对这个节日的过程是最熟悉不过了。

狮河村鲁班会举办的时间是每年的农历八月初八，这是自古就有的一个节日。据说是当时木匠鼻祖鲁班师傅途经狮河村这个地方时，见到当地的农民很贫穷，田地被水淹没，没有任何谋生的办法。便将木艺雕刻这一技术教给了当地的人们，同时还给当地的白族先民留下了木匠工具：墨斗和曲尺，离狮河村不远的墨斗山就是因此而得名的。因此，狮河村的白族人特别是木匠手艺人，对鲁班师傅非常尊敬。为了纪念鲁班的功劳，他们还在村里的本主庙为其塑像，这在白族人来说是最高的礼遇了，同时每年还要举办鲁班节这个盛会来纪念他。

以前的鲁班会都是由村里的木匠师傅们集体来筹办的。自从狮河村成立了“狮河木雕工艺协会”后，每年的鲁班会就由木雕协会来主办了。如今的鲁班会是非常热闹的，剑川县内的许多木匠都要来参加鲁班盛会。

狮河村鲁班会的主要活动是：朝拜鲁班神像、供生礼、喊礼、吃饭、歌舞表演等。其中，喊礼主要是说一些对鲁班大师傅的赞美之词，同时希望鲁班能保佑以木匠活和木雕产业为主要收入的人，能生意兴隆，财源滚滚，获得更大的发展。每年鲁班会，大理电视台会对其进行专访。届时还要表演白族典型的霸王鞭等歌舞，请白族一些民间艺人来唱白族调等。

在鲁班会期间是不进行商品交流的，全村人主要是过节。不过，会上还有一个重要的环节就是为村里杰出的木雕艺人颁奖。由村里的木雕工艺协会出资举办比赛，年轻的木雕艺人们纷纷参加比赛，最优秀的作品得到木雕工艺协会的认同后，就要在全村人的面前进行颁奖。这个奖项对于每个村里的年轻木雕手艺人来说，意义都非常重大，它不仅是自己高超的木雕手艺的证明，更为他们以后的发展树立了信心，注入了活力。

鲁班会的时候全村人会一起杀猪聚餐，像过年一样热闹。由于狮河村过去做木雕是谋生的重要手段之一，如今是靠木雕这个产业脱贫致富，所以大家都非常重视这个节日。不管家里是否从事木雕，都会参加节日的活动。鲁班会从侧面反映出白族人民崇尚劳动技艺和勤劳致富的品质。

（三）歌舞

狮河村的白族不仅继承了木雕手工艺，而且也传承了白族的能歌善舞。白族的歌、舞、乐的表现方式通常相互结合，一般在传统节日、农事间歇、收获季节、宗教祭祀中表演。

在传统节日中，狮河村民间节日很多。除与汉族相同的传统节日外，还有本村独有的本主节、鲁班节以及剑川地区石宝山歌会等。期间会有“白鹤舞”、“鹿鹤同春”、“凤赶麒麟”、“耍牛”、“耍马”、“耍刀”“霸王鞭”等民间舞蹈和民俗活动都在这些民族节日进行。

在农事间歇或收获季节中，“田家乐”是基本的表演方式。一般在每年农历五月，栽完秧以后在村里广场举行。“田家乐”的组织者，一般由生产能手担任，有负责统筹安排秧赛会各种活动的，还有负责秧会的生活、记工和收支账目的。

剑川县各村田家乐的演出方式大致相同，在筹办秧赛会的班子内分配角色。“田家乐”的表演采用民家语言、传统音乐、服饰和道具。表演时鼓乐高奏《大摆队伍》《栽秧调》《龙摆尾》等唢呐曲牌。霸王鞭、白鹤舞、等民间舞蹈穿插其间，在广场内绕行表演。扮演各种农事活动和各行各业的表演者，演唱用白族“吹吹腔”，唱词幽默生动，“耕田”是其中的主要内容，犁田老汉的妻子男扮女装，表演惟妙惟肖看了令人捧腹，整个气氛显得热烈欢快。田家乐的活动反映了水稻栽插的全过程。田家乐将劳动生产与文娱活动融为一体，作为一种民俗活动，越来越受到大多数村民的喜爱。

在宗教祭祀中的表演。狮河村信奉本主大黑天神、祖师爷鲁班与道教，所以祭祀仪式和宗教法事的活动也很多。规模最大的是本主祭祀活动。过去在举行迎送或祭祀本主时，有的会跟祈求风调雨顺的“踩马”和农作物丰收的“耍牛”结合起来，边舞边唱，以唢呐、锣伴奏，颇为热闹。

巫舞跟本主祭祀习俗活动联系在一起，一般由两个以上的巫师一唱一和，多时可十余人同舞。在舞蹈过程中，围观的群众可加入同唱同舞，且有一定的程序。过去巫师之间都有师承关系，舞蹈时也是由巫师带徒弟，执单面扁圆鼓（当地称羊皮鼓），男巫动作古朴、粗犷、单一；女巫则摆胯、顾盼，或俯或仰。现在狮河村的巫舞一般在本主庙中进行，由巫婆神汉表演。舞蹈有不少方式化的动作，如“胸前叉香”、“双甩香”、“内外绕花”、“双甩花”等。

如今狮河村的歌舞表现形式越来越多地作为村民们丰富生活的一部分，不仅有传统的歌舞表演，还包含村民们自编自演的娱乐内容。如今村里有多个文艺表演队。

民间还广泛流传《黄氏女对金刚经》及《梁山伯与祝英台》的演唱，经本村村民段亦平的收集整理，并刻盘出版。

（四）服饰文化

白族服饰风格独特，是白族人将生产劳动、生活文化与其居住的气候特点相结合的产物，深受其风光秀美、湖光山色的居住环境潜移默化的影响。白族男女都崇尚白色，衣服以白色为主。白族民歌中唱道：

白白月亮白姐姐，
身上穿件漂白衣，
脚上穿着白布鞋，
披张白羊皮。

这是对传统白族少女服饰的描述。

白色是白族服饰中的主色调。白族妇女的衬衣、外衣和头上的缨穗，以及白族男子的对襟衣和包头，基本上都是以白色为主。这反映了白族人以白为美，以白为尚，崇尚白色的文化心理。

白族传统服饰中，大理地区的白族男子喜缠白色或蓝色包头，多穿白色对襟上衣，外套黑领褂，下身穿宽桶裤，系拖须裤带，有的还喜佩戴绣有美丽图案的挂包。其他一些地区的白族男子，则又喜欢头戴瓜皮帽，穿大襟短上衣，外套羊皮领褂或数件皮质和绸质的领褂，谓之“三滴水”。显得敦厚英俊，洒脱大方。

白族妇女的服饰，与男子的服饰相比，更是色泽鲜美，绚丽多彩。大理一带的妇女多穿白上衣、红坎肩或是浅蓝色上衣配丝绒黑坎肩，右衽结纽处挂“三须”、“五须”的银饰，腰间系有绣花飘带，上面多用黑软线绣上蝴蝶、蜜蜂等图案，下着蓝色宽裤，脚穿绣花的“白节鞋”，手上多半戴纽丝银镯、戒指。已婚妇女梳发髻，未婚少女则垂辫或盘辫于顶，有的则用红头绳缠绕着发辫下的花头巾，露出侧边飘动的雪白缨穗，点染出白族少女头饰和发型所特有的风韵。剑川一带的年轻女子则喜欢戴小帽或“鱼尾帽”。洱源西山及保山地区的白族妇女，常束发于顶，上插银管，再以黑布包头，穿右襟圆领长衣，系绣花腰带，衣袖和裤脚喜镶绣各色宽窄不同的花边，有的喜束护腿，显得十分匀称协调和俊俏美观。白族妇女在白上衣外面还要穿一件无袖领褂，剑川白族把这种领褂叫作比甲。

白族服饰因聚居地不同而略有差异，但所体现出的总体特征是：用色大胆，浅色为主，深色相衬，对比强烈，明快而又协调；挑绣精美，一般都有镶边花饰，装饰繁而不杂。白族服饰特色与其地域特点联系紧密。白族服装越往南显得越艳丽饰繁，越往北越见素雅饰简；就山区与坝区比较，山区白族穿着较艳，坝区白族相对较素。

剑川位于大理北部，与大理一带的白族服饰相比，其服饰显得素雅饰简。剑川白族传统的妇女服饰大致可分为两种类型，即艳丽型和朴实型。艳丽型主要分布在三河、清坪、庆华、白山母一带；其他全县大多数地区可以归入朴实型。

朴实型的服饰，一般束发成辫，在头顶绕成椎状发髻，再缠黑布头帕。黑头帕过去长约3尺，现在则长约8尺。上身着“前短后长”的长衣，其外套无袖“比甲”，比甲的纽扣为右襟绊扣。身前系一围腰，围腰的腰带上挑有各种花纹图案。下身皆着长裤。服装的色彩以深蓝色、淡蓝色、灰色为多，显得朴素大方，古朴实用。衣袖或围腰的颜色常常用淡蓝色、灰色，与其他部位的深蓝色、蓝色形成对比，深沉中含有明快，古朴而不呆板。以前，由于没有缝纫机，老年人的服饰多为自己手工制作而成。现在科技进步、经济发展了，多数人都是请裁缝加工。老年妇女喜欢披一块白色的绵羊皮，类似披风，可用来御寒保暖，又可以在生产劳动中作背垫，田中劳动休息时还可用作坐垫。羊皮多取材于自家饲养的羊只。以前，一件纯白色的羊皮披肩是姑娘出嫁时必不可少的嫁妆。现今，社会进步了，与外界交流增多，年轻一代的服饰逐渐汉化，用羊皮做嫁妆基本上已经看不到了。

艳丽型又可分成三河与清坪、庆华、白山母两个次型。其中，三河的妇女服饰十分重视美感，主要使用白色。三河的白族妇女，用大小一致的包头巾几块甚至十多块整齐相叠，一齐包覆头上，表面一块为蓝色，刺绣各种白色图案，头巾外用各种色彩的头绳缠扎。头巾的层数起到区分年龄和婚姻状况的功能。少幼女孩的头巾为单层，用红线扎成兔耳形状。青年女子的头巾为双层，用红毛线将头巾在头上环绕一周。现在少幼女孩和未婚青年女子都已较少戴头巾。婚后妇女则戴多层头巾，少则8层，多则10多层。老年人的头巾减少至三五层不等，表面一层的刺绣变成以黑线为主。中老年妇女常在两边太阳穴上贴上一块圆形的黑色太阳膏，两耳坠挂圆形玉片。身穿前遮下腹、后及小腿的右衽长衣，淡蓝色或灰色，袖口镶有三条艳蓝色布圈。外罩紫红色、蓝色的比甲。围腰白底镶边，围腰带有挑花图案。胸侧挂一幅白底须边花巾。未婚女子喜欢抹胭脂口红，即使在“文革”时期也坚持不辍。黑色、艳蓝、淡蓝、紫红等颜色，突出色彩的对比，注意在局部作挑花、补缀或悬挂等装饰，整体风格十分艳丽。清坪、庆华、白山母一带的服饰也比较艳丽，但受山高路远等环境的制约，比三河的服饰略显简洁，头上以蓝色方巾包头，单层，用彩色毛线缠绕；身穿长衣，也是前长后短，但衣尾不长；比甲颜色有大红、朱红，绚丽耀眼；围小围腰，上缠淡蓝色或灰白色长带子；小腿缠绑腿，一般为深色，使浓艳中增添了几分刚健利落之气。缠绑腿的装束似乎为他处所少见，很能体现山区服饰的特点。

剑川白族妇女穿的比甲较有特点。这里的比甲是短上衣，无袖无领，圆口，右衽，在右上侧和腋下结布纽扣，领口与右衽一线加黑白相间的花边。洱海一带的比甲颜色以红色、紫色、绿色或黑色为多；剑川三河一带以红色为主，也有蓝色；剑川以及兰坪、洱源北部一带以蓝色为主。比甲是白族地区最流行的服饰，服色虽有变化，式样却一致，名称也一样。比甲是从万里之遥的北方草原上传来的，后经白族改造，形成了白族的比甲。白族的比甲中有一种基本沿用蒙古形式，即保持前短后长的特点，白族人民把这种服装直观地称为“前短后垂”。过去，剑川一带的白族妇女中，偶尔还有人穿这种“前短后垂”。穿着的基本是中老年妇女，青年妇女没有人穿，现在已经很难看到有人穿这种服装。

剑川白族妇女鞋子的变化是一个很有意思的现象。有的妇女穿绣花鞋，有的妇女穿布鞋。“文革”以前，穿绣花鞋的人很多。“文革”初期，把绣花鞋当作“四旧”破除。另外，当时实行集体经济，生产队里几乎要天天下地劳作，穿绣花鞋不太方便，“解放鞋”大为流行，男女老少都穿，绣花鞋一下子衰落下去，成为收藏箱中之物。近几年来，绣花鞋又逐渐流行起来，除了以往的传统样式以外，还有许多新的样式，比如绣花拖鞋、绣花凉鞋等。而且穿着的范围变广，不止中老年妇女喜欢穿，一些年轻人和小孩也喜欢穿。不同的是，现在白族群众穿的绣花鞋由以前手工纳制的千层底变成了更耐磨、防滑的胶底。

狮河村的白族服饰属于剑川白族服饰中的朴实型。但现今和大多数白族村庄一样，平日里村里已经没有多少人穿着白族服饰。村里白族男子，不论年龄大小，服饰都与汉族基本相同。妇女则根据年龄差异存在两种情况：老年妇女大多数都穿传统的白族服装，中青年妇女和孩子大多穿汉族服装。在村庄里，我们还能看见穿着白族传统服饰的白族老婆婆，缠着黑色头巾，穿着传统的白族对襟衣、比甲，脚穿传统的绣花鞋，在村里农贸市场树荫下休憩、聊天的情景，以及身披白色羊皮衣御寒的老婆婆在家门口休息的情景。虽然大多数村民在日常生活中已不穿着传统白族服饰，但每逢白族传统的节日，比如火把节、本主节，或者白族歌舞表演中，也能看到当地白族居民身着白族服饰载歌载舞以及参加相应的庆祝仪式的情景。

改革开放以来，经济发展，交通越来越便利，白族地区与外界的交流越来越频繁，汉族文化对白族文化产生了很大的影响。剑川白族的服饰与以前相比发生了极大的变化。从服装的款式上说，过去传统的民族服装样式一般都比较固定，而现在则款式各异，丰富多样；从服装的质地上说，过去的服装质地以棉质布料为主，现在面料多种多样，有棉的、化纤的，而且质量也比以前的好。从服装的色彩上来说，过去的色彩单一，可选择范围窄，现在有各种各样的色彩可供选择；从着装的风格上说，也开始讲究个人风格。从总的变化趋势来看，传统的白族服装因制作麻烦，而且不方便制作，生存空间越来越小。由于广播电视的快速发展，现在白族年轻人深受汉族文化影响，都认为穿现代服装好，较为方便，不愿意穿传统服装。现在民间的日常生活中，穿着白族传统民族服饰的一般都是老年妇女，年轻人已基本不穿传统民族服装。民族服饰是白族人民生产生活的产物，是白族人民智慧的结晶，承载着白族的传统文化。在现代潮流的冲击下，传统服饰正面临消失的危险，面对这样的情况，我们需要对其做出相应的保护。

（五）宗教与信仰

白族的民间信仰体系具有开放、多元、复杂的特点，它由本土民间信仰与佛教、儒家、道教以及本地巫术等融合而成，各种宗教信仰表现出你中有我、我中有你、相互融合、多元一体的特征，这也是整个白族宗教信仰体系的基本特征。在狮河村，白族居民信仰同样呈现多样的特点，由白族特有的本主信仰与佛教、道教等相互融合而成。

在狮河村，首推的是本主崇拜。本主信仰为白族所独有。它是白族从远古到近现代的传统意识形态。在佛教、道教传入白族地区之前，它是白族的主要信仰，是占统治地位的意识形态，佛、道传入之后，本主信仰仍盛行不衰，直到现在，它还深深地刻印在白族群众的头脑之中，对人们的思想、生产、生活、民俗有着重大影响。本主即“本地之主”、“本村之主”、“本境之主”的简称，实质就是村落的佑护神、灶社神。由于灶社神的特点，本主的地域性特点非常明显，一般每个白族村都有自己的本主，也有几个白族村共同供奉一个本主的情况，不同的村落所供奉的本主截然不同。在狮河村，就有本村村民自己信奉的本主，建有本主庙。

本主信仰在剑川地区十分盛行，几乎每一个白族居住的村子都有一个本主庙。剑川共有十八个本主，当地白族称之为“十八坛神”，大致分布在剑湖的周围。十八本主分别为：三老爷太子皇帝、大圣石碑阿弥勒皇帝、易提坪得道龙王、马祖龙王、大圣本祖、大黑天神、二老爷太子皇帝、需民景帝、雪班皇帝、福应景帝、闾阊皇帝、羣君景帝、赤子景帝、新爷太子、大圣威静边尘卫国圣母、建国梵僧观音菩萨、沧浪神、灵帝庙。

关于十八本主的来历，当地有不同的说法。一种说法是，相传本主都是唐朝的官员，在征服云南后，就同时在剑川分封了十八个本主。另一种说法是认为本主起源于元朝，是随元世祖而来的十八将官，他们是“有功之臣”，被封赠在剑川享受香火。还有一种说法是，十八本主中有的是南诏、大理国时期的皇帝和清平官，有的是唐朝的将官，有的是为民除害的英雄，有的则是孝子或是自然崇拜的神。关于十八本主的来历，虽然说法不一，但是他们大部分是白族人民爱戴和崇拜的人物。另外，各本主间大多数有夫妻、父子、兄弟、朋友的关系。

狮河村信仰的本主神是大黑天神。关于本主的来源当地流传着这样的传说：曾经在狮河有一条大蟒蛇经常出没，伤害村里的老百姓，破坏庄稼，使得狮河村的居民粮食缺乏，无法安生。大黑天神为了保护村民，与大蟒蛇进行了激烈搏斗。搏斗中，大黑天神不小心被大蟒蛇咬伤，中了蛇毒，但大黑天神仍坚持与大蟒蛇搏斗。最终大黑天神将大蟒蛇制伏，消灭了祸害百姓的源头。大黑天神由于中毒太深，最后牺牲了。村民为了纪念这位为民除害的大英雄，就将大黑天神奉为本地的本主，年年向他朝拜，希望他能保佑当地人们，保佑当地百姓风调雨顺、六禽兴旺。现在，大黑天神被供奉在位于狮河村旁村后山上的本主庙里，为上河、下河、官登3个自然村共同的本主。

狮河村白族对本主十分崇敬，村里每年都要举办一次本主会，这是村里重大的宗教节日之一。每年农历八月初一，是狮河村举办本主会的日子，这一天村里的人们一起来庆祝本主的诞生日，当地的人把本主节这天又称为圣驾日。在以前，这一天人们要到本主庙里迎接本主，将本主像用轿子抬下来，迎接到村里的文昌宫（现为狮河小学的所在地），在文昌宫供上 15 天后，再由全村人共同抬回本主庙。本主节期间，村里每家每户都要请客吃饭，还会邀请戏班子来唱戏，热闹异常。“文革”时期，主张破四旧，本主节被禁止举办，位于村后山的本主庙被损毁。“文革”结束后，国家实行宗教信仰自由，村里对本主庙进行了修缮，重新办起了本主会。现在的本主会一直延续举办，但已没有以前热闹。由于村里文昌宫改建为小学被拆除，本主节当天迎本主的仪式已不存在。只是在本主节当天，村民会到本主庙朝拜，在本主庙做饭祭祀本主，但不像以前那样家家请客来庆祝。

如今狮河村虽然本主信仰的祭祀形式没有以前隆重，但是本主信仰在村民的生产生活中仍占有重要的地位。人们崇拜本主，祈求本主保佑各家平安，六禽兴旺，五谷丰登，去灾免难。除了每年本主会时祭祀本主之外，平时哪家有个大灾小病，也会到本主庙中祭祀，祈求本主保佑。当地白族人结婚前一天，新郎要到本主庙祈福，同时要换好结婚当天要穿的衣服，去过本主庙后就不能换衣服了。家中有孩子出生要到本主庙报喜，求本主保佑孩子健康地成长。家里盖新房时也要到本主庙朝拜。家里遇到不顺的事时，也会到本主庙祈福，希望得到本主的保佑，消病消灾。

道教在狮河村也有着一定影响。道教是发源于古代中国的传统宗教，是一个崇拜诸多神明的多神教原生的宗教形式，主要宗旨是追求得道成仙、救济世人并以老子的《道德经》等为主要经典。不仅在中国传统文化中占有重要地位，而且对现代世界也有着一定影响性。道教以“道”为最高信仰，认为“道”是化生宇宙万物的本原。在中华传统文化中，道教被认为是与儒学和佛教一起的一种占据着主导地位的理论学说和寻求有关实践练成神仙的方法。在狮河村，也存在着道教活动，剑川县道教协会的组织人之一，就是狮河村下辖的自然村官登人。当地道教协会一般由老年人组成，主要有两个会期，一个是农历六月六的“南斗会”，另一个是农历九月初九的“北斗会”，会期持续 5 ~ 7 天，期间会进行相应的祭祀和朝拜，村里老人组成的洞经古乐队还演奏独具白族特色的洞经古乐。这两个会期是当地道教规模较大的活动，除此以外还有一些小规模的活动。

佛教对狮河村影响比较大。佛教是世界三大宗教之一，由公元前 6—前 5

世纪古印度的迦毗罗卫国（今尼泊尔境内）王子所创，广泛流传于亚洲的许多国家，西汉末年经丝绸之路传入我国。南诏时期，佛教已传入白族地区，并逐渐兴盛。至如今，狮河村信仰佛教的人较多，与佛教有关的组织有妈妈会、练佛会、洞经会、圣谕会等。宗教活动的主要形式是吃斋念佛，每到会期到寺庙做会。该村的老年妇女基本上都参加了妈妈会，凡参加者每逢初一、十五要吃斋，每年农历正月初九要做“上九会”，三月二十日要做“太子会”，六月和九月要“朝斗”，平时需要拜敬如来佛、玉皇大帝、观世音菩萨等，每逢会期还要拜佛念经。

狮河村民还有深厚的祖先崇拜情结。狮河村几乎每家的堂屋上要供奉祖先牌位，每逢春节、正月十五、七月十四烧包节和其他节日，要烧香供奉，还要祭祀食物。清明节要祭扫祖先的坟墓，拔出坟墓周围的杂草，在坟上添土。家里除了供奉祖先牌位，还供奉田地牌位和灶君牌位。

除此以外，作为木雕之乡，狮河村有着一种特殊的信仰，就是信奉木工鼻祖鲁班。在狮河村的本主庙中供奉着当地木匠人称为“大师傅”的鲁班。鲁班是木工的鼻祖，被当地木工手艺人奉为大师傅，受到当地木工艺人的极大崇敬。每年的农历八月初八，村里以及临近村庄从事木雕、做木匠的人都会汇集到狮河村来祭拜鲁班大师傅。每年的这个时候，村里都非常热闹。鲁班节当天，全村人会到本主庙祭拜鲁班神像，杀猪宰羊，还会用歌舞表演来助兴，场面十分热闹。

在狮河村由于多种信仰的融合及并存，村民们的精神生活十分充实。

（六）饮食习惯

白族是以种植水稻为主的农耕民族。剑川坝区白族以大米为主要的食物，由这里的地理和气候等自然条件决定，形成了一个地方特色的饮食系统。这里的饮食及口味也比较繁杂，酸、甜、辣、麻、咸各味都喜欢，但咸、甜不混在一起。在长期的社会发展过程中，还形成了一些独特的饮食习惯。由此可见，任何民族的饮食习惯都是与当地的地理环境有密不可分的关系。狮河村白族的饮食习惯及日常食品大致有以下几方面：

1. 主食

基本上是以大米为主食，这与生活在南方的其他民族是差不多的。同时也吃面食，但明显少于米食，所以在白族人的观念中，只有吃大米饭才算是吃饭。以米食为主，这与大多数白族都生活在“坝子”中密不可分，坝子地区一般气候温和，雨水充足，适合于种植水稻，是稻作区。狮河村是剑川坝子的一部分，是传统的稻作区，主食以大米为主便成自然。

2. 日常品味

狮河村日常食品的品种和口味多样，生、酸、辣、麻、咸、甜等都喜爱，这是当地白族饮食的一大特点。由于生活在高原地区，而且狮河村白族生活的地理位置相对较高，所以日常的食物中，主要以酸、辣为主。这样的食物口味独特，吃起来非常爽口。在这里还有一个特殊饮食习惯，在办红白喜事或者祭祖的重要仪式（通常是指农历七月十四的“烧包节”）中，每家每户都要有“八大碗”，这在白族人看来算是最丰盛最高规格的饭菜了。其中，粉丝、鱼、腊肉、粬肉是必须有，其他可以稍作调整。据当地老人介绍，每道菜都有其含义，如粉丝代表常来常往，鱼则代表柔顺等，都包含了白族人们的美好祝愿或愿望。

3. 肉食

狮河村白族人的肉食以猪肉为主，同时还喜欢吃鸡、鸭、鱼、羊肉、牛肉等。剑湖边的白族人经常捕捞鲜鱼做菜。在过去经济条件差，生活艰苦的年代，新鲜猪肉要在腊月宰年猪的时候才能吃到，平时吃的是腊肉。现在可以随时买到食用新鲜猪肉了。白族人在肉食方面还是有许多的讲究，据这里的老人介绍，他们是不食灵长类动物肉的，如猫、马的肉等，认为这些动物都有灵性，吃了它们的肉会交厄运。

4. 特色食品

狮河村的特色食物丰富多样性。在中国，“吃”的文化很深厚，在白族地区同样如此，而且白族人一般都能自己做许多种特色食物。以下几道是较典型的食物：

①“生皮”。即生猪肉，但不是普通的生猪肉，是选择刚宰杀的火烧猪的特殊部位，切薄片打蘸水吃。这是白族人食用猪肉的一种方式，这种吃法在当地称之为“生皮”。但实际上并不完全是生的，因为宰杀后的火烧猪，皮及一些部位已经是烧熟了的。上桌的除皮外，也选用部分鲜嫩的瘦肉，切成薄片。吃生皮的蘸水十分讲究。用辣椒、胡椒、生姜、花椒、大蒜泥、细葱、味精、醋、酱油等佐料，精心调制而成，味很浓，这是吃生皮必不可少的部

分。当地还有吃羊生皮或生螺蛳的。据说羊生皮吃起来不但香气四溢，口感鲜嫩，而且还可以驱寒补身。因此，“生皮”这道菜在当地是非常受欢迎的。

②吹肝、猪肝鲊、腌鱼。当地的白族在办红白喜事时，基本上都要上“八大碗”，其中腊味一碗中吹肝是必不可少的。平时，吹肝用来做凉菜吃。吹肝的基本做法是：冬天宰猪后，取出新鲜猪肝将其吹胀，然后扎好气孔并洒上盐巴、胡椒、花椒、辣椒等，悬挂起来风干。食用前用水洗净并煮熟，切片就可以用来拌成凉片。猪肝鲊一般是用猪肝、猪肠子等，切碎后用花椒、辣椒、生姜、酒等腌制。农忙时节做饭时在甑子里蒸上一碗就可以当成菜来食用，既方便又好吃。腌鱼是春节时每家必备的食物，平时用来招待客人，自家食用也非常方便。

③乳饼。云南有十八怪，其中一怪便是牛奶做成片或块。将牛奶做成片就是乳扇，做成块就是乳饼。但是这在剑川的狮河村，将牛奶做成块已不是什么稀奇事，因为这里就出产乳饼，村里就有养殖专业户在做。乳饼是当地白族人家喜欢食用的食物，主要是用牛奶或羊奶制作，其营养价值很高，含有丰富蛋白质等。制作出来的乳饼可生吃也可油炸，或与火腿一起蒸着吃，口味的咸或甜可根据个人的嗜好而定。羊奶制作的乳饼价格相对要贵得多，人们去看望亲戚朋友时，乳饼是一种很好的礼品。我们在当地调查时，当地老乡得知我们许多人对乳饼不认识，便很快将自家的乳饼拿出来招待我们。我们不但亲口尝了乳饼，还对白族人民的热情好客有了更加深刻的体会。

上面所列举的只能算是狮河村白族食物中很小的一部分，但是具有一定典型性。其他还有很多特色食物，如泥鳅钻豆腐、剑湖鱼、凉鸡米线、剑川汤圆等等，都让人爱不释口。

在当地经营白族风味的饭店当地人是很少去的，因为自己家里都能做饭店里的特色菜，可能比饭店做的还好吃。

（七）居住文化

狮河村在居住环境不断改善中，充分保留了传统的白族民居的特色，并沿袭了其建筑方式，是一个独具特色的白族聚居村。这里的民居绝大多数是土木结构，成独立封闭式住宅，采取独门独户的形式，一户完整的院落包括大门、照壁、正房和左右厢房。狮河村在建房平面规划布局上，“一房两耳”

和“三房一照壁”最常见。

“一房两耳”：一幢正房及正房两端的两耳房。

“三坊一照壁”：一坊正房，两坊耳房，加上一面照壁。三坊房为三开间两层楼房。正房一楼中间的一间作为堂屋，左边一间房是长辈的居室，右边则供长子居住。二楼中间的房间供奉祖宗牌位，左右两间为居室或杂物室。耳房在正房前左右两边相对峙，一楼为日常使用，二楼同样为居室或杂物室。照壁与正房相对，高度与正房一层房檐相当。

建房布局采用什么形式，由房主的经济条件、宅基地大小和家中人口数量及喜好来决定。院落四周为主体部分，厨房、畜圈、厕所等配屋则另择基地另成系统，或安排在耳房。所有房屋外墙都不开窗，靠天井采光。

狮河村经济条件较好人家的白族民居建筑，对房屋的装饰相当讲究，尤其注重门楼、照壁和门窗雕刻以及彩绘装饰。房屋装饰以木雕和彩绘两种形式为主。木雕多用于建筑物的格子门、横披、裙板、吊柱等部分。“门楼”采用殿阁式造型，飞檐串角、瓦檐裙板和门楣的木雕十分精美。作为整个院落的大门，既美观又坚实永固，在功能上起到出入开闭、安全使用的作用，在精神上有着彰显房主地位身份、经济实力的作用。传统的大门前一般至少有一级台阶，有的人家为显示自家社会地位崇高，抬高整个庭院地坪，因而大门台阶增加为多级。现在，有的人家为方便各种车辆出入，门楼已经不设台，而把台阶设在正房堂屋前。

“照壁”不仅是挡风防盗的屏障，还保障了家居内部生活的静和隐。青瓦白墙，墙头两端飞檐形如鸟翼伸展，墙面题写“万紫千红”、“旭日东升”或“福”、“寿”等象征吉祥如意的大字。照壁前有花坛，种植山茶、石榴、挂花等花木，花草芳香四溢，环境优美舒适。

门窗雕刻在狮河村民居中的运用十分普遍。正房堂屋门由三合六扇格子门组成，有很多人家的格子门是自己雕刻的。在这个木雕之乡，有许多村民家的雕花格子门上段尤为精致，不少人家还采用三层精细镂空雕，多层的山水花鸟鱼虫表现得栩栩如生。格子门上图案有百合青松、鹭鸶荷花、孔雀玉兰、喜鹊报春等，镂空雕是为了让屋内通风和有足够的光线；下段为飞禽走兽的浮雕，手法简练工艺精巧。门面保持浅黄的天然原木色，在日光下显得栩栩如生。有的主人家对格子门极为爱护，嵌上玻璃保护雕花，对常年受阳光直射的，还用遮阳网遮挡。

彩绘装饰则在粉白的墙面上，或房檐下饰有色彩相间的装饰带，以各种几何图案布置“花空”作花鸟、山水、书法等，清新雅致。

狮河村民居是白族建筑的写照，又彰显出本村的特色，反映了村民的审美意识在创造中得到升华的体现。

（八）婚嫁习俗

狮河村白族的婚嫁习俗，据本村杨润谨老人的介绍，居住在这里的白族是以族内通婚为主。但婚恋方面，在民族上没有任何特殊的限制。特别是新中国成立以后，和外族（包括外地人）通婚已经不是一件稀奇的事了。从介绍中，我们了解到这里对婚嫁是十分重视的，因为它不仅是个人的事，而是关系到整个家族兴衰的大事。白族的婚嫁有着许多不同的习俗，其中具有丰富而重要的意义。经过我们的访问了解到，当地的婚嫁在旧社会是由父母一手包办，男方要出很贵的聘礼。新中国成立后情况发生了很大的变化，如聘礼等就不像以前那么重了。但是婚嫁的习俗和过程基本上还是遵照以前的老传统，用以表达人们对婚姻的美好向往。这里白族的婚礼一般都经过提亲、订婚、结婚等过程。

1. 提亲及相亲

以前白族婚姻由父母包办，所以都是父母请媒人去提亲。现在男女双方能经过自由恋爱或经人介绍，双方认为相互适合，就请媒婆在两家中进行协商。同意后由女方家选定日子，并约上亲戚朋友到男方家去做客，通过一天的交谈，促进双方及家庭互相再了解。如果双方都满意，那么，这次相亲以后，男女双方关系就算确定下来，以后有事就以亲戚身份来往。

2. 订婚

通过相亲以后，订婚这一日是男方给姑娘下聘礼的日子。订婚当日双方都要到对方家里认亲。订婚之后，女方就被男方家认可为家中的一员。同时在订婚到结婚的这段时间内，每年到八月十五中秋节这一天，男方都要向女方家送礼，在当地就成为“八月十五礼”，礼品包括月饼、糖果、干果等。

3. 结婚

在订婚过后男女双方还要经过一段时间用来相互了解，这样做对于以后夫妻生活的和美是很重要的。当然时间期限一般都由双方长辈决定。结婚的日子也由双方共同商议决定，一般要请当地的风水先生看黄历，以便决定良辰吉日。通常选在冬月、腊月或正月。结婚包括五个重要部分：

①求亲

男方请媒婆到女方家请求把姑娘在今年嫁过门，并择定结婚日子。日子确定后，女方准备嫁妆，男方准备新房及礼钱。

②送晚饭

在正婚前日下午，男方给女方父母送晚饭，由媒婆及七个姑娘抬上一托盘八大碗、一盆饭、新娘正婚日穿的嫁衣等送到女方家。女方热情款待这些人并回赠相应礼品。这一日姑娘家还需把嫁妆摆在堂屋里，让前来道贺的亲戚朋友品评，并且设宴招待亲朋好友。晚上女方家把新娘的床上用品铺在堂屋的地上，请村中的小姑娘在上面睡一夜，称为压细窝窟（白族语），即所谓的压新床。

③接新娘

从正婚日早上起，男方家里就开始摆宴待客。根据两家之间路程的远近，到时间差不多，新郎就在媒婆和一群小伙子的陪伴下去迎娶新娘，同时还按新娘嫁妆的多少去一些少妇抬嫁妆。到新娘家后，稍作休息，待新郎和新娘一起拜别女方家的至亲长辈后，迎亲队伍返回到新郎家。到新郎家门口时，有两个手拿松明火把的小男孩要象征性地向新郎和新娘烧一下，其意义是祝福新人幸福美满，结婚以后的日子红红火火。因为在白族语言当中，松明的音是“满”，用松明点燃的火烧一下，就表示幸福全身，终生红火。后面的人点燃鞭炮，新郎和新娘手牵手一同步进家门，婚宴便开始。

到婚宴差不多结束时，开始拜堂。到晚上十点钟，开始闹新房，由新郎的一些未婚朋友在新房里给新人出一些带点黄色的节目，要求新人一起完成。时间大约两个小时，闹房结束后，主人家就端上做好的宵夜请闹房的人吃，而新人则吃余汤饭。在吃夜点时，村中两个德才兼备的妇女就给新人铺床，她们每铺一层就在床头床尾撒一些干果，要边撒边说一些吉利话。带进新房的果子的名字都是带“子”字的，这是因为在白族语言当中子的音和子孙、子女的音相同。将这些果子带进新房，含蓄地表达了希望新人早得孩子的愿望。

④回门及会亲

新婚第二天，早上一对新人必须早早起床，新娘扫地，新郎倒垃圾，在天亮之前把院里院外打扫干净。然后新郎新娘由村里的小伙子小姑娘陪着回娘家，新郎家还要给女方的至亲家庭送糖果一类的礼品。然后到下午四点钟左右回去，在新郎家再举行一次由双方父母和直系亲属组成的宴会，称之为“会亲”。

⑤赶街

结婚典礼全部结束后，新人要上街买菜，一般要买回四样菜：白菜、魔芋、蒜苗、活鱼。据老人介绍，这四样菜有着丰富的含义：白菜在白族语言中就是清白的意思，；魔芋在白族语言中的音是庸，而白语中庸的意思是温顺恭良；蒜苗就是利用蒜和顺的音相近来表达希望日子顺顺昌昌的愿望；活鱼就是利用鱼和余的音相同来表达年年有余的愿望。这些都是对新人以后美满幸福的祝愿。

⑥上坟

新人赶街回来后，由父母带着他们到祖坟上拜祭祖先。祭拜祖先主要有两个方面的作用，一方面是让新媳妇认识祖坟；另一方面是从家族意义上承认新媳妇的地位，让祖先接受这个新成员并祝福她。

通过对狮河村婚嫁习俗的了解，一方面我们可以看到白族人对于自己家族系统延续的重视程度，“不孝有三，无后为大”，婚姻则是延后的重要基础，这种习俗已经深深扎根于他们的传统观念中。另一面是对新人以后夫妻生活的美好祝愿，以及对幸福生活的不断追求。这种认真操办婚事的习俗，对婚后的幸福生活及家庭的稳定起了很好的作用。

（九）丧葬习俗

白族的丧葬深受中原文化的影响，其中道家、儒家的思想体现较为明显。随着经济、人文环境的变化，丧葬习俗也会产生一定的变化，久而久之，白族人民便形成了属于自己独特的丧葬礼仪及习俗。据狮河村老人介绍，在白族看来丧礼是一件很重要的人生大事，这与深深根植于白族人民心中的祖先崇拜的传统观念是密不可分。

剑川当地白族民间有“灵魂不死”的观念，认为在人世以外，还存在着一个凡人看不见摸不着的“阴间世界”，人死以后，他（她）的灵魂也将前往阴间永生。因此，人们希望新故亲属的灵魂能顺利前往阴间，并且能在阴间幸福安宁，荫庇子孙后代，不因生活窘困而作祟，使子孙后代遭受灾祸。这其中唯心的部分是显而易见的，但是却包含着朴素的辩证思想：善恶者自有报应。所以每个白族人在生前坚持行善，以保护子孙后代的兴盛。

据史料记载，白族先民早期在商朝以前实行火葬，汉代以后由于中原文化的影响，逐渐转变为土葬，即以棺葬为主。

当地白族的丧葬习俗十分复杂。丧礼在每个人死前便开始了（除意外死亡的以外），大部分从五六十岁就已开始准备。整个丧礼分：临丧、入殓、报丧、发榜、成服、设灵、开悼、出殡、安葬垒成坟、立碑、守孝、除服等过程。

临丧指的就是人死前便开始准备的部分。大部分从50多岁便开始为自已购买棺木（大部分由子女购买），称为“寿木”。买回家时，要在上面贴红纸书写的“喜”字，还要燃放鞭炮。到了60岁以后，如果上辈人已经不在，儿女便开始为其备制寿服、寿棺。寿服一般忌用皮毛，多取棉绸，谐其“延绵不绝”之意。男性寿服有：红顶瓜皮帽一顶、白布汉褡1件、长衫1~2件、马褂1领、长裤1~2条、红绣寿鞋1双、白布袜子1双；女性寿服有：黑头帕1块、白布汉褡1件、大襟着尾衣1~2件、长带双层围腰1块、虚边长裤1~2条、白布袜子1双、红绣寿鞋1双。寿棺取七尺松或杉凸板4块，迎头处雕有蝙蝠和寿字图案，红底罩金，其余漆成通黑。制作寿棺时要请几桌客，嫡亲子女要送衣服、猪头、糖酒烟茶祝贺，亲友亦要送四色礼、寿面、对联等致贺。这是当地白族老人的追求，这样做后就不用再为身后事而担忧，同时，根据当地白族的观念，它还可以保佑老人健康长寿。

据村里的老人介绍，白族民间十分讲究寿终正寝。同时忌人死在楼上或床上。在临终前通常要搬到堂屋里临时搭起的床上。人未咽气前要喂一点饭食和一枚去核内装银屑的大枣，称为“银气”，忌“空腹见阎王”。因突然死亡而接不着“银气”的死者，也要撬开他的嘴巴，放入7粒大米和去核内装银屑的大枣1枚。确认人死了，要让死者坐在反罩的竹篮上沐浴更衣，理发梳头，修剪手脚指甲。修剪下来的手脚指甲要分别装入两个小布袋，连同几粒“五谷”、几枚冥钱悬挂在死者胸前的纽扣上。这个过程称之为寿终。

在人寿终之后便要入殓。装棺入殓时在尸体下垫一床崭新的带套棉絮，俗称为“衾”。头枕三角香蒿枕，脚踏一个土基，手掐钱币。两侧装以死者衣物、稻草，香蒿等物，以防尸体摇动。死者面朝上，放置于棺正中，上盖五色纸，男七女五俗称“阴阳只隔一张纸”。盖最后一张纸时，死者儿女子孙到棺前瞻仰遗容，和死者作最后告别，俗称“记遗容”。然后盖棺。此时，死者如果是女性，一定要有娘家人在场，特别是年纪较轻的妇女，得不到娘娘的首肯是不能盖棺的。盖棺后，也要留一个“银锭榫”给娘家人敲钉。

如死者父母已故世，可放置在堂屋正中。如死者父母尚存，俗称“黄梅不落青梅落”，则只能按男左女右停放在一侧，且入殓时要装入孝服，这是对父母的孝敬。

这里白族的报丧也较为讲究。报丧要分两个层次：一为死者落气后，经理发、梳头、沐浴、更衣，穿戴完毕，或停尸或入殓后，由长者嘱咐孝子、孝女、孝孙，从此进入孝期，万事必须忍让，需要处理的涉及外界的事，能断即断，不能断者放在丧期过后办理。丧期内不能和外界发生口舌纠纷。然后在大门、堂门、厨房门、楼门、卧室门两侧贴两张 3 寸宽、5 寸长的白纸，贴时要叩门三下呼唤死者名字三声，祷祝死者安心赴阴曹地府。贴时从里到外，最后贴大门。贴大门时，要点香、焚烧金银纸锞，俗称“报丧”或“报丧门”。另外，死者亡故后，派专人通知死者嫡系亲属，如死者是女性，要特别派专人通知娘家，也称“报丧”。

死者亲属所穿戴的孝服和亲友戴的孝称“成服”，当地俗称“孝服”或“孝”。狮河村白族孝服大体与剑川各村庄相同，分“披麻戴孝”和“戴孝”两类。旧时，凡死者子、女、弟、妹、媳、侄、甥均披麻戴孝。男性头戴麻布孝帽，身穿白布孝衣，肩披麻布片，腰拴麻绳。长子孝帽前有遮颜，两侧有耳塞，表示哀痛至切，对一切不闻不问。女性则头围白布孝帕，额顶打结，身穿白布孝衣，腰拴麻绳。凡孝帽孝衣均虚边搭缝向外。现今缝孝衣者已渐少，一般改为子侄辈戴麻布帽，腰拴麻绳，臂戴黑布孝圈；女媳辈头戴白布孝帕，腰拴麻绳；五服内孙子重孙辈头戴孝帽，腰拴麻绳。其余外戚、族亲、世交故友者，只戴孝帕。孝衣、孝帽、麻绳、孝帕均由主丧者制备分送。

设灵、开悼，旧时为死者设灵堂，请阿吒力师僧或道士做 3 ~ 7 日的道场斋醮，施放焰口，追悼亡人。出殡前日，则请有功名者为亡者神主牌点血，俗称“点主”。接受亲友悼祭，晚上则进行“家祭仪式”，或由阿吒力师僧讽诵白语《三献礼》经，或朗诵白语祭文。白语祭文讲求格律韵脚，都请乡间有才学之士或民间歌手撰写，词哀情切，铿锵有声，娓娓动人，具有很高的文学艺术价值。

出殡俗称“送葬”。出殡迟早根据下葬时间来定。孝子孝女向灵堂祭奠后吃饭，饭毕即起灵。

殡仪队伍以散纸钱者开路，继后是纸扎人马、花圈、祭幛、送葬者、乐队、孝子、灵柩、孝女、女送葬者。至亲戚友在半路设案焚香，进行“路祭”。

各地都有习惯的送终点。到送终点，送葬者分两边站列，向灵柩作揖告别，孝子向送葬者叩头答谢，俗称“孝子谢”。然后孝子匍匐在地，让灵柩从身子上抬过，俗称“搭桥”。搭桥后，送葬者、孝子孝女大部分折回，有主孝子送灵柩到墓地安葬成坟。灵柩抬走后，由女性长辈清扫灵堂，在灵堂正中烧一堆火，称为“安魂火塘”。

灵柩下葬前由孝子在灵柩上放一块土，表示死者已入土，准备安葬成坟。墓圹中埋1对风水瓶，一瓶内装十分水（到县城中心点取），水中放1对活鱼或1对纸鱼，以喻鱼龙变化：一瓶内装文武土（向文庙、武庙中取），以喻后辈文昌武运。然后在墓穴中焚金银纸锞，俗称“温圹”。人们对墓穴的选择和坟墓的营造非常慎重，把它看成关乎后辈家庭兴衰的大事。墓穴要请阴阳地师选择左青龙、右白虎、前朱雀、后玄武的吉地，俗称“风水宝地”或“牛眠吉地”。有的人建在时就选定坟地、建好墓穴，认为好的坟地不但可以保佑自己健康长寿，而且可以庇佑子孙后代，使家族发旺。

下葬时，鸣放鞭炮，老人用青刺果枝在圹中作驱赶状，同时念道“死者进，活者出”，并把灵柩徐徐放入圹中，按坟向拨正后，由司丧具者往孝子衣裳后摆里挖三锄土，边挖边说：“一挖金，二挖银，三挖子孙发旺，富贵荣华。”由孝子在灵柩盖上来回走三次，边撒土，边轻轻呼唤死者的尊称，表示亲手掩埋了自己的亲人，尽了自己应尽的义务。然后，由有关执事人员分头盖石垒坟。最后在坟头插上魂幡、孝杖，撒一把五谷，种一蓬“子孙草”。新坟垒好后，有的当日立碑，有的过后择日立碑。当日立碑者，在圹身周围插香，称为“香城”，并用酒饭祭奠后，便可回家。丧礼后三天，死者家属每天都要到坟前送早饭，希望死者在阴间能吃饱肚子。

守孝也是一项非常重要的礼仪。狮河村白族对守孝非常重视，至今尚有“守制三年”的习俗。死者新故的头一百天内，称为“重孝”。重孝期间，孝子要闭门谢客，不问世事，不到人多的地方，不与人争执，不修房盖屋，甚至不理发剔须。百日这天，要上坟祭祀死者，在坟前烧孝绳、孝帽，称为

“百日祭”。以后每周年祭祀一次，逝世三年内，每年火把节，都要上坟为死者竖一小型火把，表示对死者的缅怀。

死者已故三周年日，称为除服日，俗称“脱孝”。除上坟祭祀亡者外，还要刮除家中哀挽联语，在大门上另贴一副“守制三年今已满；亲恩百世总难忘”样的红对联，表示孝服已满。

为我们介绍狮河村丧葬习俗的老人，是当地有名的风水先生。这里谁家有白事都要请他看风水，选坟地，讲究的还要请他为死者写悼词，在丧礼上念悼词。所以他对当地丧葬的习俗了解十分清楚。不但给我们的调查带来了极大的便利，还记录留下了许多宝贵的资料。

狮河村白族的丧葬习俗已经融入了日常生活中，成为人们生活的一个组成部分。如农历每月初一、十五都要焚香，祭祀祖先。每逢过年过节，除了焚香祭祀外，每顿饭做好后要先到祖宗牌位前供祭，让祖宗先享用饭菜，以此表示不忘祖先的恩德；在门口倒一点饭菜以供孤魂野鬼享用，以此求得大家相安无事，和平相处，然后全家人才能围坐在一起吃饭。春节、清明、火把节都要到坟前进行祭祀，对祖宗的坟墓进行整修。特别一提的是，每年农历七月十四这天，家家户户都要在家门口焚烧纸做的衣物、钱币等，以此给已故的先人寄送衣物、钱财，希望他们在阴间幸福安宁，能吃好穿好，不挨饿受冻，并且荫庇子孙后代，不至于因生活窘困而作祟，使子孙后代遭受灾祸。

从狮河村的丧葬习俗中，我们可以看出白族人民对已故祖先的尊敬，以及对父母及长辈的孝敬和对后代的教育，体现和继承了中华民族的优秀传统。

（十）礼仪与禁忌

狮河村有白族共同的礼俗，也有自己村传统的礼俗，同时深受汉文化的影响。

1. 日常礼仪与禁忌

一是崇尚家庭观念，珍重亲情，尊老爱幼，无论是吃饭或是日常生活都体现先长后少礼节。见到老人要主动打招呼、问候、让道、让座、端茶、递烟。如果儿女虐待年老父母，或者强者仗势欺负了弱者，就要遭到群众的反对。主持公道的村民会请来双方当众评理，还施以惩罚，并且当众认错赔礼。所以，在狮河村尊老爱幼，成了习俗，谁亏待了老弱，立刻就有人站出来鸣不平。吃饭时要让老人坐上席，由老人先动筷子。平时对老人不能直呼其名，根据呼叫者与老人双方的年龄，称呼阿爷、阿奶、阿大、大妈、阿叔、阿嬢等，如果有亲戚关系，一定要按照辈分称呼。

二是珍重亲戚朋友关系，待客热情真诚，先客后主是白族待客的礼节。家中来了客人，无论是否认识都要热情接待，首先端上烟、茶相待，客人有事相托，或有话相议，才开始边品茶边讲叙。如果来客是男宾，则由男主人陪伴，妇女都自动回避。如果来客是女宾，就由女主人陪伴接待，男主人几句寒暄后，便借故回避了。在对人的称谓前喜欢加个“阿”字，表示亲切和尊敬。访友或探望病人，以下午和晚间为宜。给客人倒茶一般只倒小半杯，倒酒则需满杯，村民认为酒满敬人，茶满欺人。走亲戚或探望朋友，进人家门切忌踩踏主人家的门槛，自己人也不能踩。家中忌讳戴着孝的人进入，认为这样会给家庭带来不洁。若是有人头戴孝布去了别人家，这家人就要放鞭炮除晦气，让来者赶快走。过节时期，女人不能去别人家拜访，这样是忌讳的。

2. 生命礼仪禁忌

生的礼赞：在狮河村采访期间，我们看到有人家在大门一侧悬挂一只竹甑底和红布包空瓶子，原来这是在告诉路人这户人家刚刚生下婴儿。如果只挂竹甑底和筷子是生了女孩，若把筷子插在一个空瓶中则是生了男孩。这些悬挂物是对生命诞生的礼赞和祝福。其作一是向外人报喜。二是提醒该家中有产妇。若家里有亲人过世者到此止步，这是狮河村人的“潜规则”，为的是避免冲了“喜气”。有新生儿的人家要煮红糖糯米汤团，加上鸡蛋、甜白酒请亲戚朋友吃。

死的礼赞：在狮河村，老人一般在60岁时就把棺木做好，叫作“喜材”或“寿房”，而当地人对此并不忌讳。一般来说，父母还在世的，本人不能为自己置备棺木。老人生病后或在其生命最后阶段的日子里，村里大部分家庭的长者以及病人的亲戚朋友都会去探望病人，嘘寒问暖，既有对病者的问候，也有对病人家属的安慰。老人去世后，前来吊丧者，妇人带一包冰糖或奶粉，还送上祭帐、花圈等，花圈是近些年兴起的。孝子孝女跪在灵堂两侧，男左女右，吊丧者在走的时候主人要给两根明子，用来辟邪和照明。家中有新坟，三年之内的火把节都要在坟前竖火把。另外被人们熟知的八大碗，在这里是用于办白事客的。

3. 木匠禁忌

狮河村是木雕村，木匠数量极多，因此木匠行业的禁忌较为普遍。主要有以下方面：

墨斗严禁倒入茶水；不把五尺杆、曲尺随便丢地上。不管做大件木活还是小件雕品，直料要头朝上，横料头右根左，不能将木料胡乱堆放。做好的器物，要头尾一顺。木匠画墨线，忌对墨线随意涂抹；木匠建盖自家的房子，忌自己画墨线。在祭祀鲁班祖师时，严禁吃狗肉、泥鳅、鳝鱼。用料时忌说“短”字，只能说“不足”；木槌叫响子，因为白族语“槌”发音同“jue”其汉语意思不吉利；竖房时忌说“歪”“斜”等不吉利词语。房屋设计的中轴线，忌正对近邻屋脊，建房家的屋脊也不能正对着邻家堂屋轴线。上梁要选黄道吉日，忌单日、凶日。竖房之日忌空腹，必须吃过早点才能动手。出外谋生或谈生意，忌逢七日出门、逢八日归家，有“七不出门、八不归家”之说。

第二部分　农　户

一、创业进取户

（一）木雕专业户李海龙一家

李海龙，1957 年生，今年 54 岁，家住狮河村上河 5 组 43 号。初中文化程度。全家 8 口人，父亲李直卿，妻子李益花，儿子李彭耀，儿媳张树英，女儿李小英，孙子李进，孙女李燕。全家承包土地 5.8 亩，其中水田 2.8 亩，旱地 3 亩。有房屋 27 间，是村里的富裕户。

李海龙是一位地道的木雕手艺人。刚跟他接触时，觉得他的性格比较腼腆。其实，他平易近人，做事诚实守信，为人处世讲究原则。他的外表并不惹人注意，没有暴躁的脾气，只有农民的朴素的气质。他既想努力奋斗一番，同时又想好好地过个安稳的日子。他希望自己的子女能好好学习，将来能学到更多的知识，拼打出一片属于自己的天地。他还希望家庭能一直这样和睦下去，家里的生活水平能够蒸蒸日上。

李海龙出生在地主家庭，或许这是他的不幸，或许也是他的幸运之处。他的父亲李直卿，此时是一位鹤发童颜的老人，面容慈祥，身体还比较健壮。李直卿 1939 年生，高中文化程度，14 岁时就读于当时的鹤庆高中，对知识的作用有深刻的见解，所以在李海龙小时候就教育他要好好学习。虽然当时老人是地主，被批斗过，而且孩子的上学问题也受到很大影响，但是李直卿还是坚持让孩子上学，觉得没有知识将来是干不成大事的。

李海龙在上小学时，他像大多数的学生一样对知识充满了好奇，由此他努力学习，汲取知识的营养。可是由于他是地主的儿子，当时受到了同学们的歧视和欺负，不过这没有打击他学习的积极性，这反而让他认识到学习的宝贵，从而更加努力地学习。同时这些事情在很大程度上帮助他养成了坚强的意志和隐忍的性格。小学毕业后，他以优异的成绩升上了初中，他决定要好好利用初中三年的时间来学习更多的知识，努力提高自己的文化水平。1972 年，他在读书无用的那个年代初中毕业了，并以优异成绩考上了高中，但因家庭成分不好而未被录取，只得被迫回家务农。

当时生活环境十分恶劣，他也没有非常远大的理想，只想学做手艺来补贴家用。可是，受到当时社会形势的影响，除了在集体生产队的田里埋头苦干外，没有其他活儿可以做，只能偷偷地学习木雕手艺。在当时的社会环境下，像他们这些出生不好的人，就成为社会最底层的人了，在其他人面前根本不可能抬得起头来。在生产队里，作为地主之子的他被分配到专门干脏活、苦活、累活的队伍。虽然干这些活特别辛苦，但是当时只能在心里暗暗埋怨，不能明说，然而这恰恰磨炼了他的意志和毅力，为以后的发展做了一定的准备。

初中毕业几年之后，李海龙就和 1955 年出生的李益花结婚了。由于李益花比李海龙大两岁，也是初中文化水平，她成了李海龙事业发展的得力的助手和家庭稳定和谐的大功臣。李益花是一位贤惠的女人，对李海龙关怀备至。她和广大白族妇女一样非常勤劳，将李海龙的家整理得井井有条。当时李海龙家的房子已被生产队没收了，只有几间茅草房供避雨，可是李益花并不嫌弃李海龙，愿意和他共度余生。她相信李海龙所受的委屈都能被本主看见，李海龙能够有出息。李益花在李海龙绝望时，还经常开导他，鼓励他努力工作。李益花还时常到本主庙祭拜，希望家人能够生活得更好，在李海龙的事业路上尽心尽力帮助他，愿意为丈夫和家庭付出一切。

1976 年李海龙开始学习木雕手艺，但是在当时社会环境中只能偷学、偷做，否则有可能被批斗。做出来的产品由于没有运输工具，只能靠人工搬运，背在身上，徒步到 70 公里外的洱源县城、鹤庆县城里出售。偷做过程中，一旦被发现，通常是木工工具和半成品都被没收，甚至还挨批斗。所以，那时学习木雕手艺和做木雕活儿只能在地下开展，还要时时提心吊胆。

此后第三年，也就是 1979 年，当时的大队（村委会）办起了联营厂，主要加工木器、木雕产品，当时李海龙的木雕手艺比较好，便在厂里当起了技术骨干。由于市场的需要，加上他们生产的木器和木雕产品的质量也不错，销路非常好。但是当时还是大锅饭年代，厂里的整体效益并不怎么好。后来随着国家方针和政策的转变，联营厂被撤销了，开始实行家庭联产承包责任制。此时，李海龙觉得是一个致富机会，决定好好把握这个机会。

一直到了1981年，李海龙才跟着时代的潮流开始放心大胆地干起了木雕木器活计，自己办了厂，还带了徒弟。由于小时候的经历，李海龙做事认真、关心徒弟、尊重同行师父、勤奋好学，还有很强的事业心。他喜欢收集木雕技术资料，购买木雕方面的书籍，所以他做出的产品很出色，不仅质量好，而且外观也比较美观。找上门订货的客户多起来了，而且全都满意而归，而且常有人来拜师学艺，李海龙对上门拜师的人从来都是倾囊相授，细心培养。从1979年到1998年，已有近百人从他身边出师，有的当了厂长，有的当了古建老板，其中有的人来自贵州、四川、大理和洱源等地，还有的人就在本村安了家。这近百徒弟的成才，是李海龙的骄傲。

1977年，李海龙的儿子——李彭耀出生了。由于受传宗接代的思想的影响，儿子的出生给李海龙的家人带来了喜悦，不过也给李海龙带来了沉重的家庭负担。他们当时住的还是茅草房，收入不高，多了一张嘴就得更加努力的工作。几年之后，由于家庭联产承包责任制的实施，给李海龙带来了希望，他感觉这是本主和祖上保佑的结果。李彭耀出生于这个家庭，应该是他的幸运，受父亲的影响很大，使他继承了父亲的许多优良品质。李彭耀从小就被父亲教育：要好好学习，用知识解决一切问题。从上小学起，李彭耀就努力学习，提高文化水平，最终实现了在剑川一中学习的意愿。初中毕业后，由于家中缺乏劳动力，李彭耀便回到家中帮助父亲处理一些简单的事情。渐渐地，李彭耀成了父亲的得力助手，掌握了父亲的所有技术。李彭耀和张树英结婚几年后，父亲渐渐地将厂里的事情交给了李彭耀处理。

张树英，1978年生，作为乡村医生的她，对丈夫很关心，对公公婆婆也非常孝敬。进入李家以后，马上就和婆婆打成一片，渐渐地接手了婆婆管理家庭的事务。婆媳两人配合默契，使得家庭内部非常团结和睦，这给李海龙和李彭耀专心搞事业提供了很好的家庭环境。这或许就是白族女人独特的魅力所在了——默默为家庭奉献。每年过本主节时，张树英和婆婆都要诚心地祭拜本主和祖先。她们对本主和祖先的崇拜，使得她们对家庭的理解比较独特，她们认为家庭的发展离不开本主和祖先的保佑。其实，不仅婆媳两人，而且整个家庭都这么认为。

李海龙的女儿李小英出生于1986年。这是一个活泼可爱的孩子，受父亲的影响，非常爱学习。初中于金华二中毕业，这是一个在当地比较有名的中学。经过努力学习，李小英考上了高中，并以优异成绩毕业，考上了云南民族学院（现在的云南民族大学）。李小英在云南民族学院非常努力地学习，因为她知道这次机会非常难得，尤其对于像自己这样家庭困难的人来说，更是如此。经过努力拼搏，李小英大学毕业后在云南省大理市下关镇（大理州政府所在地）的移动公司工作。

1994 年以前，李海龙和大多数人一样受到历史的影响，思想还比较守旧，只知道种好责任田，对做木雕生意不敢深想，所以当时大部分时间就在家中干农活。由于他对知识和科学的向往和尊重，种田也非常注重科学，带头学科学、用科学，订阅科技杂志、报纸和书籍，响应上级的富农政策等。他从中收获很多，而且多次受到县、乡和村级奖励。他 1985 年至 2001 年担任村级农科员，获得农民技术员职称，多次得到县级荣誉证书。但是，他更擅长木雕技艺，于 2001 年得到大理州人事局颁发的工艺美术师证书。

1996 年开始，国家政策进一步好转，得到上级政府的支持和鼓励，李海龙开始放心大胆地办起了个体木雕加工工厂，购置了各种机械设备，增加了厂房，并招收技术人员。同时进县城开起了木雕门市部，还在洱源、大理设置了销售点。在狮河上河村里，李海龙是第一个购买木工机器，第一个进城开门市的，给上河村起了带头致富的作用。由于李海龙做事认真，做生意以质量信誉为上，赢得了广大顾客的信赖。他的产品基本上没有积压，不需要去参加大型物资交流会，都是顾客找上门来订货。渐渐地，李海龙的产品市场也从本地发展到外地，产品先后销售到宝珠寺、官渡古镇、通海、建水、昭通、大理国光古建公司、剑川金华山和剑阳镇、云南民族村（昆明）、昆明海云寺、泸西县东华寺、长沙市烈士陵园等地方或公司。

1997 年后，李海龙曾多次受到中央电视台、云南电视台、昆明电视台和大理电视台的采访，还受到过外国记者的采访。在这期间，李海龙家又添丁了。1998 年，李海龙的孙子李进出生了。我们采访为他们家拍合影照时，李进已是个 13 岁的小伙子了，是最为调皮的一个。李进的出生给李海龙和李彭耀带来了喜悦，同时由于李进的调皮，也给家里带来的不少麻烦事儿。李进并不是传统意义上的好孩子，因为他让家里人很不省心，还不听话、很贪玩。李进今年上初中，看得出他对计算机知识比较感兴趣，整天在研究电脑。2001 年，李进的妹妹李燕降生了，这是一个非常可爱的小女孩，圆圆的脸蛋，脸上有着小孩子的稚气，长得像她母亲李益花。李燕就像小燕子一样可爱，现在就读于狮河小学。

2004 年在上级各部门的支持下，狮河村组建了剑川县狮河木雕工艺协会，李海龙出任常务副会长、秘书长，协助会长张月秋主持协会的工作。在这之前，狮河村的木雕产业遇到了前所未有的难题，产品在销售上遇到了问题，在原料的供应上也遇到了问题。销售上主要是价格没有制订的标准，还出现了产品的积压，但是客户又买不到如意的产品。特别是木雕原料供应不上，劳动力大量闲置，造成了木雕产量大大降低，许多问题已迫在眉睫。大家希望通过成立木雕协会解决这些问题。在上级的支持下，剑川县狮河木雕工艺协会成立了，李海龙成了解决木雕产业遇到难题的得力帮手。在李海龙等协会的主要负责人的领导下，决定着手解决木雕业普遍缺乏专业人才的问题。当时学习木雕的人少得可怜，木雕技艺面临着失传的潜在危险。同时，木雕产业利润比较好，很多人都想学习木雕技术，但是这些人又苦于没有专业的培训机构而无法系统的学习。在这样一种情况下，李海龙等木雕工艺协会的主要负责人提议成立专门培训木雕技术机构，制定了从 2010 年到 2012 年的培训计划。并与云南省技师学院联合，将过去的会员收学徒变为集中到乡镇进行培训。到目前已经有 4 个村开班进行木雕技术传授。通过举办培训班，可以培养很多木雕方面的人才，不仅为木雕产业的发展和延续做贡献，而且还满足了当地人对木雕技术学习的需要。木雕培训班的效果已经显现，协会负责人都决定将木雕培训班继续办下去。

李海龙 2007 年参加了大理州科协代表大会，2008 年 2 月又出席了云南省科学技术协会第七次代表大会。这从一个侧面反映了他在推广科技方面的不可磨灭的贡献。

据李海龙本人介绍：他现在虽然小有成就，但也不算干成了大的事业。他对自己的木雕技术、工艺水平很有信心，相信将来自己的工厂能够越办越大。为了提高木雕产业的生产效率，木雕产业引入了计算机技术，由专门人员开发了数控电脑雕刻机。虽然数控电脑雕刻机的效率非常高，但是由于数控电脑雕刻机的价格太高，导致很少有人能够有能力购买此类雕刻机。李海龙历来注重知识、人才、技术、科学，把现代科技运用到木雕行业中，于是购置了数控电脑雕刻机 3 台。在李海龙等人的实际行动的鼓励下，渐渐地此类雕刻机的价值得到了人们的认识。雕刻机的使用也更加普及，木雕业的生产能力得到了很大的提高。李海龙还将在木雕工业园区建设厂房，还有信心在技术、工艺上更上一层楼，培养更多的人才为社会服务，为国家做贡献。他的最大愿望是为狮河村的发展做出贡献，为白族和社会做出贡献。

2011 年 6 月李海龙注册了剑川县隆盛木器木雕有限责任公司，他还打算挺进正在建设之中的狮河村工业园区。李海龙作为木雕工艺协会的秘书长，为了木雕产业的继承和发展，积极支持对木雕产业发展有益的工作。为了工艺园区的发展，木雕协会鼓励木雕行业比较有成就的人在园区注册。

李海龙已经 57 岁，接近花甲之年。他虽然精力不及年轻人，但仍有一颗不服输的心，希望能够多为家庭、多为木雕产业的发展做贡献，希望木雕产业能够很好地传承下去，越办越好。

（二）木匠世家张根树一家

狮河村几乎每个家庭都与木雕有关系。有的是全身心置身木雕；有的是在农业之外的第二职业，即闲暇时才做木雕增加家庭的经济收入；有的是从小就学会木雕；有的则是成人之后才学习木雕。张根树家就是其中的一个家庭，是一个木匠世家。

张根树有着丰富的人生经历，他的一生和木雕有着千丝万缕的联系。他出生在狮河村上河二组的木匠世家，在雕刻声中长大的他一直读书到初三才开始学习木雕，而且是边读书边做木雕。之后，他考入洱源县第一中学就读高中，高中毕业后回家才系统地学习雕刻。他后来到外面打过工，回来后又发展木雕，一直和木雕有着直接或间接的联系。

张根树 1964 年出生，今年 47 岁，家住狮河村上河 2 组。他和同岁的妻子杨延开、24 岁的大儿子张珍培、长媳张珍娥都在家从事木雕。今年 23 岁的次子张珍炜，大学毕业后在昆明工作。小女儿张珍翠今年 19 岁，正就读高中。他本人在从事木雕的同时，担任着村委副主任的工作。

1984 年，张根树从洱源县第一中学高中毕业后回家务农，开始投入木雕产业中。由于原来有基础，他很快就把木雕的技能、绘图等掌握了。当时正是改革开放初期，经济开始复苏，经济政策也相对宽松了许多，手工业、工商业等都得到发展。狮河村是远近闻名的木雕村，在改革开放的浪潮下木雕产业和木雕工艺得到了前所未有的发展。对于从小就受木雕熏陶的张根树来说，木雕和自己最为亲密。但是，此时狮河村的木雕产业处于起步阶段，木雕收入甚微。年轻的张根树对木雕的热情从开始的火热慢慢变冷。他做了两年木雕之后便买了一辆农用车，在村里运输物品，收入比做木雕好些，家里的收入也增加了许多。

1986 年张根树同杨延开结婚，组建了新的家庭，结婚后他真正有了生活压力。大儿子张珍培和小儿子张珍炜相继出生，使家里的负担不断增大。此时，狮河村的木雕产业已经有所起色，从事木雕的人家收入也在急速上升。他开了四年车后又重新投入到了木雕产业中，但收入仍然不是很高。当时的木雕产品只是当地房屋建设中所需的门窗，范围单一，市场需要量不大。他和村里的很多人一样，都外出打工，从事木雕、木匠的工作。在昆明等地，他们接触最多的是寺庙等古建筑的修缮，从中丰富了对古代建筑风格和木雕图案的认识和了解。外出打拼了四年多后，他成为包工头，开始承包土木结构房屋的建造和装修工程，带着一批狮河村的木匠师傅一起工作。

张根树成为包工头后，凭着他的诚信和对工程保质保量，慢慢地找他合作的人增多，工程也分布到全省各地。他先后在昆明、曲靖、腾冲、鹤庆等地做过工程。他们做过私人的房屋建筑，也做过国家古建的修缮。在这当中他接触了很多成功的老板和政府领导，使他思想发生了很大的转变。之前，他打交道的仅是和自己同样出身的工人，慢慢地和成功人士和政府领导接触多了，他在他们的身上学到了很多东西，并对后来的人生转变起到很大的作用。他先后在外面打拼了十多年，到过很多地方，也了解了各地的建筑风格、古建筑的特点，丰富了他对木雕技艺和设计思维。

张根树以前并没有认真思考过怎样才能更好地发展木雕，外出打工之后他的思想都发生了改变，同时也考虑了很多东西，并第一次考虑到自己个人的发展比不上村里的发展，毅然放弃了在外建立起的工作基础，回到狮河村开办了木器木雕厂。从创办到现在，他的木器木雕厂从小到大，凝聚了他的所有心血。他的木器木雕厂在当时还对村里的私人小作坊起了一定的带头作用，慢慢地村里涌现出一批私人企业。

在狮河村的木雕产业快速发展中，木雕产品也在不断地丰富着。更让人振奋的是一大批木雕的现代化机械被引进了狮河村，使得木雕生产率快速提高，木雕收入也慢慢成为各户的主要经济收入。与此同时，外乡人来狮河村投师学习木雕技能的不断增多。狮河村不但培养出很多木雕人员，很多外乡人学习了木雕技术以后，就留在狮河村的木雕公司工作。

张根树家的木器木雕厂也有20多个员工，并且他正筹办着注册名为“珍珍珍木器木雕有限责任公司”。张根树的家业完全是由他从零置备起来的，从一个打工仔到有设计和领导能力的包工头，直到现在建立了木器木雕厂，张根树经历了很多风风雨雨。

2007年5月第三届村委会换届中，他被大家选为村委会文书。2010年5月第四届村委会换届中，他被选为狮河村委会副主任兼文书。在狮河村木雕产业蓬勃发展以及他的事业发展得顺风顺水时，他为什么要参加村委会的选举，成为村委会干部？他说，有几个原因促使他想成为狮河村的干部：第一，他外出打工时，接触了很多成功的老板和政府的领导，和他们的接触中，他的思想和认识得到很大的提高，并深刻明白个人的发展和村里的发展有着息息相关的联系，只有狮河村更好地发展下去，自己家才能更好地得到发展；第二，他不但是村里木雕产业的先进户，而且他还有着高中学历，对上级的政策和路线上可以很好地理解，对政府的指示和要求能够付之行动；第三，他有着丰富的社会知识和经验，希望能在村委会发挥作用，带领着村民走向富裕。

张根树选择竞选村委会副主任并顺利当选，妻子一直不理解他的做法。因为作为村委会副主任的他，基本没有时间管理家里木器木雕厂，而村委会副主任的薪水只是他从事木雕时收入的零头。这已经让人难以接受，再加上做群众工作经常会得罪人。妻子杨延开不知道他的想法，反对他也是理所当然的。张根树经过和家人解释，说明他这样做的必要性和重要性，而且村民选他担村委会副主任，是信任他能带领狮河村发展地更好。他的妻子杨延开是一个非常明白事理的人，在他外出打工的十年里，妻子一人在家抚养和教育几个孩子，从没有抱怨过，在他回来创办木器木雕厂时也是全力支持他。就这样，他安心地做着村委会的工作，家里人继续为扩大和增强木器木雕厂的竞争力而努力。

张根树在担任村委会文书期间，他记忆最深刻、也是最有意义的事，就是2008年在上级党委和政府的领导下，筹建狮河木雕园区。他们村委会领班子认真准备材料，积极做群众的思想工作，在各级党委及政府的支持下，终于把工业园区建设项目审批下来，并开始了建设。

张根树在新政策执行中起到带头作用。2009年，他积极响应上级部门要在狮河村种植烤烟的政策，承包了50亩地带头种植烤烟，并且请无木雕手艺的农民耕种，为他们提供了增加收入的机会。当年，狮河村的烤烟种植取得很好的经济收入，得到群众的认可。同年，烟草公司又支持在狮河村建立两群电烤房，一群六间烤烟房。烟草公司给予农户补助15万，超出的费用由农户承担。2010年，狮河村种植烤烟的农户增加到100多户，面积增加到480亩。

转眼，三年的村委会文书任期就结束了。2010年5月的换届选举中，张根树当选为狮河村委会副主任。这也是村民对他这三年工作的肯定和对他的信任。狮河村在村委会的带领下，呈现以木雕产业为龙头的繁荣的景象。

在张根树的事业发展过程中，不能忽略的一个人就是他的妻子杨延开。杨延开嫁给张根树以后，一直在家扶持着丈夫的工作。张根树在家做木雕时，她也是木雕能手，帮着一起雕刻门窗；张根树开车拉货时，她一个人在家做木雕，保证家里的收入。特别是张根树外出打工期间，家里几个孩子需要她照顾，在闲暇时她仍坚持做木雕和家里的农活，维持着家里的开销。张根树在外边的收入就可以慢慢积蓄起来，对他后来回家创办木器木雕厂积累了起步资金。虽然表面的上看不到杨延开能带来多少经济收入，但是她维持家里几个孩子的学费等开销和日常生活。

杨延开脾气特别好，对家里的孩子也很好，舍不得打他们。在孩子的教育上没有强硬地去要求他们，所以导致几个孩子都不怕她。特别是大儿子张珍培，到了二年级就不愿去读书。他的外公是当时的校长，怎么引导都不愿读。张根树只好把他带在身边，带着他在外面打拼，并教他基本的木雕技能。后来张根树回来开办木器木雕厂的原因之一，也是为了扶持大儿子的成长。那时，他的弟妹还小，在孩子的教育上就要抓紧。

事实证明张根树的做法是正确的。如今二儿子张珍炜已经大学毕业在昆明工作，而小女儿也正就读于高中。

2010年，张珍培结婚娶了同村的张珍娥为妻。如今，家里产业主要由张珍培夫妇和杨延开管理。张珍培虽然文化水平较低，但是在做生意过程中不断地总结经验，以及父亲张根树盯得很紧，只要有机会就让他参加有关培训，学习关于管理、经营等方面的知识，他还拿到了“木材检验资职证”。而木雕和绘画绝佳的张根树本人，通过考证取得‘国家级工艺美术师’的认证。

张根树家的木器木雕厂虽然有20多个工人进行生产，但是产品仍然供不应求，很多商家都提前到家里订购。张根树家在大理市还有铺面用来出售木雕产品，生意较好，产品供不应求。这也是张根树家迫切的扩大投资和注册公司的主要原因之一。2010 年，张根树总共投资了 70 万元，征到 8 亩多的土地作为公司的基地，并规划建设临时用房以及引进数控木雕机的。如今张根树家的木器木雕厂已有 100 多万元的固定资产，50 多万元的流动资金。年收入达到 40 多万。2011 年的 7 月，张根树向相关部门提交了注册“珍珍珍木器木雕有限责任公司”的申请书，并等待审批。

张根树家的木雕产业，如今虽然不是村里规模最大，发展最快的。但他的远见卓识和务实精神，已经展示了他的美好未来。

（三）民间艺术大师张月秋一家

走在狮河村安静的街道上，会不时地听到来自锯木、刨木的声响。在狮河村，随处可见木雕的绘图、格子门的半成品、成品，家家户户都是木雕作坊。在那里，无论男女老少，都可以拿起刻刀雕刻那些极为复杂的图案，他们做得那么专注、那么认真。

我们来到张月秋家时也是一片热火朝天的木雕加工景象，一大群俊男靓女正在作坊里熟练地雕琢。张月秋是狮河村木雕业发展壮大的功臣之一，也是剑川县狮河木雕工艺协会会长。他平时的事情很多，有时候到外面去谈生意，有时候会到外村去做木雕的培训，很少在家。我们去采访他的那天，因为是农历的七月半，是白族的祭祖节，他回家来祭祖，所以我们很有幸能采访到他。他也很热情地接待了我们。虽然，他在村里是致富的带头人，在木雕方面的成就很大，但在和他的交谈中能感觉到他很淳朴，也很平易近人。

张月秋出生于 1961 年，今年 50 岁，是地地道道的白族人，从小就在狮河村长大。他酷爱白族民间传统文化，1980 年高中毕业后回村从师学木雕。他看到了村子的落后面貌，心里很不是滋味。1982 年，他出师的第一年就招收了村里的 56 名农民学徒，决心要为狮河村的发展而奋起。开班第一天，他就对学徒们说：“人们说，狮河村真够苦，水、电、路不通，洪水冲得无路走，刺抓头发石拌脚，有女不嫁狮河郎，我们要把贫穷落后的帽子永远地摘下来。”1982 年至 1988 年间，张月秋在村里带出了 200 多名徒弟，而后相互传承，使狮河村原来从事木雕不足 10 户发展到 500 多户（全村共 609 户），成了远近闻名的“木雕村”，使全村走上了木雕致富之路。

1988 年 12 月，张月秋创办了剑川狮河木雕工艺品厂，在本地招收 400 多名农民，使木雕产业走向一个新的发展阶段。木雕产业虽然在不断地发展壮大，但到了 2004 年，他意识到一个严重问题：即价格不统一、质量参差不齐，木雕户各自为政、恶性竞争，造成了材料的浪费，资源得不到充分利用和发挥，经济效益不明显，大家都有损失。于是，他提出了要成立一个木雕协会，108 户木雕户，举双手赞成。2004 年 8 月 1 日正式成立了“剑川县狮河木雕工艺协会”，通过民主选举一致同意张月秋为协会会长。随后，他制定了以“协会 + 公司 + 基地 + 农户”的经营管理模式，通过统一发放图纸、统一订货、统一产品验收、统一价格，雕工收入比以往有了大幅度增长。他经常说：“我一个人富不算富，要让大家都富了才算富，我们要把最新、最好的木雕产品设计推广给成千上万的木雕户，让大家都走上致富的道路。”他还提出一切为了带动农民工共同发展的口号。2007 年 11 月获“云南省拔尖农村乡土人才”称号；2008 年 2 月，由大理州文化局授予“大理州民间艺术大师”称号；2009 年 5 月被大理州人民政府命名为“大理州第二批非物质文化遗产项目（木雕）代表性传承人”；2009 年 10 月 20 日荣获云南省农村创业之星；2009 年 12 月 26 日，被命名为大理州高层次人才。

张月秋不仅在木雕事业上自己取得了很大的成就，还帮助了许多农户脱贫致富。他在教育自己的子女上也很出色。他的家庭很和睦，还获得了“光荣之家”、“幸福之家”称号！

张月秋家里有六口人。他的老母亲张翠园今年 81 岁，是个老共产党员，和蔼可亲、非常善良。家里给她买了什么好东西，她自己不吃，也要给村里那些贫困老人吃！她常说：“老人辛苦一辈子了，家里贫困需要我们的帮助和关心。”张翠园小时候没读过多少书，但是她和她的老伴却是村里识字不多的人之一。在他们年轻的那个年代，生活艰辛，白天做活计，晚上还会看书识字。他们总是以德服人，为人善良，与人和睦。张翠园年轻的时候，还是村里的妇女主任和人大代表。为狮河村做了很多贡献，还获得过老有所为精英奖！

张月秋的妻子杨寿和，也是地地道道的白族人，1961 年生，今年正好 50 岁。她初中毕业就在家，是位典型的农村妇女。张月秋告诉我们，他们刚结婚的时候家里穷，农村里重男轻女的思想很严重，因为自己的三个孩子都是女儿，妻子总是被别人欺负，但他的妻子很坚强，总是教育孩子做人要有骨气，要好好学习！虽然她对孩子要求很严格，但是三个女儿都知道妈妈是刀子嘴豆腐心，她永远是最懂这三姐妹心思的人了。自从嫁到这个家，她没有一刻是闲下来的，总是有忙不完的事情做。也许这就是白族农村妇女最简朴、最勤劳的缩影吧！我们来到张月秋家，与他妻子的接触确实感受到了她的贤惠，我想起了那句老话，用来形容他的妻子是最恰当不过了，这就是“一个成功男人的背后总会有一个支持他的女人”。

张月秋的大女儿，名叫张金鱼，1987 年生，今年 24 岁，现在海南省海口电视台工作，是位化妆师。她从小就喜欢画画、唱歌、服装设计。性格温和，修养也很好，是位典型的乖乖女。她初中就去大理师范学画画，大学在山西广播电视电影学院读形象设计专业。因为她从小就爱好画画，张月秋一有空就教她画木雕上的各种花鸟，假期还会请专门的老师教她学色彩、素描、毛笔书绘等！张月秋在大女儿身上花了不少的心血。

张月秋的二女儿张金伦，1989 年生，今年 22 岁，毕业于云南警官学院，后来考上了公务员，正在家等待工作分配通知。她小的时候就喜欢各种体育运动，还喜欢唱歌，学习成绩优异，性格直率，富有正义感，爱讲大道理。张月秋告诉我们，张金伦从小到大学习一直很优秀，得益于她的爷爷、奶奶，还有她妈妈的教导。她爷爷、奶奶都是村里有声望的人，他们总是教导三个孩子要谦虚好学、与人为善、诚信友爱！张月秋和妻子平时很忙，但他的三个女儿都很体贴他们，一放假回家就帮着分担家务。他们一直坚持教育自己的女儿不管任何时候都要艰苦朴素、不懈奋斗！如今，二女儿张金伦考上了公务员，他们的心就踏实多了。

张月秋的三女儿张金池，1991 年生，今年 20 岁。她喜欢唱歌、跳舞、运动、做家务。性格热情大方、聪明伶俐，很会照顾家。她从小语文成绩不错，小的时候就参加大理州的各种作文比赛，还获得了很多奖项。家里有一面墙上贴着姐妹三个的奖状，一半是金池的，另一半是金鱼和金伦的。三女儿金池不仅成绩不错，而且很有做生意的天赋，张月秋决定把三女儿留在家帮助打理生意。因为他的木雕产业必须要同市场联系。他不仅在做生意，还在木雕协会做很多工作，所以让三女儿做他的秘书。三女儿还掌握了家里雕花数控机。虽然三女儿金池在三个姐妹中最小，但她很懂事，是她两个姐姐很好的榜样。她给我们介绍她家人情况的时候，脸上洋溢着一种幸福的喜悦。她不仅仅追求自己的事业，同时需要有一个幸福的家。在张月秋家，我们感受到了他家的氛围很和谐。随着狮河村木雕产业的不断发展，他家的生活蒸蒸日上，达到了很多做木雕产业村民的一个理想状态。

张月秋家里的经济条件比较富裕，但一家人一贯勤俭持家。他们仍在继续努力，为了这个家更美满更幸福，同时也为狮河村的木雕产业的发展，在不断的努力着。张月秋一直认为艺术是来源于生活的需要，而当前这种需要则是通过市场反映出来。要发展民间工艺，民间艺人就要适应社会需要而发展，做出相应的调整，接受市场的洗礼。要将白族木雕工艺的发展与市场的发展相结合，将传统的技艺与文化和现代的生活理念结合起来，不断推陈出新，这样才能更好地发展白族木雕产业。

张月秋还认为木雕创作的另外一个重要的因素是个性与理念的定位。性格可以影响艺术的构思，即个性可以策划技艺本身。随时产生的灵感会带来艺术的创作与真实构思。为了不使信念轻易改变或消失，这就要求随时随地注意自己所处的环境或位置，不断创造鲜明的个性，而不至于被外部的事物所左右。对于不同的问题，人们会有不同的看法和结论，但对于同样的一个问题，人们也会有不同的看法和结论。因此，要想坚持自己的主张，并最大限度地发挥自己的创作能量，就必须坚定自己木雕艺术创作中与众不同的信念与个性。之所以要强调自己的个性，是因为个性中所包含着的种种情感。只有这样，才能够在创作中体验与作品的交流和对话，把作品比做鲜活的生灵，比做自己的本身，将自己情感真正融于作品中，才能够掌控作品内心的情态。

狮河村传统木雕工艺原来多是二层镂空雕刻，张月秋通过潜心研究，掌握了木雕三、四、五层镂空立体雕刻，推动了剑川木雕产业的发展，使千家万户木雕从业家庭因他的创新而获益，进而增加了收入。他不断创新，打破传统的玻璃饮水器具，发明了木雕饮水机；他还发明了木雕电话机，使产品销到日本；他把传统的大棺材缩小七倍，创作设计了木雕小棺材，既大大节省了材料，也使精湛绝伦的木雕工艺在小棺材上得到了淋漓尽致的发挥，先后发明了万狮棺、万福棺、万寿棺、佛教棺、道教棺、青龙白虎棺等四十多种木雕小棺材。原来，剑川传统木雕产品只有50多种，通过他领导的木雕工艺协会的精心研究和创新，把木雕产品发展到现有的200多个品种，使木雕从业人员有更为广阔的经营和发展空间。为农村剩余劳动力的转移和农民增收、群众致富做出了重大的贡献。

张月秋的妻子，每天也都在为这个家庭忙碌着，她从来没有怨言，也从来都不会褒奖自己的功劳。我们在他家做采访的时候他妻子虽然不太爱说话，但对我们很热情，脸上总是带着微笑，从她身上让我们看到了一位贤惠妻子的形象。张月秋的母亲，年龄已是八十多岁的老人了，但看起来仍然很精神，是一位很慈祥的老人。她很健谈，也许是经历的东西比较多，见多识广吧。我们在他家采访的时候，二女儿和三女儿就帮着母亲干活，让母亲安心接受采访。她们很体谅父母，在自己闲暇之余或父母亲忙的时候，总会帮着母亲做力所能及的事。我们在她家大约待了三个小时，虽然时间短促，但我们从生活细节里感受到了她家的幸福和温暖。

这样的幸福家庭是让人羡慕的，也是很多人所追求的，是很多成功人士的理想之梦。

我们真心的祝愿这个白族家庭越过越好！

（四）宏盛公司总经理张根汉及其家人

张根汉出生在一个木匠世家，最晚在曾祖辈就做木匠。据张根汉的父亲张云山回忆，张根汉曾祖辈有弟兄四个，还有一个曾姑奶。那时，他们做的是建房木匠。后来，张根汉的爷辈和父辈也主要做建房木匠，兼做一些木雕活。张根汉受爷爷和父亲的影响更直接、更深、更大。

张根汉家现有 8 口人。父亲张云山，1944 年出生，现年 68 岁，祖传木匠，村里的老会计。母亲张进祉，1946 年生，现年 66 岁，家庭主妇。张根汉本人，1965 年出生，现年 46 岁，古建艺术师。妻子张瑞，1970 年出生，现年 42 岁，古建工程师。大女儿张琳，1988 年出生，现年 23 岁，从事工程造价。大儿子张应文，1993 年出生，现年 18 岁，从事销售管理。小儿子张涛洋、小女儿张榕雯，现年分别为 12 岁和 13 岁，正在上小学。全家劳力 4 人，承包水田 4 亩，办有剑川宏盛古建筑工程有限责任公司，张根汉任公司法人代表、总经理。全家有房屋 48 间，年收入 80 万元，是村里的富裕户。

张根汉的成长和事业的发展受其爷爷和父亲的影响较大。他 1979 年初中毕业后就跟爷爷学木匠手艺，到洱源做建筑木匠活。1986 年进入剑川县木器厂工作，拜该厂分管质量的副厂长张坤师傅为师。1989 年年底到大理州城乡建设古建培训班学习。他善于学习，刻苦钻研，后来成为古建技术方面的负责人。1994 年，他组建剑川县甸南古建队，2005 年更名为剑川宏盛古建筑工程有限责任公司，自己为公司的法人代表、总经理。他在外承建的工程较多，非常重视工程质量，始终坚持诚信第一、质量第一，剑川县城的西城古建群就是他们承揽的；在云南省内承建了上百项工程；在滇西的腾冲、盈江及缅甸等地承建的工程较多。无论到哪里，他都把质量和信誉放在首位，是各方公认的信得过的古建工程师。

张根汉身为剑川宏盛古建工程有限责任公司总经理、古建工程师，却非常朴实，没有架子，不显富贵。他为人处事没有贫富贵贱之分，是村里尊老爱幼模范。他开车在路上行驶，看见村里的人，如果车上有空座都会停车带上。他在外地碰上本村人，都要请他们吃饭。

张根汉是村里公认的致富带头人。他认为自己富不算富，全村富才算富。他非常关心村里的贫困户，他的公司在录用工人时，优先考虑村里经济困难的家庭，并在他们的子女中重视培养技术人员，使他们掌握一技之长后，能有稳定的工作和收入。目前，在他公司工作的就有村里的 100 多人，为村里带出了一大批致富家庭，培养了一大批技术人员，是名副其实的村里致富带头人。

张云山一家人道德观念较强，热心公益事业。他家经常为村里公益事业捐款，狮河小学的水泥路就是他垫资修建的，多年过去，小学校无力付清工程款，他们也不在意。村里修塔时他家捐了一万元，修庙、修路时都积极参与，并带头捐款。

张根汉的父亲张云山，出生于 1944 年。1953 年开始读书。1957 年小学读高小，1960 年上半年高小毕业后回村做农活。1962 年开始当记分员，以后先后做过会计、生产队长、农机站会计、烟科员等，其中烟科员当到 1995 年。他当会计期间，坚持实事求是，公平公正，特别注意掌握好秤，得到广大群众的好评和信任。

1974 年，张云山当生产队长时，驻剑川部队的汽车轧死了本村的一个 5 岁小孩。部队首长专程到村里看望死者家属，与村里共同商量解决的办法。张云山在配合部队的善后工作中十分细致。他首先安抚了死者家属，开导他们正确认识和对待此事，接受了部队的合理赔偿。接着，他又带着生产队的干部到部队去，为肇事者司机说情，请求从轻处理，因为肇事者是新兵，又是孤儿，事故的发生也不完全是他的责任。由于考虑周全，处理得当，没有更多的遗留问题。

张云山非常重视教育儿孙。要求他们做人要正直，要遵纪守法，要勤劳，靠劳动创造幸福。他常给孙子讲：我们没有东西留传给你，要自己劳动才能过上好日子。他告诫儿孙：不要打麻将，更不能赌博，自古十赌九输。因此，至今他们家的人没有打麻将赌博的。

张云山虽然年近古稀，但头脑敏锐、身体健康，是剑川宏盛古建筑工程有限责任公司的内当家，孙女张琳称他是公司的执行董事。他对公司的内务管理发挥了很大作用，而且善于协调外部关系，不断促进着公司的健康发展。

张根汉的母亲张进祉，出生于1946年，现年66岁，其衣着打扮及言行举止，是个典型的白族家庭主妇。她贤惠能干，不但支撑着家，也支撑着公司的后勤事务。她每天都到公司来扫地、烧水、做饭、管理鱼池、整理草木等，还帮小女带外孙。她为人热情、真诚，与她接触感觉非常亲切。

张根汉的妻子张瑞，贵州省盘县人，1970年出生，现年42岁，是张琳和张应文的继母，部队转业人员，古建工程师。1996年于云南广播电视大学工业与民用建筑专业毕业。1994年10月至2006年10月，在剑川县甸南乡古建队任分管安全生产副经理。2006年10月起，任剑川宏盛古建筑工程有限责任公司经理。她不但是张根汉的妻子，也是张根汉的事业伙伴。他们一同生有张涛洋、张榕雯一对儿女。

张琳是张根汉的大女儿，1988年7月16日出生于剑川狮河村。张琳小学、初中就读于剑川，由于父亲在腾冲的工程较多，高中就去腾冲县第八中学就读。2008年考入云南城市建设职业学院（原云南北美职业学院）工程造价专业。自大一开始，一直担任班里的宣传委员，同时在学生会纪检部工作。

由于家里几代人都做建筑，张琳从小耳濡目染，对建筑很感兴趣，所以学习成绩一直优秀。2008年到2009年获学校仅有19个名额的省政府励志奖学金，2009年到2010年又获得国家励志奖学金。

大学毕业后她有机会留在城市进企业工作，但她还是回到父亲的宏盛公司做古建工程和木雕事业。她认为：木雕虽然一直是剑川的支柱产业，并已经形成一定规模，但是尚未形成完整的产业链；另外，目前的剑川木雕都是在发展老一辈的东西，新的创意少；她希望用自己的能力发展一些符合新生代年轻人审美观的木雕产品，使剑川木雕更进一步发展。客观地说，她的大学同学、朋友都在大城市发展或打拼，自己回来农村的确很有压力，但她相信不管在哪里都能体现自己的价值，能够做自己喜欢的事才是最重要的。

张应文是张根汉的大儿子，1993年出生，现年18岁。他性格内向，对读书没有兴趣，初中毕业后就在父亲的公司工作。但他擅长技艺，喜欢做具体的事，在公司做销售管理，汽车驾驶技术也很好。他同大姑在一起的时候就像变了一个人，有说有笑，豁然开朗。父亲张根汉对他的未来发展很关心，总想创造一些条件促进他的进步和发展。

张根汉家承包有4亩水田，由于全家都忙于公司的工作，无暇精心经营。他家的房产较多，有48间房，或用于生活，或用于工作，常常为来往客人提供方便，是一个拥有而不贪婪，创业而不守财的新型农户。

应该说，张根汉家是一个幸福的、富裕的家庭。可是，他们各自都在奔忙，少有闲暇，不打麻将，不喝酒，生活简朴，与村里人和睦友好相处，是村里的模范家庭。

二、特色农户

（一）木雕粮食加工兼营的张四中一家

在狮河村，不像大城市中的人们总是行色匆匆，这里人们的生活节奏很慢，日出而作，日落而息。为了更好地配合农业生产，村里的人们早上十点吃早饭，下午两点多吃中午饭，晚上八九点才吃晚饭。

这天，九点多吃过早饭，我们去拜访了张四中一家。张四中家在狮河上河村的集贸市场旁的路边，交通十分便利。走到房前，发现大门没有锁，我们便直接走了进去。院子里张四中老人坐在堂屋前和孙女玩耍，爷孙俩笑声阵阵。儿媳妇正在厨房做饭，不时飘出饭菜的香味。儿子在做着木雕活，不时发出叮当的响声。我们说明了来意之后，主人家热情地接待了我们，还给我们倒了茶水。我们和老人围坐在一起，开始聊了起来。

张四中老人给我们介绍了他家里的基本情况。他们家属于狮河上河村4组，现在家中共有6口人，分别是户主张四中，妻子张月娥，次子张义华，儿媳罗志谷，孙女张庆和张瑶。家里还有一个大儿子，是村里早年少有的几个大学生之一。现在学业有成留在了城里工作，成家立业，虽然没有和老人住在一起，但十分孝顺，非常关心老人，过年过节都会回家看望。

张四中老人是家里的户主，1950 年出生，今年 61 岁。老人自幼学习木雕，并一直从事木雕这一行。他木雕技艺精湛，精通整个木雕流程的所有工序，从最初的绘制雕刻图案到之后各个部分的雕刻都十分擅长。说到制图，他说刚开始学习绘制雕刻图案时觉得十分困难，总是画不好，只好画了又擦，擦了又画。但他没有放弃，一遍遍锲而不舍地画。为了画出好的雕刻图案，他去找好的雕刻图案做模板来模仿，在自己不断摸索下，最终学会了雕刻图案的绘制技巧，并学会了设计图案。张四中是村里木雕的大师傅，带过很多徒弟。因为他雕刻技术精湛，所以很多人到他这儿学习木雕技术，现在带出来的那些徒弟手艺都很好，把木雕搞得红红火火。张四中做了大半辈子的木雕，2002 年由于身体原因，就没有再做木雕活。但家里木雕传统并没有这样隔断了，小儿子张义华继承了父亲的木雕事业。张义华自幼跟随父亲学习木雕，由父亲一手教授，现在子承父业，继承了张家精湛的手艺。张义华与妻子罗志谷互帮互助，延续家里木雕的传统，继续进行木雕生产。

张四中家里现有儿子张义华和儿媳罗志谷两名劳动力。家里除了主要从事木雕生产，还做粮食加工，也从事农业生产，共承包土地 3.8 亩，其中水田 3 亩，旱地 0.8 亩。田里的农作物以粮食作物水稻和玉米为主，一年两季，为家里提供口粮，多余的粮食，会拿到市场上卖，增加家里的收入。家里住房宽敞，现有房屋 16 间。老人介绍道，家里原来的 7 间住房是 1970 年建成，后来家里经济条件好了，1997 年又建了 3 间耳房。现在他家正在建两层共 6 间的新式混凝土结构的平板房，即将完工。全家年收入有一万多元，在村里可以算得上比较富裕的家庭。一个六口人家，生活在这宽敞整洁的传统的白族小院里，其乐融融。

问及家里改革开放以来的变化，老人十分感慨。他说，改革开放前，当时从国家到县里经济发展水平都不高，所以家里经济十分困难，生活很艰苦。那时家里要供哥哥、妹妹上学，所以日子过得十分节约。家里生活十分拮据，一分一厘都要节约，浪费一丁点儿都觉得心疼。改革开放以来，家里的日子过得一天过得比一天好。老人感慨道，当初结婚后就分家单过，家里十分困难，可以说是什么都没有，一穷二白。实在没有办法，只能向政府贷了 3000 块钱，购置了一些家里必需物品，剩下的钱投入农业生产，靠妻子和自己的勤奋努力，家里的经济情况才一点点好了起来。

老人想到当年儿子上学的时候，家里经济很困难，多亏政府给贷了款才能让儿子顺利完成学业。实行家庭联产承包责任制后，生产的自主性增强，家里有了自己的田地。家里一方面种植农作物，同时养殖牲畜，那时还养了几匹马，母马生了小马，就大大增加了家里的收入。家里还承包了村里的碾米加工站，当地人称为“动力站”。现在，家里以木雕生产为主，同时进行农作物种植、牲畜养殖以及碾米加工。

张四中一家是村里较早进行木雕加工的人家。1975 年，村里还没有几户人家进行木雕加工，他们家就开始了木雕加工。那个时候的木雕加工，采用的都是全手工的雕刻方式，十分考验木雕师傅的手艺。20 世纪 80 年代初，他家就购买了一台电动木雕机，这台木雕机是那时村里仅有的两台之一。电动木雕机的购入，减少了手工雕刻的程序，大大提高了雕刻的效率。不过与现在全自动的电脑数控木雕机相比，电动木雕机就黯然失色。这几年，村里最新引进的电脑数控木雕机，实现了雕刻的自动化，一台机器两三个钻头可以同时进行雕刻，而且是二十四小时全天候不间断运作，这更是提高了雕刻的效率。但张四中老人也给我们指出，机器雕刻虽然效率高，雕刻快，但只能进行单层雕刻，雕刻出的图案显得呆板，没有生气，缺乏层次感，艺术价值不高。总的来说，手工雕刻的门窗要比机器雕刻的质量要好，艺术水平要高。这也使得手工雕刻的门窗在市场上售价比机器雕刻的高很多。市面上，一堂手工雕刻的两层、三层透花的材质好的“格子门”要卖两万到三万元，而一堂机器雕刻的松木的“格子门”一般能卖两千到三千元。

张四中 15 岁的时候，遇上“文化大革命”，由于没法再读书，就开始学习木雕技术。1971—1972 年抗美援越的时期，他跟随抗美援越后勤部队到普洱做随军临时木工，帮助驻扎在普洱的部队做建设工作。后因户口问题没能留在部队，就回到剑川继续做木工，加工格子门来卖。当时交通不方便，没有车子，就背着做好的格子门徒步到 50 多公里远的洱源卖，路途遥远，山路崎岖，早早出发，晚上才能到，十分艰苦。那时候一堂格子门可以卖九十到一百块，这对改善家里的经济状况起到了很重要的作用。

格子门的价格主要看工艺水平和木头质地。木头质地好，工艺水平高的格子门，一堂可以卖七八千或者一两万。虽然后者在市场上卖价要高很多，但是老人说还是更愿意采用机器雕刻。手工雕刻出的木门虽然层次感更好，更具有艺术性，但是雕刻工序复杂，费时费力，市场需求小。机器雕刻虽然艺术性上差一些，但雕刻效率高，产品生产得多，而且可满足一般老百姓的需求，市场销量大。以前采用手工雕刻的方式，工序复杂，加工任务重的时候，需要其他农户来协助，付钱让其他人来帮忙雕刻。现在采用机器雕刻以后，简化了手工雕刻程序，自己能完成雕刻的全过程，节省了时间，也节约了成本。综合下来，机器雕刻产生的经济效益更大，所以在以后的发展中更愿意搞机器雕刻。

狮河村的格子门销售方式以零售为主。每到当地重要的物质交流会期间，比如三月街、渔潭会就会租一辆汽车，把家里做好的格子门用车子拉到集会上去卖。另外，一些对门窗尺寸、雕刻图案、木头质地有特殊要求的人家，会亲自到家里订制。这部分订制的门窗价格要比一般的要贵一些，买家确定要买后，要先付20%到30%的定金，等到交货的时候补齐全款。下定金后，才会开始生产。现在由于经济收入增多，生活水平提高，来专门定制的人越来越多。订做的人里面有一部分是政府，政府一般订制的数量多，工程量很大，单凭一户人家，一般很难完成，要和村里其他进行木雕生产的人家联合起来一起加工，分工协作来完成订单。

张四中年轻的时候，除了做门窗的雕刻，也做木质房屋的建造。家里还经营了一个粮食加工站。那是在当地实行家庭联产承包责任制后的第五个年头，他家承包下了村里集体所有的碾米粮食加工站，开始了自主经营，帮助村民解决碾米和粮食加工的问题。粮食加工站经营了几个年头后，为了适应村民的需要，加工站的机器也经过了更新换代。现在粮食加工站有三台粉碎机、一台碾米机，一台磨面机，还有一台生产具有当地特色的饵块机。现在粮食加工站由张四中老人来打理，儿子和儿媳专心从事木雕生产。

张四中家现在发展木雕生产遇到的最大问题是资金不足，用他们的话说就是“不愁技术，只愁资金”。如果有足够的资金，木雕生产过程中的木料购买，先进技术和机器引进就不成问题，就能够扩大生产规模，提高经济效益。不过，这几年县里要在狮河村建立工业园区，鼓励进行规模化的木雕生产，对农户发展木雕给予了一些方便贷款的政策。如果扩大生产规模，贷款也不失为很好的选择。

张四中家现有的几台老式木雕机器仍在进行生产。因为今年家里新修建了房子，打算过一段时间购买现在最先进的电脑数控木雕机，加大生产规模。

对于面临的资金短缺问题，老人没有眉头紧锁，说家里计划通过向银行贷款，或向亲友借款的方式尽快购买，提高生产效率。

对今后的发展，张四中家还是以木雕为主；同时做养殖，养几头猪，家里留着吃一头，卖几头来增加收入；还有农作物生产也还继续进行，这样家里的口粮可以自给自足，多余的还可以拿到市场上换钱。

谈及改革开放以来的发展变化，老人说这几年来的政府的许多惠农政策让他们获益匪浅。免除了农业税，农民的负担减轻了。近几年，为了鼓励农民进行农业生产，还发给农民种子、化肥、农药的一些补助。老人说，现在狮河村600多户人家里，就有500多户从事木雕生产。政府出台了很多政策鼓励狮河村木雕产业的发展，投资建立木雕工业园区，这对于狮河村的发展，对于村民的发展必将产生很大的促进作用。他们全家对今后的发展充满了信心，相信会越过越好。

（二）养殖户张连山一家

在狮河村村委杨书记的带领下，我们来到了这个以木雕闻名的村子里为数不多的养殖户之一张连山家。刚走到侧门口，一旁牛棚浓重的味道扑鼻而来，几头健硕的奶牛哞哞地叫着。张连山和他的大女儿张成花知道我们到来，赶忙来到家门口迎接。杨书记用白族语向他们父女俩介绍了我们来访的目的，希望他们能够积极配合我们的采访。张连山和他的女儿连忙应承着，并说明他们家今天很忙，能否改为明天再来。我们表示理解和同意。

张成花与我们简单地交谈后，得知她是大理州民族中学2011年高三毕业生，以优异的成绩被上海海事大学运输管理专业录取了。我们在替她感到高兴的同时，也猜想到她念书的不易。因为在狮河村，大部分人都传承了传统的木雕技艺，许多人读到初中毕业便回家做木雕、挣大钱了！

第二天上午9点钟，我们如约来到养殖户张连山家中进行采访。张家是个较简陋和陈旧的土木结构四合院。院子的北面是三间圈房，西面堆放着饲料，东面的房子是住房，住房的堂屋没有像狮河村其他人家那样，装有精美的木雕格子门。

张连山的大女儿成花看见我们到来，连忙抬出两条长凳，招呼我们坐下。她又泡了茶，端上瓜子和糖果让我们吃，接着到门外唤回她父亲。我们的采访就这样开始了。

张连山1965年出生，今年46岁，家住狮河村上河3组173号。小学文化，小时候跟随父亲做铁匠，打制木雕需要的工具。过去都是手工雕刻，木雕工具的样式多，磨损快，需求量大，所以当铁匠还是挺赚钱的，家里收入还不错。后来，随着现代雕刻技术的发展，各种锯木机、刨花机、雕刻机等机器被大量引入到狮河村的木雕生产之中，村民对传统手工雕刻工具的需求不断减少，收入越来越少。为了生存，张家便干脆转行做养殖，不再做打铁这项既耗费体力，又不赚钱的苦活儿。我们很好奇的是：在木雕之乡狮河村，张连山为什么不像其他村民一样，从事相对轻松又容易赚钱的木雕活，而去做风险大的养殖业呢？听他的大女儿成花说了我们才知道，原来张连山小时候也跟着村里人学了些木雕手艺，但是他个人没有兴趣搞木雕，学到的手艺也就生疏了。他却酷爱动物，喜欢搞养殖。

大概在成花上小学二、三年级的时候，张连山便转行做养殖了。一开始家里养的是猪。那时购入母猪崽相对便宜，容易起家。一般母猪从不到2岁开始下崽猪，一年可以下约2～3窝，使用年限可以到6年左右，一生下十几窝是不成问题的。母猪每胎8～10只崽猪，当时他们家养了12头母猪，后来还盖起了猪圈，家庭养猪业曾有过发展高峰。后来，张连山觉得猪容易感染疾病，且市场上猪肉价格涨跌不定，养猪的风险挺大的。为了规避风险，养猪有了一些积蓄之后，张连山就把猪卖了，转为养黄牛。后来又把黄牛卖了，买小奶牛来养殖。小奶牛养大了，配种产仔，不断发展壮大，形成现在共有9头奶牛，其中7头成年的规模。

张连山家中承包有土地26亩，其中有水田5.5亩，旱地20.5亩，家里的旱地主要种植喂牛用的饲料草。水田种植水稻，供自己家食用。收成比较好的年份，会有一些余粮，拿到农贸市场售卖。喂牛的饲料草需要增添混合饲料，成本比较高，每个月要投入3000元左右。

一开始，张连山家养奶牛的收入，主要靠卖牛奶。家里的7头大母牛每天可以产奶100多公斤，他们通常把牛奶卖给上门收购的牛奶公司。后来不再直接卖牛奶了，而是在家中由张连山的妻子做成乳饼。做乳饼需要高质量的牛奶，一般奶牛产小牛后奶的质量最好，这时同样的牛奶可以做最多优质的乳饼。通常情况下，100公斤的牛奶大约能做成20～30公斤的乳饼。乳饼的制作工艺相对复杂，产量比较小，营养价值又高，和牛奶相比，乳饼不仅售价高，而且销路好。剑川县城市场上，乳饼大约能卖到 26 元 1 公斤。遇上逢年过节，张连山家的乳饼拿到市场去卖，经常不到 10 分钟就卖完了。

张连山家现在的养殖业已经呈现稳定发展的态势。虽然几天前有一头牛因为生病死亡，对张家来说是不小的损失，但他们能承担得了这样的损失，何况其他的牛都非常健康。更重要的是，张连山家的牛都买了保险，每头牛一年的保险费是 150 元。如果上了保险的牛因为生病或者其他原因死亡，保险公司会赔偿 5600 元左右，大约是市场价格的一半。当然，保险公也有规定：受保的牛在死亡后必须及时掩埋，不能食用或者销售。这样不仅可以规避一些养殖户的养殖风险，还可以保证市场上牛肉的健康卫生。

张连山目前在发展上遇到最大的问题是扩大生产规模与资金供应不足的矛盾。据张连山和大女儿成花介绍，他们家 20.5 亩的旱地正好处在狮河村规划的工业园区的上边，正在修建的大丽高速公路（大理到丽江）要从村子附近经过。他家旱地临近公路、交通便利的地理区位优势就凸显出来了。于是，让张连山有了更长远的发展养殖业的愿望：他计划把一部分旱田建成规模化、标准化的养殖厂，而剩下的部分用来种植喂牛的饲料草。形成更加方便，养殖条件更好的养殖厂。

交通条件改善了，使运输牛奶或者奶制品方便多了。只是建厂需要盖牛棚、引进机器，需要一定的资金，张连山家现在由于供着两个孩子读书，每年的收入，除了养家糊口之外，所剩无几，缺乏建厂资金。按照张连山的规划，建成大规模标准的养殖厂大约需要 50 万元。他知道养殖厂建设和发展要一步一步来，但基础建设得一次到位，需要 5 万 ~10 万元的启动资金。他曾多次到县城里的农村信用合作社申请贷款，但是由于没有资产担保、没有相关的人员引荐，一直没有申请到贷款。

目前维持现有的规模也不容量。有时奶牛产奶不好，收入减少或没有收入。为了维持生活、生产，还不得不向别人借高利贷（10000 元借一年就得还 3000 元多的利息）。张连山说，他宁愿去借高利贷，也不想再看银行的脸色了。张连山在家中喜欢看 CCTV7《农业》栏目，也看《致富经》栏目，在最困难最需要帮助的时候，他甚至写信给《焦点访谈》栏目，但是不知是地址不对还是其他的原因，他并没有收到任何回复。采访中，张连山希望我们今后到大理或者昆明或者北京，遇到合适的机会可以帮他寻求帮助，我们也希望如果可能一定尽力帮助他。张连山还很高兴地表示，可以带我们到他家承包的山上的旱地去看看，让我们看看有没有发展的条件。由于时间关系，我们没有专门去看。

张连山的妻子杨全燕是位朴实、勤劳、善良的农村妇女，除操持家务、教育女儿之外，还帮着丈夫养殖奶牛、用牛奶做乳饼。我们去采访的时候，她一直在厨房里忙活。采访快要结束的时候，我们好奇乳饼制作的过程，便到厨房里探个究竟，但是她刚好做完，我们只看到夹在木板中间已经成形的乳饼。她说做乳饼不是个简单的活儿，要将鲜奶过滤，除去杂质，倒入洗净的锅中，加热至将要沸腾，把醋或乳酸等凝乳剂加入奶中，撤火，保温数分钟，奶即凝结成块。然后把凝块弄碎，弃去淡黄色或草绿色的乳清后，置于清洁的纱布中趁热包裹，再用木板压制成型。而且每个步骤都很有讲究，奶液必须是新鲜的，每天早上随挤随做；牛奶不可煮沸过久，特别是加入凝乳剂后，不能让奶煮干，以免影响乳饼的数量和质量；弃去乳清后，凝块要趁热包裹、压制，否则温度过低，切开后乳饼内会有气孔，容易破碎；在加热到压榨的全过程中不能搅拌。每一步都必须小心翼翼，否则都会失败，造成很大的浪费。

张连山家做乳饼，有一个从仅供自家食用到对外销售的过程。他的妻子杨全燕做乳饼已经几十年了，动作和步骤已然十分熟悉，是做乳饼的行家里手了。张家的厨房虽简陋，但收拾得整齐、干净、卫生，可以看到这家女主人的勤劳和善良。家庭的和睦、两个女儿的成长，都有妈妈很大的功劳。

乳饼是大理白族地区的一种传统奶制品，营养丰富，风味独特，被称为中国奶酪。而乳饼的蛋白质含量高达20.4%，是补充蛋白质的良好食物。水分占乳饼非脂成分的比例为64.1%，为质地半软奶制品。脂肪占乳饼成分的比例为25%，属中脂食物。乳饼含有多种矿物元素，特别是人体必需的铜、锌、铁、锰、钾、磷、钠、硒和镁等元素。这些必需常量元素和微量元素参与人体代谢，对维持机体自身稳定性起十分重要的作用。乳饼中钙、磷含量较高，是理想的优质补钙食物。乳饼中含有一定量的硫胺素、核黄素、尼克酸和维生素E。其中具有抗氧化、延缓衰老作用的维生素E含量较高。随着云南旅游业的发展，大理白族地区的乳饼和乳扇一样，越来越受到人们的青睐。

虽然乳饼售价不低，但是当地白族群众还是喜欢购买，特别赶上过逢年过节的时候，乳饼是家里餐桌上必备的菜肴。所以张连山家的乳饼销路一直很好。

张连山的大女儿张成花，是个非常懂事又很大方的女孩。她向我们介绍了很多家里的情况。她才入幼儿园的时候，就跟着爷爷奶奶学习做饭，三四岁的她就开始站在小凳子上为家里做饭，一直到她考入位于州府驻地下关的大理州民族中学念高中。当她负笈远行，到下关求学之后，妹妹张成妹就接下了她为一家人做饭的工作，开始为家里做饭。听到这里的时候我们心里都很难过，以前只在电视上看过的场景没想到却在相对富裕的狮河村实际看到了，而两姊妹的懂事、顾家也让我们由衷地佩服和赞叹。她们在家时，每天还帮家里挤牛奶、喂牛，协助妈妈做乳饼，做成乳饼后拿到市集上卖。记得成花说，以前家里直接卖牛奶的时候，如果等牛奶公司来到家里收牛奶，价格会低一些，而自己交到收购处价格可以每公斤增加一两毛钱。为此，她在假期每天为了这多的一两毛钱骑车去送奶。从她家骑自行车到收购处往返大概需要半个多小时。成花小小年纪便这般为家中生活努力的付出，令我们采访的同学感到惭愧。

高中三年，大理州民族中学每个月都给她生活补助金。像她这样家里面比较困难、学习又很努力、成绩优秀的同学，往往会得到企业、基金会的资助。成花就从基金会得到过三年学费的资助，减轻了家里很大的负担。而今年她也不辜负父母的辛苦和希望，考入了上海海事大学的运输管理专业。她说，到了大学之后，基金会仍会继续资助她，大一资助2000元，大二、大三、大四每年资助1000元。我们也积极地向成花介绍了大学里的学费贷款和勤工俭学岗位事宜，希望能够帮助到她，她说现在就是想赶快念好书，然后找兼职帮家里减轻负担。父亲张连山对她寄予很大的希望，一直鼓励她念书。

二女儿张成妹与姐姐不同，她性格中略带羞涩，是个腼腆的小姑娘，话不太多，但是给我们倒茶、端瓜子和糖果，也很懂礼貌。她今年13岁，在甸南一中念初一，成绩也很优秀。姐姐三年前到下关念高中后，还在小学的她便承担了家里的家务，洗衣、做饭。还听成花说，妹妹特别喜欢温顺的小羊，于是在家里还养了两只小羊。我们问她还打算继续念高中，向姐姐一样到外面去求学，考大学吗？她腼腆地笑着点头。

不得不说张连山对孩子的教育真的很好。村子里很多人家都不注重孩子的学业，大部分都只念到初中就不再往上读了，回到家里做木雕挣钱。他条件那么艰难，却供出了一个大学生，还有一个爱读书的妹妹，而两个孩子都那么懂事，小小年纪就开始帮家长分担家务，农忙的时候还帮忙到田地里干活。他们深知读书改变命运的道理。张连山对女儿们的教育也不苛刻，很和蔼，通情达理。

采访结束后，我们一再告别才离开张连山家，成花一直送我们到大门外，出去很远才回头。分别时她说，如果我们需要进一步了解情况，都可以来问她，她都在家呢，又是一阵温暖在我们心中洋溢。

我们离开张连山家，在远处回望他家的房子，再对比周围人家漂亮的新房，心里深深地祝福着木雕之乡中的养殖户，祝愿这勤劳善良的一家人早日过上小康生活！

表 2－1　张连山家庭成员情况简表

姓名	与户主关系	年龄	文化程度	从事工作
张连山	户主	46 岁	小学	农业/养殖奶牛
杨全燕	妻子	44 岁		农业/奶制品加工
张成花	大女儿	19 岁	本科	学生
张成妹	小女儿	13 岁	初中	学生

数据来源：根据张连山口述整理 2011 年 8 月。

表 2－2　张连山 2010 年家庭收入情况

收入类别	收入	备注
农业	每年粮食 2000 斤，自家食用饲料草	5.5 亩水田 20.5 亩旱地
牛奶、乳饼	每天利润 80～100 元	有 7 头母牛
种粮补助	50～100 元/年	
合计	29250～36600 元	
说明，全家共计 4 口人，劳动力 2 人，人均年收入 7312.5～9150 元		

数据来源：根据张连山口述整理 2011 年 8 月。

（三）兽医杨卫龙一家

在狮河村老书记的介绍下，我们采访了杨卫龙。那天，刚下过大雨，道路湿滑。为按约定的时间接受我们的采访，已在几里外出诊的杨卫龙，冒雨骑摩托回了村里。怕耽误我们的时间，他没来得及到家休整，就直接来到我们的住所接受了采访。

杨卫龙家住狮河村上河5组，家中共有4口人，分别是户主杨卫龙、母亲杨桂安、妻子李庆安和儿子杨胜华，另外还有两个女儿，均已嫁人，嫁到旁边的村子，空闲的时候，经常回来看望老人。看到女儿们日子过得幸福美满，杨卫龙十分欣慰。

杨卫龙1959年出生，今年52岁。年轻时当过兵，现在是一位兽医。他在村里还担任村民组组长、村委会委员、村党支部委员和村农科员。家里两代人都担任过村民小组的组长。母亲杨桂安今年已86岁，虽然年事已高，但依然身体健康，现安心在家颐养天年。妻子李庆安今年50岁，在家从事农作物种植及养殖。儿子杨胜华，今年24岁，中专毕业后，到广州、深圳工作了几年，觉得不太适合，最终决定回家从事木雕。他回家后，开始认真学习木雕，现在家从事木雕。

家里现有3名劳动力，即杨卫龙本人、妻子李庆安和儿子杨胜华。共承包了5亩土地，其中水田3亩、旱地2亩。杨卫龙给我们介绍说，水田一般用来种植水稻，旱地用来种植玉米。种植这两种粮食作物，一方面能满足家里的粮食需求；另一方面，多余的部分拿到集市上去卖，可以增加家里的收入。

全家有房屋11间，正方有5间，两边耳房各有3间。1996年，杨卫龙当兵回来后陆续修建了这些房屋。到杨卫龙家中，我们看到他家院子十分宽敞，是传统的白族民居样式，白墙青瓦，十分典雅。院子里种了许多花草，显得生机盎然。

家庭年收入有3万多元，在村里可以算是中等偏上的人家，一家人的日子过得十分安逸。其中，杨卫龙做兽医所得，一年大约一两万元。田里的农活多由妻子来做，妻子在做农活之余，或农闲的时候，还在家里从事木雕。田里一季可以收获1000多公斤的粮食，每年可以种两季，一年可以收2000多公斤粮食。杨卫龙给我们算了一笔账，地里一年可以收粮食2000多公斤，按现在的市价，大米2元/斤，玉米1元/斤。每年粮食收获以后，除了留一部分家里自己吃之外，剩下的粮食就拿到市场上去卖，一年能卖七八千元。儿子搞木雕，有时候去厂里帮别人做，有的时候自己在家搞加工，有一定的收入。出去木雕厂帮别人做活，一天能挣七八十元，在家搞木雕又有一点收入，总的算下来，一个月能有将近两千元的收入。家里还养了几头猪，有母猪一头，肥猪三四头。前几年，政府为了保持农户的养猪热情，还给农户家里的母猪上保险，他们家的母猪也享受到了这一政策。现在家里的肥猪一头能卖2000多元，卖了就能增加家里的收入。母猪一次平均可以下七八只小猪，一只四十多天的猪崽，可以卖350元左右。

现在，家里的经济收入主要是杨卫龙的兽医收入为主，同时也有部分木雕加工的收入。户主杨卫龙专心从事兽医工作。由于当过兵，受部队教育的影响，回村后对村里的事也十分热心，常常为村里的事奔前跑后。1977年，杨卫龙初中毕业后就没有继续读书，那年刚好碰上县里修公路，就到公路上做工。1980年，公路上的活干完后，回到了家里待了5个月又遇上征兵，同年11月，就到部队当了兵。提到当兵，他感慨道：当兵的生活很苦，但很有收获，自己意志品质方面得到了锻炼，对自己一生的发展影响很大。1985年，他在部队干了四年半之后，转业回家务农。从部队转业回家后，遇上县里组织有一定文化基础的年轻人去学习兽医。因为是初中毕业，有一定的文化基础，还当过兵，就被村里派到县里学习兽医，系统的接受了一年半的兽医理论学习。通过学习，学到了很多动物防疫、动物疾病方面的知识，为从事兽医工作打下了坚实的基础。学习结束后，杨卫龙回到村里，自主经营了一个兽医诊所，帮助各家诊治牲畜的疾病，为村民服务。当时，整个大队只有杨卫龙一个兽医，每天需要两三箱药品。他背着满满的药品，在村头村尾奔忙，为村民解决牲畜疾病的问题。除了为狮河村的村民服务外，他还经常到甸南镇的其他村庄，为村民的家畜治病，为大家带来了很大的便利。杨卫龙在做兽医的过程中，通过观察牲畜的体温、粪便等生理变化和号脉来判断牲畜的病因，找出相应的诊治方法。在不断地诊治中，他结合实例，不断探索，总结了许多临床上的经验，医术在不断地提升。

作为村里的兽医，杨卫龙还积极在村里推广过蛋鸡、瘦肉鸡的养殖。起初，村里没有人会养殖蛋鸡、瘦肉鸡，他依托做兽医的便利，引进了相应的养殖技术。他亲自教授村民养殖方法，如一天投放的饲料量，给鸡点灯来保持屋内温度提高幼鸡的存活率。另外，他还帮养鸡的村民到县里面挑选鸡苗，保证鸡的存活率。他骑着自行车在甸南一带行走，将挑选好鸡苗带给有养殖需要的农户，并教授他们相应的养鸡技术。在他的努力下，蛋鸡、瘦肉鸡的养殖技术在当地推广开来。

问及家里改革开放前后的经济状况的变化，杨卫龙十分感慨。他说改革开放前，因为兄弟姐妹多，家里十分困难。结婚后，兄弟分了家，刚好那个时候，遇上改革开放，自己经营兽医诊所，家里经济渐渐好转，家里修起了新房。以前，在从事兽医工作的同时，也进行木雕生产，后来因为自己担任村民小组的组长，要忙一些村里的事情，精力不够用，就只做兽医工作，没有从事木雕生产了。

改革开放前，村里采取的是集体劳作的形式。各家从事木雕，要向村民小组交款，统一分配，十分麻烦。改革开放后，村里实行家庭联产承包责任制，各家自主进行木雕生产，生产所得归自己，生产得多，收入就多，大大提升了村民的生产积极性，狮河村的木雕生产因此有了改善，经济得到了发展，村里的面貌发生很大的变化。

另外，改革开放后村民还享受了很多惠农的政策。2003 年以前，还要缴纳农业税，生产的粮食，是交一半，吃一半。现在日子好了，国家免除了农业税，生产的粮食全归村民自己，吃不完的粮食，可以拿到市场上卖，增加家里的收入。国家不仅免去了农业税，还给农民发放惠农补贴，按土地多少，给予农业补贴，鼓励农民发展农业生产。每个村民都有一本《农业一账通》，国家有什么补贴就直接打到卡上，村民凭账本去取就可以。如果遇到什么天灾，农业生产遭受损失，国家还会给农户补贴。说到这，杨卫龙感叹道："真是形势好!"这句简单的"形势好"真切地表达了他对党和政府的感谢，对现在生活的满足。

提到吃穿用时，杨卫龙感慨道，以前能吃上一碗大米饭就是一件很难的事，吃的都是把玉米和大米掺在一起的杂粮饭，实在没有粮食，只能煮一锅南瓜汤来充饥。现在日子好了，吃的都是大米饭，没有人会饿肚子。肉也可以随便吃，想吃什么到村里集市上买就可以，十分便利。

说到集市，杨卫龙又补充道，以前狮河村没设集市，村民买个肉，买个菜，都得去几里远的甸南镇集市上去，非常不方便。看到这个情况，身为村民组长的他，跟村委会商量在村里办一个集贸市场，方便村民。为此，他边行医，便发传单，向村里的人宣传要办一个集贸市场，鼓励大家买东西到村里集贸市场。在村委会的努力下，村里的集贸市场成立了起来，大大方便了村民的生活。我们在狮河村调查中看到，村里的农贸市场位于狮河三个自然村的上河村，处于狮河的中心地带。每周三是赶集日，届时很多商人都来摆摊设点，十分热闹。平时的早上和下午，集市上有卖肉的，有卖鱼的，还有卖各种新鲜蔬菜的，方便村民的日常生活。市场旁边还有几个小商店，卖一些村民的日常用品。村民出门几步就能买到日常所需的物品，真是十分便利。

以前雨季的时候，由于排水的沟渠不畅，狮河村经常会有水灾，好多地势低的地方经常会被水淹，给村民带来了极大的不便。村里为了解决这个问题，组织开挖沟渠，使得雨季水能顺利排出，村民的住所安稳了。现在，村里还组织铺设了自来水管道，给每户安装自来水，村民不用再去井里挑水，一打开水龙头就能喝上干净的水。

以前家里点的是油灯，而现在家家点电灯，还实现了电气化。现在村里烧柴的很少，多数人家都用电炒锅、电饭锅来做饭。家里电器有电视机、影碟机、音响、电饭锅、电炒锅、洗衣机等。

以前，村里的路是弯弯曲曲的，很不好走。现在县里组织修建的环剑湖公路从狮河村穿过，宽敞通畅，十分便利。另外，村里的小道都修成了水泥路，十分平坦，大大方便了大家的出行。说到道路的修建，杨卫龙介绍道，当初修建道路时，村民积极支持，每家负责20米的道路的修建，每家出一定的人力物力，大家齐心协力，终于将村里的路修得平平坦坦。

总之，改革开放以来，狮河村发生了翻天覆地的变化，杨卫龙家里经济不断改善。家里生活富足，房屋宽敞，实现了电器化，一家人过上了富足的生活。但是要再发展也存在一些问题。如现在猪肉价格挺不错，养猪的经济效益不错，而且猪肉价格这几年还会有增高的可能。他想将自己的养殖规模扩大，家里房屋虽然足够居住，但想大规模发展养殖，场所明显不够。他打算等儿子结婚后，如果继续发展养殖，就在村里找块地，新建养殖场，使养殖规模化。

谈到自家几十年来的发展，他感谢政府的好政策给自己带来的发展机遇。他说在以后的发展中也要紧跟形势和政府的政策，不能固守老一套。另外，他说科学技术很重要，要大力发展农业还要运用科技，这样才促进农业生产，提高经济收入。

谈及以后发展的打算，杨卫龙把希望寄托在了儿子身上，计划儿子结婚后给他买辆车，这样儿子可以跑运输，也可以继续从事木雕生产，还可以依靠做兽医的便利发展养殖。

杨卫龙对未来的日子充满期待。我们也祝愿他们一家的日子越过越红火。

（四）段胤平与他的烟草之家

在当今中国的烟草界，绽放着一朵美丽的奇葩——来自“植物王国”源于“彩云之南”的“云烟”。活跃的“云烟”市场背后离不开默默从事烟草种植、烟叶烘烤、卷烟制作的广大的工作者们，他们散居在云南的各个地域角落，为云南烟草事业的发展默默地奉献出自己的艰辛和汗水。

在以木器木雕产业为主要经济支柱产业的云南省剑川县甸南镇狮河村，除了享誉海外的木器木雕工艺品，一望无垠、郁郁葱葱的烟叶也异常惹人怜爱。这些看似羸弱的烟叶，对狮河村经济的发展和推动，甚至于对云南烟草事业的发展都具有不可小觑的作用。

20多年以前，由于地理条件的限制、交通的闭塞、经济的落后、烟草种植知识与技术的未曾普及和推广等原因所致，狮河村从事烟草种植的农户数目少之又少。至2011年，全村种烟农户已有120余家，种烟面积高达480余亩，并建造成了两群共12家的电动烤烟房。烤烟、木器木雕、畜牧业并列成了狮河村经济发展的三大支柱型产业。狮河村烟草事业蒸蒸日上的背后有一位幕后功臣——段胤平和他的“烟草之家”。

每每提及段家，村民们似乎总是有说不完的话。因为段家开有粮食加工的动力站和烤烟加工房，许多村民少不了要同他家打交道。段家凭借烤烟事业不仅实现了自家经济的腾飞，同时带动了村内剩余劳动力的就业与村民经济的飞跃式发展，更进一步促进了村庄的经济建设。段家让村民赞不绝口的原因还在于，无论是哪一户村民到段家的动力站研磨粮食或者到他家的烟房烤制烟叶时，段家绝不多收丝毫村民们的费用，也绝不借替人办事之机谋取私利；在为烟农们加工烤烟过程中造成的损坏都会给予赔偿，绝不抵赖；也未曾耽误过村民的粮食和烤烟成品提取进度，一旦答应了村民何时粮食和烤烟能出磨坊和烤房，何时可以提货，再忙再累都会拼尽全力准时交货，绝不耽误村民的工作计划与进度，非常讲究诚信；同时还无私地向广大村民传授致富经，带领村民共同走向富裕之路。一位老者这样评价段家“他们家每一个人都是在本本分分地做人，踏踏实实地做事。我们劳烦他家的人替我们办事，是因为他家的人值得信任，就好比劳烦我们自己的家人一样，是那么的理所当然。”段家的事迹因此成了一段动人的佳话在村民间广泛地流传着。

“余音袅袅、香烟淡淡、流水潺潺”这是走近段胤平家的第一印象，在接下来进行的深度访谈过后，“家和万事兴”是这个烟草之家所体现出来的最突出的也是最让人动容的特征。

段胤平家共有 5 口人，母亲段瑞连今年 75 岁高龄，但精神矍铄、腿脚利索、思维清晰、讲话有条有理、做事有条不紊，腿脚有劲且麻利得一点也不输给二十多岁的年轻人；妻子段荷平今年 42 岁，热情好客、贤惠聪颖、文化程度虽然不高但似乎天生具备一种书卷气息，她的知书达理、理解与宽容无不叫人深深地钦佩；长子段先今年 20 岁，看上去是个憨厚老实的年轻小伙，现在他主要在家协助父亲处理烟房与动力站的相关事务；次子段辉今年 17 岁，目前正在学习汽修。他外表看似调皮不谙世事，但他的言行以及他对人生与自身的思考，却体现出了一种不应该在他这个年龄段的孩子所具有的成熟。我们到访段家时两个儿子正陪着母亲和祖母一边聊天一边清理烟叶，看上去是一幅“父慈子孝、其乐融融”感人且温馨的画面。

初见段胤平，他身材高大，棱角分明，但不太善言辞，给人第一印象是一个非常憨厚，踏实肯干的汉子。在对他进行深度访谈之后，又为他的敢于尝试和挑战，行事有魄力且果断而折服。段胤平，1967 年 2 月出生于狮河村下辖的下河自然村，原名邱万才。1990 年到段家当上门女婿随即改名段胤平。初到段家时，以木器雕刻、庄稼种植为主要谋生途径，所得收入是全家主要经济来源。八九年后，为了维持家庭日常生活开销以及孩子的教育花费，段胤平便转而开始着手开办动力站。在当时，这是狮河村（下辖 3 个自然村即：上河、下河、官登）唯一的动力站。由于投资成本低加之竞争对手少，动力站所带来的营业收入颇丰。经营动力站所获收入继而成为全家的主要经济来源，木雕及农作物种植所得收入次居其后，三者共同维系着整个家庭的日常经济花销。

2004 年，村内从事动力站经营业务的人逐渐增多，以经营动力站所获收入为家庭主要经济来源已经不能够满足家里日常生活及子女教育方面的开销，并且那时从事木器木雕行业所得利润也较低，段胤平思索再三觉得应该找寻到一个新契机，并着手考虑转行。可是对于没有多少专业知识与技术，没有过多从事其他行业的经验的段胤平来说，转行一事“说起来容易做起来难”。然而上天似乎总是特别眷顾有心之人，适逢当时正好遇上政府大力宣传烟草种植、烘烤方面的知识，并且云南烟草市场发展前景较为乐观，中国烟草市场在国际市场中也具有不错的经济效益与发展前景，此时的狮河村，从事烟草种植及烤烟行业的农户几乎为零。最后，全家经过协商，一致决定转向投资烤烟行业，段家随即成为狮河村唯一的形成了正规烟草种植和烤制规模的农户。

创业初期可谓艰辛异常。虽然烟草种植收成较好，但由于刚开始对烤烟技术掌握不到位，如：烤烟过程对烤房自身的温湿条件要求特别高，房内温湿条件控制要求及其精确，每天 24 小时要每隔 2 小时须添加煤料，由于掌握不好，造成了不小的经济损失，投资成本更是难以收回。在他心灰意冷之时，家庭成员的理解、支持与鼓励给了段胤平极大的信心。

据段胤平回忆，那段时间他的压力非常之大，作为家中的顶梁柱和核心骨，一心想让家人过上幸福生活的他，一想到那些自己造成的经济损失就很焦虑，对于这个原本就不富裕的家来说，他内心感到极其惭愧。由于繁忙奔走于自己的动力站、烤烟房，对于家中两个儿子段先和段辉的教育自己也是心有余而力不足，但是两个懂事的儿子不仅未责怪父亲，还常常在课余时间到动力站和烟房帮忙做些力所能及之事。据段先和段辉回忆，小时候因年幼不懂事，他们也曾埋怨过父亲对于他们的关心太少，也曾忤逆过父亲。然而随着年龄的增长，他们渐渐认识到了父亲之所以奔波劳碌全是为了这个家，在看到了父亲的艰辛与付出之后，他们渐渐变得懂事，主动帮助父亲做些力所能及之事，也懂得了应该体恤父亲和为父亲分担劳累。现在长子段先主要帮助父亲处理烟房和动力站的事物，以后主要继承父亲的烤烟事业，同时也会继续将木器木雕作为自己的副业，将木器木雕技艺好好传承下去，不做有辱“木雕之村”的名誉的行为。次子段辉在自己的兴趣使然和家人的建议下，目前正在学习汽修，以后打算开个汽修厂，让劳累了大半辈子的父母亲可以安享晚年。

提及妻子段荷平，段胤平的内心更是惭愧。1990 年与妻子结婚时，妻子刚刚满 21 岁，比自己还要小两岁。这正是如花似玉需要被人精心呵护的年纪，可是由于家中经济条件不允许，妻子不仅要操持家务，为柴米油盐烦恼；还要教育两个孩子和照顾老母亲；同时为了帮助丈夫分忧，妻子还种植着 5 亩水田和 3 亩旱地，为家里的生活开销而尽力。段胤平虽然自己在农忙时节也曾到田地里帮帮忙、收收庄稼，但是自己的绝大多数时间还是都花在了动力站和烟房的事务上，对妻子和家里的照顾甚少。然而贤惠的妻子却从来没有埋怨过他，不仅如此，妻子还常常在他失意时给以鼓励，无论他做出何种决定都总是站在他这一边，甚至在他烤烟初期失败、申请密集式烤房被外人不理解时，妻子也总是陪在他的身边，对他的任何决定都给以最大程度的支持，未曾有过半句怨言。

经过重重磨难，段家才有了今日的美好生活，所以段胤平在对妻子感到惭愧地同时，更多的是对妻子的感激。正是因为有一个贤惠明理的妻子陪伴在自己身旁，有家人不离不弃的陪伴、支持与理解，家中的烤烟事业逐日向好，烤烟设备更加先进，烤烟收入也有很大提高。现在的段家，早已告别了过时而老旧的黑白电视机和收音机，取而代之的是购进了彩色电视机、电话、电冰箱、洗衣机、电烤箱等家用电器。每逢节假日到来，家里还时不时地会弄个联欢会。每每这时，能歌善舞的白族儿女身体里流淌着的艺术因子便会被彻底地唤醒和释放，一家老小沉浸其中，欢乐无穷。

针对段胤平提及的这段经历，在接下来对其妻子段荷平进行访谈时，她说道：她 1969 年 7 月生于下河村，21 岁与段胤平结婚，由于自己也不会什么技艺，所以她主要负责照顾家人的饮食起居和种植庄稼。丈夫到段家这么多年以来，对家中老人非常孝顺，时常让她感觉到段胤平才是段家的亲生儿子，自己有时候都好像是局外人。丈夫刚到段家时，段家经济条件并不好，现在经过段胤平这么多年来的付出与奋斗，段家生活蒸蒸日上，还在村内创造了无数个第一的神话。段家是第一户拥有动力站、第一户种植烟草并将烟草种植技术推广给乡民、第一户从事烤烟、第一也是目前村里唯一的拥有密集式烤房和掌握密集式烤房技术的农户。段家在实现自身的富裕同时，更带动了广大农户们从事烟草种植，实现了共同富裕。由于事业逐渐做大，丈夫也愈加忙碌起来。尤其是到了烤烟季，每年烤烟量高达 120 余亩，每亩 250 ~ 300 杆，每烤制一轮烟叶均需要耗时 7 ~ 8 天，烤烟期间每隔 2 小时必须添置燃料（燃料主要以煤炭为主），并且鼓风机、发电设备须 24 小时不停地运转，相关人员须 24 小时不间断值班才能确保烤烟质量，如若烤烟环节中有任何偏差，造成的损失可不小。对于损失，丈夫答应村民们将全权负责并进行赔偿。所以每逢烤烟季，为了协助繁忙的丈夫，让他可以劳逸结合的同时还可以尽量确保烤烟质量，其余家人全都主动地参与进去。我们在狮河村调查期间，恰逢赶上烤烟季，有幸亲眼看见烤烟的整个过程。无论是从燃料的采购，运送和烤烟期间的添置，还是烟叶的清理、装杆、摆放、烤制和烟叶烤制完成后的协助烟农运送成品烟叶，每一个环节都会出现段家家人忙碌的身影。妻子段荷平及家人都特别能够理解丈夫的艰辛，尤其是段荷平的母亲对于女婿赞不绝口。她说，女婿为人老实、待人诚挚、孝顺父母、对女儿也很体贴照顾，深受邻里乡亲的尊敬。女婿开办的动力站和烟房为推动村庄的经济发展做出了一定的贡献。

“苦心人天不负”，通过努力，仅仅在2005—2008年间，除去动力站经营所得、庄稼种植所得、木雕工艺品销售所得等，段家在烟草方面的毛收入大约每年28万~30万元。2008年大理州政府和大理烟草公司一同推广了密集式烤房技术，由于是新技术，投资成本较大、需要承担的风险也很大。但是当意识到这个技术有可能给原有烤烟技术带来革命性的变化和巨大的经济效益的时候，文化程度仅仅只是小学毕业的段胤平，却做出了令人惊讶的壮举。他主动向政府申请密集式烤房技术和烤房，得到了政府的大力支持，同时烟草公司还给予了段家15万元的无偿资助，这些无疑都是段家烤烟事业日益强大的后盾。经过不断地钻研和探索，段家的密集式烤房取得了空前的成功，密集式烤房带动了下河村近26户村名从事烟草种植，每年平均创造约30万元的收入。段家建造密集式烤房在村里造成了巨大的轰动，于是一夜之间烟草种植流行起来。当地政府随即引导除了木雕产业，烟草业亦可以发展成为狮河村经济发展的又一支柱产业。

近些年来，国家、省、州、市各级政府对于烟草种植和烤烟的相关政策和相关惠农措施不断完善，如农产品价格上调，取消农业税，农业资料补贴等，县、镇政府对于烟叶种植和烤烟高度重视起来，相继出台了一系列措施，鼓励烟草种植，烟农的积极性得到大大的提高。烟草公司也全心全意地对狮河村烟草事业的发展给予扶持，不定期地对烟农进行技术方面的培训和指导。现如今，狮河村种烟农户已达120余户，种烟面积高达480余亩，烟草产业的支柱地位进一步得到巩固，有力地促进了烟农增收、经济增长，同时有效地改善了农业基础设施和生产条件，有力地推动了全村经济社会的又好又快发展。

在段胤平的引领下，现在的狮河村，除了享誉海内外的木器木雕工艺品，烤烟亦日益红火起来。段胤平说，经过这么多年来不断地摸索，他家已经总结出了一套比较完善的烟叶烤制经验，现在他可以很自信地向烟农、向政府保证，他家烤制出来的烟叶质量绝对达标，绝对不会让众人失望。他相信在政府的正确指导下，在村委会干部们的带领下，在村民们的努力下，狮河村的经济发展必将越来越好。我们也祝愿段家的事业会越做越强，狮河村的烤烟业明天必将灿烂而辉煌！

（五）运输户杨润奎

杨润奎，男，1972 年出生，今年 39 岁，家住狮河村上河第九组 52 号。因为杨润奎是狮河村第一个开微型车载客人往来于剑川县城和狮河之间的人，虽然中间有几年他去了外面做生意，但是现在他又回来做着开车载客的事，我们就选了他们家作为运输户的代表，对他们进行了采访。

在狮河村调研采访期间，我们曾无数次经过杨润奎的家门口，因为他们家就在村中心的公路旁边，而且还开了一家小商店。我们和杨润奎的妻子杨建利约了几次才约到时间，因为只要有客人要去县城或别的地方，杨润奎就要开车送他们去。杨润奎经常在外面，她也不确定什么时候会在家里。

8 月 13 日这一天，我们终于见到了杨润奎本人。他中等身材，最大的特点是留着一头长长的头发，在村里算是一个很有个性的人。杨润奎一家由五个人组成，父亲杨育洪，妻子杨建利，还有杨延和、杨洁和两个女儿。

杨润奎的父亲杨育洪今年已经 62 岁，像狮河村里的许多老人一样，年轻的时候是木匠，现在村里很多砖木结构的老房子，杨育洪均参与过修建。如今，晃眼就已经 60 多岁了，帮别人建房子做木匠活的事已经不干好多年了。老人平时就出去走走或与村里的老人聊聊天，家里没人的时候就帮着照管小商店，他对价格、账目都很清楚，能帮上忙，杨润奎很放心老人一个人照管商店。老人的身体还很硬朗，杨润奎新建的房子还没有完全装修好，我们在他家采访的时候，老人还拿着做木匠的那些工具忙碌着，不时还传来敲敲打打的声音。我们问他："您怎么不去和别的老人聊聊天？"他说老了，也没什么事情做，就随便找点做做，算是活动活动筋骨。

杨润奎的妻子杨建利平时主要在家照管小商店，农忙的时候就去干农活。他们家承包着 7 亩地，其中旱地 2 亩，水田 5 亩，因为杨润奎开车经常在外面，农活基本上都由她一个人干。她说现在科技发达了，农业生产也轻松、方便了许多，不需要像过去那样天天去田里忙着。播种和收获的季节一个人实在忙不过来，他们就出钱请村里面的几个人忙两天就能做完。他们家有两个女儿，大女儿在剑川一中上初中，是寄宿制，周末才回家来，寒暑假时就在家里帮着照管小商店。小女儿很害羞、腼腆，在狮河小学读四年级。

杨润奎说自己的文化水平只是小学，因为他小时候很调皮，完全没把心思放在学习上，成绩一直都很差，所以读完小学就不读了。他回忆说，上小学的时候经常挨老师的骂，还经常和老师顶嘴，有一次还因为一件小事和老师打起来了。那时候再调皮的同学也只会和同学打架，他算是狮河第一个和老师打架的小学生，现在想起来挺后悔的。那时候没好好珍惜读书的机会，后来因为文化水平低，他吃了不少亏。

杨润奎小学毕业后就开始跟着村里会木雕雕花的人学习，一直雕了十几年，当时雕出来的产品主要是卖往洱源、大理等地。后来又和别人合伙，在大理开了一家古式家具店，经营了一段时间。后来，他经常在外面做生意，去过了许多地方。例如，1991 年他去浙江做生意，由于生意的利润不高，做一段时间之后就去广西雕花。在广西雕了一年后就回来狮河雕，在狮河雕了几年，有了一定的积蓄，他就买了一辆二手的微型车，开始在狮河跑运输，主要载客人往来于县城和狮河之间，有时候运一些小件的货物。当时，狮河的木雕开始逐渐地发展，来狮河谈木雕生意的人开始逐步增多，对车辆的需求开始增多。

杨润奎的车是村里的第一辆微型车，他每天从早到晚都在狮河和县城之间的路上跑着，生意很好。他在狮河开了几年的车后，别人劝他去昆明做工程，于是他把二手的微型车卖了去做工程。由于各方面的原因，做工程失败，不但没有获得利润，半年后杨润奎就亏损了 6 万多元。

2003 年，杨润奎又回到狮河又干起了他的老本行——开车，这次买了一辆货车，每天从外面拉新鲜的蔬菜、水果等进来狮河卖。那时候卖菜的人很少，他的生意很好，特别是每逢星期三商贸街，附近村子的人都会过来狮河购买生产、生活用品，生意会更好。后来除了蔬菜、水果外，杨润奎还从外面拉来家畜的饲料卖，以前村民买饲料都要到镇上，那时候交通又不太方便，买了饲料运回狮河很麻烦，当时杨润奎卖的饲料质量好，价格又合理，因而销量很好。后来杨润奎又运进来一些小鸡卖给村民饲养。因为他们家开着小商店，不需要再找别的地方来卖饲料等这些东西，而且小商店附近平时人员也比较集中，小商店的存在为他们卖别的东西提供了很大的便利。

提起他家的小商店，我们问是哪一年开始经营起来的？杨润奎说，他们也不记得具体是哪一年了，父亲就经营了许多年，他们是从父亲手里接管过来的，差不多经营了20年了。父亲经营的时候小商店的规模很小，物品也不齐全，村民的需求量也不大，由于当时村里的小商店数量不多，他们家的小商店生意很好。后来小商店的位置也随着杨润奎家搬到了公路旁边，也就是现在这个位置。2011年狮河村里已有12家小商店，面对村里不太多的人口，小商店的竞争很激烈。杨润奎家的店因为经营的时间长，信誉度高，商品齐全，质量有保证，赢得许多新老顾客的欢迎。

而且每逢星期三是狮河商贸街天，那时候会有许多附近的村民来狮河购买物品，而商贸街就在杨润奎家门口的道路两边，因此他们家小商店的客源比起别家要充足许多。有时，杨润奎载客人去大理市下关，回来空车的时候就会顺便从下关进些货物拉回来，从下关进货成本要低一些，而且免去了运输的费用。这样比起别的几家商店，他们家的小商品成本更低一些。平时商品都是从剑川县城进货，而且现在交通方便了，只要打个电话，要进购的商品就会送货上门。

现在杨润奎的主要职业就是开车。在开货车做了一段时间的生意之后，2010年1月，杨润奎买了一辆全新的微型车。当时享受到了“汽车下乡”惠农政策的优惠，得到了政府4980元的补贴。他感慨“汽车下乡”政策好，在提高农民生活水平上起到了很大的作用，农民受鼓励纷纷买车，有了车生活方便了许多。虽然得到的补贴不多，但是给家庭减轻了很大的负担。现在杨润奎主要是载客人往来于县城和狮河之间，因为基本上是狮河本村村民，彼此都很熟悉，很多时候客人直接来家里面坐车，或是提前打电话约好。也有些时候载客人去下关等较远地方的，但是情况较少。这样一年开车下来利润大概在3万至4万之间。他说这几年开车轻松了许多，前几年因为道路没修好，逢干旱的季节，路面上的小石子很多，很颠簸；下雨的时候，路面又开始打滑，开车很不安全。他说那几年开车每天下来都很辛苦，虽然是坐着开车，但是觉得比在田里日晒雨淋干一天的农活还累。我们问他开了这么多年的车在开车的途中有没有遇到什么困难？他说开货车的时候，有天晚上在大丽高速公路上行驶，有个轮子的螺丝松了，但是平时没在意，由于当时开得太快，导致螺丝完全脱落，轮子飞速离开车飞了出去，当时车差一点就翻了，幸好在晚上路人较少，没伤害到别的人。当时，附近都没有村庄，他们没有借宿的地方就在路边露宿了一晚，第二天通过联系汽车修理工来了才修好。

那时候是冬天，一个晚上露宿在路边，现在回想起来都不知道那晚是怎么熬过来的。开车安全很重要，即使开的慢些耽误点时间也要保证安全，现在他能小心翼翼地开车，要保证乘客的安全，对乘客的生命负责。

问起改革开放对他们家的影响，杨润奎说，改革开放前他们年纪还小，家里主要靠父亲做木匠在外面帮人家建房子得到的工钱和母亲务农收获的农产品来维持生活。那个时候农民的生活水平都很低，有能力建房子的人很少，父亲做木匠赚的钱不多。而且当时生产水平也很低，遇到大旱或大涝的年份，农作物收成就很差，一年下来没有多少经济收入，当时他们的生活过得很艰辛。改革开放后，家里开了小商店，随着村民生活水平的提高，对小商品的需求也逐渐增长，小商店的生意逐渐好了起来。建房子的人家也越来越多，对木匠的需求也逐渐增大，父亲的收入也多了起来，他们家的生活有了很大的转机。

2004 年杨润奎家翻修了老房子。至 2011 年，全家有 11 间房屋。家里的电视机就有 2 台，冰箱有 3 台、洗衣机也有好几台。为了促进孩子的学习，2010 年杨润奎还为两个女儿买了一台学生电脑。家里做饭等都使用电器，基本实现了电器化。

2006 年狮河村电网改造之后，狮河村电器的使用更加普及了。杨润奎的妻子杨建利说，电网改造给村民带来了很大的方便，例如，电网改造前，如果村里有粉碎机运作，电压就很低，照明就要受到影响，很多家用电器根本不能使用。电网改造后，粉碎机运作与家用电器的使用没有冲突，而且电网改造撤除了以前不安全的电杆、电线，提高了用电安全度，现在村民可以放心地使用电了。现在国家的惠农政策很好，电网改造村民们都不需要自己出钱，只要交 100 元买一个电表就可以用上安全又便宜的电了。而且电网改造后电费的价格也下降了许多。杨润奎家因为经营小商店，比别的农户多了电冰箱、小烤箱等一些电器，他们家的电费每月大概在 160 元左右。对于一般的农户，每月用于电费的支出是很少的。

近几年，狮河村的木雕产业迅速地发展，经济水平迅速的提高，村民生活水平也在大幅度的提高。2008 年，狮河小康示范村建成，实现了“村村通”工程，村里的道路建设完成，家里买汽车的村民的数量在逐年增长。人们去镇上或者县城都自己开车去，而且开微型车拉客的人也变多，开始形成了竞争，他的客源减少了许多，生意没有以前那么好了，这是他们家近几年发展中遇到的一个新问题。不过，开车能和经营小商店互补，有利于资金的周转，有了车去外面进货等都很方便。现在小商店薄利多销，加上开车，每年能维持 5 万元左右的收入。

谈到对于今后的打算，杨润奎说没有什么具体的打算和计划，目前只想继续开车和把小商店经营好。他们一家没有很大的经济负担，主要就是培养两个女儿，支持他们上学。等到狮河木雕工艺园区建成后，来狮河做木雕生意和旅游的人会增多，那时候客流量也会增多，小商店的生意可能会更好。到那时候，杨润奎也可能会去从事更大的事业了。

（六）农业科技户李桂珍家

李桂珍是狮河村资历较老的农业科技员。她 1960 年出生，今年 51 岁。集体生产队时，她就是农业科技员，当时她才 21 岁。一晃三十多年过去了，她一直是村里的农业科技员，为村里的农业发展奋斗着。

李桂珍家住狮河村上河 9 组，是一个祖祖辈辈做木匠的白族家庭。现在家里有 5 口人，丈夫杨润喜为户主，今年 49 岁。长子杨德谦 27 岁，长媳杨志先 26 岁，次子杨德志 23 岁，以及 1 岁的孙子杨玺清。家中承包有 4 亩水田，3 亩旱地，并有 10 间房屋（包括木雕用房）。

自古以来，狮河村就是以农业为主，木雕为辅的村庄，庄稼的收成决定着这一年生活的好坏。在忙完庄稼之后就在家雕刻门窗，增加家庭的收入。

李桂珍 21 岁时成为村里的农业科技员，后来嫁入同村的杨润·喜家。杨润喜家是木匠世家，祖祖辈辈都做木匠活。杨润喜也是村里优秀的木匠师傅。李桂珍结婚之后，仍然是农业科技员，为村里农业收成忙活着。

狮河村是一个土地贫瘠，水灾较多的村庄，每年的收成很少。过去没有化学肥料，没有粮食杂交优良品种。种田用农家肥，每亩年产量仅为 400 ~ 500 斤。上交公粮、余粮之后自家所剩无几，常常不足一年所需的粮食。她虽然是村里的农业科技员，但她家的情况一样难以维持。在村民们艰难的维持着生计的同时，她经常焦虑怎样才能摆脱这食不果腹的困境，怎样才能提高粮食收成。这也是村委会领导最为头疼的事，大家每年到了后半年就开始缺粮。每年都要向上级要粮食，但不能从根本上解决问题。

水灾是狮河村农业生产的大敌，每年水灾都使狮河村减产很多。她明白要想提高和保障农业收成，必须先兴修水利。她向狮河村委会提出了自己想法和建议，通过研究商量后，一致认定修好水利是狮河村急需解决的首要事情。在村委会的带动下，全体村民一起努力整治河道、加固河堤等，让洪水来后能够及时排放，庄稼不再受损。从而避免了因水灾导致的减产，慢慢地人们的温饱问题得到了解决。

水灾问题解决后，庄稼因使用农家肥产量仍然很低。村民们就通过做木雕活来补贴家里生活。作为农业科技员的李桂珍，在丈夫的指导下也成了一名优秀的木雕能手，但她还时时关注着农业科学技术信息。积极引进化学肥料和推广粮食优良品种，一步一步地为提高产量努力着。她每个月都要参加乡镇里面的有关会议，了解最新的农业科技信息。

李桂珍大力推广化学肥料和农药，并在自己家开办了化学肥料、农药等的供应点。她从镇里订购回来最适合本村使用的化肥、农药，供应给大家。并要求大家科学搭配化学肥料和农家肥，合理使用农药驱虫，使农业产量急速上升，亩产年产达到700~800斤。于是，村民们更加相信李桂珍的农业科学技术推广，也相信科学种田能够提高产量。后来，她又引进和推广了杂交水稻等优良品种，加上合理施肥和用药，使产量进一步得到提高，亩产年产达到1200斤。于是，在村民中流行一句话“种田就看李桂珍家”。即今后她家种什么品种，用什么化肥、农药，大家就跟着学习。如今，村民们粮食高产丰收了，每年自给有余，还有剩余的粮食出售。再加上木雕的收入，村民的生活慢慢地得到改善。

李桂珍还曾经推广过烟草、大蒜、马铃薯等的种植，并取得很好的效果。如今狮河村，已有部分家庭以种植烟草为主，部分家庭以种植水稻、大蒜为主，还有种植玉米等。从过去种植品种单一到如今的多元化，可见李桂珍在农业的发展和推广上花费很多的心血。如今农业生产高产量、种植多元化，也反映出李桂珍在狮河村农业科技员职位的作用。

杨润喜作为木雕世家的后代，有着精湛的木雕技术。在狮河村木雕产业蓬勃发展的同时，他带出了一批木雕弟子，如今他的一些徒弟已经成为木雕师傅了。

杨润喜的经历也非常丰富，早年跟随父亲从事木匠，在做木雕的同时从事农业，兼有养鱼。他的母亲曾是大理服装厂的裁缝师傅。所以，他年幼时已经接触到外界，对新型事物也容易接受。他成年后，已不满足种田、做木雕，就和妻子李桂珍商量养鱼。他们看准了这个还没被开发的产业，并得到了很好的收成。如今杨润喜的父母都已过世，家里没有人手，他就以做木雕为主，不再养鱼了。随着孩子的长大，他还培养孩子做木雕。

随着狮河村木雕产业的蓬勃发展，村里大部分家庭都主要从事木雕，所以他也带着家人专一的从事木雕。此时，已经有锯木机和刨木机来处理、加工大料，使木雕生产效率提高了很多。但是在雕花的过程中却全用手工刻刀。杨润喜投入木雕几年后，他制作了一个手工线锯用它来做雕刻中通透部分的初加工，即先锯出大致模样，再细致雕刻、加工之后就成完整的作品了。这样使雕刻分为初雕和细雕两次，大大提高了成品效率。后来有了线锯机，用电带动，效率就更高了，现在线锯机成为木雕的基本机器。再后来，随着科学技术的高速发展，数控木雕机得到了推广和应用，杨润喜家也购进了一台。数控木雕机连接着电脑，在电脑里输入设计好的雕刻图案，就可以自动按着图案雕刻。数控木雕机比人工雕刻快好几倍，在这供不应求的木雕产业里，数控木雕机起到很大的作用，能够满足更大的市场需求。

杨润喜是个性格内向人，话比较少，他说话简明扼要，但对人很和善。和他聊天也很随和，有时还带有几分幽默，虽然我们才认识了一会，但深切地感受到他的亲和与热情。

杨润喜木雕手艺精湛，他熟练的雕刻手法和绘制精美的图案，一块块粗糙的木板在他的雕琢之下，会变成绝美的工艺品。有飞鸟虫鱼，有花草树木；有单面雕刻，有双面雕刻。除了雕刻门窗外，他还雕刻精美的书画、牌匾。杨润喜说，一件木雕作品是否完美，不是看它有多花哨，有多复杂，而是看它是否有灵气，是否有生命。一个好的雕花师傅，都知道什么木料雕刻成什么图案是最为精美，不同质地、成色的材料就有不同的图案设计和雕刻手法。虽然雕同样的图案，但在不同的木材上的线条都有一定的差异，雕刻出来的图案和木料的质地、颜色要成为一体，互相呼应，这样才有灵性，能给人温暖舒服的感觉。所以，虽然有数控木雕机的引进，生产率提高了，但受人欢迎的仍是手工雕刻的产品。听他说着自己内心的想法和对木雕作品的见解时，表情很温和而又坚定，好像已经把木雕作品当成可爱的小生命。杨润喜不仅仅是一个木雕师傅，他更是一位艺术家。

如今，他的两个儿子都已经是木雕能手，特别是大儿子杨德谦极其聪明，是富有木雕天赋的人才。他在初中时期就已经雕刻出精美的工艺品。他对父亲传授的木雕技巧学得很快，能很好地体会雕刻的神韵，雕刻的手感也非常好，线条的处理恰到好处。杨德谦在学会雕刻技能之后，在父亲的指点下慢慢的也学会了绘图。绘图是雕刻的前一个工序，非常重要。没有好的绘图师，再好的雕刻师也无法雕刻出绝美的作品；而只有高超的绘图师，雕刻师的技艺不精也无法形成优秀的作品；只有好的绘图师加上好的雕刻师，才能创造出完美的作品。所以，杨德谦一开始就认识到，要成为一名优秀的木雕师，不但要有高超的雕刻技能，还要有极佳的绘图本领，才会有更好的发展前景。他反复练习，认真学习祖传的雕刻图案，很快就能自己绘图兼雕刻，初中毕业后就全身心地投入到木雕中。在后来的实践中，他逐渐掌握了许多雕刻图案和雕刻技巧。这时，正逢狮河村木雕产业的蓬勃发展，木雕产品销往全国各地，产品的需要量非常大，需要提供的种类也就多。杨德谦非常清楚，丰富木雕的图案和花样，将会使产品的市场占有力更强。他开始试着创作新的图案，并使它形成新的产品，第一次创作和改造就取得了成功。他雕刻出了自己独有的精美产品，投放到市场，给人以耳目一新的感觉。慢慢地，他有了许多不同的精美雕刻图案，再加上祖传的，如今，他的雕刻图案已经有上千种，木雕产品的花样丰富多彩。在狮河村这样一个木雕之乡，杨德谦娴熟的技能和丰富多彩的样式，使他的产品一直处于供不应求的状态，在众多的木雕厂家竞争下有着强有劲的竞争力。

杨德谦在25岁时结婚，妻子是同村的杨志先，杨志先也是一个木雕能手。第二年，他们的儿子杨玺清出生。孩子的出生使家里的气氛更加热闹，现在他已经1岁了，是家里的开心果，全家人都疼爱有加。

如今，杨德谦的弟弟杨德志也在家和父亲、哥哥一起从事木雕。家里的收入以木雕为主，农业收入占的比例很少。全家人一年总收入近七万元。其中农业收入仅有一万多元，其余都是木雕收入。这样的收入在狮河村仅是中等水平，很多家庭都在扩大木雕生产，甚至已经有小部分家庭申请开办木雕公司，促进木雕产业化的发展。李桂珍家也商量着买货车由杨德志开，家里的生意一直很好，自己有辆车会更好、更方便的送货和买取木雕材料。

狮河村里谈论话题最多的是木雕和新型工业区的建设，很少谈到农业。李桂珍虽然是村里的农业科技员，但她起到的作用越来越少，她的工作也越来越轻松。因为，随着科学技术的进步，村民们接受新事物的能力已经不断增强。推广新的种植品种和种植方法都比以前容易得多，所以李桂珍也有更多的时间从事木雕。如今，剑川县政府要把狮河村建设成为剑川的新型工业区，并在招商投资。村民也在纷纷扩大木雕产业、注册木雕公司等。李桂珍家也在考虑注册公司或者扩大规模投产，她家的第一步就是先置备货物运输车，但不盲目地跟风，要看好形势再做下一步的打算。

虽然农业收入占的比例越来越少，但是狮河村的发展离不开农业。李桂珍农业科技员的作用还有潜力。她仍关注农业技术的新信息，及时地给村里传送最新的农业信息，推行新的品种、肥料、农药，推广新的科学种植方法。狮河村农业的良好发展，是木雕产业安稳发展的基础和保障。

三、温馨之家

（一）教育之家的李育清父子

李育清，男，白族，高中文化，1947 年出生，今年 64 岁。家住狮河村九社 16 号。全家 5 口人，除本人外，其他家庭成员分别是：儿子罗汉举，1969 年出生，今年 42 岁，是剑川县甸南二中教师。儿媳张四秀，1974 年出生，今年 37 岁，是小学教师。女儿罗汉琴，1971 年出生，今年 40 岁，也是教师。还有孙女罗晓佼，1997 年出生，今年 14 岁，正在上中学。李育清一家多人从事教育工作，是名副其实的教育之家。我们有幸采访了李育清父子。不过，他们的根基仍在农村。

李育清家承包有 4 亩土地，其中水田 3 亩，旱地 1 亩。全家有 12 间房，年收入约 5 万元。

李育清“文化大革命”时期高中毕业。“文化大革命”开始的时候，他还在上高中。1966 年他作为中学生代表之一，到北京接受了毛主席的检阅。后来学校停课，整个教育处于瘫痪状态。李育清回到村里，作为回乡知青参加了农业生产劳动。1969 年开始做民办教师，从此走上了从事教育工作之路。

李育清先后从事教育工作近 30 年。其中，1969—1971 年做民办教师。由于收入很低，每月仅补助 4 元钱，不能解决温饱问题。那时，他已经结婚生儿育女，他所在的大家庭一共有 12 口人，家庭经济十分困难。为了减轻家庭的经济负担，他辞去了民办教师的工作，回家一边干农活，一边学习木雕做木匠，有时也外出做工。李育清毕竟是高中毕业，在当时的农村高中毕业生是不多的，属于高文化人才。后来农村教育迅速发展，他教过的学生对他的教学工作反映很好，他自己也喜欢教育工作，于是1979年又回到教师岗位，成为一名正式教师，此后他主要从事小学教育工作，也教过初中学生。期间，他在狮河小学当过9年校长。那时的小学校有200多学生，5名老师，学生的学习生活丰富多彩，学习负担没有现在的学生重，还有劳动课，强调学生要德智体美劳全面发展。学生每年的学费仅1.5元，没有上不起学的，因贫困辍学的更少。李育清直到2002年退休。退休后的2005年，他再次去了北京，一路饱览祖国的大好河山，目睹国家的巨大变化。他培养过的许多学生，有的后来考上了大学，成了大学生。与此同时，他自己较满意的是：他培养和引导自己的儿子罗汉举和女儿罗汉琴都加入了教育事业。儿媳张四秀也是一名教师。

罗汉举，1969年3月出生。现为大理州剑川县甸南镇第二初级中学教师。他1988年毕业于大理师范学校，同年7月参加教育教学工作。先后在白山母等高寒贫困山区、边远小学、中心小学任教。并担任过两年校长、五年教导主任、历年班主任等职。2003年调甸南二中任教至今。

罗汉举从事教育工作20多年中，在小学工作了15年，在中学工作7年。他无论在小学还是中学，对工作都兢兢业业，任劳任怨，对业务精益求精。他在积极完成教育教学工作的同时，不断加强自身政治思想文化理论学习，处处为人师表，教育教学成绩突出，多次受到各级教育部门的表彰奖励，受到家长和社会的好评及学生的爱戴。

在从事小学教育工作15年里，他刻苦钻研，对各科教学工作积累了丰富的经验。一次次被派往教学力量薄弱、条件艰苦的学校，去加强工作。经过艰苦细致的工作，薄弱学校均有改观，有的还跨入教育教学先进行列，深受群众好评。为此，他多次受到县乡（镇）的表彰奖励。

罗汉举2003年调到甸南镇第二初级中学工作，至2011年已经7年。甸南镇第二初级中学，地处剑川坝子中心，位于县城南3公里的朱柳村，背靠高耸的金华山，东临秀美的剑湖，这里地势平坦，交通便捷，物产丰富，人杰地灵。甸南二中的前身是西湖附中，1997年朱柳小学搬出，学校升格为甸南第二初级中学，生源来自兴水、西中、龙门、白蜡、朱柳、文华六个行政村。学校占地面积7326 ㎡，有12个教学班，学生600多人，教师近40人。罗汉举在这样的环境中工作，如鱼得水，非常尽心尽力。为了适应中学教学的需要，他自学了本科课程，努力改善自己的知识结构，提高教学能力和水平，牢固树立良好的教育观念，以满足中学教育教学的需要。因此，他除教学外，一直担任班主任的工作，面对着一届又一届的学生。每一届学生都是由陌生到熟悉，直到把他们送走，倾注了艰辛，挥洒了汗水。有耕耘就总有回报，他的教育教学实绩总是喜人。他带的每一届初中毕业班，总能向学生、家长和学校交出满意的答卷。于是，他先后三年被评为“优秀班主任”。2007 年教师节，他获得了云南省教育厅、人事厅、中小学幼儿教师奖励基金会、省教育卫生科研工会联合授予的“云南省优秀教师”光荣称号。

甸南镇第二初级中学，在上级教育主管部门的关心、支持和帮助下，在全校师生的共同努力下，他们围绕剑川县教育发展的思路，结合学校教育发展规划，突出“两基”巩固和教育教学质量提高两个重点，抓牢教育管理制度化，教育结构的优化和教育思想现代化建设，实现学校教育发展目标，认真分析学校教育教学现状，并制定提高质量的对策，注重抓好学习、安全、巩固、质量、信息教育，团结、落实、提高教师的政治素质、业务素质，师生的安全防范意识、教育的社会效益、全体教师的凝聚力和创造力、工作效益等明显提高。罗汉举调入的那年（2003），甸南镇第二初级中学经过办学水平综合评价，被认定为“二级二等”初级中学。这意味着为学校创造了发展的空间，学校的教育教学质量得到了较大的提高。2005 年被剑川县教育局授予教育教学成绩优异奖；2007 年被剑川县人民政府、剑川县委授予教育教学进步奖。罗汉举在长期的教学工作中，积极配合学校的领导，认真贯彻落实学校的各项工作。他始终坚持以人为本，善于在学生中做艰苦细致的思想工作，关心和爱护每一个学生，坚持教书育人。他不断更新教育教学理念，努力探索教育教学方法，善于认真总结每一届成绩优异学生的经验，然后积极推广。他全面贯彻国家的教育方针，不断推进新的教育教学改革，面向全体学生，普及与提高并重，以提高他所在班集体的整体素质。是一位学生欢迎、学校喜欢的优秀教师。

现如今，李育清一家过上了幸福的生活，他们对现在的生活很满足。住房从原来的茅草房搬到了瓦房。家里还购置了电脑、连接了宽带网，还购置有一辆小轿车。年收入约 5 万元，真正步入了衣食无忧的小康生活。他们对近几年来国家的惠农政策也很满意，确实看到了农民得到了实惠。

李育清一家目前最大的愿望是：家庭和睦、全家人身体健康。同时，他们要尽力教育培养好孙子，让孙子健康茁壮地成长。

祝愿天下的好人，一生平安！

（二）团结和睦的张寿星一家

在准备调研采访前，听狮河村村主任介绍，张寿星一家是村里比较大的家庭，是非常和睦的家庭。他家共有13个人，3个儿子都结婚了，但是没有分家。这里的原因主要是家里建成的“星宏木雕厂”的发展需要，但是最重要的原因是几个兄弟间相处和睦，认为一起合作办木雕厂力量大，家中的事情处理起来也比较方便，没有必要分家。正是因为他们的团结，他们家的木雕厂才有了如今的规模。

在张寿星家门口时，看到了一个比较引人注目的牌匾，上面写着“星宏木雕”四个字。不过像这种类型的牌匾比较常见，如果没有当地人的介绍，你会以为这个厂子与别的厂子没什么区别。星宏木雕厂与其他木雕厂确实不一样，成立时规模已经比较大，固定的销售点就有三个，分别在丽江、大理和厂本部。其中户主张寿星在丽江经营，长子张竹先和三子张竹雄在家经营，二子张竹松在大理经营。星宏木雕厂，自我经营、自产自销，还在中甸、昆明建立了销售店。

张寿星家住狮河村上河2组205号。当我们进入张寿星家后，我们就真真切切地感受到了张寿星一家的和睦。家和万事兴，印证了他家中的情况，使得星宏木雕厂的发展比较顺利。星宏木雕厂的资金筹集主要是家庭小额贷款，还有就是以前小木雕厂的收入。如果分了家，办木雕厂就不会有这么大的力量，木雕厂也不会有现在的规模。

张寿星一家的人员构成如下：

张寿星	户主	55岁
张玉兰	户主妻	56岁
张竹先	长子	33岁
张竹松	次子	30岁
张竹雄	三子	28岁
苏玉梅	长子妻	34岁

张　池	长子之女	11岁
张星宏	长子之子	5岁
杨凤花	次子妻	29岁
张　善	次子之女	7岁
张　倩	次子之女	3岁
周华琼	三子妻	27岁
张　薇	三子之女	3岁

张寿星1956年出生。皮肤黝黑，脸上有少许皱纹，头发比较乌黑，身体很健壮。虽然已经55岁了，但不显老，给人一种年轻、充满精力的感觉。张寿星7岁时在狮河小学读书，1968年至1971年就读于甸南中学。此后，由于家里有5个兄弟姐妹，他身为老大，家里的经济非常困难，初中毕业后便回家务农。据张寿星讲，当时他的成绩还不错，但是家里经济实在困难，只能回家帮助父母照顾弟弟妹妹们。后来，他就开始学习木匠技术，帮家里解决经济上的困难。

张寿星初中毕业几年之后就和1955年出生的张玉兰结了婚。看上去，张玉兰是一位慈祥的老人，脸上爬满了皱纹，这些应该是为家里操劳所致。张玉兰右手上戴了一个银镯子，头上戴着一顶淡紫色的帽子。在我们调研采访时，张玉兰始终陪伴在张寿星身旁，看得出来，他们非常恩爱。张寿星夫妇对子孙十分关心，尤其是年纪较小的孙子孙女。张寿星从小受父母的教育，在思想深处知道了家庭和睦的重要作用。这也是他后来教育子女的主要方法，因此营造了现在这个和睦的大家庭。

张寿星年轻时，每天早上五六点就起床，去剑湖打鱼，晚上七八点去下网，第二天早上又去收网（打鱼）。中午则帮村里人建房子做木匠活，就像这样一做就是十几年。做建房木匠活，不仅距离远，而且还比较累，有时要骑着自行车到几公里外的村子里帮助别人建房子。这样每天一个来回，要用去很多时间，而且道路崎岖，精力耗去不少。不过，张寿星的身体健壮，这些苦对他来说算不了什么。在张寿星的努力下，家里的生活有了一定的改善，还产生了建新房的打算。

张寿星结婚后家里就分家了，他分到了一间半的茅草房、500元现金及500斤粮食。分家后，他非常努力地干活，维持着家里的生活，同时一直想将一间半茅草房重新改建。由于做建房木匠的收入比起木雕来说有点少，所以孩子们提议改做木雕生意，因此老人做起了木雕活。此后，家里的木雕生意的发展还是比较顺利，家里的收入也有所提高，家中的生活状况越来越好，不仅盖起了新在住房，还建起了规模不小的木雕厂。如今张寿星和老伴张玉兰在丽江开了一个专卖木雕的店铺，这个店铺是家中三个木雕产品销售网点之一。

1978 年，张寿星的大儿子张竹先降生了。张竹先从小就表现出对木雕的喜爱和对做生意有兴趣。1985 年张竹先就读于狮河小学，成绩在班里非常不错，喜欢争强好胜。由于对知识的渴望，还有对生活的希望，1991 年张竹先在甸南中学继续学习，他非常刻苦、努力学习，成绩优良。但是由于家中经济处在困难时期，他初中毕业后就回到家里，开始了学习木雕技术的生涯。学习木雕技术不仅能学到手艺，而且能够挣点钱，减轻家中的经济负担，还可以从中学习到为人处世、待人接物的方式方法。当时村中的木雕技术好的人家已经很多，这给了张竹先较大的选择空间。由于对木雕技术的向往和兴趣，以及生活的需要，张竹先经过半年多的学习时间，在边学习边实践中，不仅初得木雕技术的精要，而且懂得了做人的许多道理，并初步形成了自己的处事原则。为了不断提高自己的木雕技术，在村中的木雕人员中脱颖而出，张竹先决定继续帮别人做木雕，这样可以得到更好的历练，学到更多的东西，使自己的为人处世之知识更广博，待人接物的方式更为熟练。

在这期间，张竹先和苏玉梅结了婚。苏玉梅，1977 年生，比张竹先矮了半个头，为人忠厚，勤劳贤惠，对父母孝敬有加，对弟妹也比较好，得到了大家的尊敬。2000 年，张竹先和苏玉梅的女儿张池出生。2006 年，他们的儿子张星宏出生。直到后来，苏玉梅对侄子侄女也像对自己子女一样，时时都关注着孩子们的生活，呵护和照顾着一大家人。由于张竹先从小受到父亲思想的影响，他和妻子对家庭的团结和睦做出了很多努力，为这个大家庭的长期存在奠定了重要基础。当然，也有弟弟、弟妹们的互相理解、互相帮助，积极维护着大家庭的和睦。

张竹先在村中的木雕厂里打零工，一干就是七八年。在此过程中，张竹先“耳濡目染”，学到很多的东西。他对木雕市场和木雕技术逐步深入了解后，发现做木雕的利润比种地、种田要多得多。加上他有发家致富的想法，并且两个弟弟也已经学会了木雕技术，于是他与两个弟弟商量，提出自己家独立建厂，生产和销售木雕产品。张竹先的这个想法马上得到了两个弟弟张竹松和张竹雄的同意和支持，父亲张寿星对此也非常赞同。但是，由于家里的资金不足，几个兄弟在一起讨论、商量并决定去贷款。可是，受农村传统思想的影响，贷款是大部分村民不认可的。他们一家人也觉得贷款风险大，担心将来亏本以后无钱还清贷款而使本来困难的家庭雪上加霜。而且当时的信贷主要是信用社贷款，需要抵押房产等，这对张竹先一家的压力比较大。何况，当时张竹先一家的一间半茅草房还没有改建，贷款比较困难。最终经过仔细考虑和商量以后，由张竹先拍板决定贷款2000元，将它作为木料费，并在此基础上慢慢发展，一步一个脚印，逐渐积累资金。

我们在与张竹先交谈时，就觉得他身上的气质比较独特。他有着大老板或者企业主管的那种对木雕产业发展前景的很好的预测能力和智慧，在自家木雕厂的发展过程中，多次提出了具有转折点的建议。

张竹先的弟弟张竹松比他小3岁，1981年出生。从名字中可以看出，张竹松有着竹的坚韧品质，又有着松的挺拔，事实也的确如此。据张竹先介绍，张竹松从小就表现得比他的哥哥和弟弟聪明，这是张竹先和张竹松的弟弟张竹雄一致承认的。张竹先回忆，当年学习木雕技术时，张竹松比张竹先学得还快，而且学得还好。在我们调研采访时，张竹松因在大理照看铺子而没有回家，我们真想见见这位他们兄弟三个中最聪明的人。然而最后也没有见到张竹松，这是我们的遗憾。张竹松同哥哥张竹先一样也是在狮河小学上完了小学，在甸南中学初中毕业。之后，张竹松就跟着哥哥张竹先一起学习木雕技术。在学校里，张竹松成绩也是比较好的，不过命运和哥哥一样，也回家来干活学做木雕了。张竹松的聪明，不仅表现在学习上，也同样表现在学习木雕技术上。由于他小时候就开始对木雕非常好奇，加上自己的聪明，张竹松很快就领悟到了木雕技术的内涵，学习起来非常顺手，很快他的木雕技术就赶上了哥哥张竹先。同时，张竹松和张竹先一样比较有商业头脑，对家里木雕产业的发展做了很大的贡献。

2000年，张竹松和杨凤花结了婚。杨凤花，1982年生，虽然我们没有见到她本人，但据张竹先的介绍，杨凤花是一个非常勤劳的人。现在张竹松和杨凤花在看管大理的销售铺面。我们在他家采访那天，正好是农历七月十四"鬼节"，当地人非常看重这个节日，村里的活动也比较隆重，大家都会尽量赶回家。然而张竹松夫妇没有回来，从一个侧面可以看出，张竹松在大理的业务非常繁忙。

张寿星的第三个儿子张竹雄是1983年出生的。张竹雄，身体比较消瘦，没有大哥张竹先壮实。张竹雄，作为他们三弟兄中最小的一个，他没有大哥的成熟，也没有二哥的聪明。但是他做事比较稳重，能够很好地处理木雕厂里的工作，为厂里的事情忙前忙后，努力将木雕厂的秩序维持下去。张竹雄的妻子周华琼要比张竹雄小1岁，周华琼也是比较勤劳和贤惠的，时时处处忙着家里的事情，对子女和侄子侄女的照顾无微不至。

2004年，张竹松的长女张善降生。2006年，张竹先的儿子张星宏出生。2008年张竹松的次女张倩和张竹雄的长女张薇出生。至此，张寿星家成了拥有13口人的热热闹闹的大家庭。他家的“星宏木雕厂”是张竹先的儿子张星宏出生那年建成的，所以厂名与儿子的名字一样，表达了他们对后代，尤其是对张星宏的深切期望。“星宏木雕厂”当时占地约5亩。他们都希望木雕厂能够在自己这一代人手里很好的发展，而且在子女的手里发展得更好。在木雕厂发展的过程中，他们又逐渐将老房子进行了重建，还新建了两栋五间的大房子。一大家人开始过上了安居乐业的生活。

随着市场的扩大和木雕品需求的增加，2010年他们将原来的“星宏木雕厂”扩建到了10亩。至2011年，他们的“星宏木雕厂”已招了20多个工人，并准备将工厂转成公司，再将公司挺进正在建设的工业园区。一家人现在正在为申请注册公司而忙碌。据了解，他们的这个公司注册资金为50万元，名称为剑川县星宏木雕有限公司。公司的申请已经通过审核，正等待进一步确认批准。

当我们问到张寿星对以后的打算时，他表示：希望三个儿子都能够有出息，都能把家业做大做强；让自己好好地过上幸福的晚年；孙子们能够好好学习，将来能够将工厂继承下去。张寿星说，如果三儿子当初分了家，那么现在就不会有这么大的家业了，因为人多力量大，家和万事兴。

张寿星一家一直以来都是非常团结和睦的，看着他们家其乐融融，让我们都羡慕了。他让我们真正懂得了家和万事兴的深刻意义。

愿张寿星一家产业兴旺，生意兴隆，家庭永远团结和睦。

（三）残疾夫妻李吉林一家

八月的剑川，也算赶上最好的时日。天气凉爽，阳光晒在身上很舒服。

时而是白云飘过的苍穹，时而是一望无际的蔚蓝。东山，苍翠浓郁；剑湖，碧波湛蓝，微风拂过湖面留下温柔的痕迹。狮河村的生活亦如这山水，简单、充实、满足、静谧。一条环湖柏油公路穿过村庄的中轴，往来车辆不多，反而牛儿、马儿常常悠闲地走过。农贸市集的摊位总是空着，只有一两户卖些肉类，或是零星几位大妈把家里多余的蔬菜水果背在箩筐里在路边售卖。大家仿佛过着亘古的自给自足的日子。

做一次村庄调查，为白族人民做一次努力，为这美丽的山水、和善的人们做一份记录，是人生中不可多得的机会。此次调查中我负责村里社会保障、残疾人福利、养老方面的情况。刘村长特意安排了一户低保残疾户让我采访，好深入了解情况。当在纸上落下“低保残疾”这个定语时总觉不妥，太伤人，不尊重，可又找不到替代的词语。

李吉林家住在狮河村上河 3 组 40 号，一院两层楼的房子，共 7 间屋子，院子打扫得很干净。精致干净的堂屋格子门，大方的现代客厅装修，白地砖上能照出格子门的倒影，红木的家具摆放整齐，电视、饮水机、风扇等家电齐全，我们一直以为自己采访错人家，因为家里条件看来确实挺好。后来和李吉林聊天才知道，家里早些年一直很困难，是 1995 年才把这些房子盖起来的。以前院子南面都是茅草房，正房也是东倒西歪的，北面的围墙残破严重，随时有倒塌的危险。生活举步维艰。

李吉林 1966 年出生，今年 45 岁。全家 7 口人，父亲李正生，76 岁；母亲李顺义，76 岁；妻子杨槐顺，47 岁；大女儿李义珠，24 岁；小女儿李义如，20 岁；还有大女婿，情况不详。全家承包有 6 亩地，其中水田 4 亩，旱地 2 亩。李吉林夫妻均为残疾人，是村里的低保户。

李吉林留着小平头，有着健康黝黑的肤色，说话直爽利落，待我们很好。在他身上，我们看到的是此时对生活平静、安详的态度，没有焦虑和急躁。采访中得知在李吉林小的时候，即改革开放前，家里生活百般窘迫，上学时没有足够的粮食，常常饿着肚子。一直到去甸南镇上念中学的时候家庭条件依然不好，连鞋子也买不起，只能穿着草鞋，碰上下雨天雨衣雨伞都没有，只能随便找块塑料布挡一挡。改革开放后，实行家庭联产承包制，日子才有了很大的改观。

李吉林家祖上都是务农的，没有祖传的木雕手艺。他初中毕业后到村子里找师傅学做木匠活，学了精雕的手艺，也学组装格子门，盖房子这样大木匠活儿也学。有了这门技艺后，再加上自身的努力，经济收入变得稍微好些。很不幸的是，十二年前他到洱源县沙坪赶鱼塘会的时候伤了眼睛，右眼完全失明，没有光感，左眼的视力也变得很差。他虽然不说这样的打击有多大，但那些痛楚和不便是我可以想象的。近视的我不戴眼镜，都会因为周围事物的模糊而遇到很多小麻烦，更不用说他这样几乎双目失明。他眼残之后，木雕手艺活也无法再继续做了。而他的妻子杨槐顺也因小时候伤了膝盖，腿脚不便利。家中还有父母双亲要供养，日子变得很艰难。

李吉林家里有 4 亩水田，2 亩旱地，伤了眼睛之后只能勉强做些农活维持家里的日常生活。而狮河村的土质不好，要用很多化肥才能使庄稼长成，每年差不多需要 20 多包化肥，这也是一笔不小的投入。他家每年能有四五千斤粮食的收成，用一半供家里吃，剩下的便拿到集市上售卖。这样的日子一直持续了十多年，夫妻相濡以沫，艰难地支撑家里的日子。过到 1995 年的时候，南面的房子还能勉强住，西面的屋子已经快倒了无法住人，家里只好靠节约攒下的钱，又向信用社贷款，才将南面的房子重新简单的盖好。同时盖了两个猪圈，养了两只猪和一些家禽，这样家里又多了些收入。后来他的妻子杨槐顺在家门口简单的倒卖些小商品，方便村里的隔壁邻居还有小孩的日常所需，收入也还不错，慢慢做多了些，规模也扩大了，如今已盖了一间十多平方米的小屋做店铺了，生活渐渐好起来。

几年前李吉林到县里的医院检查时，得知右眼已经无法医治，而左眼是白内障可以治疗，但是县医院设备简陋无法做这样的眼科手术。他们东拼西借，凑了六千多元到大理市第一人民医院做了手术，幸运的是手术挺成功，左眼视力几乎恢复了正常。这些年来模糊的世界总算在李吉林的眼里又清晰、明亮起来。对于眼前缤纷世界失而复得的喜悦，很大地鼓舞了李吉林生活的态度。他因此也能做更多的农活，兼顾更多家务事，家里生活好转了许多。近年来政府还给农户提供种粮补助，每年有几百元，李吉林家去年拿到一百多元，而今年拿到五百多元。去年村里根据政策规定，给有眼疾的李吉林和腿疾的妻子杨槐顺评成了低保户。同时因为家中有两个高龄的老人和外出打工的小女儿，全家有 3 个名额享受低保，每个人每月有 80 元的补助，一年拿下来能有 2880 元，对家里是很大的帮助，这是党和政府的关怀。这些不同的补助加起来，还是一笔不小的数字，对家里是很大的帮助。

李吉林虽然身有残疾，但是村里修河道一类的公众劳动他也不推辞，积极参加。

随着大女儿长大，学习了雕花手艺，小女儿外出打工，家里的小卖部生意也不错，家里的生活也渐渐好了起来。

李吉林没有满足于生活的现状，一直在想法发展家中的事业，目光一直向前看。现在狮河村规划了木雕工业园区，他正在攒钱，计划在工业园区盘个店面，专门卖格子门，继续做生意。

李吉林还有一个妹妹，远嫁到山东，已经多年没有回家了。

李吉林的妻子杨槐顺，今年47岁，比他大两岁。多年来，她做着家里的小卖部生意，由于村里来往人比较多，她家的店又比较方便，生意还不错，每天能有几十块钱的收入。她们也希望把规模再做大一点，就是资金不足，需要三四万的资本，家里还是拿不出。到信用社贷款也很困难，申请了两年多，又向村支书说明了情况才贷到一万元。如今只能维持现状，小本经营。

杨槐顺的腿残是后天的。她在读小学的时候，去上学的路上不小心摔了一跤，摔得很厉害，膝盖脱位了，而当时医疗条件也很落后，由于没有及时的治疗，造成了腿部的残疾。她嫁到李吉林家后也无法帮助做农活，只能料理些简单的家务。我们给他们照全家福时，看着她一步步拄着腿走来，心里很难受。命运有时就是如此不公，对善良的人儿却如此残忍。同时心中也升起了许多对她的敬意，命运如此弄人，生活如此坎坷，但她还是伴着李吉林慢慢走了过来，没有埋怨，没有后悔。而更让我钦佩不已的是他们生活的态度，面对不顺他们没有自暴自弃，没有怨天尤人，唯有逆来顺受，安贫乐道。与他们聊天的氛围很轻松，总有笑声，在他们看来一切都已经平淡。旧日的坎坷仿佛石面上的凹凸不平，已被生活磨平磨滑，那些我们永远无法感同身受的不易就这样在时光中沉默，我唯有敬佩他们对待生命的态度。

杨槐顺很勤快，以前家里人的衣服都是她做的，哪里破了坏了也是她在缝缝补补，经常弄到凌晨两三点。现在开起小卖部，她比之前又忙碌了些，也很辛苦，但是也让家里收入增加了许多。同村的人在这里买油盐酱醋，小孩用攒下的零用钱换取零食，她们则聚坐在小店门口边做生意边聊天，还晒着太阳。一切是那么的和美，那么的安静。

正如那句格言，上帝关上一扇门的同时也为你打开了一扇窗。虽然李吉林夫妻俩都身带残疾，家里却幸福地生活着两位健康的老人，即李吉林的父母双亲。李吉林的父亲李正生今年76岁，母亲李顺义今年也76岁，二老身体都很健康，有时还到农田里帮帮忙。李正生年轻时也没有习得狮河村传统的木雕手艺，长年和李顺义一起以务农为生，日子过得很艰难。但是现在子孙都发展好了，家里生活也不愁了，老人的生活也过得很安逸，得以安享晚年。他们都参加了村里的老年协会，还跟着协会时常为村里的修路、修本主庙和关心本村的建设。在狮河村这样文化底蕴深厚的地方，村里人对老人一直都非常尊敬，善待老人，实在令人欣慰。

李吉林的大女儿李义珠，今年 24 岁，性格相对腼腆。初中文化，初中毕业后就学习木雕手艺，在村里做格子门、窗户的雕花等活儿。去年腊月还招了上门女婿，完成了婚事。李吉林为了女儿的婚事，家里即使借钱也把房子好好装修了一番，风风光光地办了一场婚礼。而家中堂屋的格子门还是李义珠亲手雕刻的，是三层雕花，非常精美，透露出她的心灵手巧。格子门还安上了双面玻璃，防止灰尘和蚊虫落入雕花中，打整的干净清爽。李义珠结婚后仍然在家中从事木雕活，她的丈夫外出在大理打工做格子门雕花，家里收入还不错。现在李义珠还怀上了第一个孩子，在家中静养休息等待新生命的降临。

李吉林的小女儿李义如，今年 20 岁，在念完初中后，又到镇上念了职业高中，学的是旅游服务专业。毕业后就随老师和同学到外地打工，现在江苏常熟一个电子厂里工作，生产电路板。每个月能有 1500 元左右的收入，遇到厂里生意好还能多挣几百元。李义如外出打工后，过年时总是不能回家团聚，一年甚至两年才能在工作不忙的时日休假回家探亲。我们来采访的一个月前，她在家休了半个多月的年假又返回了常熟。从李吉林的介绍中，我们听得出李义如很勤快，能吃苦，同时也很体恤父母，知道家里情况不好，在生活上很节俭，每个月都攒些钱留给家用。去年她姐姐结婚的时候，还给家里带了六千块装修房子。她本是与我们调查同学相仿的年纪，却不仅已能供养自己的生活，还能带钱减轻父母的经济负担，已经独立和懂事，是我们无法相比的。

如今这一大家子安详而幸福地生活着，虽然还欠着些账，但对生活已经没有什么影响了。

表 2－3　　李吉林家庭成员情况简表

姓名	与户主关系	年龄	文化程度	从事工作
李吉林	户主	45 岁	初中	农业/家庭饲养/杂货店
杨槐顺	妻子	47 岁		农业/家庭饲养/杂货店
李正生	父亲	76 岁		无
李顺义	母亲	76 岁		无
李义珠	大女儿	24 岁	初中	在村里做木雕活
?	女婿			到大理做木雕活
李义如	小女儿	20 岁	高中	江苏常熟电子厂

数据来源：根据李吉林口述整理，2011 年 8 月。

表 2－4　　李吉林 2010 年家庭收入情况

收入类别	收入	备注
农业	粮食 4000～5000 斤，货币 5000 元左右	4 亩水田 2 亩旱地
杂货经营	每天利润 20～30 元，年收入 8000 元	有杂货店 1 间
家庭饲养业	不固定	有 2 间猪圈养猪 2 头、鸡 15 只
种粮补助	200～500 元/年	政府提供
低保补助	80 元/人/月 ×3 人，年收入 2880 元	李吉林眼疾，杨槐顺腿疾，小女儿家中有高龄老人，评为低保户
在外务工	寄回 6000 元	小女儿在江苏打工
	不详	大女婿在大理市打工
木雕	1000～2000 元/月	大女儿在本村打工
合计	34080～46380 元	

说明，全家共计 7 口人，劳动力 5 人，人均年收入 4869～6626 元

数据来源：根据李吉林口述整理，2011 年 8 月。

表 2－5　　李吉林 2011 年家庭耐用消费品情况

项目	数量	项目	数量
电视（台）	1	饮水机（台）	1
电冰箱（台）	1	电风扇（台）	1
洗衣机（台）	0	影碟机（台）	1
电话（部）	1	手机（部）	1

数据来源：根据李吉林口述整理，2011 年 8 月。

从表 2－4 我们可以看出，李吉林家主要收入分为三部分：农田、小卖部、大女儿做木雕。收入从数字上看不错，但是家里的开支也不小，农田每年需要投入 20 多包化肥，喂养自家的猪也需要挺多饲料，加上供养两位毫无收入的老人，还有维持小卖部运转的资金，每年能储蓄的钱也不是很多。采访中，我们看出李吉林一家用钱很有计划，并且在对情况估计正确下采取合理贷款，谋求发展。目前整个家的经济状况呈现良性循环。

我们相信，在几年之后他们一定可以实现到木雕工业园区投资开店的打算。

（四）残疾低保户杨中育家

我们这次进行的白族村庄经济调查，对于村中那些在生产生活上有困难的农户进行了解与调查是必不可少的，因为只有这样才能将当地发展的全貌展现出来，同时更加容易分析出经济发展中存在的问题，有利于进一步推进新农村建设的步伐。在村长的介绍下，我们对村中的残疾低保户杨中育家进行了采访。

老村长给我们介绍他家的情况时候，我们只是大概的知道他是位残疾人，但是仍然将自己的两个儿子供到了大学。听到这些的时候，我们便不禁有了敬佩之情。当我们真正的采访到他本人的时候，彻底被震惊了。

我们到杨中育家的时候，他正在雕刻格子门，如果没有走到他旁边，看他熟练的工作姿态，你无法想到他是一位残疾人。见到我们来了，他想招呼我们但碍于行动不便，只能在位子上冲我们打招呼，然后马上叫他的两个儿子来接待我们。他一开始感觉有点拘束，因为语言上存在一定的障碍，同时我们也考虑到他身有残疾的状况，感觉气氛有点压抑。后来我主动用民族语和他进行交谈，他似乎感觉一下子亲近了许多，话匣子也打开了。

杨中育是白族，出生于 1966 年，今年 45 岁，初中毕业后就不再读书了。经过与杨中育交谈中才知道原来他的残疾是在 2007 年的时候一场车祸中造成的，也就是说离现在才 4 年。在那场车祸中他失去左腿和左手的除拇指和食指以外的 3 个手指头。看到这一幕的时候，我无法想象他是如何将自己的两个儿子供到大学，更何况现在他们还在校学习，学费和生活费更是一笔不小的开销，可见他肩上的担子是多么的重。他的妻子杨桂英也是白族，出生于

1963年，年长于杨中育，在家主要是耕种农田，没有其他的工作。我们去的时候他妻子到田里打理庄稼去了，所以没能采访到她。

杨中育和妻子养育了两个儿子。提到儿子的时候不难看出他眼中流露出的满足与自豪的目光和对未来生活的寄托。现在两个儿子都已上大学了。大儿子杨国强今年21岁，刚读大二。小儿子杨国泰今年19岁，刚考上大学。两个儿子考取的院校都在省城昆明，杨中育说这样也好，两兄弟也好有个照应。杨中育家中还有老母亲，即邱银海老奶奶，今年已经85岁的高龄了。正谈到老奶奶的时候，听到房里有声响，原来是老人家醒了，她的两个孙子便将奶奶扶到堂屋前休息。杨中育说老人平时身体都比较健康，没有给家里增添许多的负担，只是现在越来越老了，吃喝拉撒睡都得有人照顾。但是兄弟俩平时都在学校，而妻子得常到田里忙活，所以他平时在家还得负责照顾老人，这在刚开始的时候也是个很大的困难，但是慢慢地也就习惯了。

杨中育是家中的老幺，姐姐们都出嫁了，所以老母亲当然得由他来照顾，养儿为防老也不无道理。杨中育介绍说，原来的老房子很破了，现在房子都是自己还没出事之前自己一砖一瓦盖起来的。他家现在有6间房子，3间是家里人的卧室和堂屋，其余还有3间小平房，有1间是用来做厨房。另外两间本来是用来养牲口的，但是由于家里劳动力实在不够，所以也就空着了，只是养了几只母鸡，平时下蛋供老母亲和家里人吃。他家里还未接上自来水，饮用水是村里公共的井水，洗衣服等用水门口的小河就能解决，还算方便。

杨中育一家共承包有农田5亩，其中4亩是水田，主要是种植水稻，还有1亩是旱地，主要是用来种植玉米。虽然现在很多农业生产技术有了提高，但是大多数情况下农民还是得靠天吃饭。所以，每年如果收成好的话还可以卖掉几百斤粮食，增加点收入。如果收成不好的话，除去种田时下的成本，几乎就没有太多的收入，只能满足家里人一年的粮食。旱地每年的收成都不太好，有时候甚至连本钱都拿不回来，但是也不能让它荒掉。说到此处杨中育不免有几分无奈。谈及种田的时候，他还和我们提到了国家的惠农政策。他说他家的农田补助每年大概有200元左右，虽然国家有许多政策，但是对他来说作用甚微。这让我们不禁想到，如果国家能加大惠农的力度，像杨中育这样的家庭能得到更大的实惠，那么无疑将会大大的减轻他的负担。

杨中育说，如果没有那场车祸，家里可能完全是另一番模样。但是有些事发生了，再怎么苦恼也是无用的。在没出事之前，家里的经济水平还算可以，算不上富裕，也是中等水平。他以前身体健康，自己又掌握了许多的赚钱技能，他不仅会做木匠活，还会开货车，当时家里还买了拖拉机，没有活做的时候就去帮人运货，农忙季节还能用拖拉机帮别人家犁田，那也是一笔不少的收入。他是一位既勤劳又肯干的白族农民，家中的经济条件也在他的努力下不断改善。就在全家人以为幸福的日子已经不远的时候，一场突如其来的车祸发生了，车祸让身体健壮的他一下变成连路都走不了，这样的打击无论对谁来说都是致命的。由于是用白族语和他进行交流，他也就没有了那么多的顾虑。当问到当时自己的想法的时候，他说不想活的念头都有了，特别是得知自己要被截肢，从此永远失去左腿的那一刻，生命仿佛一下子变得没有了盼头。但是，他当时意识还算清楚，想到和自己一起在车祸中的大儿子杨国强的未来，觉得自己不能就这样撒手不管，无论以后的生活怎样的艰难，都得继续走下去。

后来在家人和亲友的细心照顾下，算是把命保住了。出院后经过一年多的疗养，逐渐恢复了健康，但是残疾的事实是永远改变不了的。既然决定要活下去，还得为家人的生计谋出路，更何况还欠下那么多的钱。家里仅靠妻子一人忙活那几亩田地，最多能让家人有个温饱，要养家的重担到最后还得落到他的肩上。但是现在木匠活是做不了，更别说是去开车了。还好，狮河村是以木雕出名的村子，家家户户都会木雕。而且近年来村里兴办起了几家木雕大公司，他们引进的电脑木雕，实际上做出来只是半成品，还得用人工对其进行加工，所以老板就把这些半成品散发到愿意做木雕的各家各户，然后再收回。杨中育觉得这是自己能够做到的，虽然失去了左手的3个手指头，但是右手是健全的。所以他就向村里的木雕公司要货做木雕，以此来赚钱补贴家用。但是木雕加工远没有他想象得那么简单，虽然自己做过木匠活，与木雕还是有一定的差距，所以技术的学习是不可避免的。更困难的由于他失去了左手的3个指头，这才是他最大的挑战。我们正常人完成一件木雕产品都需要花很大的力气，更何况是一位残疾人。起初他吃尽了苦头，想到整个家现在都需要他，怎么能够轻易就放弃呢。终于他成功了，不仅学会了木雕，还克服了身体的残疾所带来的不便。我自始至终都被他不肯向命运折服的精神感动。

当问及家里的收入状况时，他显得有点尴尬。他说这个他也没认真地去算过。因为现在来说，主要是靠自己在家里的木雕获得收入，但是赚来的钱，都是零散的用出去，一部分给儿子用来作学费和生活费，一部分用来还过去欠下的钱，剩下的也就没有多少了。同时，他顺手拿来几片木雕的半成品向我们介绍说，大的格子门刻一片是10块钱，而小的则是3元。但是大的太耗时间，一天也不能刻出来多少成品，所以大部分时间选择雕刻的小的格子门，一天大概能完成15片。

杨中育的妻子平时身体也不是很好，医药费的支出是避免不了的。说到妻子，他说妻子杨桂英去年也是刚刚做了手术，而且平时经常贫血。当时的花费是1.3万多元，这对他家来说无疑是雪上加霜。当时是在州医院做的手术，虽然办了农村医疗合作保险，但是只能报销很少的一部分，手续还比较复杂。最后报回来是3000元左右。也就是其余的都得由自己来负担。谈到医疗合作时，杨中育也提到了自己当年医疗费得到了部分报销。当时这个政策实行的第一年，报销的额度还比较小，总花费是7万多元，最后报回来9000多元，这也算为他减少一定的负担。考虑到他家的经济条件较差，以及他落下的残疾给家庭带来的打击，民政部门还给了杨中育1000元的补助金。7万多元的医疗费对于一个普通的农村家庭来说无疑是非常巨大的负担了，所以当时很多医疗费用是靠亲戚筹来的，全部贷款的话利息太高了。

我们知道杨中育家有低保户的待遇，当我们问及时，他说凭自己的低保证每月领27.5元，后来逐渐增加，现在是每月57.5元，每一季度去领一次。我们能从他的口吻中感觉到这点补助是帮不了多大忙的，确实是如此。现在的生活水平不断提高，相应的物价水平也在不断提高，政府应该增大对残疾人的补贴力度。

在这说到残疾人的问题，这也不能不引起我们的思考。农村里的残疾人该怎样解决自己生活困难的问题呢？他们的就业问题又该如何去解决？因为在农村很多问题确实比我们想象的要困难得多。我们查阅了相关的资料，在2006年6月8日的第三次全国残疾人事业工作会议上，中国残联主席邓朴方说，中国目前有6000万残疾人，其中大部分生活在农村，所以残疾人事业发展的着眼点和着力点应该放到农村。“要帮助中西部地区农村贫困残疾人接受使用技术培训，掌握脱贫致富的一技之长”。看来，这是十分必要的。像杨中育这样的家庭，不仅要解决自己在生活上的种种困难，还要供自己的两个儿子上大学，如果得不到及时的改善，只会让家庭进一步走向贫困。

此时他大儿子杨国强主动走过来和我们聊天，他们兄弟两看起来就是特别听话的那种孩子。更何况家里经历了那么多波折，这也让他们比同龄人更早的成熟起来。杨国强的汉语说得很好，而且也比较健谈。他说自己现在就读于云南农业大学的电气工程及自动化专业。当时高考并不是很理想，虽然还补习了一年，但是还不能让自己很满意。还好现在就读的专业自己比较感兴趣，而且听说这个专业以后毕业了也比较好找工作。他说自己四年的学费都要靠贷款，但是地方上的贷款都是一年办一次，比较麻烦，今年的还没贷到，村长也在帮他办这件事。从他的言语中可以看出他对自己未来充满了信心。他还向我们介绍了他弟弟的情况：他弟弟杨国泰今年刚刚考上大学，考取的是西南林业大学的森林工程专业。但是出了一点意外，由于他的通知书来得比较晚，错过了贷款的时间，所以今年的学费只能靠自己家里筹钱了。当问到准备如何筹集这笔学费时，他们父亲杨中育面露难色，说先找亲戚借些吧。杨国强说现在想得最多的是早点毕业，然后帮助父亲分担家里的重担，不难看出他是很有孝心的一个人。在农村里面，一家里要供两个大学生确实不是一件易事。谈及父亲对于他们学习上的帮助时，杨国强说父亲主要是通过让他们及早地体验生活，知道生活的不易，让他们懂得要用知识改变自己的命运。至于具体的学习方面，由于杨中育的文化水平有限，也不能帮上他们兄弟俩太多。从他们的言语中可以听得出来父亲在他们心中的形象是多么的伟大。

在采访杨中育一家的时候，从始至终我都怀着复杂的心情，更不知道该如何表达对这位刚毅的父亲的敬佩。我们衷心地希望他的两个孩子能很好地完成学业，实现他们的理想，同时也是实现他们父亲的愿望，将来好好地孝敬他们的父母。同时也祝愿杨中育一家能够早日脱贫致富，重新踏上通往幸福的大道！

四、普通农户

（一）木雕之家杨锡龙与儿女

狮河村的木雕远近闻名，源远流长。若要考证它的历史渊源，至少可以追溯到明清时期。但是作为一个产业的发展来看，始于20世纪70年代中后期。即曾经发展过，后来又萧条多年的狮河村传统木雕工艺，随着中国农村经济体制改革的逐步深化而复兴起来。早先从事木雕业的一些老师傅重操旧技，他们的儿女也跟随父辈的足迹从事起木雕行业，长江后浪推前浪，后起之秀们在木雕业中占取一席之地，并逐渐超越了父辈。

杨锡龙，1942 年生，今年 69 岁，是狮河村土生土长的白族人。他从 1960 年开始做木匠，不久后就结婚生子。他有 6 个儿女：长女儿杨梨开，1960 年生，现在村里和丈夫一起从事木雕加工生产；长子杨占彪，1963 年生，现经营一家木雕加工厂；二女儿杨梨菊，1966 年生，在本村农贸市场旁经营副食店；次子杨占兴，1970 年生，现接管父亲杨锡龙原来的作坊；三子杨占春，1972 年生，主要制作精品木雕；小儿子杨占居，1977 年生，上门到外村，但也做木匠，加工门窗。六个子女中，除了杨梨菊外，其他 5 人都是直接从事木雕业，并且各自的技艺特长不同。

杨锡龙少年时期生活艰苦，9 岁那年父亲、弟弟和小妹一场变故中相继去世，剩下他与母亲相依为命。母亲除了务农，每个礼拜天还要从山上背柴到甸南镇上卖，杨锡龙一周五角钱的生活费就是母亲这样“背”来的。读书的时候虽然生活艰苦，一直到初中二年级他都保持着班级前 5 名的优异成绩。到了 1960 年初三下学期，学校不再允许学生自炊，集体伙食一个月要交 7 块钱，他实在交不起，只好辍学回家。母亲一再劝说杨锡龙，无论如何也要读完中学，但他也不忍心看着母亲为供自己念书百般受苦。再加上一想到自己是地主的儿子，即使毕业也找不到工作，再也提不起兴趣去上学，于是开始了他的木匠生涯。剑川木匠不怕艰苦，有四处闯荡的传统。1961 年杨锡龙去了洱源县做木匠，一去就是 18 年，他对洱源的一街一巷都了若指掌，洱源城南城西不同的地方口音他也能分辨。39 岁的时候，他又应临沧双江县的要求，被狮河村派去做了木匠技术培训员。1986 年开始，格子门的销售好了起来，从原来 100 元上下一堂涨到了 250 元，杨锡龙到外面跑起了生意。此时，他的大儿子杨占彪开始协助父亲做木雕生意，在属于他的木匠生涯中起航。

杨锡龙家里儿女多，为了养家不得不辛苦。孩子还小的时候，迫于生活的压力，白天从生产队做活回来，晚上在家做木活常常做到一两点。杨锡龙说那时候一晚上的工作效率是后来自己做一天都及不上的。当时家里的经济条件很差，那几年还讲究家庭出身，自己出生在地主家庭，子女参加社会工作困难，几个孩子读完初中后，都跟回村随父亲学习木工手艺。目前，大儿子杨占彪和小儿子杨占居的事业做得最红火。

杨占彪从小就在父亲跟前学习木雕，上中学的时候家庭困难，就一面读书一面就做雕花卖。1986年父亲杨锡龙开始跑生意，在大理、下关一带格子门供不应求，为了进一步拓展市场，杨锡龙便把主要精力投入销售环节，亲手做的木雕慢慢地减少，更多的向身边的亲戚朋友收购，然后拉到外地卖。在父亲的影响下，杨占彪于1987年做起了属于自己的事业，后来还在丽江开了铺子，零售木雕格子门。在改革开放的推动下，20世纪80年代狮河村大多数农户都从事木雕格子门、木雕家具制作，全村木雕业渐成规模。90年代，狮河村中形成了以张月堂、张月松、张月秋、杨占彪和杨子堂等为主的营销专业户，使木雕产业得到迅猛发展。产品不仅覆盖全省，还在国内广泛销售，有的还走向了世界，狮河村成了远近闻名的木雕专业村。

2006年，杨占彪建立了现在的加工厂，该厂位于村中的公路边，地理位置占有优势。加工厂面积很大，很多简易棚下堆满了木材，几间屋子是专门用来存放成品的。产品主要销往丽江、昆明、玉溪等地方，多是订货加工方式。厂里高中低档格子门都生产加工，但现在销量最好的是中档，原因是中档格子门的价格普遍被市场所接受。杨占彪的工厂虽然已经具备一定的规模，但是实力上还没有自己的运输链，货物发出要租用货车，每一辆车运费原来为200元，最近物价上涨，运费也变为350元。一堂格子门能获得的净收入几百到两千不等，主要是根据品级和材质定价，普通两层雕花红椿木格子门售价在一万五六左右一堂。做木雕加工，主要的成本开销就是原材料，现在的自然环境受到保护，可采伐的木材资源太少，所以木材主要还是以外购为主，相应的成本价就高了起来。目前，原材料主要来自于中甸德钦、兰坪、丽江、景东或者是边贸。有时候零售的格子门由于各种各样的原因被积压，对于这一部分成品格子门必须要做亏本处理，否则堆放时间太长就会出现木质变色、框架变形，那样的话就彻底赔本了。现在杨占彪的厂里请了5个工人，工作范围是操作雕花机，雕刻完成的板面进行打磨、喷漆、组装等几道工序，报酬以计件工资的形式付给，其工资高低取决于工艺的精良程度。我们采访的这两天，杨占彪到昆明办事了，父亲从鹤庆刚回来就去儿子的工厂帮忙照看。

二儿子杨占兴的作坊跟大哥的比起来要小了很多，是从父亲手中接管过来的。他十五六岁的时候就在家开始做木雕，后来杨锡龙把精力投在跑生意上，大儿子也有了事业，就把作坊交给当时年龄最合适的二儿子。我们去的时候，杨占兴同妻子李珍菊正在雕花机旁工作。李珍菊与丈夫一样，今年41岁，同丈夫一起从事木雕加工，同时由她来安排家里面的生活。杨占兴外表看起来很粗壮，但是说起话却是斯斯文文的，还有些腼腆。他向我们大致说了一下自己的作坊的情况：现在用雕花机做的要比手工雕的多，如果有客人订货，还是会做一些手工雕刻，一年收入6万多元。他已在工业园区买了地，准备把作坊搬过去，还购买了台钻和刨木机，机器已经放置一段时间了，等着厂地规划建设好以后，就把机器安装投入生产。如今，作坊里的两台雕花机忙个不停，但是日产量不一定，雕刻花样复杂、规格大的，生产周期就长一些。杨占兴刚去中甸安装格子门回来三天，一般在接受订货的同时，就包括了送货和安装。他的家就在厂子隔壁，院内也能听见机器的嘈杂声，家中堆放着一些成品，有一些是从亲戚那里收购的。杨锡龙在老伴去世后与儿子一起吃住，虽然在户口册上自己与杨占兴登记在一起，但事实上几个儿子家中他都会去住上几天。儿女虽然各自成家立业，但是自己在家里依然受到敬重。

杨锡龙还向我们介绍了三儿子杨占居的一些情况，杨占据擅长精雕细琢，经常有人找上门来做围棋棋盘，生意很好，来订做的也是一些有钱人，所以赢利情况不错，他雕刻作品远销日本市场。

杨锡龙现在69岁，已经退出了木雕加工这个舞台。他自己不参与儿女的事业，用他自己的话来说，自己已经退出了这个舞台。现在闲着的时候，根据自己的兴致边做边玩，雕一些祖先牌或其他小件工艺品，一年至少能有一万多的收入，不需要孩子们负担生活费。一年花费一般在5000~6000元，主要用在烟、电话费、新衣服和日常饮食消费，手机一个月花费50~60元，身体挺好的，不用吃药，在医疗方面花费也极少。

狮河村这几年的巨大变化，一方面是政策好，政府对本村的木雕事业给予很大支持；另一方面是社会基础设施的改善，例如交通的改善，以前交通封闭，更不用说汽车运输了，早些时候用手推车运成品格子门到外面卖，运输用的手推车都用坏好多辆。现在村里不仅有了柏油路，不少人家还有自己的汽车，解决了材料运进、成品运出的问题；再有就是村民自己的努力，有了天时地利，配上人和，才有了今天的回报，才能过上好日子。现在几个孩子都能干，不用自己操心，有时在生意上父亲给予一些指点，但从不插手。

杨锡龙靠着木匠手艺养育了六个子女，现在他们每一个人都有了一定的成就。说起孩子们的成就，杨锡龙说那不是自己教子有方，都是依靠他们自己敢于闯荡的精神开拓出来的。

狮河村现已形成了“男女老少齐动手，家家户户抓经营，人人有手艺，户户是作坊”的木器木雕工艺村。附近乡村和临近县到这里学徒的较多，已形成辐射带动效应，逐步实现产业集聚。现在正在规划的狮河木雕园，是一个扩大发展的途径。建成后会逐渐把家庭小作坊和现有的加工厂搬至木雕园，这样会降低生产成本，产生集聚效益。现在杨占彪的加工厂的大量木材没有地方存放，厂里放不下的就往家里堆，成品仓储的地点也十分拥挤；今后，搬至木雕园不但能改善生产环境，合理安置操作机械，还能让杨占兴的作坊与家分离开来，优化居住环境。再有，狮河村是一个木雕专业村，每家每户都有大量木材，甚至是满地堆放易燃的木渣、刨花或边角废料，村中没有消防设施，一旦发生火灾，一户连着一户，后果不堪设想。这些问题在木雕园的规划建设中就可以得到解决。木雕园区在狮河木雕工艺和作坊加工的基础上，还要兴建白族民居特点的集木雕生产、销售为主，配套发展休闲餐饮旅游、文化等的综合产业区。

期待在不久的将来，狮河木雕园建成投入使用后，村里会出现超越现在的另一番新气象。那时，会有更多的子子孙孙投身于木雕产业中，像杨锡龙家这样的木匠之家，就会一直延续、繁荣。

（二）木雕家庭作坊张昌林一家

狮河村做木匠的家庭非常广泛，其中做木雕的家庭最为普遍，而且大部分人家就在自己的家里做。位于狮河上河下村 3 组 153 - 2 号张昌林一家，便是村中众多木雕家庭作坊的一个缩影。

张昌林，1956 年生，今年 55 岁，是这家人的户主；妻子丁存香，50 岁，平时打理家务，在家协助丈夫进行格子门的组装。他们有两个孩子，大女儿张弟祥，生于 1981 年，已经嫁到海东多年。小儿子张汉良，1985 年出生，和大他两岁的妻子杨艳芳一起在家中从事木雕，小两口育有一儿一女，哥哥 2006 年出生，妹妹 2008 年出生。张昌林的父亲张银汗 1938 年出生，现年 73 岁，与大儿子张昌林同住，在家里养老。家中总共有 12 间房，还有 6.5 亩田地，其中水田4亩，旱地2.5亩。

20世纪70年代初期，农村实行集体经济。当时的狮河村是贫困村，经济十分困难，要靠国家供应部分粮食，大家生活艰苦，村里不允许有做木雕个体户，只有生产队组织四五个人集中雕刻格子门。那时，张昌林正读初中，又是家中的大儿子，为了讨生活，只好白天去上学，晚上才能悄悄地做一些木雕活，卖了钱贴补家用。张昌林的爷爷和父亲都是木匠，他从小便跟长辈们学会了一些雕刻的手艺。1973年初中才毕业，张昌林就去外地做木匠，先后去到盈江、腾冲、梁河、兰坪、鲁甸做活，干过大木匠，也做一些精细的木雕，一年向生产队交360元副业款，这样做了有七八年。选择做木匠，是出于生活的原因，那些年自己一个大小伙子肚子却吃不饱，下面还有两个弟弟，不得不去做一些事来改善家中生活，慢慢地手艺越来越好，又能赚钱，渐渐就喜欢上了这一行。

20世纪80年代初期，狮河村实行了家庭联产承包责任制，调整了产业结构，狮河村出现了转机，萧条多年的传统木雕手工艺获得了复兴。25岁的张昌林回到狮河村，结了婚就一直在家利用农闲时节做一些木雕加工。剑川白族家庭历来是男外女内的分工，狮河村也不例外。现如今，狮河村男女在家庭中的分工区别已不那么明显，男性也承担农活和家务，女性也从事木雕手工业或其他行业。妻子丁存香是剑川玉华村人，嫁到了狮河村除了照顾家中老小，平时就随同丈夫一起做木活，主要是协助张昌林组装格子门。女儿张弟祥出嫁之前，也帮着做一些木雕。

张昌林家中正房堂屋那堂的三层雕花格子门，是他自己做的，属于格子门中高档的类别。白族民居正房堂屋安装的六扇雕花格子门，是房屋装饰最重要的地方。雕花格子门既是活动的可以开关的房门和透光的窗户，又是凝固的画面和精美的装饰，兼具实用和装饰双重功能。狮河木雕也因为能普遍加工精美的格子门而出名。格子门一堂为六扇，有一固定的形式、比例和尺寸，只是木雕的图案和雕刻的层次不同。每一单扇的格子门上部多为透雕，下部多为浮雕，上中下再镶以三块小雕花板。格子门的雕刻，一般分一层到四层，甚至五层。目前村里已经引进了机器雕花，不过只能做一些浮雕，多层的镂空雕要用手工完成。

通常一堂三层镂空雕的格子门，从雕花、组装到安装总共要40多天；低档的线条空格格子门，雕刻、组装、安装一个星期就可以完成。在狮河村，家家户户都擅长雕刻，自己家用的格子门都是多层镂空雕，图案前后穿插、上下透脱、栩栩如生，无论在耗时还是美观方面，都有较高的价值，卖价自然也不低。目前市场上，中高档的二、三层镂空雕的格子门最受欢迎。普通材质的两层雕花格子门，一堂可以买一万多。2010 年张昌林家刚刚买了一台价格为 44000 元的雕花机，一些深层次的立体浮雕可以先用雕花机把表面图案雕好，然后再手工把图案加工，达到立体的效果。现在也帮别人加工美女窗，但在狮河村的白族民居里是不安装使用美女窗的，主要是依照客户的需求制作、销售。普通雕刻的花样都是张昌林自己设计并绘制，只有遇到特殊的图案，才请绘图师父按设计样式来画。

狮河雕花格子门的图案样式丰富，一堂六扇格子门，要绘制一组内容相连的图案。每一组图案内容却各有寓意，有花草纹样的牡丹、莲花、菊花、梅花、香草、灵芝等；有蝙蝠、喜鹊、兔、鹿、鹤、象、马、牛、羊、狮、麒麟、鱼、龙、凤等动物图案；有的是二者结合在一起，寄寓了人们的美好理想。比如博古形式的琴棋书画配上梅兰竹菊，表达出祈求吉祥如意的寓意。雕刻这些复杂图案各个部分需要不同形状、不同规格的工具，木匠师傅的一套工具，最少 30 件，多则上百件。雕刻工具主要有以下几类：木槌和铁锤，用于固定木坯，不使其翻转滚动的打坯凳；形状、大小、功能各异雕刀。其中数量最多的是雕刀。

现在家里的收入来自于全家人的劳动，张昌林和妻子、儿子、儿媳都在家里从事木雕，再加上卖一些粮食，还有自己喂养的猪、鸡，比较过去，现在生活越来越好。狮河村是剑川坝子地的一个部分，长久以来，村民们形成了与自身的生产与生活相适应的方式，雕刻同村民的农耕生活搭配得相得益彰。即使在狮河村绝大多数人从事木雕的今天，仍然是农忙时耕作，农闲时雕花，从形式到内容上没发生本质的变化。张昌林全家除了务农和做木工活，几乎没有干过其他工作。张汉良初中毕业后就跟父亲一起学习木雕，20 岁开始做起了木雕。每年到了大春、小春耕种时节，全家人下地里劳作十多天，如果再请上几个工人，一个星期的时间便能把田里的活全部做完。秋收时节，粮食收获，自家留下三分之一，剩下的出售。农闲时就做木雕或者跑生意。20 世纪 50 年代以前，狮河的木雕并不直接作为商品进入流通，木匠们大都是到雇主家中，根据需求加工雕制，长期处于流动与奔波状态。流传在滇西北一带的民谚“丽江粑粑鹤庆酒，剑川木匠到处有”就反映了这种状况。20 世纪70年代中后期，尤其是近20年间，随着剑川木雕在全国知名度的扩大，狮河木雕开始大量在周边各县开店销售或接单订货加工，参与商品交流，零售方式主要局限于周边县市的农村地区。张昌林就在大理州洱源县、大理市租了铺面做零售。店里销售的格子门有的是自己家做的，有的是向村里的亲戚朋友收购的，一起拿到店铺里销售。平日不忙的时候，自己亲自去店铺里卖货，活路多的时候，把成套的格子门按较低价格卖给铺子的主人，由房东来销售，但是张昌林说这样的做法是比较吃亏的。作为家庭作坊式的生产、经营、销售，他们更愿意按照订货单来做，虽然大批量订货生产的单价要比直接在店铺里卖的低一些，不过只需保证质量，按订货数量在约定时间内完成，就可以稳稳当当地赚到钱，不用太多的操心和顾虑。

张昌林家这几年的经营中，从原先单一的在家里加工，发展到租铺子销售、按订货单生产，所面临的最大问题就是资金的周转不足，但有了政府对狮河村木雕产业的支持，从农业银行和农村信用合作社获得贷款就容易多了。雕刻制作的木材主要选择青皮、柯松、杉木、楸木等。这几种木材质地不相同，因此要根据具体雕刻对象来选材，高档品四层以上的镂空雕就要用青皮木。剑川本地不能供应木材，全靠外购，原材料供应不足的情况村民也多次向县里反映过，但木材可采伐资源太少，现在的木材主要还是以边贸材为主。雕花机的使用不仅仅从生产方式改变了原有的模式，在雕刻材质上也有变化，原来木质硬而脆的木料不能用于手工雕刻，但是现在机器雕花却能使用。这几年木材价格涨得很快，运费也从原来的每车200元涨到300元，工费也相应涨一些，成品自然也涨了不少。

张昌林从初中毕业，就一直在干这一行。30多年的时间，木雕越做越红火，目前一家人看好木雕行业的发展，不会选择转做其他行业。虽然按村里的习俗，老人60岁就算退休了，现如今木雕业蒸蒸日上，65岁的老人依然在雕刻，所以张昌林也打算一直做下去，同时也希望儿子把木雕继承下去。张汉良初中毕业后，为了让儿子学会在社会上立足，父亲对他从严要求，张昌林以前也做过大木匠，但是没教儿子这方面的手艺，一则大木匠很辛苦，二来做大木匠的确要危险得多。张汉良也体谅父母亲对自己的关爱，学会了手艺并逐渐成为师傅。现在张汉良也做得有声有色，带出了几个徒弟，其中一个是腾冲的徒弟，学了三年后回到腾冲进行石雕，把木雕的技术和审美运用到石雕上，并在腾冲做起了石雕生意。张汉良自知读书不多，没什么学识，希望自己的两个孩子将来多学一些知识。

对于工业园区的筹备建设，张昌林心里很是喜欢，全家也表示非常支持。自己家在工业园规划区有一亩多的地，虽然被政府征用了，补偿价是2.5万元一亩，有一些损失，他却没有怨言。村中各家庭作坊生产的木雕产品虽大致相同，但因市场需求量大，彼此之间竞争冲突的压力较小，因而能共存共荣，形成村内木雕行业的良性竞争态势。工业园建成后会把大大小小的家庭作坊聚集在一起，当问到会不会担心因为这样，各家各户之间的竞争会很激烈？张昌林乐观地说，目前销售市场广阔，把大家集中在一起成为一个大型的交易场所，反而有利于大家的产品向外地销售。张昌林家的位置在村里相对偏僻，外地来的买家除非经人介绍，一般是不会找上门来购买。比起在村里公路边有客人主动前来购买的厂子要吃亏，那些厂子只要生产出来，有买家来一看，便可以把产品顺利销售出去。目前，自己家只能接一些订单回来加工，不是自己盲目的生产拿到铺子里卖。尽管如此，自己接到的订货单数量也不少，通常是大理、丽江、保山的来订货，一年中有七八个月的时间都是在按订货数量来生产，其余的几个月时间才是自己加工后拿到铺子里卖。剑川县城集市、剑川八月骡马会、大理三月街和洱源渔潭会等民间集市，都是狮河木雕产品零售的主要市场。零售产品以白族民居中的雕花格子门为主，因而购买者也以乡村百姓居多。每年的三月街和洱源的渔潭会是销售旺季，在此期间进行交易的卖家，可以卖出7万元甚至20万元的产品。

狮河木雕村近二十年的成功发展一方面得益于木雕工艺在其孕育的土地上有着文化的根源和经济的滋润，另一方面也得益于剑川民间和政府对狮河木雕发展模式的认同和支持。狮河村“雕”出了致富路，村民的经济状况比起以前变化太多太多。就拿张昌林家来说，在他18岁之前，家里的房子是整个狮河村最差的，只有几间茅草房，近乎要倒了，于是在屋内支了一根大柱子稳住整间房。改革开放后家里重新建房，如今，家中已经有了12间房。儿子张汉良今年拿到了汽车驾驶证，家里也打算买车，这样以后在铺子和作坊之间来回也方便得多。

张昌林总结自己家的致富经验是：人要动、要做，再好的环境懒惰是不能让日子好起来的。现在村里发展条件好，有政府的支持，还有广阔的销路，应该好好把握机会。勤劳是致富的关键。

（三）艰难蜕变的段跃增一家

到过大理三月街游玩的人，应该都对那镌刻着“千年赶一街，一街赶千年”的名句牌匾甚为熟悉。这巍峨的牌匾和其上醒目的刻字，宛如一幅微缩了大理三月街源远流长的历史文明的画卷；在那精湛的雕工之下，那些刻字却又仿佛被注入了灵魂，好似能够带领人们一起去将三月街盛况之所以千年不衰的谜底一一揭开一般。多少年来它像一座丰碑一样一直耸立在那里，历经岁月变迁，见证三月街的发展、变迁和日益焕发出的新风采。这副高约3米的新牌匾的雕刻者就是段跃增一家。中国有句俗语“字像人形，物像主”，这副新牌匾的雕刻也同他们的生活一样，虽历经“日晒雨淋”，却依然倔强地挺立在人生的旅途上，因为对人生的不妥协而华丽新生，犹如一只涅槃地凤凰在经过艰难的蜕变之后，终究过上了幸福美满的生活。

段跃增牌匾创作者一家，共有4口人。户主段跃增，1959年生于狮河村下辖的下河自然村，现年52岁。初见段跃增，他棱角分明，身材虽然高大但看上去比较消瘦和单薄，话不算太多，性格比较内敛，给人第一印象是一个非常憨厚、踏实肯干的汉子；妻子罗寿安，现年50岁。热情好客、温婉贤惠，是一个典型的顾家好妻子的形象；长子段斌，现年24岁，现主要从事木雕方面的工作；次子段伟，现年22岁，大学在读。因为我们到访时，两个儿子均不在家，故无法对其进行准确描述，但据夫妇二人所述，不难推测两个儿子都很乖巧懂事。

要想了解段家历经艰难蜕变而华丽新生的故事就不得不从28年前说起。那是1983年，段跃增的父亲因年事已高，从大理市第一建筑工程公司退休。为了承担起养家糊口的重任，段跃增便离开了生活了多年的老家——狮河村，只身到位于大理市下关的第一建筑公司顶替父亲的职位。就这样，24岁的他接过了父亲手中传来的交接棒，开始在建筑公司勤勤恳恳地上班。由于段跃增是高中毕业的学历，当年他的文化程度在建筑公司里也算是比较高的，所以他主要负责公司里一些大型且重要的机械、车床的维修以及零件的制作、加工和维修。通过不断地钻研和实践，他竭力提升自己的操作与维修水平，月工资也由最初的十七八元涨到了40多元。当然这还远远不能让他满足，他想让自己的家人过上衣食无忧的生活，为此他还得继续努力。那时的他，非常热爱自己的这份工作，他也始终坚信：只要肯努力，终有一天，他一定会借由这份工作带领全家走上富裕之路，他对未来充满了无限的信心和憧憬。

然而“理想越是丰满，现实却越是骨感”，命运似乎有意考验这个年轻的人。1990 年一场突降的雨无情地将他的美梦唤醒，他因淋雨受潮感染而患上了病毒性心肌炎。对于想通过自己所热爱的工作来实现富裕之路的段跃增来说，这无疑是最沉重的打击。他此时所从事的这份工作属于重体力劳动，故而对体力要求较高，如果没有强健的体魄作为支撑，如要勉强地做下去，最后可能不但没能实现自己的理想，反而连自己的性命也可能会搭进去，最终落个“赔了夫人又折兵”的结局，想到这些，段跃增的心异常难受。公司里的领导在了解了他的病情之后，都非常同情和惋惜，并有意识地减轻了他的工作分量。尽管这样，体力上的透支仍然不可避免，这使得他工作起来感觉越来越力不从心。公司对他也算是比较通融的，无奈他的身体状况实在是无法让他再继续从事自己所热爱的这份工作，他亦不愿再给自己的公司添麻烦。于是在万般无奈之下，35 岁的段跃增于 1994 年因病提前退休。

退休回家的段跃增内心很是焦急，一方面家中两个高龄的父母尚在，而且还有两个嗷嗷待哺的孩子。要想维持这样一个 6 口之家，仅靠妻子种植庄稼所取得的收入是根本行不通的。思索再三之后，段跃增决定顺应本村木雕之村的潮流，开始学习木雕技艺，他期望通过木雕收入来为家里的经济花销尽点力。段跃增坦言，由于三十多岁才开始学习木雕手艺，学艺初期可谓困难重重。相比过去在建筑公司一直从事的比较重视体力劳动而且看上去较“粗犷”的机械和车床维修来说，现在学习制作木器木雕工艺品就像是“用毛笔字作画，一笔一画都必须倍加留心”。因为要创作一件优秀且成功的木雕作品不仅需要耐心和细心，对于手腕的用劲也是特别讲究的。就好比是用毛笔写字作画，多一笔不行，少一捺亦不可。运腕过轻会使原本美好的画面，因为少了那股韵味和那份刚气而显得美中不足；而运腕过重又会使得原本和谐的画面，因为太过浓重的那部分难逃喧宾夺主之嫌而显得格格不入。在段跃增的不懈努力之下，他的木雕技艺突飞猛进，赢得了越来越多的人的认可和赏识，也渐渐创作出了一些富有盛誉的作品，前文提及的“千年赶一街，一街赶千年”的牌匾的问世就是其中最典型的代表，这块牌匾对于段跃增来说具有无可取代的意义。

段跃增本想这样下去也不错，然而随孩子渐渐长大，上学读书方面的花销渐渐增多；况且家中老父、老母也因年事渐高，腿脚也越来越不利索，因身体的不适症状花费的医疗费用也在逐日增加。看着妻子不仅要做家务、教育孩子、照顾父母和自己，为了维持家计妻子还种植了 2 亩水田 3 亩旱地的庄稼，就像一只辛勤耕耘的蜜蜂一样忙碌和操劳，段跃增的内心装满了说不出的愧疚。他觉得必须再找到另一条谋生的途径，可是因为自己的身体状况不好，再就业并不容易，思来想去他还是没有半点头绪。也许是机缘巧合，有一天晚上他无意间在央视《致富经》节目上看到一个因饲养藏獒而致富的人的故事之后，脑海之中灵光一闪，有了主意。因为自己家没有足够的资本去投资藏獒一类成本较高的牲畜，他开始考虑或许可以饲养在农村最常见的鸡、鸭、鹅等家禽。饲养家禽不仅投资成本相对较低，而且比起藏獒等的饲养条件和饲养难度来说要容易些。况且他也发现当时的“脱温鸡”饲养的市场前景比较不错，有很巨大的潜力。想到这些，他立即兴奋地将自己的想法与妻子商议，最后家人一致同意以饲养“脱温鸡”为主，辅以饲养商品鸡和猪崽。

段跃增以家人的支持作为强大的动力，与妻子欢欢喜喜地开始了新的创业之路。他们动手新建了鸡舍，引进“上好饲料”和“优质鸡苗”，一切进行得貌似很顺利，仿佛这次创业注定了会成功。然而造化弄人，由于经验不足，成批量地饲养小鸡，并不同于以往饲养数目较少的三、两只鸡，新建的鸡舍较为拥挤，小鸡之间因为互相抢食而厮斗，导致死伤不少；外加夫妻二人对鸡苗和饲料选购经验不足，奸商以次充好，在卖给夫妻二人的鸡苗和饲料中掺杂了很多劣质的鸡苗和饲料；同时因为饲养了较多的鸡，鸡所排泻的粪便也相对较多，粪便没有得到及时地清除，鸡舍亦未能及时得到消毒……。总之，各种原因掺杂在一起，使得鸡苗损失惨重，对于原就不富裕的段家来说，无疑是雪上加霜。夫妻二人原本设想的经济收益不但没有实现，反而因为建鸡舍、买鸡苗、饲料等花费了夫妻二人了不少的钱和精力。让欢欢喜喜创业的夫妻二人感受到了前所未有的痛心和无奈。

纵使经历再多的挫折，顽强的夫妻二人还是决定继续前行。吸取了先前的经验和教训之后，夫妻二人再一次的创业就谨慎多了。无论是鸡苗还是饲料的采购都显得小心翼翼了许多，考虑到鸡舍比较拥挤，夫妻二人就减少了一定的鸡苗采购数量，还购买了鸡笼以便缓解拥挤的鸡舍；每隔 4 小时左右清除一次粪便，以保持鸡舍的卫生，同时每隔 2 天进行一次消毒工作。除了以上这些，妻子还和大理养殖场保持联系，通过向专业的养殖人员请教养殖经验以便取长补短，弥补自家养殖过程中的众多缺陷；接受养殖场有关养殖技术的培训和指导以及饲料、鸡苗等物资性援助和支持；甘于做丈夫背后的小女人，协助丈夫做好养殖场的各项工作。就这样在夫妻二人的齐心协力之下，本次鸡苗成活率达到了百分之九十，他们家终于品尝到了成功的甜头。

再后来，他们通过不断地在养殖过程中学习，在学习过程中从事养殖，使自家饲养的“脱温鸡”的质量越来越高，但这些并未让夫妻二人停止“求学取经”的步伐。妻子时时关注养殖业的最新发展动态，积极查阅相关科学养殖书籍和文献，陪着丈夫到附近县市的养殖场观摩并交流经验，将科技产品和科学养殖方式引进并运用到自家的养殖事业中。她坚信随着我国现代化的步伐逐步加快，只有紧跟时代步伐，自家的养殖技术才不会被淘汰。更重要的是，夫妻二人都是耿直而憨厚的老实人，在买卖交易过程中从不多占别人多一点便宜，而且又极其重信誉，因而他家在养殖业内的口碑越来越好，家里养殖规模亦日益扩大，鸡舍也由原来的2间增加到了7间，猪圈也已经增加到现在的3间。家庭住房也由原来的两间扩建到了现在的六间。就这样夫妻二人在不断摸索中总结和探索出了属于自家的养鸡之道，他家的养殖事业可谓红红火火。

然而天有不测风云，2006年3月18日，禽流感病毒疫情蔓延全球，我国共发生35起高致病性禽流感疫情，共有19.4万只禽发病，死亡18.6万只，扑杀2284.9万只，疫情所到之处给各家各户造成了巨大的损失，段跃增家的养殖场亦未能避免。尽管他们夫妻二人竭力控制疫情，鸡舍里鸡苗损失仍然惨重，鸡苗死亡率高达百分之八十五左右，间接和直接地造成经济损失十多万元。

在我国的禽流感疫情渐渐被控制稳定以后，段家的养殖事业又开始有了新的起色，迈入了新的发展阶段。疫情的到来给了这对患难与共的夫妻一个深刻的警醒。他们更加重视鸡舍的卫生状况，每天都对鸡舍进行消毒。无论是对鸡苗进行疫苗接种还是对鸡舍的消毒，全都亲力亲为，绝不敢有一丝懈怠。同时他们还总结出了将鸡粪与酒糟、豆糠等按一定的比例搅拌均匀发酵后作为饲料喂猪的独门秘方，这样经过配比后的饲料不仅营养丰富，还能消毒杀菌、防治害虫，进一步保证了他家猪崽的产量和质量。心善的夫妻二人不仅无私的向村民传授自家的致富经验，还将自家多余的粪便无偿分给邻里乡亲用来给农田施肥，使得村民们的农田土质更松软、土壤更肥沃，庄稼产量连年增收。

罗寿安除了协助丈夫弄好养殖事业，对于新事物有极强好奇心和接受能力。她坚持积极主动地学习先进的农业生产技术，配合村干部做好科技兴农知识的传播和推广。更积极主动地带头从事旱秧的种植和推广。由于经验不足，第一年旱秧种植以失败告终，但是从第二年开始旱秧长势逐年向好，收成也得到大大地提高。旱秧种植取得了群众的积极响应，旱秧种植技术，随即在村内得到广泛地推广；同时勤劳的罗寿安还带头种植烤烟等经济作物，为村庄的经济建设做出了突出贡献。2010 年 3 月，剑川县妇女儿童工作委员会、剑川县妇女联合会共同授予罗寿安“新农村建设女致富带头人”的荣誉称号，还给予段跃增家 5 万元的无息贷款支持其养殖事业，政府和妇联亦对段家进行牲畜养殖和旱秧、烟草种植等方面的培训，支持他家发展。

从 2007 年至 2011 年，段跃增家的养殖事业可谓发展得顺风顺水。狮河村超过 90% 的鸡苗由他家提供，不仅如此他家的鸡崽还销往剑川县城、大理、丽江、香格里拉、缅甸、老挝、泰国、越南等地，每月销售“脱温鸡”数量高达 5000 多只，月收入达 6000 余元，年净收入 5 万有余。现在段跃增一家的事业已形成了一定规模，伴随着新农村建设事业的步伐，段家也基本实现了现代化。家里不只新建了住房，还购进了彩色电视机、电冰箱、洗衣机、DVD 等影像设备，段家还是下河村第一户拥有太阳能和沼气池的农户。如今养殖业收入早已成为段家主要的经济收入来源，同时还有部分收入来自大豆、玉米等粮食作物和烟草等经济作物种植所得，家中经济水平基本上达到了小康。

回首往事，段跃增感慨万千。如果没有妻子一路上的陪伴与支持，自己也不可能会有今天，更不会有现在这个幸福的家。以前自己在建筑公司上班时由于工作太忙，不得不常年在外，根本没有过多的时间陪伴家人。妻子在家既要照顾老父母，又要教育两个孩子，还要做家务和种植庄稼。自己患上病毒性心肌炎这些年来，妻子总是耐心地陪在自己身边，对自己的照顾更是体贴入微。即使在创业时遇到一次又一次的挫折，妻子也承受着压力和自己一起奋斗，从未有过半句怨言。她还积极主动地去学习先进的养殖技术，时时关注养殖行业最新动态，协助自己不断完善养殖技术。正是因为妻子不离不弃的陪伴，自己才能在面对一次又一次的“暴风雨”时，昂首挺胸、不畏困难，最终战胜挫折，完成了自己和家庭事业的艰难蜕变。这时，就在旁边的妻子只用了简简单单的一句话“嫁鸡随鸡，嫁狗随狗”来概括这一段伴随着汗水、艰辛与欢乐的人生之路。

遥想未来，段跃增满怀信心地说，如果儿子有意愿接手自家养殖事业的话，他将扩大养殖规模，这固然再好不过；可是如果儿子有从事其他行业的想法，他亦会全力支持儿子的事业，毕竟在自己喜爱的事业里才会做得更好也会感觉更开心。由于自己的身体原因，目前家里的养殖规模就不再扩大，对于未来他们全家都充满了信心。

成功的花，人们只惊羡她现时的明艳！然而当初她的芽儿，浸透了奋斗的泪泉，洒遍了牺牲的血雨（冰心《成功的花》）。一路走来，从下岗再走上再就业之路，段家历经重重磨难，最终艰难蜕变，实现了自家经济的腾飞。段家的事迹，无不就是这首小诗最形象而生动的表达。段跃增家的成功，或许并不值得惊奇，可是他们全家在面对困难时，绝不屈服的精神以及对理想的执著，却值得每一个人学习。

（四）木雕师傅李国锦及全家

李国锦，男，白族，1960 年出生，现年 52 岁。初中文化，狮河村上河 4 组人，木雕师傅，全家有 5 口人：

母亲李育梅，现年 87 岁，年轻时务农，现在家养老。

妻子杨富祥，现年 52 岁，务农、家务。

女儿李全静，现年 22 岁，在县制药厂工作。

儿子李璞，现年 20 岁，在家做木雕。

全家承包土地 4. 6 亩，其中水田 3. 6 亩，旱地 1 亩。农田收入在家庭收入中比例已经很小。全家有房屋 13 间，年收入 15 万元，是村里的中等户。

李国锦 1975 年从甸南中学初中毕业，回村参加农业生产劳动，当记分员，同时向哥哥学习木雕，作为家庭副业，增加点收入，贴补生活。由于当时对家庭副业有许多限制，将其作为资本主义尾巴——要割掉，大家只是偷偷地搞。其中，木雕用的木料要托人买进，雕刻还不能在白天做，白天要参加生产队的劳动，只能晚上做。雕刻好的木件要运到 100 多公里外的下关去卖。挣点手工钱十分不易，还时时提心吊胆。那时，村里普遍缺粮，大家把做木雕挣到的钱，偷偷拿到洱源买粮。

1979年后，国家的政策宽松了，特别是实行农田家庭承包后，大家有了许多的空暇时间。搞木雕可以公开地进行，买木料也方便多了，国家还能提供小额贷款。20世纪80年代初，李国锦享受了第一次贷款，贷到500元，解决了许多问题。1986年后，大理一带盖新房的农民多了，有钱人家还会按白族传统习惯在堂屋装上格子门。李国锦看好这个商机，就在下关、大理租房开店，承接格子门的木雕活，根据用户的需要，回剑川加工制作后，又送货到客户家或让客户到店里来取。

后来，李国锦的店从大理迁到了丽江，继续经营民居门窗的雕刻与制作。同时承接公园、寺庙修缮中的木雕活。同样采取在店收活，回剑川加工制作的经营方式。李国锦是个非常讲究质量和信誉的人，大家信任，所以生意很好，承接的活也很多，在剑川长期为他加工制作木雕或配件的农户就有七八十户。大家分头、分部件加工，然后又集中组装，检验合格后送交客户。李国锦至今没有注册商标和公司。他做人做事低调，只想默默地自由地劳动和生活。

李国锦家承接和加工制作的都的手工木雕，他一直没有买木雕机。他觉得机器雕刻的木件图案呆板，刷漆不亮，看起来不舒服，工艺价值不大。当然，他并不排斥木雕物件加工中的机器运用。为了满足工作的需要和与时俱进，他购置有刨木机、线锯机、压刨机、图纸复印机等。唯独在图案的雕刻部分坚持用手工操作，虽然工作效率差些，但客户的认可度高，生意稳定。

李国锦最初学习的就是手工木雕。他的技艺很好，能雕刻多层的工艺品。他家新建房的格子门就是他自己雕刻的，十分考究。他说，手工雕刻用的工具就有二三十种，可分为平凿、圆凿、三角刀、弯钩凿等类。每一类中又有许多大小、宽窄不同工具。要满足雕刻中对不同部位的雕刻需要，做到运用自如，于是就需要那么多的工具。手巧不如家什妙的道理就在这里。木雕技术的高低和产品质量的差别，很大程度就是对工具运用的差别。各种工具就是在雕刻师满足自己的创意中运用或改造、发明的。李国锦对此颇有感触。

木雕格子门的常用图案是：春夏秋冬四季景色、琴棋书画、龙凤狮虎、花鸟、松鹤、梅兰菊竹、荷花等，充分体现白族的传统特色，根据客户的喜欢，选择定制。目前，广大农村客户添置的格子门多采用松木，每堂（6扇）售价2000~3000元（差价在图案的选择上），每堂利润200~500元。

随着人们生活水平的提高，选用高级木料的逐渐增多。李国锦说，同样的木雕，在高级木料上才更显价值。可是，高级木料都在国家限制的范围，如柚木、花梨木、酸枝木、椿木等，使木雕的发展带来很大麻烦。他们买高级木料手续不全，受到限制，不能满足客户和市场的需求。最近，村里的宏盛古建筑工程有限责任公司已经申领了《木材经营许可证》，希望今后能满足大家对高级木料的需求，以提高木雕的艺术价值和经济效益。

另外，这些年由于政策的稳定和市场的发展，在剑川县从事木雕的农户越来越多，加工能力明显增强，销售开始出现不畅。与此同时，原材料不断涨价，工人工资提高，加工成本飙升，赢利减少，木雕的发展出现许多新问题。

李国锦对木雕技术的发展和木雕产品市场充满信心。他让自己的儿子李璞专心学习木雕，努力提高技艺。他坚信以质量求生存的道理。李璞受其影响，能安心学习木雕技术、从事木雕加工，李国锦对此非常欣慰。李国锦的女儿进城到制药厂当工人去了，将来还会出嫁成家。妻子杨富祥在家操持家务，使一家人的生活过的井井有条。已经是 87 岁高龄的老母亲李育梅，身体硬朗，腿脚灵便，只是耳朵有点背，还能为他们看家。李国锦的侄子也在他家学习木雕和帮忙。一家人忙忙碌碌，却很幸福。

李国锦谈到这些年的发展变化，情不自禁地说：他家的木雕事业由小到大，发生了翻天覆地的变化。过去的日子没法同现在比了，现在不愁吃、不愁穿，还盖起了大房子。他的住房雕刻、装修精美，还有自己的厂房和工作室。

总结自己的成功经验，李国锦说就有两条：一是讲究质量，坚守质量第一原则，任何时候不能放松、不能马虎，做事要谨慎，以质量求生存。二是对职工不亏欠，工资标准要合理，要按时发放，让大家一起赚钱！

在村民的印象中，李国锦是一个富而不显富的人。他常助人为乐，乐于帮贫，凡有人向他借钱借物的都能满意而归。他做生意讲信誉是出了名的。于是，常常有人打电话同他订货，他接电话后便按要求下料加工，交出的货客户都很满意。这样，既减少了客户的麻烦，又节约了经营中的成本。对此，李国锦颇有感触地说：手艺只是基础，信誉才是根本！他就是以手艺为基础，通过信誉，成功走进了生意场。

谈到对今后的打算，李国锦说：根据剑川县对狮河村的发展定位，单搞

是自己考上了大学，毕竟是在女儿身上实现了自己的读书梦。当时，全家还将所有的亲戚请来做客。现在说起来张师傅依然显得很高兴，可见他对自己女儿能考上一所好的大学是多么的满意。

小女儿张秀李，今年19岁，初中毕业就没读书了。在熟人的介绍下，现在在镇上的一所幼儿园上班，平时的吃住还是在家里面。张师傅说，当时女儿不想继续读下去的时候他非常生气，因为他最大的希望就是两个女儿都能读出去，都能够上大学，将来摆脱当农民的命运。但是，无论自己再怎么苦口婆心始终不能改变小女儿的想法，也就顺其自然了。张师傅后来想，如果女儿都出去了，旁边连照顾自己和老伴的人都没有也挺麻烦的，她既然不想学再逼也是无用，也就随了女儿的选择。后来就为她找了现在的这个工作。他说工资是低了一点，但是够她平日里的开销，他和妻子现在也不需要她们为家里花销。

张师傅一开始稍微有些放不开，通过一段时间的交谈，慢慢地大家的话匣子就打开了。他开始为我们介绍了他自己为这个家奋斗的岁月。他们家原来有5个兄弟姐妹，除了有个大姐之后，其他都是男孩儿，现在父亲和大姐住在一起。张师傅在家中排行老二，从小就和父亲担起了家庭的重担。他的兄弟姐妹都读书有了出息，现在都有了稳定的工作，只有他一个人还在农村，自然所有的家产也就归他所有了。他说，以前在兄弟姐妹中，就他学习不好也不太爱学习，而且家里又比较困难，只靠父亲一个人供五个人太困难了。所以他就决定放弃学业，开始为家里奔波，与父亲一起担起供姐姐和弟弟们读书的重担。由于自己从小就对木雕非常感兴趣，平日里没事就向村里的老艺人学习，私下里自己也偶尔尝试一下，慢慢地也就掌握了木雕这一技艺。所以离开学校后，就开始自己做木雕。一开始确实感觉挺累的，但是慢慢的也就习惯了，而且自己也年轻力壮的。后来凭着自己的勤奋努力，木雕技艺日益精湛，规模也逐渐扩大了。但是由于条件限制，从始至终都是自己一个人在做，父亲从事的是建筑行业，平时两父子也很少能在在一起。平时搞木雕赚来的钱基本上都用来供自己的姐姐和几个弟弟读书了。

张师傅是在1989年结婚的。当时条件相对来说条件还比较艰苦，几个弟弟还在读书，父亲逐渐老去，不能再像以前那样精力旺盛的去赚钱。所以在结婚后，供几个弟弟读书重担仍然还在他的肩上，而且担子比以前更重了。妻子李玉庆是位贤妻良母，干活很勤快，嫁到他们家后，就和张师傅一同挑起了家里的重担。她主要是负责家里农田，因为张师傅在家做木雕活计，所以一年四季的农活基本上都是由妻子包办的。一直到了1995年，所有的兄弟才都供毕业。但是张师傅在供读书方面的任务还没完成，因为自己的两个女儿又在等着自己来供读了。当我们问及当时是否要兄弟姐妹的资助时，他说没有。因为他们刚刚毕业，工作的时间也不长，他们同样还要为自己的未来忙碌。自己有手有脚，也正当壮年，女儿都还小，花销不用太多。所以他完全靠自己，没有给兄弟们增加负担。我们从他的话语中可以感受到他对家庭的那份深深的责任感，他希望自己的亲人都能够过上好日子的那种质朴的愿望。

那时不同的是，他开始要为自己的整个家的未来忙碌了。张师傅说自己当时的木雕活计也有了一定规模，也带了几个徒弟。但是，那会儿干木雕这行的收入还是很低，没有像现在这样赚钱。如果当时能像现在这样的话，他就肯定不会是驾车师傅而是木雕艺人了，他说完便笑了起来，可见其幽默开朗的一面。他说，当时感觉做木雕太累，收入又很少，便开始考虑改行。在朋友的介绍下，张师傅决定改行开出租车拉客。那会儿村里还很少有出租车这个概念，有也是从电视里看到。在1997年，张师傅就去考了驾照，然后向亲戚朋友筹钱买了辆出租车就去拉客赚钱了。当时在剑川是很少有人坐出租车的，包括在县城。所以他就和几个朋友一起到了红河州开出租车赚钱，那会儿红河州的出租车特别能赚钱，用张师傅的原话来说就是很“吃香”。张师傅由于常年在那儿跑出租，所以自己对红河州就非常熟悉。刚开始跑出租的时候，其实也有挺多担心的，一方面是自己在红河离家较远，难免会有担心；另一方面由于自己有时候经常要跑夜路，怕有意外情况的发生。不过张师傅在他这么多年的驾车生涯中，还没出现过什么意外。当然这与他高超的驾车技艺是密不可分的。虽然常年在外奔波，平时都会非常疲倦，但是张师傅从来没抱怨过，他觉得自己就是家里的顶梁柱，这是他应该做的。谈到这，我突然想到一句话：人活着不干活干什么呢？生命就是一个不断奋斗的过程。更可贵的是，他在外边这么长的时间里，并没有养成什么坏习惯，从来不喝酒，平日里就偶尔抽支烟。

在2008年，张师傅考虑到自己年纪慢慢大了，经常在外面跑出租车也不太适合，就决定结束他十余一年跑出租车的生涯，回家和妻子一起打理家里的事物。回家后，他觉得还是从事开车的老本行相对习惯一些，所以在2009

年的时候买了一台微型机用来拉客，跑的路程也不是很远，一般就是在甸南镇和剑川县城之间来回跑。但是通常只有赶集的时候或是过年过节坐车的人才会多一些，平日里人们出门也很少需要搭车的，因此收益不是很高。

张师傅是个善于发现商机的人。他发现村里面在这几年内发展非常迅速，已经兴办了许多木雕公司。这些公司有时候经常需要运输货物，但是往往又没有足够的货车。所以在2010年他决定买了一台后驱动拖拉机，平时可以用来帮那些公司运货，农忙季节还可以派上用场。张师傅说现在家里的农田基本上没有太多的收入，主要还是靠自己在运输方面的收入来供家里面开销，包括女儿的学费和生活费。

他说女儿的学费也都是家里出的，没有办理助学贷款，现在家里还能供，能不贷款就不贷了，如果贷了以后终究要还的。女儿在学习上有什么需求他都会满足，只要是能帮助女儿学习的，他都大力支持。所以女儿大二的时候就给她买了笔记本电脑，虽然他自己并不知道那是用来干什么的。

一般问及家庭收入的时候，村里的人都比较保守，或者觉得不好意思，有可能他们平时本来就没有计算过自己一年的收入到底是多少。因为平日里都要开销，赚的钱也是零散的，所以一般都不能很准确地给我们一个数目。但是张师傅是个细心的人，他懂得计算自家的收入状况以及做出一定的计划，以使得收入能够得到合理的使用。他说，现在他家一年的收入大概为5万元左右，大部分属于自己的运输所得。还有一部分是靠养猪等获得的收入，但是基本上都用来补贴家用了。现在家里只有大女儿一个需要花钱，所以现在的日子还算轻松一些。但是张师傅和他的妻子并没有清闲下来，而是每天依然勤劳的为这个家奔波着。

张师傅谈到对以后的打算时说，目前最主要的就是等大女儿毕业后找到一份相对稳定的工作，也不需要太好。因为他和妻子也都了解现在的社会情况，大学生就业确实是个大问题。等大女儿稳定以后，就想让小女儿放弃幼儿教育的工作，回家发展自家的木雕产业，因为女儿对木雕还是感兴趣的。他说完顺手指着家里的木雕机，妻子李玉庆还将女儿刻好的成品给我们看，说是女儿平时没事时刻的，我们看得出确实有一定的技艺水平。现在的主要问题是小女儿有点不太愿意回来做木雕行业，可能是由于年龄还小，加上又是女孩子，这是难免的。他说这是他为小女儿做的打算，自己和妻子两人年纪还不算大，加上女儿劳动力不成问题。自己又从事了那么多年的木雕，经验、技术方面是不用愁的，资金和厂房这些条件现在都已经具备，所以要形成一定的规模是完全不成问题的。可谓万事俱备，只欠东风。他相信等女儿长大一点后就会明白的，所以他也不太担心女儿会违背他的意愿。可怜天下父母心！其实在他们心里子女永远都是第一位的，张师傅早就已经为两个女儿考虑得很多了。

张师傅的妻子在我们谈话的时候已经去准备饭菜了，因为在农村吃饭时间与我们不太一致，他们一般不吃早点，分早饭，晌午饭，晚饭三顿。所以我们去的时候刚好是他们做早饭的时间。他的妻子李玉庆在厨房听到我们准备走的时候，马上出来要留我们在他家里吃饭。白族人总是那么的热情，但是我们已吃过早点，尽管女主人再三挽留我们还是走了。当时雨已经停了，我们本来要步行回去，但是张师傅非要送我们一段路，我们不好再拒绝，便答应了。

在回去的一路上，虽然张师傅在开着车子，但是路上很多行人都很热情地和他打招呼。看得出来，张师傅人缘很好，也体现了他温和淳朴的性格。说是送我们一段，但是张师傅却直接把我们送到了我们住所的门口。看着张师傅开着车慢慢的走远，一个淳朴勤劳的白族农民的形象却久久地留在了我的脑海中。

在这里，我们祝福张师傅一家的日子能越来越红火，永远幸福甜蜜！

（六）普通村民罗金林一家

罗金林，男，1968 年出生，家住狮河下河村。到罗金林家采访那天早上下着大雨，他正在家忙着组装雕刻好格子门。罗金林家现在有 5 口人，除本人外，有父亲王政显，妻子曾元秀，儿子罗珍茂，还有女儿罗琼芳。

像许多狮河村人家里一样，罗金林家里也堆着一层层的木板和一扇扇雕好的门窗，还有组装好待售的格子门。罗金林说，他主要是把雕好的门窗组装好，然后拿去卖，雕刻这道工序是出钱让村里面的人做。现在家里只有妻子和他两个劳动力，还饲养着猪、鸡，平时妻子还要照管田地，组装格子门的工作主要还是罗金林一个人做。他说组装格子门的工作看似简单，只要把几块木板拼起来就行，但是实际上却需要花费很大的力气，还要会木匠活才行，每天做下来都很累，但是比起过去来说，现在的生活好了许多。

我们问起改革开放前他们家的生活状况，罗金林说那个时候的生活只能用“困难”来形容。当时他们家有7口人，全靠父亲在外面做木匠活赚的钱和母亲农业生产得到的些微收入来生活。当时生活水平普遍很低，做木匠得到的工钱并不高。庄稼的收成也不好，经常大旱或者大涝，而且当时家里没能力买足够的农药和化肥，庄稼的产量很低，农业生产获得的收入很低。他说记忆最深刻的是1976年，虽然那时候他才8岁，但是如今还记得那一年的场景。由于平时村民不注意可持续发展，只看到眼前利益，狮河村山上的林木被砍伐得很严重，植被覆盖率很低，那年持续不断的降雨导致狮河村旁边的狮子河发大洪水，当时防洪能力很差，旁边的大量农田被淹没、冲垮，颗粒无收。本来生活就很艰辛，洪水的侵袭对他们来说更是雪上加霜，他们每天就吃玉米、野菜等在现在我们这一辈人看来不是人吃的东西。他说父母得养育他们几兄弟，还要养育他年老的爷爷奶奶，几兄弟年纪又小帮不了家里面的忙，当时不在乎吃什么，觉得只要能吃饱就行。改革开放后，条件逐渐好转了。父亲依旧在外面做木匠，但是比起之前工钱高了许多，而且建房子的人增多，对木匠的需求也大大地增加。几兄弟也可以帮母亲做一些力所能及的事情了。

罗金林是家里的长子，因为上学的时候很调皮，还经常打架闯祸，老师常来他们家家访，所以当时的成绩很不理想。在狮河小学上完小学，又去甸南中学上完初中，罗金林就不再读书了。作为家里的长子，罗金林不再想上学不仅仅是因为自己成绩不好，更重要的是当时家里面的劳动力不足，他不读书了能帮助父母一起抚养几个年幼的弟弟，能减轻父母的负担。改革开放以前，做木雕雕刻是违法的，农民从事木雕产业被认为是走资本主义道路，当时他们只能在家里面偷偷地做木雕。改革开放后，狮河木雕才得到大规模的发展，很多狮河人开始学习木雕雕刻。罗金林初中毕业后也开始跟着村里会木雕的人学习雕刻，当了一段时间的学徒，后来开始回家自己做木雕。那时候做木雕的材料成本很低，他家就以小作坊的形式加工木雕，基本上能维持全家人的生活。1987年罗金林贷了200元的款开始发展自己的木雕，他家的木雕就这样逐步发展起来了。一晃眼，做木雕已做了20多年。

现在罗金林家自己做自己卖木雕产品，主要是格子门窗，他们家在洱源三营有一个铺面，平时不营业，到了每周三营街那天他们才开门营业。因为三营他们家店铺旁边还有几家卖木雕的，而且他们基本上是本地人，他们的店天天营业，所以竞争很激烈。罗金林说要想把木雕生意做好，首先，雕刻的每一道工序都要做好，不能马马虎虎。其次，木板质量要高，就像俗语说的那样“朽木不可雕也”，即使技术再精湛，如果木板的质地不好很难雕出来好的木雕产品。再次，雕刻者的经验也很重要，经验丰富的雕刻者能在很短的时间内雕出质量很高的作品。同时要加强宣传，现在狮河的木雕很出名，许多来狮河做木雕生意的外地人都是直接来到农户家中商谈的，只有宣传了，别人才知道你做木雕，生意才会主动上门。现在家里就只有两个劳动力，妻子还要忙于农业生产，很多时候都是罗金林一人组装门窗。

罗金林的妻子曾元秀在家承包着 3 亩水田、1 亩旱地，基本上靠她一人打理，农闲的时候妻子就帮着做木雕。他们家现在还饲养着几篓鸡、12 头猪，每天仅仅为这些家畜准备食物都要忙很久。罗金林的妻子很和蔼，性格很好，人也很容易相处，而且任劳任怨。她说，她也是狮河村人，没读过几年书，嫁到罗金林家的时候生活很艰辛，她无怨无悔地跟着罗金林一起照顾家人。后来罗金林的二弟也结婚了，但是他们家一直未分家，她和婆婆、弟媳相处得都很融洽，十多口人的大家庭一起生活了许多年都没有吵过架。后来分家的时候，她还和弟媳相互谦让，不像别人家为了多分一点财产而关系不和。当时罗金林的三弟罗金勇还在上大学，他们就和父母一起供着弟弟上大学。我们问曾元秀，当时你们可以分一份财产然后过自己的生活，你们却和父母一起供着弟弟直到他毕业，难道没有怨言吗？她说：“没有怨言，那时候农村里有个大学生不容易，我们再苦再累也没关系，我们是真心希望他能好好地上完大学，有个好的前途，真心希望他过得好。”朴实的话语，真诚的心，她为了家人无私地奉献着自己，不求回报。三弟罗金勇大学毕业后参加了公安工作，成为全国闻名的缉毒英雄。

罗金林有两个孩子，我们在他家采访的时候只有他的女儿在家，她在剑川县一中上高中，平时在县城，每周末才回家来，假期的时候就在家为父母做力所能及的事。我们问起他儿子的情况，他说他儿子高中毕业后，积极响应征兵政策，去年去部队当义务兵了，他希望儿子能在部队得到锻炼。因为他俩都没什么文化，那个年代也没有像现在好的条件允许他们安心地读书。他很后悔小时候没好好珍惜读书机会，现在只有支持和教育儿女好好的读书，自己再苦，也不能耽误子女的学习，也要供着他们读书，供他们到不能读了为止。

罗金林小的时候父母对他们的教育很严格，都说“严父慈母”，但是他们却有一个严格的母亲。因为父亲做木匠，经常在外面，教育子女的任务都由母亲负责。他小时候很调皮，经常去剑湖里捉鱼，有时候一放学就去水田旁边的水沟里面捉泥鳅，一玩起来就忘记了回家。母亲一直不允许他去剑湖边玩，因为小孩子在湖边玩要很容易滑到水里，回家后若被母亲发现，就会很严厉的责骂。可是那时候年纪小，虽然很害怕母亲，但是还是很贪玩，有时候还带上弟弟们去。他印象最深刻的是，有一次母亲拿着家里捆柴火用的绳子打他。他具体不记得因为什么事情了，只记得当时母亲很生气，母亲训斥他作为长子不仅没为弟弟们树立一个好榜样，反而带坏了弟弟们，当时母亲很生气就拿起旁边的绳子打他，弟弟们因为太小都没有受到惩罚。他说现在还记得过了很久被母亲打的地方还很疼，伤痕很久才消失。还有一次被母亲打是因为自己在学校里和别的同学打架。他说那个时候年轻气傲和同学为了一件小事争吵起来，双方又不肯退让，后来就打了起来。因为事情很严重，老师第二天就来家访了。那个时候父亲在外面做木匠，家里全靠母亲一个人照管，一边要下地做农活，一边还要照顾他们几兄弟，母亲为了他们每天都在奔波、劳累着。那天老师一走，母亲很生气，他又挨了母亲的一顿打。他们几兄弟当中只有他经常受到母亲打，当时母亲寄予了他很大的希望，他却经常让她失望。当时生活本来就很艰辛，他不但没帮母亲分担还常常惹母亲生气，现在回想起来，母亲严厉的根源都是对他们寄予了很大的期望。母亲常常教导他们要踏踏实实的做人、做事，不能一味地想着投机取巧。其实，母亲要求他们很严格，内心却很善良。

罗金林的父亲却很和蔼。父亲年轻时候跟别人学过木匠，为了养家糊口，他经常在外面帮别人建房子，发工钱了父亲就会回到家里面来。因为父亲不常在家，在家的时候就特别宠爱他们。他们再怎么调皮，父亲都会宽容他们，那个时候就天天盼望着父亲回家来。晃眼许多年过去了，父母亲也已经头发花白，慢慢地苍老了。每当自己教育子女的时候都会和他们说当年他们的爷爷奶奶是怎么教育自己的。

我们很想见到这两位老人，特别是他严格的母亲，却发现在采访的过程中老人一直都没回家，我们打听后才知道两位老人去昆明照顾弟弟去了。两位老人去照顾弟弟？我们当时都很好奇。后来听完罗金林的介绍我们知道，原来 2007 年感动中国十大人物中的那位 600 多个日日夜夜全身心呵护丈夫，用爱默默守护的民警之妻罗映珍是罗金林的弟媳妇，即全国公安系统二级楷模、缉毒英雄罗金勇是罗金林的亲弟弟。罗金林说，罗金勇是他最小的弟弟，以前在云南民族学院数学系学习。罗金勇从小就很崇拜那些穿着警服的警察。1999 年 8 月，罗金勇大学毕业后在家人不知情的情况下，经过种种努力来到了云南省临沧市永德县公安局上班，主要负责缉毒工作。家里知道后都很反对，因为缉毒得经常和毒贩打交道，家里很担心罗金勇的安全，但是他很喜欢这份工作，而且在这个岗位上做得很出色。后来罗金勇与永德县的罗映珍相爱，并于 2002 年结婚。2005 年 10 月 1 日，罗金勇夫妇在回罗映珍娘家，的车上，罗金勇注意到车里的三名男子鬼鬼祟祟的。凭借多年的缉毒经验，罗金勇拿出人民警察证要求检查他们的袋子，三名男子瞬息围上去用石块、木棍殴打罗金勇。罗金勇与毒贩展开殊死搏斗，被毒贩击伤的罗金勇在群众的协助下，当场抓获毒犯 1 名，缴获海洛因 1150 克，而罗金勇却成了“植物人”。在他重病昏迷后，他的妻子罗映珍不但没有离开他另找归宿，反而全身心地照顾着丈夫，每天给他喂流食，为他擦身体，为他按摩，和他说话，不管他能不能听得到，每天都在鼓励他。她每晚都写日记，600 多个日日夜夜，记下十五大本 600 多篇爱的日记。每次写好后，她都要读给一直在昏迷的丈夫听。日记中回忆着他们过去的点点滴滴，还有每天罗金勇的病情变化，600 多个日夜，从没间断过。久病床边无贤妻，但是罗映珍却用实际行动来告诉我们爱的伟大力量。通过 600 多个度日如年的坚守，终于换来了生命的奇迹，罗金勇终于苏醒了！在 2007 年感动中国十大人物的颁奖典礼上，罗映珍说她只是一个渺小的、卑微的妻子，她只是一个普通民警的妻子。但是，她却用最朴素的方式诠释了爱的真谛，她用实际行动感动了整个中国。罗金林说他们都为有这样的一个弟弟和弟媳而感到骄傲自豪。

其实，在罗金勇从事缉毒工作的那天起，家里就有他会受伤的心理准备。但是当事情真的发生，弟弟被歹毒伤害，一直昏迷不醒，在床上躺了几年都像植物人一样昏迷不醒时，他们全家精神都崩溃了，对于这样的现实他们却无能为力。罗金勇受伤后，在昆明医治一段时间就转到了北京宣武医院，得到了全国人民的关爱。他现在虽然不能像受伤前那样过正常人的生活，但是能恢复到现在这样已经是生命的奇迹了。罗金林说，罗金勇是他最小的弟弟，从小学习成绩就很好，全家人都很宠爱他，那几年生活很困难，但是全家人还是一起努力把他供到了大学毕业。我们在狮河村采访的那几天，罗金林的父母亲去了昆明看望罗金勇，很遗憾我们没有见到英雄的父母。相信在众多关心罗金勇的人的祈祷下，他的健康状况会越来越好。

对于将来，罗金林没有具体的打算。像许多狮河人一样，他也想发展一个自己的木雕厂，但是办一个木雕厂资金至少要40万，他没有那么多的钱，现在贷款最多只能贷4万元。他会像母亲教育的那样一步一步踏踏实实地走，目前继续组装售格子门，做木雕生意。他最大的愿望是子女将来有所出息，能像他们的叔叔罗金勇一样将来成为一个对社会有用的人。

第三部分　村　民

一、不同时期的干部

（一）老书记张定尔

来到狮河村，提起张定尔或者是老书记这个名字，没有一个成年人不知晓，大家都尊敬地称呼他为老书记。

张定尔家住狮河村上河2组。1924年出生，今年已经87岁，但他的身体还很健康，几乎每天都在村子里面转悠。对于老人来说，多活动，很好地打发一天的时间就是件大事。虽然老书记眼睛和耳朵都已经不好使了，手脚也有点僵硬，但他的头脑却仍然非常清晰。当老书记说起曾经的艰苦经历时，他都情不自禁地老泪纵横，可见这段经历的苦与痛。

张定尔出生在那个战火不断的年代，老百姓过着水深火热的生活。剑川在大理白族地区是比较贫困的地区，人们常年吃不饱。狮河村更是多灾多难的地区，是剑川最贫穷的村庄之一。张定尔在艰难困苦的环境下，一边做活一边学习，并取得了初中学历。初中毕业后他做过生意、学木匠、背卖盐、在村里犁田。

张定尔22岁时结婚，先后生育三个儿子和一个女儿。在他24岁时，剑川解放了。新中国政府推行土地改革，并于1953年成立了农民协会，他被任命为协会秘书，自此开始从事村里的工作。一年后的1954年2月，张定尔向党委组织递交了入党申请书，当时入党人数不是很多，但入党条件特别地严格，要通过层层考核。同年8月，他顺利地成为一名中国共产党党员。加入中国共产党之后不久，张定尔被任命为狮河村支部书记。从此他在村支部书记的位子上工作了一辈子，直到1984年60岁才退下来。他在几十年的时间里一直做着村里的支部书记工作，在那最艰苦的年代带领着村民一起面对贫困的生活，一起为改善村民的生活水平而努力着。

张定尔初任村支书时面临的问题很多。那时，通过土地改革虽然把土地分到每个农户，但仍不能改善狮河村贫困艰难的面貌。狮河村水灾泛滥，村里的农作物每年都要受水灾的糟蹋，收成很少，全村的经济发展很不乐观。每年粮食收成以后要向国家上缴公粮，缴完赋税之后基本没有余粮，更难以维持一年的生活。作为村支书的张定尔同村民一样食不果腹，难以忍耐的是村民不断找他要粮。张定尔知道村民已经没有办法了才找他帮忙的。他尽力想办法向上级反映，并多次直接到剑川县政府汇报村里的实际情况，寻求粮食。狮河村的情况无比地艰难，上级政府供给的粮食犹如杯水车薪，根本不能解决村民的缺粮问题。村民常年处在吃不饱、穿不暖的生活条件下，出现了身体浮肿、大脖子病等。

1956 年，狮河村的农业生产转为集体合作社。到 1960 年饥荒空前的严重。那时，每人一天才有 2 两粮食，很多青壮年将自己的粮食节省给老人和孩子吃，以保全他们的生命，但是很多青壮年人却饿死了。当时狮河村有 300 多户家庭，一年就死去一百多人。张定尔看在眼里，苦在心里。

1961 年农民分得自留地（1 分/人）。自留地上由农民自主选择种植，收成全部为自己家用，村民才有了点自己的粮食充饥，慢慢地脱离长期挨饿的状态。而张定尔却一直努力地为村民争取利益，尽量减少农民的负担。他曾因为经常维护村民利益提出的建议而受到过上级的批评。

张定尔一直都在忙着村里的工作，集体社的时候，他的补贴是每天两个工分，只能维持他个人的生活；改革开放以后，他的补贴为每个月 20 元，也只能维持他个人的生活。家里面的孩子、老人等都由家里的几亩薄田的收成来维持。几个孩子很小的时候就开始同家人一起做农活或木雕。张定尔虽然一直为村里的发展努力着，并使得狮河村的生活有所改善，但是对于家里的经济收入，他几乎没有半点功劳。但是他在教育子女上是很认真的，并严格要求他们好好学习和工作。

在这过程中，他的孩子们也慢慢地长大。大儿子参军到贵州了，并留在了部队发展，后来定居在了贵州。二儿子就是在村里的环境下成为了一名优秀的木雕师傅，一直在家从事木雕。而他的小儿子出生时的环境已经比以前改善了很多，家里的大哥已经成人了，而二哥和姐姐都能够帮助家里劳作增加收入了，所以他是最为幸运的孩子，从小就得到了很多的照顾，而且也受到了良好的教育。小儿子成人之后凭借他自己的能力和在家人的帮助下开办了建材厂，然后慢慢地发展，并取得了很大的成就。

在不知不觉中，他的几个孩子都有了自己的事业和家庭，张定尔依然担任着狮河村的支部书记。

张定尔的工作成绩上级看在眼里，村民看在眼里。他并不是自己占着村支书的位子不放，而是村民们不愿他离开，因为他一直不记个人名利，在为狮河村的发展奋斗着。1967 年，由剑川县政府推荐，大理州政府批准，任命张定尔为甸南公社社长。这是他往上升的最好机会，他同意担任甸南公社社长职位。当村民们知道张定尔要离开狮河村，去担任甸南公社社长时，带头的村民特意找张定尔谈话和诉苦，并传达了乡亲们的不舍之情。狮河村难得有这么一位为村民谋利益的好干部，假如他走了，不知道狮河村以后怎么发展。当晚张定尔一直难以入睡，他一直在考虑这个问题，觉得作为共产党员不应该先考虑自己的利益，应该先考虑乡亲们的利益，最后他决定并在第二天向上级推辞了公社社长的职位。很多人不解他为什么在那么好的机会下选择放弃，也许只有合格的共产党员才理解他的选择。

张定尔没有受这件事的影响，继续踏实地做着工作。直到 1978 年 12 月，中共召开了十一届三中全会，抛弃了“以阶级斗争为纲”这个不适用于社会主义社会的口号，决定把全党工作的重点转移到社会主义现代化建设上来，并重新确立了马克思主义实事求是的思想路线。特别是实行家庭联产承包责任制后，农民的生产积极性充分调动了起来，大家在搞好农业生产的同时，开展多种经济活动。狮河村是木雕之乡，全村人几乎家家都会做木雕。经济政策宽松下，木雕产业开始有了发展，村民的生活也得到了一定的改善。

而此时的张定尔在不知不觉中慢慢变老。1984 年时，他已经年满 60 岁，根据有关政策的规定 60 岁要离任。当年的村支书竞选中，张定尔和往年一样得到村民的满票支持，等选举完成后村民才知道他不能再连任了。村民都很惊讶，因为张定尔已经成为他们习惯的带头人了。

改革开放后，实行土地家庭联产承包制，极大地提高了农民的劳动积极性。狮河村村民的生活水平也得到了很大的提升。此时，张定尔离任回家重新做起了木匠，村民对他的称呼也从书记变为老书记。他虽然已经不是村支书，但他仍然关心着村里的发展。在改革开放的浪潮下，狮河村的木雕产业稳步的向前发展，村民的经济收入也逐年上升。这时的张定尔虽然已经60多岁了，但是身体非常健康，通过从事木匠活，开始给家里带来点经济收入。后来，他家中的经济条件也在不断地改善，在儿女们的劝阻下，他才安下心来在家养老。

张定尔在村支部书记的职位上为村里工作了30多年。他几十年如一日的认真做好自己分内的事，尽自己的努力为村民谋利益。这30多年却是新中国最为艰难的年代，也是狮河村最为贫困的时期。张定尔没有轰轰烈烈的壮举，也没有带着村民们做过什么大事，但他每天都在努力地为改善村民生活环境而奔忙着。集体生产时期，张定尔经常顶着被批斗的危险，一次次向上级反映情况，反映村民们的艰难以及请求政府放宽政策，努力为村民减少负担。

张定尔从事村里的工作，很大程度上影响了自己家里的发展。他作为家里主要劳动力，却被公事绕身，家里的很多农活都是妻子完成。他对家里的贡献很少，他的很多精力都用在了村里的工作上。他的妻子和家人也曾抱怨他，后来看到狮河村的经济发展起来了，特别是看到村民对他的尊敬，才理解他的大公无私，和他所做的事的意义所在。

如今，狮河村的木雕产业和经济在快速的发展，人们的生活水平也比老书记在职的那个年代高出了许多，但狮河村人们回想起当年的艰难时，都说老书记是带领着他们走过最为艰难的村支书。能够得到村民这么尊敬，这么肯定，是张定尔这30多年的艰辛付出的收获。在狮河村的发展历史上，永远铭刻着老书记带领着村民与艰难困苦抗争的历史。

现在，老书记和妻子都已经年迈，膝下儿孙满堂，在家人的精心照顾下，曾经经历了千辛万苦的两位老人，虽然已是80多岁的高龄，都还健康常在。吉人自有天相。愿两位老人开心幸福的安度晚年。

（二）村老年人协会会长杨锡龙

杨锡龙，男，1942年出生于狮河村，今年69岁，文化程度初中，现居住于狮河村上河下村3组151号。

杨锡龙是一位经历丰富的老人，听他讲自己大半生的人生经历，在有条理而又生动地娓娓道来中，仿佛我也跟随着故事的主角在时光隧道中重走了一遍。在述说生平的同时，自然处处离不开时代的烙印。

杨锡龙对于小时候的那些事，由于生活的艰苦早早在记事之年，就在记忆中留下不可磨灭的印迹，直到现在都还记忆犹新。1952 年杨锡龙 9 岁，刚刚在村里上了小学一年级，一个学期的学费 3 角。土地改革后，家里财产全部被没收，连一条被子都没留下，父亲、弟弟和小妹在这场突如其来的变故中相继去世，只剩下母亲和自己相依为命，除了靠母亲做农活以外，母子二人没有任何的其他收入来源。或许是因为这样的原因，杨锡龙对那段时间中生活花费的每一分钱都记得很清晰。

1957 年，杨锡龙考上县中学时，连一件背心、一条衬裤都穿不起。他把母亲给自己纳的一双布鞋认真收起舍不得穿，只有去做客的时候才偶尔拿出来穿一下，平时都是穿草鞋。那时，母亲一周至少要给他编三双草鞋。所有学生口粮都转到学校，学校每月供应男生 30 斤，女生 28 斤，香油 4 两。当时大米 7 分钱 1 斤，香油 4 分钱 1 两，杨锡龙在学校一星期的生活费为 5 角。一周吃 6 斤大米 1 两香油，花费为 4 角 6 分钱，由学生出钱购买，然后自己做饭吃。菜和柴火都是从家里带到学校。他每周六回到家，第二天一大早便跟随母亲到家后面山上拾柴，下山时，母亲总是拣重的柴火背，两人都不会劈柴，只好请来亲戚邻里帮忙。这些辛苦拾回来的柴火不仅仅是日常生活所需，当天劈好后就跟母亲一起背到甸南镇上卖，换得杨锡龙下一周的生活费。那时，10 斤柴 8 分钱，就算背得动 100 斤的柴火也只能卖得 8 角。母亲给了杨锡龙 5 角的生活费，即便母亲再多给儿子，他也不会要。杨锡龙拿到 5 角后，在甸南镇与母亲分别，带上一点柴火和两双草鞋步行两个小时回到县城中学。他有时候周末不回家，就到县城里面帮修公路的工作队背沙石，一天能赚到一块二，这样可以维持自己两个星期的伙食费。

读书的时候虽然生活艰苦，杨锡龙一直到初中二年级都保持着班级前 5 名的优异成绩，直到初三下学期，学校不再允许学生自炊，集体伙食一个月要交 7 块钱，实在交不起，只好辍学回家。母亲一再劝说杨锡龙，无论如何也要读完中学，但他也不忍心看着母亲为供自己念书百般受苦，再加上自己是地主的儿子，即使毕业也找不到工作。他再也提不起兴趣去上学，于是开始了学做木匠的生涯。

杨锡龙回家没过多久，村里就开大食堂了，狮河村所有人吃饭都集中在村里的三个食堂，做木匠也没有人请。直到 1961 年食堂拆散，木匠的活才多起来。20 世纪六七十年代，狮河村的年轻小伙找不到媳妇，本村的姑娘宁可远嫁他乡也不会留在狮河村。洱源县的生活状况比剑川好一些，1961 年到 1976 年之间，杨锡龙就去了洱源县做学徒，在那里长期的工作生活，自己也融入了当地文化，大街小巷在他心中犹如地图一样清晰，就连城南城北白族话不同的口音他也能分出。期间，没有固定的工作安排，只好遇上什么活就做什么活。在洱源坝子，杨锡龙盖的大房子不下于 20 坊，他也因此在洱源干活积累了大量经验。他外出不带口粮，还能把自己那份留给家人吃。那几年粮食极为紧张，在狮河村哪一户人家要是过年时候还有几斤米留着已经是一件幸福的事。他在洱源县做木活一干就是十多年，做一天活得一块五劳工费，向生产队交副业款 8 毛，然后记为工分，年终就可以参加生产队的分配。后来随工价上涨到每天 2 元，每月就得向生产队上交 42 元。

1976 年，杨锡龙回到狮河村悄悄地在家做木匠。那时，个体单干被看作是投机倒把。他做好一点就拿到甸南供销社去卖。由于家里儿女多，为了养家，不得不艰苦，迫于生活的压力，他白天在生产队做农活，晚上回来在家做木活总要做到夜里一两点。他那时候一晚上的工作效率是后来自己做一天都及不上的。

改革开放后，临沧市双江县向剑川县招木工技术培训员，要求年龄 40 岁以下，有教学能力，木工技术方面要求能老能新，能粗能细（新老手艺都要会，大木匠建房的活与精雕细琢的活也要会），于是县政府设计局把名额分派到狮河村，村委经过开会决定派当时 39 岁的杨锡龙去。他在三年时间里做木工培训班工作，建房、雕花、打家具均在培训范围内。双江县居民多数是佤族、拉祜族、傣族、布朗族等少数民族。县里没有像剑川木匠这样手艺的木工师傅，6 个乡一共派来 12 个学员跟随杨锡龙学习木工手艺。学员是有差异的，培训一个木工，心灵手巧肯下功夫的三四个月就能有一定成就，有的则学了一年都不见成效。相对来说，雕刻方面女孩子心细手巧耐心好，学得要比男孩子快。

1985 年后，杨锡龙家中生活状况才真正有了好转。1981 年杨锡龙从临沧回村后在家做了 4 年多的木匠。1986 年开始跑起了生意，当时跑生意还需在县里的供销社办营业执照，他在 1987 年就领取了营业执照，算起来在镇上还是第二批有营业执照的。他起初把在家做好的格子门成品运到大理、下关一带去卖。当时，狮河村通往甸南镇的公路还没有修好（现在村里的公路是最近些年才修的）。要先把货用手推车、马驮、甚至是自己背到甸南镇公路边上，然后拦路过的大货车带货。每次带三四堂组装好的雕花格子门到下关去卖。同时把自己的木匠工具随身携带，到处帮人家打家具，这样在下关待的日子就有三年之久。跑生意和在外帮人家打家具这些年，收入较为可观，经济条件才慢慢有了转变。1986年开始跑生意以后，自己亲手做的木雕产品慢慢地减少，主要的精力放在了生意上，运出去卖的产品，更多是向身边的亲戚朋友收购，按一定价格收来以后，拉到外地卖，这样才逐渐把生意做大起来。1990年前后，主要在邓川、下关销售，也有少部分卖到了楚雄、中甸、丽江和兰坪。1992年以后，多在洱源——邓川——大理一带销售，之后在丽江永胜开了一间铺子，但是销量不好，于是又转到鹤庆经营，一直维持到现在。如今，他仍然在自己家的铺子、工厂两边来回跑。

对于村里的发展情况，杨锡龙说，细致地描述自己是不会表达，但从表面上看，去年到今年，购买私家车的人多了。目前村里大概有40~50辆。狮河村这几年的巨大变化，杨锡龙认为首要归功于党的政策好，对本村的木雕事业给予很大支持。另外是交通的改善，以前交通封闭，木雕产品的运出十分不便。早些时候运成品格子门到外面卖，运输用的手推车都用坏好多辆。现在不仅有了柏油路，不少人家还有自己的汽车，解决了材料运进、成品运出的问题。同时还有一个条件，就是村民自己的努力，有了天时地利，配上人和，才会有回报，才能过上好日子。狮河村的村民在家就可以开展自己擅长的木雕工作，一边赚钱一遍照顾家庭，每天至少有45~50元的收入，手脚快的一天轻轻松松就可以赚百元。所以，如今的狮河村鲜有人外出务工，除非是亲戚朋友需要帮忙的，通常都是外村的人进来村里打工。

狮河村从贫困村变为富裕村，虽然与旁边其他村相比少了很多国家给予的惠农政策，但是村民们自食其力致富却是一件值得骄傲的事。以前，在狮河村里除了务农外，还有铁匠、裁缝、石匠、泥水匠各种各样的工匠。近20年来，这些工匠都慢慢转为木工雕刻。不过，大家在生产、生活上依然是闲时做木工活、农忙时下地干农活。相比之下，现在年轻一辈的木匠手艺比较单一，大木匠就是大木匠，做木雕的就是精雕，像杨锡龙这样不管什么样的木活都难不倒的少了。目前村里的木匠都只精于一种类型，但是换个角度来看，这也是村里木雕加工发展所形成的工种细分。分工细了，大家的技术更精了。随着木雕事业的蒸蒸日上，为了有统一的管理，在剑川县的支持和甸南镇的扶持下，村里组织了剑川县狮河木雕工艺协会，协会还邀请了杨锡龙做总顾问。在木雕工业园区规划之初，相关领导在征求老一辈手艺人的意见时，得到了杨锡龙的大力支持，他表示只要自己还有能力，在狮河村的发展中一定要出上一份力。

这几年来，村里家家户户忙着做木雕，并为他们带来可观的收入，在一定程度上为村里的和谐做出了贡献。村里的人都通过劳动增加了收入、都在忙，赌博、偷窃、行骗等不健康的行为在村里是没有的，自然而然地形成一种和谐。

杨锡龙从2001年起担任狮河村老年人协会的会长，至今已有十年。60岁以上老人都可以自由选择参加老年人协会。截至2010年，狮河村老年人协会有162名成员，其中80岁以上有32人。十年老年人协会任职中，作为老年协会会长，杨锡龙最欣慰的是：年轻人善待老人，老人没有向他哭诉生活得不好或者儿女待自己不好；老人们也相处融洽，经常在村里集市旁大树下围坐一起拉家常。村里有大事，少不了老人们开会商量，最近正在商量重建本主庙。村里的老人主要是靠儿女供养，那些体弱多病的老人对儿女要拖累大些。

杨锡龙现在69岁，从不过问自家几个孩子的生计问题，也不需要孩子们负担生活费。他自己有时也做点木雕祖先牌，一年至少有一万多元的收入，年花费一般在5000~6000元。他的日常开销主要用在烟、电话费、新衣服和日常饮食消费等方面，手机一个月花费50~60元。他身体挺好的，不用吃药，在医疗方面花费也极少。他在61岁做木活的时候，锯木机割伤了手指，现在手指不能灵活自如，以前拉二胡很不错，现在因为拇指受伤，拉起二胡来多多少少都有一些影响。他的老伴去世了，儿女都各自成家立业，但是杨锡龙在家里依然受到尊重，就连在村民心中，也是一位值得尊敬的长辈。

杨锡龙在村里的本主节和鲁班节这两个重要节日中，还主持节日的一些祭拜仪式。在杨锡龙心中，做事，要对得起全村的老百姓！他在村里做了很多公义事业，从不计较个人得失。村里本主庙旁有灵宝塔，原塔在“破回旧”的时候被人为损坏，村民一致认为应该把这座塔重建。于是由杨锡龙发动村里的老人开会，动员集资，并由他于2004年负责带领村民足足用了一年时间，不求回报地组织重建灵宝塔。这座塔的重建受到村民们的支持，积极义务地加入建设，把市场造价约合15万的灵宝塔用集资款7万多元建成。新建成的塔，不仅是本村的一个标志，还因为造型样式受到好评，在剑川县里后建的塔中成为佼佼者。

2010年，杨锡龙向村里提出两个建议：一是村里对老年人的文化生活关注不够，缺乏相应的活动地点；二是狮河村作为一个木雕村，木渣、刨花等边角废料多，属于易燃物，一旦发生火灾后果不堪设想，目前村里缺乏消防设施，应该在这方面加强管理。

杨锡龙说69岁还不算老，在有精神的条件下，还要继续投身于狮河村的公益事业，只要自己能做的，绝不推开。

（三）老村长刘玉根

刘玉根，出生于1950年，现年61岁，初中文化水平，家住狮河村上河3组148号。我们在住所接待室采访了他。

刘玉根，一名普通的白族老农民，有剑川人民的黝黑肤色，由于抽烟，牙齿发黑发黄。他的手掌比较粗壮，个子不高，但是身体非常健壮，性格随和、乐于助人，做事情颇有魄力，热情好客，比较豪爽。他显得比同龄人要年轻，有精神，善于与人交往，对做生意有独到见解，且对当村干部有自己的一套，能全心全意为大家服务，并当作一种乐趣。同时对知识有一种向往之情，所以对子女的教育问题非常关心，不断鼓励子女努力学习。他还有一份白族人的虔诚之心——对本主非常崇拜，经常参加村民组织的本主节活动，并乐此不疲。

1957年刘玉根在老君山小学上学，五年后接着上了老君山中学。中学毕业后，由于家庭十分困难而回家务农。当时家中有5个兄弟姐妹，而较懂事的他便开始打工挣钱贴补家用。几年的打工生活锻炼了刘玉根坚韧的品质、吃苦的精神和铸就了他健康的体魄，为以后做生意打下了基础。当时他跟着老君山的一位老板（老人回忆，此位老板姓杨）做玉器、牛皮生意，由于对做生意满怀好奇，便仔细关注着做生意的方方面面，时时处处留心着做生意的门道。因此，刘玉根从那位杨老板身上学到了不少东西，懂得了一个重要的事理——掌握民情，和各地的风俗习惯，非常有利于生意的开展。尤其学到了杨老板的诚信，并且将学到的、注意到的、留心到的东西时刻记在脑海，运用于以后的做生意中，使得以后的生意越做越好。

打工生涯结束以后，刘玉根因为多种原因来到了狮河村，做了上门女婿。当时他从老君山出来，也就是摆脱了落后的山区，但是当时狮河村的状况比起老君山好不了多少。不过他没有忘记当年想做生意的念头，很快就融入了狮河村的生产生活之中，并且积极主动地去发现做生意的机会。为了养家糊口，根据当时的情况——木雕的利润很不错，他决定去尝试着做木雕贩运生意。

在做木雕生意过程中，对于他来说最大的困难就是交通不方便。当时为将木雕格子门等产品运出狮河村，他经常开着手扶拖拉机，经过20多小时的长途颠簸，才将货交给客户。每次在这20多小时中，喝冷茶、吃冷饭便是他的家常便饭了，有时要赶路，甚至一天都没有时间吃饭。最不好的情况是碰上下雨天，道路泥泞不堪，有时连车子都无法行进，在这种情况下，他不得不在路上过夜。虽然很辛苦，但是为了家人、为了生活，对于他来说是非常值得的。当将木雕产品安全送到顾客手中后，顾客常常无法及时的交付货款，这就是做生意人经常遇到的情况，非常使人失望。因此他说："那时，挣到的钱也不一定拿得到手中。"而当时他的大姑娘在下关财校读书，交不出学费，更谈不上有生活费了。生活费是学生学习的最基本保障，为了不让女儿担心，他努力想办法，经常跟客户约谈，及时给女儿寄钱。

经过了几年的拼搏，刘玉根于1980年终于当上了"小老板"，这一当就是12年。在这12年中，他的生意也是越做越大，最后将事业传给了儿子，现在儿子当了真正的老板。他的货物经常卖到丽江、大理和下关等地，只要有生意做，他便努力做好。每到当地的物资交流会时，他便非常忙碌，经常早早起床，将木雕产品拉到物资交流大会上出售。渐渐地，他就有了稳定的客户，而且客户也越来越多。据刘玉根讲，他做生意最注重的就是讲信用，虽然当时做相同生意的竞争对手很多，但是他做的生意十拿九稳，几乎都能卖完，没有回头货，这就是与他在顾客中的良好信用密切相关。他还积极了解各地的民族风情，将货物的制造风格适应当地的风俗，由于他出售的货物质量好，而且适合当地的风俗，非常受欢迎。

刘玉根家里生活开始真正好转是在1999年，到了4年后的2003年才不愁吃穿。他不仅做生意有一手，而且最大的成就就是当了狮河行政村上河自然村村长，这是上河村的幸运。他在当村长过程中，做了很多对村子发展有利的"大事"。

刘玉根在当老板前，于1978年就开始当村里的干部，而且经过4年的努力，于1982年开始当自然村村长。他能够与上级和下级很好的沟通，善于做群众的思想工作，领导上河村村民发家致富，还给村民传授经商之道，为村里的发展尽心尽力。

1978 年，上河村的道路是地道的泥巴路。下雨天，不管是村里的还是通往村外的道路都十分泥泞，尤其村中的那条小河还经常发大水，通常都把道路冲垮，导致村民出行不便。到了雨季，农用车就无法进村，限制了村里木雕产品的运输，从而在一定程度上阻碍了村子的经济发展，导致村民普遍贫困落后。当时，这里有句俗语——上门不去狮河（劝男人别去狮河村上门）！由此可见当时狮河村的贫困落后程度了。而如今村中的道路得到了改善，大部分变成了水泥路，进村的路也已经变成了坚固的大道。从此不管下再大的雨，道路不在泥泞，车辆正常进出，人们出行方便了不少，木雕产品的运输也方便了不少，经济也渐渐地发展了。那条在雨季经常发大水的小河也被治理好了，即使雨再大，河水再多，道路没有再出现被冲垮的现象。我们在狮河村调研期间，碰上了连续两天下雨，我们仍打着雨伞出行开展工作。现任的村主任感慨地说：“如果在几年前，遇到下雨天，你们这个团队不要说去调研，就是想要顺利地进入到村中都十分困难。”村里村外道路的改善，刘玉根确实有一份功劳，如果没有这位老村长的努力，没有他果敢的做事风格，现在村子的面貌或许不会这样好。当我们和刘玉根谈到这段往事时，他也觉得非常自豪。

其实，当年为了修路，刘玉根克服了许多困难，做了很多艰苦细致的工作。如为了做通群众的思想工作，他晚上经常加班，因为群众的思想工作非常不好做，需要大量的时间和精力。据他讲，当时为建设进村公路要征集土地，但款项没有到位，上级要求先征集土地，后发放征用土地的费用。在这种情况下，要征集土地显得十分困难，没有钱老百姓一般是不会同意征地的。此时，要做好老百姓的思想工作显得十分重要，只有将老百姓的思想工作做到位，才有可能将老百姓说服，征地工作才有可能完成。所以，刘玉根不得不加班加点的去动员群众、做群众的思想工作。他用自己丰富的工作经验，经过一家一户的动员，征地工作最终得以解决。

村中道路的改善，当时最难解决的就是资金问题。虽然有政府的拨款，但是资金仍然不够，要配套自筹部分。因此，要修路，必须还要动员村民的资金支持。当时经济困难是村中普遍的情况，如果生活富裕了，村中的路也就不会泥泞了。虽然修路可以带来巨大的效益，但是村民由于生活困难却有很多人不同意修路。然而，如果不动手修路的话，政府的资金支持会拿到别的村去用，那样将来要想再一次向政府要求资金支持，就会非常不容易，所以刘玉根决定对村民再进行深入细致的思想工作。先是经过召开村干部会议，动员村中各队队长，接着到村民家中动员，陈述这里面的利害关系；后来渐渐得到了村民的理解和支持，资金问题在艰难中解决了；村中道路最终得以改善。这里的辛苦只有他能够真正感受得到，让我们这些晚辈去想象的话，是绝对想象不到的。

当我们谈到加班加点为村里工作值不值时，刘玉根很自豪地说："很值！为人民服务也是一种快乐！"这些工作不只是为了一代人而做的，而且也是为子孙后代而做；不仅是为他人而做，也是为自己而做。他还说，如果道路不修，这代人的路不好走，那后代人的路也不好走；路修好后，每一代人的路就都好走了。

另外一件事也是非常值得一提的，那就是上河村的通电问题。在当时虽然每家每户基本上都通了电，但是每逢用电高峰期，灯泡就没平时的亮了，甚至机器都不能正常工作。后来，就有了国家的电网改造工程，但是此改造在上河村实施起来不是那么容易。虽然电网改造可以改善上河村的用电问题，但是附带的一系列问题开始浮出水面，例如，电线杆的安放、劳力的安排等。当时电线杆的安放成了村中电网改造的难点，有很多村民不同意将电线杆安放到自己家的旁边或田地里。因此，狮河村的村主任多次对群众做了思想工作，可是效果甚微，很不理想。而作为上河自然村的负责人，刘玉根主动请求，做起了上河村村民的思想工作。由于他有一定的处理群众问题的方法和经验，经过许许多多的工作和努力，最终将上河村的村民说服了。上河村的问题解决后，下河村、官登村的问题也很快解决了。刘玉根说，后来完全按照预设的方案实行，电线杆的实际安放位置就是预设位置，没有一点改动——这就是他处理事情的完美之处。当时有的村子经过多次努力，由于群众的不同意，最终电线杆的安放位置不得不改动。从此以后，村民用电问题得到进一步改善，没有出现以前供电不足的情况，即使到了用电高峰期，机器还是能够正常的运行。

上河村过去贫困落后的一个很突出的问题就是饮水难。在刘玉根当上河村村长期间，正好有上级的支持，要为村里接通自来水。对于村里来说，这是难得的机会，既可以解决饮水难问题，同时也可以改善村民的生活，还可以为村民省下不少费用。但困难偏偏又出现了，由于村民中贫困的多，有很多村民没钱来支付安装自来水管的费用。刘玉根及时开展群众工作，动员村民互相帮助，带头并鼓励帮助那些支付不了费用的村民。他还跟上级请示，尽量减少安装自来水管的费用，对那些支付不了费用的村民进行补助。虽然这些工作说起来容易，但是做起来可费了他不少时间和精力。虽然如此辛苦和劳累，但是他拥有强壮的身体，对于做这些事，他反而越干越有劲。

刘玉根每当想到这些事为村民带来的好处时，就会努力将这些工作做好。他相信："作为一名村里的负责人，同样也是人民的公仆，为人民服务是自己的天职。自己付出的越多，受益的人同样也会越多，不仅仅这一代人受益，下一代人也会受益。这就是一个白族村负责人的普普通通的想法！"

采访时，刘玉根给我们开了一个很现实的玩笑。他说，上河村的经济随着木雕产业的发展而快速发展起来，搞木雕的越来越赚钱，如果当时作为老村长的他受贿的话，能收好几万元，那么现在自己早就发达了。可是他连一根线都没拿，靠着自己的双手辛勤劳动。刘玉根为人处事的基本观点是：作为一名"干部"，为人民服务是第一，要做到让群众满意；"对上一套，对下一套"是不行的；要拿出良心来对老百姓，不然就不是合格的村干部。据刘玉根讲，这些想法是年轻时学习张思德和焦裕禄等的事迹而形成的。

跟刘玉根谈话，觉得他轻松自然，和蔼可亲。这些事从他口中讲出来，你不注意就感受不到里面的艰辛，但是当回想时，里面的困难和艰辛却历历在目，使你无法想到轻松二字。作为最基层的自然村老村长，他什么事都要管一管，大到村中的规划发展大事，小到鸡毛蒜皮，他无事不管。在村里，几乎每个人都知道他的家在哪儿。

刘玉根有一个外号——刘摆平。顾名思义是一个能够摆平好多难事的人才，基本上没有他摆不平的事。村中的一些疑难问题，只要到他手里基本上都能摆平。在他做村长期间，解决了好多其他人没法解决的问题，如以上所说的通水、通路和通电等，通过他真的给摆平了，所以群众将他称为"刘摆平"。这也是广大群众对他的认可吧。

另一个让刘玉根高兴的事是：在村子发展的同时，他的4个孩子都有出息了。他的大儿子做雕刻，二儿子当老板，大女儿在浙江，二女儿在四川。他最大的愿望就是能够好好休息，安度晚年。

刘玉根很崇拜毛主席，"文化大革命"时到过北京。他真的见多识广，除了海南省外，哪里都到过。现在，他仍在为了狮河木雕工业园区的建设和发展而努力做着自己能够做的事情。

刘玉根还做过乡村医生。据他讲，他有治疗风湿病、胃病的中药秘方，曾经给许多村民治过病。当时药方利润很高，但是当困难村民来看病时，他基本总是免费给他们治病。这也体现了他甘心奉献的那一份做人原则吧。

采访结束后，刘玉根热诚地邀请我们去他家坐坐。不过最终我们没有去他家，这或许是我们的遗憾，也是他的遗憾了。

（四）阅历丰富的村委会副主任张根树

剑川县甸南镇狮河村木雕加工历史悠久，拥有传统木雕工艺及人才优势，是远近闻名的“文化旅游木雕村”和“中国民族木雕家具产业基地”。狮河村之所以有欣欣向荣的今天，与那些默默奉献于基层的村干部们的贡献有着密切的关系，是他们的努力与付出才有了狮河村灿烂而美好的今天和明天！在他们当中，有这样一位朴素却不显沧桑，睿智却不显漂浮的村委会副主任，他丰富的人生阅历令人感慨，他为狮河村的经济社会发展所付出的努力与艰辛更令人发自心底的钦佩。

初见张根树，他皮肤稍显黝黑，有一双洞察力十足的大眼睛，穿着整洁得体，给人第一印象是一个精明且有闯劲的汉子。在对他进行深度访谈之后，又为他的人生阅历和人生追求而感叹。

张根树，1964 年生于狮河上河村，今年 47 岁。1984 年，在大理市洱源县洱源一中高中毕业后回乡从事木雕行业。由于自己在初三时就跟随父亲在课余时间学会了木雕技术，回乡从事木器木雕行业的初期并未遇到什么挫折，然而在当时搞木雕所得的报酬较低（10 多元/月）。为了增加家庭收入，张根树通过四处筹钱购买了一辆拖拉机，通过拖拉机运输所得收入和木雕所得收入共同维持家里经济开销。四年下来，家里经济状况有所好转，但要实现小康还为时尚早。为了改善家中的经济状况同时还可以研修自己的木雕技艺，张根树决定外出学艺。他相信“人外有人，天外有天”与其像一只井底青蛙一样目光狭隘，不如外出历练上几年，和各路高手过过招、切磋切磋，这样不仅可以学习到他们的高超技艺，对于提高自己的木雕技艺也是非常必要和有益处的。

张根树开始了他的“游学打工”之路。他辗转各地，从事木器木雕的修缮工作。最初他从事邓小平妻子卓琳家的设计和修缮，后来接到云南宣威火腿公司的设计和装潢的订单；接着他又转战昆明盘龙寺、昆阳普者寺从事古建筑的修缮和维护；再后来在腾冲县大戏楼、珠宝楼，沙甸清真寺，鹤庆新华村等地都留下了张根树忙碌的身影及其精湛的木器木雕工艺。在外打工十余年间，张根树辗转各地，不仅对各地村风民俗和风土人情有了进一步的认识，自己的木雕技艺也有了飞跃式的进步与发展。同时十余年下来，他接触到各行各业的人员，其中有政府官员、机关人员、经商人员，还有民工、普通从业人员、老百姓等。从他们的身上，张根树学到了很多，自己的人生观、价值观、看事物的态度和眼光也有了巨大的转变，对事物的思考和认识也深入了很多。后来他回家乡开办了自己的木器木雕加工厂，初期属于个体工商户，发展了三年多的时间，工厂规模日益扩大、实力变强，对村庄经济建设起到了一定的带动作用。

2007 年 5 月，在第三届村委会换届选举中张根树被选为狮河村村委会文书。起初家人全都极力反对他走从政之路。因为担当村干部特别容易得罪人，而且好多工作都是“吃力不讨好”的；另外，与从事木雕行业所得收入相比，当村干部的经济收入也比较低。在通过一次又一次地做家人的思想工作，通过与他们协商、劝服他们支持自己的选择，家人终于做出了妥协。2010 年 5 月，在第四届村委会换届选举中，张根树被选为狮河村村委会副主任兼文书。在村委会工作期间，他在新农村建设事业的发展中，努力推动村庄经济、文化等各方面的建设，同时积极主动地做了一些群众工作，对群众纠纷进行调解，长期下来得到了群众的信任和支持。与此同时，他的政治思想觉悟得到进一步的提高，他亦开始思考如何才能在自己现有的岗位上为群众做更多的实事，谋取更多的利益。通过不断地在学习中工作，在工作中学习，张根树在村委会的工作也可谓做得有声有色。家人也渐渐的理解了他的选择。正如他所说，当村干部并不是为了地位、权力和金钱，而是在当上村干部之后，自己要承担对乡民的责任，会不断地督促自己更加积极和进取；同时在带领群众不断探索同走致富之路的同时，会接触到不同行业领域内的人，通过这些平台会有更多的机会将狮河“木雕之村”的美誉传扬出去，自己的木器木雕技艺也会随着与更多的专家接触和交流之后而有更大提高。他的理想就是通过木雕技艺将狮河村的经济发展推向高潮。

回首往事，张根树坦言，在担任村干部期间，他不是没有遇到过挫折，他也曾遭受到群众的误解和责骂，可是他仍然咬牙坚持了下来。比如，担任副主任初期在进行群众纠纷的调解时，某些乡民因为文化素质较低、法律知识和观念比较淡薄，所以也曾误解过自己担任村干部的动机，甚至口出恶言。偶尔有些村民性格比较执拗，在对其进行纠纷调解并开展思想工作时难免少不了口角上的摩擦，那时年轻气盛的自己也不是没有和村民起过争执。后来通过不断的探索，他发现了耐心、细心和理解的深奥，对于开展村民工作具有不可小觑的作用。通过调整工作方法，张根树的付出得到了村民们的理解，亦取得了群众广泛的信任和支持。

2009 年，张根树积极带头落实有关土地流转政策，承包土地 50 余亩用来种植烟草，村民们在他的带动下，也纷纷积极地投身于烤烟事业中来。他还聘请了烟草种植方面的专业人员到村里讲授烟草种植的知识，并积极推广先进的科学技术，带领村民共同走向致富之路。他家 50 余亩的烟草地，亦全都聘请本村村民种植，这样一来仅是他家的烟草地以及木雕工厂就带动了村内一部分剩余劳动力的就业。现在狮河村种烟农户已高达 120 余户，种烟面积达 480 余亩。在烟草公司和政府的鼓励与支持下，狮河村共建两群共 12 户（6 户/群）的电动烤烟房，年创利润过百万，烟农和村民们的经济收入都得到提高。

张根树除了带领村民学习先进的科学文化知识，他还积极进行各种尝试，带领村民开展各种经济活动。但是正如他所说，木雕技艺是他的饭碗和真本事，他是靠木雕技艺起家的。况且狮河村木雕历史久远，很早以前就有木匠艺人从事房屋装修和木器制作，他们都掌握了一手木雕绝活。改革开放后，随着木雕生产在剑川的蓬勃发展，从小就开始学习木雕的狮河人也不甘落后，一大批家庭手工作坊纷纷兴起，叮叮当当的声音响遍了整个狮河，在狮河村几乎每一个家庭都从事木雕制作，农闲的时候，妇女们也提起斧凿，操起木匠活来帮着做事。难怪人们都说，狮河村是家家户户加工，人人都是巧匠。随着一大批精美的木雕产品远销各地，狮河木雕的名气也越来越大，成了一颗冉冉升起的乡镇企业明星。2001 年被云南省人民政府命名为“狮河文化旅游木雕村狮河村”。

为了不辜负木雕之村的声誉及身为木雕传承后辈应承担的使命，张根树并没有放弃自己的木雕事业，通过自己的努力，他获得了“国家级工艺美术师”的美誉和“木材检验资质证”的业内资格明证。他家的木雕作坊已形成一定规模，经营得头头是道；他家所制作出的木器木雕工艺品，均由购买商上门订货然后成批销售，销往海内外各地，几乎鲜有零售。

2008年在上级党委和政府的领导下，他和村委会干部们积极投身于木雕工业园区的筹建工作之中。在大家的共同努力下，工业园区建设项目得到了上级的批准，现如今该项目正在积极建设之中。他还通过土地流转政策承包了工业园区内8亩多的土地，作为自己正在申请注册的“珍珍木器木雕发展有限责任公司”的基地。

同时在他和各个村干部的努力之下，还成立了狮河木器木雕工艺协会。协会成立以后，一贯发扬和传承木雕技艺的宗旨，积极开展木器木雕技能的宣传和培训，同时还聘请专家，对其进行指导。在过去，狮河村从事木雕生产经营的个体户各自为政、无序竞争，没有形成木雕产业发展规模。针对这种情况，张根树和其余村干部们一起将全村分散经营的木雕经营个体户和木雕工艺师组织起来，成立了“狮河木雕工艺协会”，并积极推行“协会+基地+农户”生产经营模式，在资金、技术、信息等方面优先支持木雕工艺协会。木雕工艺协会根据市场需求，积极为木雕生产经营户提供产品设计、生产组织、原料供应、产品销售等服务，把木雕生产与市场有效连接在一起，形成了组织严密、分工有序、充满活力的木雕产业链，促进了木雕产业的发展壮大和群众的增收致富，村委会在群众中的凝聚力、战斗力不断提高。木雕工艺协会从木雕生产销售中提取管理服务费作为发展资金，并将管理费的30%上缴村委会作为村集体经济收入，加上出租村铺面的租金及木雕经营大户的自愿捐资，木雕产业发展每年可为全村集体经济增收10多万元。

张根树的付出以及他对村庄经济发展的贡献得到了大家的肯定和认可。在他担任村委会文书及副主任期间，积极配合村支书和主任的工作，团结群众，真心实意地为村民办实事。在国家各种惠农政策及新农村政策的相继出台的背景下，他亦积极进行各种尝试，为狮河村经济、文化、政治、科技、教育、卫生事业的建设做出了突出的贡献。2009年党小组将其纳为党员发展对象，在党支部的考验之下，2010年他成为中共预备党员，2011年7月1日建党节，他成为了一名光荣的中共正式党员。由于任期内出色的表现，在2011年5月的第四届村民委员会换届选举中，他以高票担任狮河村村委会副主任。

谈及现状，张根树一脸满足。他说，现在自己家中各方面发展状况比较不错，无论是木雕工厂、烟草地，还是正在建设中的木器木雕公司，自己全都亲力亲为，而且所得经济效益都还不错。现在他可以放心地将自家的木雕工厂交给对木雕也很痴迷的大儿子。由于大儿子文化程度不太高，所以他将督促大儿子多多学习管理和营销方面的知识，同时他决定让大儿子先在木雕工厂进行实践学习，接着才能让他接管公司，让他全身心地投入到自家木雕公司建设和发展中来；次子现已大学毕业在昆明建工集团工作，小女儿目前还是高中在读，所以对于次子和幼女他选择让他们自己决定未来的事业。提及家里的发展，张根树信心满怀。近些年来村里的发展相比以前有了很大的进步，可是要想实现全面小康，自己的使命还很重，他将继续努力为村庄建设奋斗下去。当然，如果在其任期结束之后，有优秀后辈涌现出来，他说自己一定会退位让贤，转而继续钻研木雕技艺，他要将木雕技艺传承下去。他希望狮河村的明天更加的美好！

没有人不希望摆脱艰苦的生存环境，所以在困境中生存的人往往更能吃苦耐劳，他们执着追求、顽强进取、不懈努力，在忧患中开创事业成就辉煌，谱写出昂扬激越的人生壮歌。因为历经人生的风风雨雨，所以更懂得自己的追求与人生的真谛！张根树就是这样，所以才会如此的刚毅和执着，才能为了自己的人生目标而不懈努力！

（五）总支书记兼村主任杨继兴

杨继兴，男，1970 年出生，现年 41 岁，大学本科毕业，狮河村上河第 3 组人。狮河村村委会党总支书记兼村委会主任。

我们在采访时杨继兴说，20 多年前狮河村还很穷，吃粮靠返销。狮河村虽有木雕的传统，可一度不让搞木雕，有的只是偷着搞。他自己上中学时连草鞋也穿不起。当时民间流传：有钱不嫁狮河村。

杨继兴后来选择了上师范学校，1987 年毕业于大理师范学校。1988 年 9 月至 1995 年 9 月，担任小学教师，曾获先进教育工作者、优秀教师等称号。1995 年 9 月至今，一直在狮河村村委会工作。其间，于 2006 年获中央云南省委党校行政管理本科文凭。先后担任村委会文书、副主任、主任、书记兼主任。曾获“优秀共产党员”、“先进党务工作者”等称号。至 2011 年，他已经做了16年的村委会工作，对村里的情况十分了解。

杨继兴是一个工作认真负责、党性很强的书记和村委会主任。他所在的村委会和党总支部曾获剑川县委2011年7月颁发的“党建工作先进党总支部”、甸南镇党委颁发的“二〇一一年度先进党（总）支部”及各有关部门颁发的“先进示范村”、“云南省社会主义新农村建设先锋模范单位”、“科技先进集体”、“廉政建设先进单位”、“文化工作先进集体”、“大理州建设新农村、美化新家园、村容整洁大行动先进示范村”等称号。村委会的宣传栏及墙壁上，张贴着许多常用的规章制度，有的用镜框镶嵌着，一目了然，规范整洁。

他在自己办公室座位后的墙壁上用毛笔书写道：党支部书记要做到为官一任时刻勿忘清廉，从政一番常思百姓冷暖。稳得住心神，管得住身手，抗得住诱惑，经得住考验。管住自己的手，不拿不该拿的东西。管住自己的嘴，不吃不该吃的饭。管住自己的腿，不去不该去的地方。党的政策，不折不扣的执行。

他的办公室左侧的墙壁上，挂着两个镜框：一个是《党支部书记工作职责》，另一个是《狮河村村民委员会主任职责》。

《党支部书记工作职责》是2010年狮河村村委会党支部制订的。内容如下：

1. 主持村委会党支部工作，支持集体领导，贯彻民主集中制原则，充分发挥支委班子的领导核心和支部成员的战斗堡垒作用，保证党在农村的各项路线、方针、政策的贯彻落实。

2. 抓好党支部的自身建设，坚持支部和党员的双向目标管理、民主评议党员制度，加强对党员的管理和教育。

3. 制订党员发展规划和年度计划，做好入党积极分子的培养和发展工作，重视推优工作。

4. 全力支持村委会行政工作，协调制订村委会经济和社会发展规划，对工作中重大问题提出决策性建议，使党支部工作和行政工作步调一致。

5. 主持村委会干部的学习，负责村委会干部的管理及考核。

6. 加强对共青团、村组社干部、群团组织的领导和管理，充分发挥他们的职能作用。

《狮河村村民委员会主任职责》是2010年狮河村村民委员会制订的。内容如下：

1. 主持村委会全面工作，带领全村村民贯彻执行党的路线、方针、政策和国家的法律、法规。

2. 负责主持制订本村经济和社会各项事业发展计划，并负责组织实施。

3. 负责向村民代表大会或村民大会报告村民委员会的工作。

4. 负责村委会自身的思想、组织、作风、制度建设。建立健全各项规章制度，组织考核村委会成员及各村民小组组长、副组长的工作实绩。

5. 负责协调与上级部门及村委会各部门之间、各村民小组之间的工作关系。

以上村委会的党政职责，不断提醒着他去工作执行。

杨继兴大力支持和引导狮河村木雕产业的发展。他认为，狮河村自古有木雕的传统，现在国家的政策好，市场有需求，应该大力发展。首先，他支持共产党员带头搞木雕。狮河村2010年有党员59人，其中43人从事木雕市场经营。同时，他支持成立木雕工艺协会，有16名党员参加协会，协会的会长、副会长等主要骨干都是党员。狮河木雕工艺协会成立后，坚持以改革创新的精神带领广大群众勇敢闯市场，积极与大中专院校合作，以专题培训、专家现场指导等多重形式，广泛开展木雕生产和经营管理、木雕技艺、绘图设计等培训，积极调整木雕产品结构，引进先进设备，转变设计观念，将传统工艺和现代生产技术相结合，把木雕产业做精、做细、做强。狮河木雕工艺协会不但是全村致富的龙头，而且坚持免费培训雕工，用实际行动促进狮河村乃至剑川县木雕产业的发展。看到如今狮河村的面貌，杨继兴高兴地说："是木雕改变了狮河村的面貌。"

杨继兴当过多年的小学教师，又从村委会文书工作开始做村委会工作，至今养成了一个良好的习惯，即村委会的许多文字资料工作他坚持自己动手做。他对自己要求严格，善于学习，认真领会上级在各个时期的工作精神，然后带领村民贯彻落实。在大家都发家致富的时候，他能全身心地投入到村委会工作，实属不易。

他在《一个村干部的心愿》中写道：我作为一名共产党员、一名村干部，我不能只顾自己，我要带领狮河村的群众一起致富。

担任村干部，家里的活计顾不上不说，每月只有几百元的工资。同学和朋友曾劝说："别干了，去打工也比你这个村干部强十倍。"看着身边的同学、朋友外出打工、做生意富起来，我也曾经心动过。可一想到百姓，便打消念头，领着几百元的工资，无怨无悔，在村委会一干就是十几年。

十几年来，我两袖清风，清贫如洗，可老百姓对我的认可就是我的骄傲。金杯银杯不如老百姓的口碑，金奖银奖不如老百姓的夸奖。要用自己的实际行动，让老百姓看到什么是真正的共产党员，用自己的行动，践行对党和人民的庄严承诺，把所有的爱和为人民服务的热情洒到狮河村的每个角落。

我只是一个小小的村干部，不能做什么惊天动地的大事，但我会尽力为群众多做点、多办点好事。为群众办好事、办实事就是我的目标，只要看到村民生活一天比一天好过，我就满足了。

杨继兴在2010年4月《怎样当好村党支部书记》交流材料中总结了十五个方面的体会：村党支部书记要不折不扣地执行党的政策；村党支部书记要做到清正廉洁，要有开拓进取的精神；村党支部书记要说老实话、做老实人、办老实事；村党支部书记要学会用说服教育的方法和用法律手段化解矛盾；村党支部书记要正确处理与村级各种组织间的关系；村党支部书记要做到脑勤、嘴勤、手勤、腿勤，要有踏实肯干的精神；村党支部书记要学会弹钢琴，要牵住村里工作的“牛鼻子”；村党支部书记要做好党员发展工作；村党支部书记要按时召开组织生活会议，对党员进行保存先进性教育；村党支部书记要带头坚持民主集中制，组织领导好村务公开，组织好支部委员进行经常性学习；村党支部书记要懂得党的基本知识，站稳立场，要在建设好班子上下功夫。村党支部书记要关心群众的切身利益，不能浪费群众和集体的钱财；村党支部书记要维护大多数人的利益，要关心困难户；村党支部书记要对上对下一个样，办事要同群众商量，心里要装着群众；村党支部书记要学法、知法、用法，做到为官一任，富民一村。

他在村党支部书记要说老实话、做老实人、办老实事部分中写道：共产党员特别是领导干部，说话办事应当老老实实，对党负责，对人民负责，言行一致，表里如一，不搞阳奉阴违那一套，诚实守信，待人真诚实在，推心置腹，开诚布公，坚持贯彻党在农村的各项方针政策，同党中央在政治上保持一致，识大体，顾大局，带头坚持党性原则，对不良的风气和坏人坏事，敢抓、敢管、敢碰硬，不搞花架子，不图虚名，多办实事，要有科学的态度，坚持从实际出发处理眼前利益和长远利益，局部利益和全局利益的关系，真正把好事办好、实事办实，让群众拥护满意。

同样，他在村党支部书记要做到脑勤、嘴勤、手勤、腿勤，要有踏实肯干的精神中写道：党支部书记作为村里的带头人，作为农民群众的当家人，就要对党负责和对群众负责，多操心、多受累，做到多学习、多思考，多做宣传教育工作。村级事务非常琐碎具体，许多事情需要支部书记亲自操办落实，一个村就是一个家，要处理好这个家里的事，就必须串百家门，知百家事，对村情了如指掌，空谈误国，实干兴邦。党支部书记要以身作则，扎扎实实，忠于职守。防止和克服只重唱功，不重做功，做表面文章、搞形式主义等不良作风，做到察实情、讲实话、办实事、创实绩。

在市场经济条件下，在大家都发家致富的氛围中，难得有这样一位好书记、好主任！

二、致富带头人

（一）木雕工艺协会会长张月秋

张月秋，1961 年出生在狮河村，今年 50 岁。他 1980 年高中毕业后回村从师学木雕。1982 年，他出师的第一年就开班招收了村里的 56 名农民学徒，至 1988 年，张月秋在村里带出了 200 多名徒弟；1988 年 12 月，他创办了剑川狮河木雕工艺品厂，自己任厂长至今；2001 年，他被大理州人事局认定为工艺美术师；2004 年 7 月，他组织成立剑川县狮河木雕工艺协会，并担任会长。2007 年 11 月获“云南省拔尖农村乡土人才”称号；2008 年 2 月，由大理州文化局授予“大理州民间艺术大师”称号；2009 年 5 月被大理州人民政府命名为“大理州第二批非物质文化遗产项目（木雕）代表性传承人”；2009 年 10 月被认定为云南省高级工艺美术大师，并荣获云南省农村创业之星称号；2009 年 12 月，被评为大理州高层次人才，并被选为大理州民间文艺家协会副主席；2010 年 6 月，被评为云南省非物资文化遗产传承人；2011 年 7 月，被国家财政部授予中国科协科普惠农兴村带头人。如此多的光环和殊荣，张月秋成了远近有名的木雕大师。其实，成为大师的背后是他挥洒的汗水和艰辛。

1. 他助推着狮河村木雕产业的发展

张月秋从小酷爱剑川民间传统文化。1980 年高中毕业回村从师学木雕。

他看到了村里的落后面貌，十分揪心。1982 年，他出师的第一年就招收了村里的 56 名农民学徒，他决心要为狮河村的发展而奋起。开班第一天他就对学徒们说：“人们常说‘狮河村真够苦，水电路都不通，洪水冲得无收成，刺抓头发石拌路，有女不嫁狮河郎。’我要补充的是‘穷帽不摘心不舒’。”

1982 年至 1988 年间，张月秋在村里带出了 200 多名徒弟，而后相互传承，使狮河村原来从事木雕不足十户发展到 578 户（全村共 602 户），成了远近闻名的“木雕村”，使全村走上了木雕致富之路。

1988 年 12 月，张月秋创办了剑川狮河木雕工艺品厂，在本地招收 400 多名农民工，使木雕产业走向一个新的发展阶段。

2004 年 7 月，张月秋召集了村里 108 家木雕大户召开了一次大会，协商成立木雕协会。他在大会上说：“这几年狮河村的木雕是发展了，但是我们面临一个严重问题：这就是价格不统一、质量参差不齐，木雕户各自为政、恶性竞争，造成了材料的浪费，资源得不到充分利用和发挥，经济效益不明显，大家都有损失。因此，要成立一个木雕协会，可以理顺许多关系，大家齐心协力，共同发展。”大家为之震惊，双手赞成了张月秋的想法。张月秋个人出资 4 万元，于 2004 年 8 月 1 日正式成立了“剑川县狮河木雕工艺协会”，通过民主选举一致同意张月秋为协会会长。

剑川县狮河木雕工艺协会成立后，他制定了“协会 + 公司 + 基地 + 农户”的经营管理模式，通过统一发放图纸、统一订货、统一产品验收、统一价格，雕工收入比以往有了大幅度增长。协会成立的第二年，产品价格上涨 30% 左右，雕工的工资增加了 51.5%，大大增加了群众的收入。从事木雕的农民年人均收入从 2004 年协会成立前的 5500 元增至 2011 年的 20000 元左右。

随后，他又提议修订了协会新章程，要求协会会员（169 人）每人每年必须培训新学员 2～3 人。他自己则带头每年培训 50 多名新学员，让木雕技艺得到传承，使前来投师学艺的失业青年、下岗工人、残疾人都学会了木雕技艺，并让他们长期有活做。他们对来学手艺的学员一律不收学费和生活费，学成归家时并赠送学徒工一套雕花工具。这样，每年由狮河木雕协会会员培养出师者不低于 500 人，至 2011 年，已有万余名外村雕刻工匠挂靠狮河木雕工艺协会。带动了全村近 600 家的木雕户和全县及周边县份的木雕工艺能手 18500 多名。受培训人员有的来自丽江、洱源、鹤庆、巍山、兰坪、香格里拉等周边地州、县份及省外，如还有山东、辽宁、江苏等地慕名而来的学徒。

帮助社会解决了一大批大中专毕业生、农民、下岗人员及残疾人员的就业问题。

张月秋会长还为协会专门建立了狮河木雕的网站，注册了“剑川木雕”地理商标，让狮河木雕融入了现代信息社会之中。

2. 他完成的主要工程和创作的主要产品

张月秋凭一把雕刀走遍大江南北，承揽和修复了全国许多旅游区及公园重要的标志性建筑1560多座，北京故宫、天坛、丽江古城、昆明金马碧鸡坊、昆明世博园等处处留痕，技惊世人。

（1）开发的主要木雕产品：贵妃床、龙床、藏八宝、九龙壁、四季花鸟挂屏、木雕电话机、木雕饮水杯、富有民族特色的格子门窗、花几、茶几及各种旅游木雕工艺产品。

（2）在各地旅游景区雕刻修复的古建工程及工艺品：①昆明世博园台湾馆龙舟的设计和雕刻；②北京天坛龙椅雕刻；③金马碧鸡坊步行街的门窗雕刻及七彩云南大门；④红河石屏县玉龙河畔唤文公园内的状元楼、文献楼门窗雕花工程；⑤云南民族村白族村内本主庙中《蛇骨塔传奇》雕花格子门，四合五天井中体现大理风光和民族风情的三塔，蝴蝶泉、大理古城、小普陀、天生桥格子门；⑥云南民族村纳西村内黑龙潭，茶花、泸沽湖、红军长征纪念碑、长江第一湾等格子门；⑦大理宾川鸡足山、大理古城文献楼雕花格子门窗工程；⑧玉溪抚仙湖度假村、新平龙泉公园大雄宝殿木雕工程，大钟楼八仙、二十四像人物格子门、小天安门、西游记、封神榜、水浒人物格子门；⑨丽江万古楼九龙坐屏；⑩大理蝴蝶泉景区门窗木雕工程。

（3）在重要场所的装饰设计工程：①大理州人民政府办公楼大厅《猴子出世》屏风；②大理市人民政府办公楼大厅内市徽、市花（茶花）屏风；③大理万友林博物馆内50多座屏风；④大理古城文献楼、五华楼木雕部分；⑤丽江木府木雕工程部分；⑥丽江束河古镇全部木雕工程。

（4）销往省外具有代表性的产品：①销往天津的《红楼梦》人物双面屏风（售后买主在广交会上荣获“金鸡奖”）；②销往辽宁通化寺的仿故宫格子门窗；③销往北京的九龙壁；④销往中国台湾、日本的木雕小棺材；⑤销往香港《大公报》报社的四季挂屏。

（5）出口的具有代表性的产品：①销往日本的二龙抱柱；②销往新加坡的徐悲鸿《八骏图》屏风；③销往澳大利亚的花鸟挂屏；④销往泰国及东南

亚国家的贵妃床、龙床；⑤销往美国的《四大美女图》《松鹤延年图》屏风等。

3. 他有着菩萨一样的心肠

张月秋，带动了一个惠及全县的剑川木雕支柱产业，为农村剩余劳动力的转移和无职青年、下岗工人、孤寡残疾人员的社会就业开辟了渠道。1982年至2011年，他受到各级政府及相关部门数十次的表彰或嘉奖，面对荣誉，他的口头禅是“一切为了带动农民工共同发展。”

张月秋致富不忘群众，他把群众的事当成自己的事，特别关心、支持和资助社会弱势群体。他的事迹曾多次受到国家和省、州、县媒体的宣传报道。剑川电视台、大理电视台、云南电视台、中央电视台、《云南日报》、香港《大公报》等媒体先后100多次对他的事迹进行了宣传报道。央视四套《快乐中国》栏目组对他进行了专题采访和报道；央视七套《致富经》栏目还进行了题为《不图虚名图实在》的专题报道；许多人都被他的事迹感动。面对众多的宣传报道，他说：“我生在农村，我的根在农村，我的创业和发展也离不开农村，能多带动一人是一人，多帮扶一家算一家。”村里谁家有困难，他都尽心尽力扶持，热心捐助社会公益事业。

每逢春节，成百上千的弟子跟随父母来向张月秋大师酬谢。然而张月秋却一律婉言拒绝，并且对弟子们说：“我们在一起的目的是为了更好地交流木雕经验，共同提高。你们应该感政府的富民政策。只要你们把产品做好，让客户满意，我也就放心了。”

他还每年出资培训木雕手工艺人和带领他们外出考察；每年出资带村里的老人外出旅游；先后向5所小学捐款捐物、捐赠图书计10余万元；为邻近的孤寡老人的生活提供方便，对家庭困难的学子解囊相助；张月秋的木雕同行对他说，你应该申请产品专利。而张月秋却说专利只是自己富，推广是大家富。我一个人富不算富，要大家都富了才算富。我要把最新、最好的木雕产品推广给成千上万的木雕同行，让大家都走上致富的道路。为此，大家都称他是“活雷锋”。

原来，村干部对张月秋说，你虽不是共产党员却已经做了共产党员该做的事情。张月秋说，我要让全村的木雕户奔上小康，才有资格入党。如今的狮河村已经成为木雕文化旅游小康村。许多农户有摩托，有的还有微型车，木雕大户已开上小轿车。这时，张月秋才郑重的向村党支部递交了入党申请书，并被吸收为中共党员。

村里的老人都说张月秋是“观音菩萨”，求他办事比菩萨还灵。他长年坚持如一日，潜心研究创品牌，培养人才谋发展，一心一意带民富，为农村剩余劳动力的转移和农民增收、群众致富做出了重大的贡献。他是土生土长的农村实用型拔尖乡土人才，更是传承民间工艺、弘扬民族文化、创新民族木雕产业的杰出人才。他用自己的才智托起了剑川木雕这个品牌，他的名字已和剑川木雕紧紧连在一起。

（二）脱贫致富带头人张长林

中午，有些疲惫，但正是这里的工作时间。我们依然打起精神，到村民张长林家中采访。太阳正当头顶，没有云朵的遮挡，阳光普照大地，但是狮河村凉爽的夏季，这些洒在身上的阳光正好缓解了我们的疲惫，备感舒适。我们随着刘村长走上田埂抄近道，凹凸不平的狭窄田埂走起来得谨慎，我这样提醒着自己，可还是一不小心踩到了稀泥中，鞋子沾满了泥浆。跨过田埂，在乡村小路上走了没多远就来到了张长林家。

张长林家门口有条十多米长的小径，种着竹子，路边还摆放着自家的摩托车。刚进门，他就热情地招呼我们进屋坐下。他的妻子给我们泡了茶水，5岁的小孙女和3岁的小孙子在他身边嬉戏打闹，不时张着好奇的大眼睛看着我们，十分调皮，但也活泼可爱。

张长林家住狮河村下河3组153－2号，他1961年出生，今年50岁，初中文化。说话明确，语气欠犀利，言语间透出一个和蔼长者的形象。

张长林家是一个四代同堂的家庭。张长林的父亲，72岁，身体硬朗，是家中的长者，有时还能帮着做些木雕活儿。妻子名叫丁存香，今年50岁，嫁到张家之后，也跟着学会了一些木雕活。她与张长林育有一儿一女，姐姐叫张弟祥，今年30岁，已经嫁到外村。弟弟叫张汗良，今年26岁，已经完婚，与父母同住，生有一儿一女，平时在家跟随父亲张长林做木雕刻。张长林家的院子很宽，房子也大，有12间房屋。

由于家中有祖传的木雕手艺，张长林念完初中就回村从事木雕工作。一开始从事木雕只是迫于生计，那时连吃饭都吃不饱。后来做的时间长了，才慢慢从内心喜欢上这份事业。张长林可不是一般的木匠，他的木活可大可小，大到盖房子的大木匠活儿，小到精雕细刻的手艺，样样兼备，手艺精湛，产品销路好。

改革开放前，狮河村是贫困村，非常困难，得靠国家供应粮食，那时候吃饱肚子都很成问题。狮河村是寒苦之地，年平均气温只有12.30℃，且土地贫瘠，但正如张长林所说寒苦之地出手艺。张长林18岁那年初中毕业，他跟生产队签订了8年的合约："包副业"到外地做木匠活。每天要给生产队交副业费1元，一年交365元。在那个时候，这可不是小数目。七、八年间，他到过边境一线的盈江、临沧、腾冲等地五年，又去了滇西北的兰坪、维西和滇东北的鲁甸等地干了两年多，主要是做雕刻，兼做盖房木匠等木活。

他在外8年之后，26岁的张长林回到家乡，就在家中做门窗的雕刻，自产自销。他把雕刻好的产品拿到洱源县或者大理古城租店面销售，也收购一些村里的成品到外地销售，每年在外地做生意有几个月的时间。刚开始的时候，到外地销售木雕成品，只是带着货搭着班车去，后来发展到包车拉货，规模不断扩大。现在，张长林家在洱源、大理两地，都还有直销木雕产品的店铺。

张长林由于木雕手艺和生意上的成功，而且起步早，算是村里脱贫致富的带头人。他收购本地产品到外地销售，帮助村里那些没有能力外销的手艺人打开了销路。我们采访的前一天，他正好从丽江市的束河古镇回来，因为他在那边承包了几家店铺格子门的雕刻工程。据他介绍，现在家里除了常年的店铺销售收入外，每年最大的两次交易就是在大理三月街和洱源县鱼塘会，这两次盛会每年最少也有七八万元的收入，多的时候能收入十万至二十万元。三月街又名"观音市"，是大理各族盛大节日和物资交流会，每年农历三月十五日至二十日在大理古城西的点苍山脚下举行。最初它带有宗教活动色彩，后来逐渐变为一个盛大的物资交流会。洱源县鱼塘会在每年农历八月十五日举行，起源于纪念六诏时期邓赕诏慈善夫人（白洁夫人）的集会。集会之余，会场周边的白族村寨的村民，都要赶着牲畜，背着山货、药材和农副产品，或者其他商品来售卖，慢慢形成了定期集市，成为白族民间的一个交易盛会。

据张长林介绍，现在的木雕有的已经用机器生产，甚至采用了电脑程控雕花机生产。虽然目前的机器只能进行单层的雕刻，但在人外出的时候只要设定好程序就可以自动工作，这就大大增加了雕刻的产量。2010年，张长林家花费4.4万元买了1台雕花机，生产效率大为提高，只需48天，就可以完成一堂六扇门的雕刻。但是目前机器还不能完全代替手工，两层和三层的格子门上板雕刻还是只能全用手工雕刻，下板可以用机器和人工混合雕。三层和三层以上（目前最多五层）的木雕做工要求非常高，需要极其熟悉和精细的手艺，每天只能制作一点，但是成品的艺术价值很高，价格不菲。张长林用于雕刻的工具大大小小一套有30余件，都是人工打造的，普通的图形雕刻只需7至8件工具即可完成，但对于需要精细雕刻的三层、四层和五层雕花格子门，则需30件以上工具，才能完成全部雕刻工作。

雕刻门窗，除了手艺人的技艺，最讲究最重要的就是木材了。讲起自己的专长来，言语之间，张长林显得很轻松。他说木头的材质决定了产品的档次，好的作品离不开好的材质，不同木材其质地、光泽、气味等均有很大差异，好的木材易于雕刻又不易变形，且色泽好，而差一些的木材则质地较硬或较软，不易雕刻，很难进行深度的精细雕刻。因此，好木材与差木材在价格上相差很多倍。

张长林介绍说，目前他家的雕刻产品大都采用青皮木材。青皮树属于常绿乔木，树高可达30米，树干通直，树皮青灰色，故得名。其木质坚硬，色泽较好，木纹美观，纤维细密，韧性较强，耐腐耐湿，经久不坏，是制作木雕门窗的优良木材。青皮在云南也称云木，在剑川县的老君山也有许多，只是由于剑川县千百年来盛行木雕，为了保护本地的生态环境，木雕行业只使用当地的一部分木材，其他的木材很多来自兰坪县、香格里拉、德宏州或者四川等地。张长林一边说着，一边向我们展示了许多家中已经完成雕刻的青皮木雕窗户：大都是两层和三层的精雕作品。由此我们也可以看出他家的产品主要还是针对档次高一些的客户群。他说其他常用的木材还有水冬瓜、云南松、红豆杉等。但是水冬瓜木材较硬且脆，人工雕刻比较困难，但是种植水冬瓜的生态效益比较好，所以狮河村也使用较多水冬瓜木。水冬瓜是桤木的别名，有时也叫作水青风、桤蒿，为桦木科，是落叶乔木，一般树高40米。桤木根系发达，具有根瘤或菌根，为非豆科固氮树种，固氮能力强，能固沙保土，增加土壤肥力，是理想的生态防护林和混交林树种。桤木喜水湿，多生于河滩，溪沟两边及低湿地，是河岸护堤和水湿地区重要造林树种，适应性强，耐瘠薄，生长迅速，是理想的荒山绿化树种。作为木雕用料，资源丰富。

在我们问及榧木时，张长林说以前他们也曾有过榧木雕刻的产品。榧木是非常高级的木材，香榧树干高大，挺拔直立，侧枝发达，木材纹理直，硬度适中，制作门窗非常合适。榧木的围棋盘是最佳的，制作门窗时也不例外。但是现在榧木被认定为国家二级保护植物，它的出售和收购必须经省、自治区、直辖市人民政府野生植物行政主管部门或者其授权的机构批准。狮河村很久没有制作榧木的门窗了。

问及他的雕刻工作时，张长林继续介绍说，雕刻分为放样、打坯、细雕、修光、磨光、打蜡上光等几道工序，雕刻门窗，每一道工艺都很考究。雕刻的主题，是随主人的喜好和门窗安装地方的不同而异。剑川木雕题材广泛，造型优美，形象生动逼真，构图严谨统一，工艺精美细腻，尤其是传统的山水、花鸟和人物画，精致细腻，有呼之欲出的真实感。张长林可以绘制几十种主题的图案，绘起图来十分流畅，他自己比较擅长动物和花鸟。说着他向我们展示了已经完工的十多块三层雕刻的格子门上板，它们的主题是“鹿鹤同春”，古代寓意吉祥，又名“六合同春”。“六合”是指“天地四方”（天地和东西南北），亦泛指天下。“六合同春”便是天下皆春，万物欣欣向荣。民间运用谐音的手法，以“鹿”取“六”之音；“鹤”取“合”之音；“春”的寓意则取花卉、松树、椿树等。这些形象，组合起来构成“六合同春”吉祥图案。说起这个主题，张长林继续介绍说，在剑川县，还广泛流传着一支叫鹿鹤同春的白族民间舞蹈，一般在春节或本主庙会上才演。此舞由三人分别装扮马鹿、白鹤、弥勒，从当地白族的欣赏习惯看，鹤象征长寿、鹿象征淳朴温顺、弥勒是幸福的征兆。所以狮河村的木雕图案题材中，包含着许多当地的习俗和文化。

张长林在木雕工作之余，也积极参加村里的公益活动。他参加了狮河小学建大门的捐款；修复甸南镇的白塔观音庙的格子门；村里修河道的义务劳动等。为村里和镇上做了许多贡献。

狮河村正在规划木雕工业园区，在建成之后会将本村的木雕生产和销售都集中到园区内，统一管理，规范生产。我们问及对这个园区计划的看法时，张长林说他本人非常支持这个规划。他个人就体会到了批量、规模生产和销售带来的好处。他说，统一规划有利于村里的环境保护。现在由于家家都有木雕机器，村里木屑、粉尘很多，对环境影响不好。他家在规划中的园区还有一亩多地，将来打算在那里投资店铺，将木雕生意做大做强。

张长林家有田地6.5亩，其中水田4亩，旱地2.5亩。家里的农活只是张长林和他的儿子在做木雕之余的副业，每年就种大春，一般来说家中的粮食产量1/3自家食用，其余的2/3拿到市场上卖或者交给粮食局。售卖粮食的收入只是他们家收入的一小部分。

当问及教育观念时，张长林说他们这辈人还有他的孩子这代，由于家里生活条件不好，村里的教育条件也不好，读书都太少，都只有初中文化便开始工作谋生了。现在国家推行九年义务制教育，但村子里很多孩子念完九年，初中毕业后也就不再念了，他认为这样不好，不支持这样的选择。目前家里的两个小孙儿，他要好好栽培，鼓励他们努力学习，以后争取考到大理一中或下关一中等教育质量较好名校中学去学习，还要支持他们上大学，希望他们都能够走出去看看外面的世界。大学毕业后，如果他们愿意的话，也可以回家来，把家里的木雕事业发展壮大。

回首1978年改革开放至今，张长林家有了翻天覆地的变化。改革开放前几年，他家是村子里最贫困、生活最窘迫的一户，只有一层的茅草房，家里的围墙也十分残破，东倒西歪，随时有塌陷的危险，食不果腹，衣衫褴褛。改革开放后，随着农村家庭联产承包责任制的实施，他家分得了自己的田地，加上自家祖传的木雕手艺活，生活渐渐好转。几十年过去了，现在家里每年能有十五六万元的收入，过上了较好的生活。他儿子今年考了汽车驾驶执照，家里有买车的打算。生存再也不是他们的难题，发展成为他们思考的主线。

表3－1　**张长林家庭人员情况表**

姓名	与户主关系	年龄	备注
张银汗	父亲	72岁	
张长林	户主	50岁	
丁存香	妻子	50岁	
张弟祥	女儿	30岁	外嫁
张汗良	儿子	26岁	已婚
	儿媳		
	孙女	5岁	
	孙儿	3岁	

数据来源：根据张长林口述整理，2011年8月。

表 3-2　张长林 2011 年家庭耐用消费品情况

项目	数量	项目	数量
电视（台）	1	刨木机（台）	1
电冰箱（台）	1	摩托车（辆）	1
洗衣机（台）	0	雕花机（台）	1
电话（部）	1	手机（部）	2

数据来源：根据张长林口述整理，2010 年 8 月。

（三）古建艺术师张根汉

张根汉，白族，1965 年出生，大专文化，狮河村上河第 4 组人，古建艺术师。剑川宏盛古建筑工程有限责任公司法定代表人、总经理。2007 年 3 月 6 日获国家文物局颁发的“文物保护工程施工资质证书”。2008 年 11 月 8 日，获“中国民族建筑事业优秀人物”称号。

张根汉，男，云南省大理州剑川县甸南镇狮河木雕村人。现任剑川宏盛古建筑工程有限责任公司法定代表人。1986 年年底进入剑川县木器厂工作，由木器厂分管质量的副厂长张坤师傅培养，并在他的带领下修复了剑川县景风阁，剑川石宝山修缮工程，1989 年年底到大理州城乡建设古建培训班学习，1990 年回木器厂担任结构组组长。1991 年参加剑川县古建公司二队，担任技术负责人，到云南省会泽县修缮“万寿宫”、蒙自海关、景东文庙、盘龙寺大殿等多项省级文物保护单位工程。1993 年年底参加剑川甸南建筑公司，任六队队长。1994 年在剑川县农村古建筑培训班学习，经考核合格授予技师职称，1994 年组建剑川县甸南乡古建队。自古建队成立以来多次参加云南省文化厅举办的培训班，培养了一批技术人员，并在省内各地修缮恢复国家级、省级、市级和县级多项文物保护单位工程。经过了十多年的努力和拼搏，不断努力总结经验，锻炼出一支技术力量和管理规范齐全的队伍，到 2005 年由于业务扩展，管理技术增强，为了更好地发展，于 2005 年 2 月把剑川县甸南乡古建队变更名为剑川宏盛古建筑工程有限责任公司，现公司占地面积 9200 平方米，固定资产八百多万元，工程管理人员和技术人员一百多人。

公司自成立以来，先后承接施工完成不同艺术风格的新建、扩建、维修文物古建筑工程，园林古建筑工程、装饰装修工程，国家级、省级、市级、县级重点文物保护单位数百项，其主要代表工程有梁河南甸宣抚司署修缮工程，梁河龙潭公园建盖工程，保山腾冲文星街城楼、文星楼、牌坊新建工程，腾冲“玉泉夜月”公园新建设工程，德宏州芒市菩提寺修缮工程，昆明盘龙寺重建工程，昆明官渡区小板桥“万寿楼”修缮工程，昆明官渡区梁思成故居修缮工程，金马寺塔拆卸重砌工程，宣威可渡关驿道南关门城楼，北关门烽火台、炮台，接官亭恢复重建工程，宣威浦在廷故居修缮工程，曲靖陆良大觉寺修缮工程，思茅营盘山中华普洱茶博览园核心区建盖工程，晋宁石寨山古墓群保护工程，昆明官渡古镇法定寺大殿，剑川西门街古建筑群修缮工程，保山板桥光尊寺古建筑群修缮工程，缅甸瓦城云南会馆建盖工程，缅甸洋人街观音寺建盖工程。

张根汉参与或组织实施的工程项目主要有：陆良县马街镇爨龙颜碑保护室修缮工程（揭顶修缮，更换糟朽构件，重新做地仗油饰、彩画。2008年1月10日竣工）；芒市菩提寺建盖工程（局部落架修缮，整体抬升120㎝，重新做地仗油饰、彩画。2007年7月30日竣工）；腾冲县文星楼建盖工程（2003年12月9日竣工）；腾冲县文星楼建盖工程（2003年12月9日竣工）；腾冲县北门街碑坊建盖工程（2003年12月9日竣工）；腾冲北门街碑坊建盖工程（2003年12月9日竣工）；晋宁石寨山古墓群大门建盖工程（2006年6月竣工）；梁河县龙潭公园建盖工程（2005年1月21日竣工）；梁河县龙潭公园建盖工程（2005年1月21日竣工）；梁河县龙潭公园建盖工程（2005年1月21日竣工）；剑川县海门口遗址探坑保护工程（探坑四周坑壁加固，2008年7月16日竣工）；祥云县城古楼南街牌坊建盖工程（2008年2月4日竣工）；保山市板桥镇光尊寺古建筑群修缮工程（恢复重建大门，整体揭顶修缮。2008年5月5日竣工）；昆明小板桥万寿楼修缮工程（2007年2月底竣工）；梁河县土司衙门修缮工程（2006年3月1日竣工）；腾冲药王宫修缮工程（2005年6月10日竣工）；中华普洱茶博览园核心区建盖工程（2006年12月22日竣工）；营盘山普洱茶博览园仿古一条街建盖工程（2006年12月22日竣工）；营盘山观景台建盖工程（2006年12月22日竣工）；思茅营盘山中华普洱茶博览园民族村建盖工程（该园核心区A、B两幢）；以及会泽万寿宫戏楼修缮工程、梁河勐养奘房新建工程、盘龙寺祖师殿、腾冲玉泉夜月公园建设工程、腾冲下绮罗文昌宫大门修缮工程、新建缅甸洋人街大雄宝殿等。其主要工程简介如下：

1. 德宏州梁河县南甸宣抚司署修缮工程

南甸宣抚司署位于云南省梁河县城南甸路34号，总占地面积为10625平方米，是西南边陲最大的土司衙署，保存较为完整。是云南历史文化的重要组成部分。1987年公布为云南省重点文物保护单位。1996年公布为全国重点文物保护单位。

工程于2006年3月1日全部完工，工程各项质量指标均符合规范要求，经国家文物局及各级领导、甲方验收合格。得到了当地群众及各级领导的广泛好评。并被评为中国民族建筑事业杰出贡献奖。

2. 保山板桥光尊寺古建筑修缮工程

光尊寺位于保山板桥世科村后山梁上。相传系唐天宝二年（公元743年）南诏王皮逻阁为祀佛教尊神而建。现存建筑多为清朝后期至民国前期重建。“光尊寺”寺坐东向西，依山形筑成五进院，计有建筑物23幢，占地总面积9000余平方米，建筑布局以纵向排列为主，横向排列为辅。“光尊寺”采用中国传统布局方式，三道山门，三条中轴线，强调中轴在线的主体建筑，通过屋顶的形式、材料及艺术构件雕刻繁简来区分建筑的主次级别，中轴线的建筑檐、柱、梁、枋头做形状各异的雕饰，雕饰也比较精致。

光尊寺的斗姆楼、大雄宝殿、玉皇阁、圣母楼等主体结构均为清代晚期原物，建筑形制独特。无论是建筑群体布局还是单体建筑，构架形式与中原的中国传统古建筑相似，但是很明显在很多细节上并没有严格的规矩，与中原建筑类型不相一致。这种本地化的建筑类型明确地体现了地方文化，清晰地反映出当时的建造技术手段和能力。其瓦屋面构造以石板作为望板的制作工艺在云南仅此一例。2003年12月18日公布为云南省重点文物保护单位。

光尊寺古建筑群修缮工程于2007年8月20日开工，2008年5月5日全部竣工，各项质量指标均符合规范要求，经国家文物局及各级领导、甲方验收合格。并得到了当地群众及各级领导的广泛好评。

3. 芒市菩提寺建盖工程

菩提寺是潞西市平面布局较完整的古建筑，是潞西市历史文化的组成部分。菩提寺作为潞西少数民族宗教活动场所，较好地保存了当时本地区文物建筑的结构特征、做法等，是研究云南少数民族地区木构建筑珍贵的实物例证。2003年公布为省级文物保护单位。

工程于2007年7月30日全部完成竣工，完成合同各项要求和所包含的具体内容。工程各项质量指标均符合规范要求，经国家文物局及以下各级领导、甲方验收合格。为优良工程。得到了当地群众及各级领导的好评。

4. 保山市太保公园安定门修缮工程

“安定门”在保山太保山山顶，为一高二低，重檐歇山阁楼式建筑，面阔15.4米，进深14.5米，建筑面积223.3平方米。坐南朝北，琉璃瓦屋面、三开间，建筑风格独特。角梁、檐口有雕饰，雕工精细。彩画图案精美别致，色彩丰富，是保山市内难得的建筑。

2008年4月20日开工，2008年6月30日竣工。经各级领导、甲方验收合格。得到了当地群众及各级领导的广泛好评。

5. 保山市腾冲猴桥镇“得胜硐”搬迁工程

“得胜硐”位于猴桥镇猴桥村槟榔江南岸，占地面积1908.5平方米，墙长200米，墙高2.4米，硐底宽6米，厚6.05米，高6.9米，始建于道光年间，建筑保存基本完好，2005年公布为第一批市级文物保护单位。修缮性质为搬迁重建。

工程于2008年2月20日开工。工程各项质量指标均符合规范要求，经国家文物局及以下各级领导、甲方验收合格。得到了当地群众及各级领导的广泛好评。于2008年6月20日竣工。

6. 祥云县城古楼南街碑坊建设工程

于2007年12月2日开工，工程内容：仿古建三重檐建筑，琉璃瓦屋面，上架木结构，下部钢筋混泥土结构，外檐做新彩画。工程各项质量指标均符合规范要求，经各级领导、甲方验收合格。得到了当地群众及各级领导的广泛好评。工程于2008年2月22日竣工。

7. 陆良县大觉寺碑廊

碑廊是扇形历史的铁证，是后人了解历史的依据。长廊被毁。于2006年10月10日恢复重建。开工以来甲乙双方相互配合，严格按照文物修缮原则和施工项目进行施工。工程于2007年5月10日竣工，经各级领导、甲方验收合格。

8. 陆良县马街镇爨碑保护室修缮工程

陆良县马街镇爨碑保护室修缮工程于2007年11月17日开工，修缮工程项目为：①爨碑保护室揭顶修缮、局部落架，更换糟朽构件，拆除东西次间前檐墙体上段，重新安制装饰装修，重做地仗油饰彩画工程；②大门门厅揭顶修缮，更换装修板壁，重做地仗油饰工程；③六角亭地仗油饰彩画工程。于2008年1月10日竣工。工程各项质量指标均符合规范要求，经各级领导、甲方验收合格。

9. 官渡区小板桥万寿楼修缮工程

昆明官渡区小板桥万寿楼修缮工程于2006年10月10日开工，“万寿楼”为重檐歇山顶建筑，黄色琉璃瓦屋面，上下两层檐口雕有花枋、夹芽、龙头、狮子、花罩，雕梁画栋，雄伟壮观，风格别具一格。但因年久失修和人为的破坏，修缮工程项目为：恢复瓦屋面及檐口附件；恢复装修裙板格子门窗、佛龛；重新做地仗油饰。于2006年12月30日竣工，经各级领导、甲方验收合格。得到了当地群众及各级领导的广泛好评。

10. 剑川海门口遗址发迹探坑四周保护工程

位于剑川县城以南、剑湖之滨的海门口遗址，距今已有3000多年的历史，是云南文明的发源地之一。这个遗址曾于1957年和1978年进行过两次清理挖掘。海门口遗址探坑平均深度2.8米，四周泥土为硅胀土，一旦太阳光照射就会开裂分层脱落，加上雨季来临，四周泥土一旦泡湿就会有成片倒塌的可能，遗址探坑就会毁于一旦。用钢丝网封护探坑四周坑壁，再用直径12cm圆木进行定桩保护。

工程于2008年5月15日开工，修缮项目：探坑四周保护工程。于2008年6月15日竣工，工程各项质量指标均符合规范要求，经各级领导、甲方验收合格。为优良工程。

11. 腾冲药王宫修缮工程

腾冲药王宫，始建于明天启六年（公元1626年）由医药界人士所倡建。清康熙末年，经住持子翁培修扩建，使其建筑平面呈一葫芦形状。药王宫不仅布局构思精妙，建筑别具特色，亦是腾冲中医药行业发展历史悠久的重要见证。

工程时间：2004年至2005年。验收合格。为优良工程。

12. 腾冲文星楼建盖工程

一百多年前，在明代建筑的腾冲石城的中心点上，矗立起一座高楼，这就是著名的腾冲文星楼。此楼一建起，就自然形成腾冲城的标志，深深地定格在腾冲人的心中。多少年来，文星楼千百次入诗、入画、入照，成为文艺作品的极佳素材。《腾冲县志》载：文星楼建于清光绪二十一年（公元1895

年），系当年的腾越厅同知黄炳倡修，由驻腾镇守五品武官、文武进士尹同庵（字玉书）设计，属单体高层建筑，位于城内十字街中心。可惜毁于 1944 年腾冲抗日反攻战中。

工程于 2003 年 1 月 1 日开，工程项目：重建文星楼。2003 年 12 月 9 日竣工。工程各项质量指标均符合规范要求，经各级领导、甲方验收合格。得到了当地群众及各级领导的广泛好评。是优良工程。

13. 梁河龙潭公园小品工程

梁河龙潭公园小品工程于 2005 年 3 月 1 日开工，工程内容：静照轩、鱼人码头、清水游廊、观水亭、听水亭、五曲亭桥等工程。工程各项质量指标均符合规范要求，经各级领导、甲方验收合格。得到了当地群众及各级领导的广泛好评。工程于 2005 年 12 月 30 日竣工。

14. 思茅营盘山中国普洱茶博览园建盖工程

思茅营盘山中国普洱茶博览园建盖工程于 2006 年 3 月 20 日开工，工程内容：建盖观景台、茶祖殿、普洱茶活动中心、中国普洱茶博物馆。工程各项质量指标均符合规范要求，经各级领导、甲方验收合格。得到了当地群众及各级领导的广泛好评。工程于 2005 年 12 月 30 日竣工。是优良工程。

张根汉身为剑川宏盛古建筑工程有限责任公司董事长、古建艺术大师，却非常朴实，没有架子，不显富贵。他为人处世没有贫富贵贱之分，是村里尊老爱幼的模范。他开车在路上行驶，看见村里的人，如果车上有空座都会停车带上。他在外地碰上本村人，都要请他们吃饭。

他是村里公认的致富带头人。他认为自己富不算富，全村富才算富。他经常为村里公益事业捐款，狮河小学的水泥路就是他垫资修建的，多年过去了，学校无力付款，他也无所谓。他非常关心村里的贫困户，优先招用贫困家庭的子女，为村里带出了一大批致富家庭，培养了一大批技术人员。目前在他的公司工作的就有村里的 100 多人。

今后的打算：抓住剑川县狮河工业片区的建设和发展机遇，壮大宏盛公司。充分利用已经获准的“木材加工经营许可”，积极申建木材交易市场，开展合法的大规模的木材经营；新建木器木雕加工厂，大量采用电子机雕工艺；创建宏盛文化旅游产业等。在传承狮河木雕事业的基础上，把剑川木雕事业做强、做大。

（四）诚信文明经营者张有福

8 月 12 日上午，我们在狮河村集贸市场旁边的小商店里见到了张有福。像许多在外面做木雕生意的狮河人一样，张有福经常在外地忙，不常在家，这次我们有幸遇到他，他也欣然接受我们的采访。张有福的小商店位于村中心，门楣上挂着一块由剑川县工商行政管理局和剑川县烟草专卖局颁发的牌子，上面写着“诚信文明经营户”。原来听说张有福是位乡村医生，怎么他还有自己开的商店呢？随后，在主人的热情接待下，我们对张有福进行了采访。

张有福，男，1970 年生，今年 41 岁，白族人，家住甸南镇狮河村上河三组 119 号。1976 年，他开始在狮河小学上学，1982 年小学毕业后在甸南中学上初中，中学毕业后接着学医，1988 年毕业后开始在剑川县中医院上班，同时在家开了一家小诊所。由于小诊所相对村里别的地方而言，人员比较集中，并且当时村里人买东西要到镇上或者县城，比较麻烦，张有福萌发了开家小商店的想法，不久之后，他的诊所旁就多了一家经营一般日常用品的小商店。这是当时村里的第二家小商店，这家小店不断发展到今天成为现在三间铺面的规模，相对村里别的小商店，规模算大的了。

现在医学在飞速发展，张有福觉得自己也应该跟上时代的步伐，于是，1999 年他进入了云南乡村函授学校学习，并于 2002 年毕业。2003 年又参加了成人高考，并于同年进入云南中医学院中西医结合专业学习。2004 年，张有福加入中国共产党，光荣地成了一名中国共产党党员。2006 年，张有福一家被评为“五星党员户”（即学习星、干事星、建业星、服务星、廉洁星）。作为一名医生，张有福在狮河村全心全意为村民看病，尽自己最大的努力服务好村民，得到了村民的认可。2008 年，获得了“中国优秀乡村医生”的光荣称号。

张有福回忆说，他读书的时候村里经济很困难，那个时候的狮河木雕还没得到大规模的发展，木雕生产主要以小作坊的模式为主。村里的大多数人还是从事农业生产，种植玉米、水稻和烤烟等，完全靠天吃饭，如果遇上大旱或大涝的年份收成就不好。那些年，温饱问题都很难解决，家里要供个学生读书更是不容易，不过他的家人还是顶着巨大的经济压力，艰辛地支持着他学医。张有福也不负父母的期望，最终学医有成，回到剑川县中医院上班。

当我们问起当年从医是否遇到困难时，张有福陷入了沉思。

张有福 18 岁开始从医。那时候，村里的路都是土路，他每天都要骑着自行车往返于县城和狮河之间，下雨的时候路上就全部是稀泥巴，骑车很难通过，有些路段还要自己扛着自行车走。那是一段艰难的岁月，如今，我们虽然不能在村里这条宽阔的柏油马路上看到他当年的模样，但是从经历过那段岁月的人的眼神里，我们却能深刻感悟到他们这一路走来的艰辛，今天的生活是多么的来之不易。也许，对于现在出行能开着私家车的张有福来说，最不能忘记的反而是那段扛着自行车走路的岁月吧？

当时的狮河村，因为条件差，离县城远，交通又不方便，经常缺医少药，村民的文化水平又普遍不高，在预防保健方面做得很差，患病率很高，加上村里的老中医素质较低，很多村民的病不能得到有效、及时的治疗。面对狮河村那些被病痛折磨的村民，当时在县中医院上班的张有福萌发了在狮河开家小诊所的想法，那样村里人看病就方便了许多。不久之后，在家人的支持下，张有福开了狮河村第一家较正式的诊所。从此，他每天白天在县中医院上班，晚上骑自行车回来为村民看病，虽然每天都很辛苦，但是能回报狮河村的村民，张有福觉得再辛苦也值得。就这样持续了很长时间。

后来县中医院有了福利政策，医生有机会在剑川县城定居，同时可以将农业户口转为非农业户口，这就意味着以后张有福可以在条件比较好的县城生活，以后子女也可以接受更好的教育。但是，定居在县城就不能在狮河为村民看病了。是定居在县城还是继续为狮河村民看病？张有福选择了后者。作为一名医生，他不忍心村民受病痛的折磨；作为狮河村的一员，狮河村是他生长的地方，他希望能为狮河村做点事。他毅然决然地拒绝了县中医院农转非的福利，决定继续像以前一样往返于县城和狮河村之间。当时，他还写了一篇以“一个人的价值，不一定非要在哪里才能体现”为主题的文章，狮河村虽然贫穷，但是他认为在狮河村他更能体现自己的人生价值。后来，因为张有福白天要在医院上班，村民看病只能在晚上，满足不了村民的需求。张有福又做了一个当时在许多人看来难以理解的决定，他要放弃在县中医院的好岗位，全身心投入在诊所上，回狮河村一心一意地为村民看病。

可以想象张有福当时做这个决定得面对多大的压力。父母反对那是自然的，他们辛辛苦苦地供他读书就是希望能找份稳定的工作，现在有了工作他却要放弃，不过最终张有福还是说服了父母。放弃大医院里宽敞明亮的办公室而甘愿守在一家乡村小诊所里，对许多村民而言也是很难理解的。也许只有领悟到“在哪里都能实现自己的人生价值”的人才能真正理解张有福的行为吧！从此，每天从早到晚诊所里就充满着张有福忙碌的身影，村民什么时候去诊所都能看病，由于时间放宽，大家都集中在一个时间段排队看病的情况不再出现了，村民都说张医生回来之后他们看病方便了许多。在狮河村开诊所的收入没有在医院上班的工资高。也许那一句句“张医生，谢谢你！”还有在诊所吃药打针病痛减轻后村民的表情，对张有福而言才是真正的财富。

张有福在村里开诊所也遇到过许多困难。当时，由于交通不便，狮河村又比较偏僻，诊所的药品都是靠人背、马驮运进来的，雨水季节诊所就有可能出现药品短缺的情况。那时候每个村民每次看病药费一般都是5~6元，因为当时经济困难，村民的生活水平本来就很低，没有足够的钱来看病。当超过10元时，村民一般都会赊账，久而久之，赊的账款难以收回，诊所就会出现资金周转困难的情况。张有福为了把诊所开下去也想了许多办法，他曾想过取消赊账看病，但是大家都是狮河村人，各家的情况他也清楚，如果取消赊账，就会有一些人看不起病。他们并不是有意赊账的，作为一名医生他不能因为病人缺钱而不给看病，那样还谈什么医德呢？他也曾向政府申请过贷款，但是当时经济困难，贷款特别难。不过张有福并没有放弃，最后他想了个好办法，解决了诊所的资金问题。他的诊所相对于村里别的地方，人员比较集中，而当时村里只有一家小商店，规模很小，物品也不齐全，不能满足村民的需求。村里人买一般的日常用品都要到镇上或县城去。于是张有福萌生了在诊所旁边开一家小商店的想法，这样既可以方便群众，服务群众，诊所和小商店的资金又能相互扶持，诊所的资金短缺的问题就能得到解决了。这样，村里的第二家小商店“诞生”了，村民来买药或看病的时候，顺便就能买到家里缺的小物品，对他们而言不用再跑到镇上，方便了许多，诊所和小商店当时几乎每月都能维持200元的收入。如今，许多年过去了，当年的小商店位置也不断地移动，规模也在壮大，已经发展成为现在狮河村集贸市场旁边的三间铺面的规模。

当我们问及张有福小商店开了这么多年还一直存在，是不是有什么经营的诀窍时，他回答说：“开商店最重要的一点是诚信，只有诚信经营你才能赢得回头客。”例如，有时候给客人找零钱由于疏忽而少找了，他说有这样的情况时，他会记好，下次那人来买东西再找还他，绝不贪一点点的小便宜。同时，他的小商店里的价格都很合理，不会为了利益，高价卖给客人。“诚信”简简单单的两个字，许多人却做不到！“诚信文明经营户”的牌子张有福受之无愧。

2011 年 8 月狮河村已有 12 家小商店，但是张有福凭借着“诚信”二字，他的小商店在竞争中，生意依然很好。现在食品安全问题是一个热点问题，很多小商店很不规范，卖一些未经卫生局认证的小食品，或是过期了还卖。但是，他卖的东西都是符合要求的，他说赚多少钱不重要，重要的是要让客人买到放心的商品，同时要对客人的健康负责。要把小商店经营好，环境很重要，卫生要做好，物品要齐全，同时商品的质量要有保证，服务态度也要好，掌握村民的需求也很重要。他说在狮河村，农副产品、日常用品和饮料比别的商品卖得要好，所以进货时，这些商品相对于别的要多进些。环顾四周，我们发现虽然小商店规模不大，但是物品很齐全，生活用品、生产用品甚至还有小玩具。在我们采访的过程中，有许多客人来买东西，可以看出他们小商店的生意相对于别的几家真的要好很多。他说现在每天小商店卖出的商品都在 1000 元左右，一般是每星期进货一次，主要从剑川县城进货，因为现在交通方便了，进货也方便多了，只要打个电话说要什么货物，马上就能送货上门。有时候也会从大理市的下关进货，不过次数较少。

经过医疗改革，张有福的小诊所早就不存在了，改革后张有福就转为在村卫生所上班，在为村民看病的同时，还负责对村里的几个乡村医生进行医疗培训。在狮河村村民委员会门口，我们可以看到有医疗方面的黑板报，宣传一些基本的卫生常识以及预防一般疾病的办法，那些黑板报都是张有福出的，他坚持每周出三期，主要目的是向村民普及一些医疗方面的知识，提高村民的医疗意识水平。现在，卫生所的事情主要由几个乡村医生负责，他在卫生所的时间很少了。

近年来，狮河木雕迅速发展，很多狮河村人都从事木雕事业。现在村卫生所每天有两个医生值班，基本上能满足村民的需求。小商店也基本上由家人照管。于是，张有福有了时间和精力也从事木雕事业。他现在在狮河的金达公司担任经理助理、厂长，主要负责木雕生意的洽谈和与合作方签合同，客户主要集中在重庆、湖北，以及云南省内的蒙自、凤仪、鹤庆等地方。他现在致力于把狮河的木雕推向全国各地，使狮河木雕在园林古迹建筑方面的作用越来越突出。

问起将来的打算，张有福说，狮河工业园区马上就建好了，他希望能开一家自己的木雕公司，那样既能把狮河的木雕推出去，又能带动狮河经济的发展。当我们问他对于小商店的打算时，他说工业园区建成后，狮河的旅游业也会随着发展，来狮河的人会增多，顾客就不只是狮河人了，那个时候如果有能力的话他希望能把小商店发展成规模更大的超市。

从县中医院到狮河村里的小诊所，然后在诊所旁边开小商店，再到现在木雕古建筑公司做经理助理，张有福始终守护着“诚信文明经营”信条，相信无论做什么，无论在哪里，只要脚踏实地、勤勤恳恳，哪里都能实现自己的人生价值。我们相信如今做木雕生意的张有福同样会把木雕生意做大，实现自己的人生价值。

相信在许许多多像张有福这样的狮河人的努力下，几年以后我们再次来到这里，看到的会是一个不一样的狮河。

（五）年轻有为的老板张金林

张金林出生于1980年，今年31岁，是80后的新一代人。张金林是狮河村金达公司的总经理，金达公司在当地来说算是几家大木雕公司之一。

在我们还未见到张金林本人之前，以为会是四五十岁的大老板，因为我们觉得能有那么大的产业，没有太长的时间是积累不下来的，况且老村长还介绍说张总是从小便自己独自一人做产业。但是，在见到张金林本人之后，完全颠覆了我们脑海中设定的形象。

张总身材中等，看起来很有精神。其长相是典型的白族小伙的外形，鼻子稍微有点高，眼睛小但目光深邃，给人的第一印象就是那种做事比较认真谨慎的人。通过交谈，发现他非常健谈。也难怪，能把生意做得那么大，如果没有很好的沟通能力和健谈的性格，是很难做到的。

用年轻有为来形容张金林是再适合不过了。他今年刚31岁，也算是我们现在常说的80后中成功的一位人士，他用智慧和汗水创造了属于自己的财富。由于现在是张金林事业的上升期，对于他的金达公司来说也是处于重要的转型过程中，所以他平时非常忙。我们调查小组上门拜访去了几次都遇不上他。后来张金林知道我们一直在找他，就主动给我们打来电话，说刚刚结束应酬从石宝山景区回来，在他的公司等待我们的采访。这才有了访问张总的机会。

在村民的引导下，我们来到了张总的金达公司。因为是木雕公司，所以远远地就看到公司的厂房外面堆满了木料，从中不难看出其公司的规模较大。进到公司里面，看到张总正与员工们聊天，见我们来了便赶紧将我们引到会议室。虽然张金林自小是说白族话，但是在和我们交流的时候发现他的普通话水平也很好，这是当前经济发展造就的。以前的木雕生意无论从规模还是销售是无法与现在相比的，在做买卖的时候可能不需要与外界进行太多的接触。但是现在的木雕产业不仅面向全国，甚至还要与国外人士打交道，这不得不要求木雕生意人文化水平的不断提高。张总在带领我们参观金达公司之后，因为厂房要开工，机器的声音太嘈杂，便将我们带到他家中做访谈。

才走到他家门口便又听到机器嘈杂的声音，这让我们又糊涂起来：难道家里还有分公司？进了大门发现大院里全是木雕的产品，同时里面好几间厂房的机器也在不停地运行着。见张总没说话，我们也不便多问，便跟着他径直来到里面的庭院。里面的建筑与外面的截然不同，完全是典型的白族民居，而且所有的格子门都非常精美，不愧是木雕公司的老总，从家里的设计布置便可见一斑。白族人们总是那么的热情好客，张总的健谈让我们觉得没有任何的距离感。在他风趣幽默的谈话中，让我们对他从小至今的创业历程有了清楚的了解，更是让我们看到了80后一辈人身上的那种积极向上，不断拼搏的精神。

1. 出生于木雕世家

经过张金林的介绍，我们才解了刚进门时的疑惑：原来外面的产房是属于他哥哥和父亲的产业。他们家共有两兄弟，哥哥张金槐长他三岁，也是做木雕产业。张金林可谓是出生于木雕世家，他的祖辈都是木雕技艺精湛，在狮河村是出了名的。特别是在他爷爷那一辈就有了大的发展，他们不仅仅是做木雕散卖，而且还开铺子批量的卖，20世纪80年代的时候就已经在下关开了张家的铺子。张家的木雕产业至此上了新的台阶。到他父辈的时候，他父亲和两个弟弟被当地人称为“张家三堂”，张家木雕的发展更是日新月异。从小就在这样的氛围下熏陶成长的他，一心想从事于木雕这一行业。但父亲要他学习文化知识，直到初中毕业后觉得他在木雕这一方面确实有天赋，才放手让他去做木雕事业。

2. 独立创业的第一步

张金林初中毕业便结束了自己的读书生涯，在农村这种现象是非常普遍的。张总说当时能读到初中毕业的学生也算学历较高了，因为当时经济发展水平还比较低，大家都在为基本的生活保障奔波。狮河村是典型的木雕村，小娃娃从小就会学习木雕技术，更别说那些感兴趣的小孩，所以有些小孩直接小学没读完，会写自己的名字便不读书，开始从事木雕这一行业了。张金林祖上是木雕世家，在他的父辈手里已经有了较大的规模，所以，家庭条件也算是很好的一类，但出于自己对木雕的极大兴趣，所以还是放弃了学业，早早地投入到了木雕行业中。后来，国家推行九年义务教育后情况才稍微有所好转，但是受农村传统观念的影响，现在还存在许多辍学的现象。他认为学习知识用来武装头脑是非常重要的，他后悔当时没有利用好条件，以至于现在还要经常找时间为自己补习功课。

他说是独立创业不是完全正确。他自小就对木雕有很浓厚的兴趣，同时继承了祖辈的经商传统，有经商的头脑。在他初中毕业后，便向他父亲提出要自己独立创业的要求。当时张金林才十八岁，可以算是刚刚成年。他父亲不但没有阻止他，还给了他很大的鼓励和帮助。于是1998年在他父亲的资助下，张金林在鹤庆县开了自己的第一家店铺，专门出售格子门。张金林说做格子门生意也是一项技术活，它需要你对木雕和木匠活有足够多的知识，不然别人是不会轻易买你的东西的。张总说当时的铺子是父亲帮忙找的，货源也从父亲这儿进，但是成本是属于父亲的，而所有的利润则归自己所有。由于张金林本人勤劳认真，又有很好的经商头脑，很快便挖到了自己人生的第一桶金，他的事业也算是正式起步了。一年后，他便不再需要父亲地支持了，同时自己的事业也在不断地扩大。1999年底的时候便在丽江开了自己的分店，事业可谓是步步上升。但是当时只是单纯地做格子门等木雕产品的销售，没有其他更多的想法。张总说自己在丽江开店的时候，还收获了自己的爱情，娶到了自己的妻子，说完脸上满是喜悦的笑容，足见张总夫妻生活的美满幸福。可谓是婚姻、事业双丰收。

3. 远赴深圳创业，遇非典归乡

张金林在自己的木雕销售创业不断上升的同时，有了更大更长远的规划，体现出80后身上那种敢于创新拼搏的精神。于是他在2002年迈出了对于自己人生非常关键的一步：他关了自己在鹤庆、丽江等地的所有店铺，远赴深圳开店重新创业。当时能独自一人到那么远的地方创业是非常难得的。毕竟那时当地人外出打工的很少，更别说是到外省创业。张金林做出决定后只身一人来到深圳独自创业。他之所以做出这样的决定是因为当时的木雕产品已经逐渐被外面的人们所认识接受和欣赏，这在他看来是个难得的机会。

他来到深圳后，虽然由于语言、生活习惯等各个方面上存在的差异，让张金林遇到了不少的问题，但是都被不怕吃苦的他一一克服，并且自己在深圳开的店铺生意也一天天有了起色。但是，正当他满怀信心的时候，非典爆发了。那时是 2003 年，他被这突如其来的意外完全弄蒙了。当时全国都处在高度紧张的时期，更何况是像深圳那样的大城市。自己的生意便一落千丈，直到最后亏本而归乡。张金林说，那时也是自己第一次感到家人是那么的重要。当自己的生意要破产的时候没有任何办法，离家又那么远，家人也不能帮上什么忙。经过这一次波折，张金林变得更加成熟了。自己在深圳的生意破产后，他虽然回家了，但他并没有因此而放弃自己的理想与目标，而是有了更大的抱负。

4. 人生的再一次扬帆起航：金达公司的创立

张金林在深圳的生意失败后，便回家休息调整。他说从 2003 年到 2004 年 3 月，一直在家休息，其实是在重新规划自己的人生和未来。终于到了 2004 年 3 月，张金林觉得时机已经成熟了，自己也做好了重新创业的准备，要创建金达公司。这一次他没有依靠更多的人，创立金达公司时注册资金为 200 万元，其中有 60 万元是自己向银行贷款，其余大部分是自己这几年所积攒下来的，至此金达公司正式创立。

创立金达公司后，张金林不再单纯的只做木雕销售的产业，而是做到产供销的统一。他建立木雕厂房，同时建立了多个销售点，利用自己当年打下的良好基础和良好的声誉，使得自己的公司迅速得到了发展。

当前的社会经济发展迅猛，只有紧跟时代的步伐，不断地创新才能立于不败之地。张金林是热爱学习新知识，接受新文化的人。在公司日益发展的过程中，他不仅只关注利润的增长，更加注重产品的创新，及生产设备的更新。他始终相信要吸收最先进的生产方式和生产手段。在生产设备方面，以前狮河村的木雕基本都是以手雕为主，雕出来的产品虽然很精致美观，但是耗时太长，劳动力成本太高，而且木料的投入也大。后来人们发明了电脑雕花机。这种机器极大地解放了劳力，需要投入的人力很少。一般一台雕花机只要有会操作电脑的人就行，而且设定好程序后，雕花机可以一天24小时不停地工作。当然用机器生产也有其缺点所在，生产出来的产品没有人工那么精美。张总说，这要根据买家的要求来制作，如果要讲究一点的话，就要定制人工雕刻的，不然现在一般都是以机雕为主的产品。刚开始，电脑雕花机只是尝试性的引进了几台，后来发现利用机雕后利润可观。张金林于2011年又直接引进了20台雕花机，总共投入130万元。现在的机器大部分由生产厂家的售后服务人员操作。当前最重要的任务就是培养一批能掌握和熟练使用机雕技术型员工。

谈到技术人员的培养，张金林也有自己的一套管理模式。他在自己的公司有了初步的发展之后，于2007开始探索出一套培养优秀员工的方案，这就是办培训班，2008年正式开办。他每年组织一个木雕培训班，学员基本都是狮河村的白族。培训班每期举办的时间为45天，招收的学员每一届为60人。教授的课程为雕花和设机构图（主要为电脑雕刻机服务），老师是由他出资请到的木雕老艺人，还有专门教电脑绘图的中专老师。张金林开办的培训班不仅免收学费，来学习的学员每天还有30元的补贴，他说其实开办培训班的时候也抱着一种为家乡的父老乡亲谋福利的一种想法，可见他对自己家乡狮河村的热爱之情。在培训结束后，由他为学员出题考试，以实际雕琢为考核手段。最后统一进行评比，优秀的作品还能获奖。设置的奖项有三等：一等奖1000元；二等奖500元；三等奖奖励300元。同时成绩优异的学员能直接被金达公司录用，每一届大概能吸收三分之一的学员进入公司。这不仅解决了村里的剩余劳动力，为他们提供了一技之长，对于提高乡亲们的生活水平的作用也是不言而喻的。张金林介绍说，现在自己的公司员工大概有80人左右，基本上都是狮河村本地的。所有员工的基本工资平均下来大概为每月4500元，这在农村来说已经是相当高的收入水平了。他说现在自己大部分精力放在古建筑的仿造与修缮方面，手底下的大师傅也比较多，他们的工资也相对较高，月基本工资为6000元左右，同时还能包吃包住。这在当地已经是上等的收入水平。

5. 向古建筑行业的转型和未来公司的理想蓝图

张金林介绍说，自己成立公司的初衷就是想将木雕产业的产销结合起来后形成一条龙式的服务，借此也将狮河村的木雕技艺更好地宣扬出去。到了2007年，他发现许多做木雕产业的老板开始纷纷转向于古建筑行业，这与近几年旅游产业特别是古城旅游发展是密不可分的。经过自己一段时间的考察，发现古建筑行业的发展前景更为广阔。同时狮河村的木雕是白族木雕的代表，但是如果转向于古建筑行业就只能遵循其他民族和文化方式，这其实能起到很好的借鉴作用，反过来也能促进白族木雕技艺的进一步创新与发展。于是张金林在2008年正式涉足古建筑行业，由于自己所掌握的木雕技艺以及多年的经商经历，为他奠定了很好的基础。他很快又在古建筑方面开辟了新的天地。但是，张总谦虚地说现在还处于初步探索阶段，仍然还有许多的东西要学习，毕竟文化差异的鸿沟是不可避免的。张总说现在自己的古建筑产业在许多地方已有了成果，如楚雄州“彝人古镇”就有他的参与。同时在红河州、凤庆、临沧、蒙自等地都有自己的生意。他不仅在云南省内有古建筑的生意，在重庆、湖北等地都有了进一步的发展。在发展古建筑上，张金林已有多个工程得到了政府的认可，并获得优良工程的荣誉称号。在2009年还当选为大理州共青团候补委员。

在访谈的最后，张总也谈到了自己对于公司未来蓝图的设想。他准备在狮河木雕园的建设中扩大自己公司的生产规模，建设标准化产房和生产的流水线。同时他已有了自己的预算，他说这次大概要投入1400万元左右，将公司扩大到6000平方米，现在土地证已经批下来了，就等着所有资金的到位。关于资金，他说贷款是避免不了的，但是大部分还是要靠自己的积蓄，贷款大概要400万元左右。政府现在非常支持狮河村木雕产业的发展，要将其建设成剑川县的支柱型产业之一。所以在扩大自己公司规模上，也得到了国家的支持，每平方米能得到800元的补助，这大大地增强了他的信心。他相信，只要努力，不仅能实现自己的梦想，将祖辈的木雕事业发扬光大，同时能为狮河村的发展贡献自己的力量。

访谈结束后，令我们感触颇深。从张金林身上，我们看到了80后新一代那种不断创新拼搏的精神，同时也看到狮河村木雕产业发展的美好前景。我们相信，以张金林为代表的狮河村年轻一代，通过他们的努力与智慧，不仅能实现自己目标，更能创造狮河村木雕产业更加美好的未来。

三、一技之长者

（一）受人尊重的大木匠张辉龙

张辉龙，男，1949年出生，现年62岁，文化程度为初中，家住狮河上河下村3组180号。20世纪60年代，张辉龙在民办学校当过一段时间老师，后来遇上文革动乱，学校停办了，就加入木匠行业，做起了建房木匠。张辉龙说，那些年剑川很穷，旁边的洱源县日子要好过一些。自己20多岁的时候到洱源当木匠学徒，边学习边做工，做一天木工，工价一块二，而且并不是天天有活做。1978年后，他又回到狮河村，一直从事土木结构的房建工作。

狮河村是一个远近闻名的木雕村，木雕加工是村里的支柱产业。这里的木雕工艺极为精细考究，最好的已达五层镂花水平，图案复杂而完美，手法细致，栩栩如生，其技艺令人惊叹不已。在历史的长河中，木匠行业一直是狮河村人赖以为生最主要的产业。然而对于整个木匠行业而言，木雕只是其中的一个分支，事实上，木雕是从木建筑业中分离出来的。统领木质房屋建筑的木匠，称“大木匠”，大木匠接收活路后，除了将活路分配给手下的直接从事屋架建筑的师傅，涉及木雕、家具方面的，还要和“细木匠”、“家具行”协商，也就是说专事木雕的叫“细木匠”，专事家具的称“家具行”，而做棺材的单独立户，称“斜木行”。木匠手艺与其他行业还有众多的联系，因此还派生出众多分支：“泥木行”、“木石行”、“木漆行”等。

去采访的路上，就听带我们去采访的村委会杨书记介绍：张辉龙是一名从事寺观庙宇等重要建筑和民居建筑的大木匠。我们步入他家，扫眼一望不禁心中惊叹：不愧是大木匠的家！院落不大，四处干净清爽，还有桂花飘香。正房外观上一丝不苟，就连大门左边的那个工棚里，机器、工具和木材摆放都是井井有条。天井是白族人家日常生活的重要地方，张辉龙两岁的小孙子正在天井中由母亲帮他洗澡。此刻，张辉龙还没有开工，刨木机停着，家中一片宁静。上午温和的阳光散满整个天井，小孩在太阳下泡在澡盆里嬉水，显得十分安逸。

在CQC剑川宣传信息网甸南镇，张辉龙可是远近闻名，镇上由他建盖的民居少说有百十来坊，本村也建了五六十坊。张辉龙出生在木匠世家，木工手艺代代相传，爷爷、父亲都是做木匠的，他从小就耳濡目染。他多年从事传统民居建筑，积累了丰富的经验，做起事来细致稳妥，家家户户都喜欢请他来建新房。对于我们的来访，张辉龙和家人热情招待，但是多年的房建工作，使他长期处在嘈杂的环境中，听力不太好。另外，他的汉话也说得不太清楚，在谈话中还显得有一些拘束。

说到自己的专长——大木匠，张辉龙的话夹子一下子就打开了。在木匠技术中，相对于雕刻这样的细致活，建房和组装、安装格子门都是粗活。通常在秋收季节后，雨水渐收，就陆续有人家上门来请张辉龙建房。多年以来，谁家来请，他就去谁家干活。现在，狮河村年轻木匠的手艺，相对能粗能细的老一辈变得单一了。大木匠的就是大木匠，细木行的就是细木行。

狮河村的木匠，有许多在雕花方面颇有心得，手艺好，但对于格子门组装、安装这一类的"粗活"却不在行。因此，每逢雨水季节不适合建房，张辉龙就去别人家进行格子门的组装、安装，后来慢慢地把组装格子门的活接到家里做，还在家里搭建了一个工作棚。我们去采访时还是农历七月，正值雨季，所以他这两天在家做组装格子门的活。随着人们生活水平的提高及装修格调的改变，格子门受到越来越多人的喜爱，有的还销往全国各地。最近几年张辉龙经常到外地帮雇主安装格子门，多次到玉溪和曲靖、昆明富民县、楚雄、丽江、大理等各地，去年还去了贵州。组装、安装格子门看似简单，其实是需要技术的，要在一两个钟头内完成一扇门，好手才做得到。在贵州，张辉龙为一条商业街安装格子门时，他的手艺受到了老板极高的评价与鼓励，工作期间还教了两个贵州徒弟。组装一扇门能赚一元多，在外地干活雇主包吃包住时赚得少一些，一扇七八角。现在随着村里经济的发展和生活方式的改变，这些年在家里帮人组装格子门也很划算。他这两天没有外出做工，只管在家等着有人送来雕好的板子组装，最近还有三四个雇主等着他去安装格子门。

做大木匠是一门技术，又是一门学问，不仅要会选料、画墨、掌握建房的技术，还要懂得主人家的心理和要求。因为，建房是人一生中的一件大事，主人家会有很多的想法。作为承建的师傅，可以根据主人家的要求做适当的修改，既符合审美观又不影响房子的基本结构和牢固性，使两者更好的结合。现在建房比以前更讲究房屋的质量和样式，虽然大木匠做的是粗活，但其构造的精细程度丝毫不亚于细木行。因此，大木匠不仅要了解不同房屋的样式，更要熟知每一种房屋的结构。俗话说木匠怕短，下料不准确，浪费了木材，还会影响工程质量。而且作为大木匠，只有别人对你的技术信任，才会上门请工，才敢把一生积攒的钱财交给你使用。

在狮河村，专门建房的大木匠为数不多。大木匠做的是体力活，建房工作量大，比做格子门辛苦得多，工程在哪里就得到现场干活，有时还要四处奔走到外地工作，经常在露天下经历风吹日晒。张辉龙先后教过 15 个徒弟，但是由于工作辛苦，愿意跟随师父一起做大木匠的已经不多。张辉龙说，从事木匠业的师傅，他不仅要学习“方五斜七，见尺加一”等专业知识，而且要学为人处世，既厚道又机智，以诚待人，讲求信誉，做被人称颂的智者德者。张辉龙笑说，要是不经历“文革”动乱，自己现在就是一名知识分子了。这辈子选择做大木匠苦是苦了一点，休息时间少，但是体力劳动帮助自己的身体健康，现在 62 岁了身体还很硬朗，少有生病。村民对建房的师傅都很尊敬，自己也做得很开心。

张辉龙承建过不少房子，周围邻居家的房子，也基本都是他建的。最近一年内，村里又刚建好七、八坊房子。谁家建房都是为了有一个更好的家，以前请不起工，又买不起材料，许多人家的房子破破烂烂。改革开放后生活变好了，不少人家都相继建起了新房。目前的狮河村里，依然沿袭着传统的白族民居，90% 以上人家的房子都是土木结构。现在的房子样式越来越多，建房的木料主要使用青松，一般三间两层的一坊房要 15000 ~ 20000 元的材料费，至少请 50 ~ 60 个工，要快的话需要 100 多个工，15 天左右就能建好。建房的大木匠主要使用的工具有锯子、斧子、凿子、推刨、墨斗等，现在已经采用一些机械，如电锯、推刨机、电钻等代替了手工和体力，省了很多人力，否则老式工具要比现在多耗费 2 ~ 3 倍的人力和时间。建一坊三间的房子，工价是 4000 ~ 5000 元，主要由房子的工艺和复杂程度来决定工价。过去生活差，建房的料子也只能选用价格便宜的普通木料。现在大家都往好的木料选，建材也选取高档材料，好的料子除了本身价钱高，而且建房使用起来处理上也更复杂，所以要多请几个工。另外，以前剑川当地的山上就能就地取材，现在木材资源匮乏，木料需求量却大了，使用的木材来源于中甸、丽江、德钦等外地，造价也就提高了。总体上按照传统白族民居样式建房，但实际上还会按主人家的喜好做一些新的设计和变动，比如以前房子主体两侧的耳房要比正房的一层略低一些，现在新建的耳房跟正房一样高了，建为二层。但是很多风俗还是没变，例如厕所建在家里是一种忌讳，要选择在院落围墙外或其他不起眼的地方。

我们问张辉龙给自家建房的时候是不是特别用心，他却用“剃头匠不剃自己的头”一句话向我们做了最好的解释。在他看来，传统样式的房子要比现在的钢筋混凝土房好，一方面传统白族民居样式清秀，另一方面，牢固程度是有目共睹的，千百年都能保存下来。1963 年，剑川经历了一场 6 级以上的地震，当时没有一座木建房倒塌的。一般来说，传统样式的白族民居，在柱子、梁头建完形成一个整体后才能进行墙体等其他建设，是真正的框架结构。房子的承重是在柱、梁上，而不是在墙体上，牢固性很好，抗风雨和抗震性能强。他在石林、宁蒗、甸南都修缮、重建过寺庙。由他接手拆修的古建、庙宇，都有着上百年的历史。之前，他在牛街圆满修缮一座经历了百年的尼姑庵。这座建筑仅仅是房脚、柱底有少部分的损坏，而且寺庙建筑要比普通建筑考究、复杂得多，单是柱子有 56 根，修复的难度很大。

传统白族民居在竖房时的礼节很是复杂。张辉龙说，这些复杂的礼节外行人是不会懂的。大木匠建新房，有三项祭祀活动：一是动土。动土前要请风水先生帮忙选方位、坐向，定一个良辰吉日。动土之日，须备一份以“田公地母”为主的“甲马”，献上猪头、大米、茶酒、柱香等贡品，一直贡到祭木辰时。二是圆木。建房材料备齐后，起工当天要进行“圆木”仪式，由木匠师傅锯一片圆木，交给主人用红布包好，作为开工仪式，然后才竖房。“圆木”的祭祀要到本主庙进行，祈求木神保佑工程顺利、平安。三是送神。竖新房架构这一天，亲朋好友要来祝贺送上四色礼。每一坊房子都要喊上一番吉利话，之后挂上红布的横梁缓缓架上，主人全家在供桌前焚香谢神。之后就是送神，祭品中包括了圆木仪式中的圆木片。在这一系列中，上梁仪式是最重要也是最复杂的，主人家请来村中有声望的老人祭正中梁，要放鞭炮，在梁木上洒点公鸡血，然后上梯提梁。梁上稳了就丢馒头求吉利，再从梁架上洒圣水，祈得清吉平安。其后散钱、把钱装箱，最后结彩。期间还要高声吟诵一些吉利话语。

对于狮河村的现状，张辉龙是这样评价的：狮河村以前是贫困村，改革开放后，家家户户做起格子门雕花、组合，产品销量广泛，狮河木雕从以前在剑川县、大理州内销售，慢慢走向全省、全国，甚至受到国外的青睐，正在被越来越多的人认识，还有许多人来狮河村学习，木工产业为村里带来可观的经济利益。随着经济的改善，村民的生活水平也提高了，他家里承包的3亩多地也不种了。以前的农活就做得少，除了农忙时候回家做几天，多数时候都在外面四处闯荡。三个儿子都成家立业，现在的张辉龙不用再负担家庭，但也不需要儿女来赡养，自己做活赚的钱就自己花。在他的观念里，依然保留着养儿防老的观念，自己现在身体还不错，可是将来有一天自己行动不利索了，还得依靠儿子来照顾，因为现在村里，还没有条件开办养老院。工作之余他还喜欢种植花草，几年前兰花市价好的时候，也种过兰花，但是因为工作辛苦、长期在外做工，没有多余时间打理，只是把它作为一种爱好，没有从中获得收益。

两年前张辉龙加入了老年协会，现在62岁的他身体还很好。他打算以后还是要继续做点木工活，希望有一副好的身体，能再多接一点活路，多盖一些房子。在自己百年之后，村里的人还记得这是谁建的房，或者儿孙们总能随便指着路边的一座白族民居，自豪的跟别人说，这就是我父亲（爷爷）亲手建造的，他曾是村里众所皆知的大木匠。

（二）建房木匠张连春

张连春，1956年出生，现年55岁，家住狮河村上河3组165号。他平易近人、和蔼可亲、热情好客，对自己所从事的建房木匠技艺有着特殊的喜爱和感情。

他中等身材，一头短发，脸上有些皱纹，手掌粗糙有老茧，身体强壮而结实，特别能吃苦耐劳，性格坚韧，有种不服输的气质。他对家人非常关心，为了家庭的发展而努力工作，默默担负着家庭生活的重担。

张连春出生后，家里甚至整个国家都处于困难时期。那时，他家里只有三间茅草房，父母都为生计而忙碌奔波。他常常处于饥饿当中。因此他对于饥饿有了切身的感受，有了自己的理解。那种感受对于没有挨过饿的人来说，是无法表达的。为了不再让自己和家人挨饿，他暗自决心要学好一门技艺，养活整个家人。

他小时候非常的调皮活泼，经常偷偷地跑去游泳、捉昆虫等。而游泳是父母非常反对的，因为害怕孩子出现安全事故。当母亲发现他去游泳，就会对他进行体罚，通常是让他下跪，或者用很粗的棍子打他，进行严厉的惩罚。虽然如此，惩罚过后他总是忘了痛苦又去游泳，还乐此不疲。现在提到此事，他有点后悔，如果再让他选择，他会毫不犹豫地选择听父母的话，不会再偷偷地去游泳了。小时候的这些记忆，能给他快乐，但让他有点遗憾的是，那时没有玩具可以玩。他说，当时家里很困难、很贫穷，村里物资匮乏，也没有玩具卖，不像现在随处都有玩具卖。他很羡慕这个时代的孩子。不过，他说小时候的放牛、割草、游泳等成了当时最有意义的活动，给自己带来过许多快乐，而且小时候有很多玩伴，童年还是过得比较不错的。

1963 年他开始在狮河小学学习。在读书期间，他不能专心于学习，放学后还要割草、放牛、喂猪等，帮助家人做一些力所能及的活计。他 1971 年进入甸南中学读初中。在三年的中学生涯中，他勤于思考，努力学习，成绩在班里处于中上水平。他知道家中经济困难，没多少时间让他好好的在学校里学习知识了，所以希望尽自己最大的努力，好好学习，争取多学一些有用的知识，提高文化水平。这三年中，他放学后还帮助父亲做一些木匠活，帮助母亲做一些家务。但是他还是不改往日的调皮，经常与同学打架，经常被老师批评。他的母亲对他的管教仍是非常的严格。他与同学打架之后，母亲总是对他进行体罚，也对他进行思想教育，不过效果不是很理想，他还是一如既往的调皮。直到 1974 年他初中毕业回家务农后，才逐渐懂事，开始为家里出一份力。

初中毕业后，他便去铁匠铺当了学徒，从事手工打铁。虽然比较艰苦，但是他还是能够受得住苦，一打就是两年，将铁匠活做得非常的熟练，在铁匠行业也有了一点名声。他由于小时候就学会了吃苦，将这次经历当作是对自己人生的考验，同时这也补贴了一些家用，减轻了父母的负担，在一定程度上解决了弟弟妹妹的学费问题。这次经历进一步锻炼了他吃苦耐劳的意志，使他对困难生活有了更好的理解，还对手艺人的特点有了认识——天荒三年，饿不死手艺人。他在打铁生涯中，进一步得到了锻炼，身体更加强壮了，为以后很好地从事木匠活做了身体上的准备。

两年的打铁生涯结束后，他便开始了大木匠即建房木匠的学习生涯，跟着在村中小有名气的杨师傅学习木匠，当了学徒。木匠的苦比起铁匠还稍逊一筹。他不管学习什么东西，都很努力，勤于思考。与铁匠相比，他更喜欢木匠活，所以在两年后就学成出师了。由于他勤于思考，在以前的木匠工艺上做了一些改进，使得自己的木匠活质量更好，速度也有所提高。据他讲述，当学徒两年期间，他跟着杨师傅在村里或在村外做一些古建修建方面的活。平时为别人建造房子，有机会就做古建筑的翻修和寺庙修理。他跟着杨师傅在村里建房子，边学边实践，从最基本的做起，从不懈怠，积极做事。虽然学习木匠基础活的过程非常的简单，但也十分乏味，要想出类拔萃，没有十足的耐心和毅力，不下一番功夫是出不了类的。他有耐心，也有毅力，更有能吃苦的决心，不厌其烦地做基础木匠活，最终非常熟练地掌握了木匠的基本技术，将基本功练得非常的扎实。

在学习木匠的过程中，他不仅学到技术，而且还学会了做人，使自己各个方面的素质都得到了提高。他从做基础活中学到了做人要踏实，从杨师傅身上学到了要让主人满意，而且认识到群众口碑的重要作用，以后他就将群众的口碑作为评价自己的木匠活是否做好的主要标准。学徒期间，他最远就去过洱源，其他地方是在两年后渐渐去的。由于他的技术精湛，木匠活质量好，为人热情，逐渐地洱源的一些地方就成了他的经常去处了。因为当时客户比较零散，只要有活干就去做，所以他经常不在家。他 18 岁时就结了婚，媳妇将家里的事情处理得非常好，让他非常放心和感激。

他结婚一年后有了第一个儿子。由于自己读书不多，他便将希望寄托在这个孩子上，一定要让他好好的读书，将来有出息。当时家庭很困难，但是他有一定的手艺，加上儿子的出生，给了他改善生活的信心和希望。他决定要尽快将家里的三间茅草房进行重建，将房子建得又结实又宽敞又明亮，从此这个愿望就深埋老人的心底。

当我们问到他是怎样联系到客户时，他说主要是由亲戚和以前的客户介绍的，因为他的木匠手艺很精湛，并得到了客户的广泛认可，所以就这样一传十、十传百，他的名声就传开了。他做木匠有一种信念：要努力将房子建好，这样主人喜欢，自己也喜欢，群众的口碑也好。他经常得到老顾客的介绍，建房的订单也多起来了，导致时间也不够用了，他就把有些顾客介绍给其他木匠。他做工速度比较快，做一栋三间大的房子，其中的木质框架，他 15 天就能把它搞定，而且质量也比较高。他的口碑越来越好，顾客也越来越多，自然就有人来拜师学艺。

接着，他收了 4 名徒弟。他说大木匠不好做，如果没有坚强的毅力、坚定的意志和吃苦的精神，就很难学有所成。因为建房木匠活难学，加上要特别能吃苦，所以现在学建房木匠的人渐渐地少了。不过这没有吓退这4名弟子，反而给了他们以激励。这4名徒弟，跟着他学习木匠，而且非常能吃苦，加上他细心的指导，基本上完全学会了他的全部木匠手艺。在很长的一段时间里，每次他都会带着这4名徒弟去做木匠活，让他们在实践中成长，在实践中成熟。这4名徒弟都很努力，和他一起给顾客建造了高质量的房子，留下了美好的名声，渐渐地他们也能够独当一面了。现在这4个徒弟都成了当地古建方面的大师级人物了，而且还培养了不少弟子，这使得他非常的欣慰。看着4名徒弟的成长，看着他们的成熟，看着他们能够独当一面，张连春的脸上露出了满意的笑容。他还不时称赞4名徒弟的认真好学，并祝愿他们能够走得更远，做得更好。

就这样，他在建房木匠方面一做就是几十年，并一直带领村里人一起出去为别人建房子，不仅能够多挣钱补贴家用，而且工作中大家可以互相照顾、互相帮忙。由于对建房木匠活的喜爱，他以会做木匠活，能将木匠活做好为自豪。他的木匠技术是村里数一数二的，还以大儿子能够继承自己的事业而自豪。这样他的木匠技术就能在后人的手里等到继承和发扬，白族民间传统的房屋木结构技艺就会得到传承。

在此后的几十年期间，由于大理、剑川一带农村民居木结构的房子渐少，张连春先后去过昆明、思茅、石林、建水、漾濞、玉溪和绵阳等地建房。在这些地方做活，也不是一帆风顺的，有时还会出现意想不到的特殊情况。在漾濞时，正好遇到全国人口普查，而当时他们没有带身份证和户口证明，被查出来后，限期两天离开漾濞。他们只能放下手中的活，离开了漾濞，去其他地方找活干了。之后的五六年间，他都是给别人打工的，没有自己带头为别人干活。1993年村中的古建公司张根汉老板聘请他到昆明去修盘龙寺，这是一个非常好的机会，不仅能够赚钱，而且可以出去见世面。在1995年到2002年期间，他主要在思茅做木匠活，其中1997年跟着杨珍育师傅在思茅修建茶马古道的有关建筑。2008年和2009年在石林干木匠活，工资大概是每天70元。而2010年，在石林做活时，不幸从一楼上跌下来，把脚扭伤了，但是没有特别严重的问题，现在他的脚已经恢复得差不多了，在家兼做些木雕活。

随着经济的发展和市场的变化，现在他为人家做工，一般工资每天120元。经过多年的努力他终于实现了当初的愿望，重新建起了三间大的房子，而以前三间茅草房已经不见了踪影，代替它们的是混凝土的猪圈。家中喂了一头母猪，而且还生了10头小猪，如今猪崽的价格额外的高，能够为家里带来可观的收入。全家的生活明显得到了改善，家中还堆积了很多木雕原料和半成品。现在他还做一些木雕活计，虽然是散户，不成规模，但是这里面的利润也不错。他希望自己今后能够将木雕做出规模，因为现在村中非常鼓励做木雕，有非常多的机会使自己发展。张连春讲，其实土木结构的房子抗震能力强，适合农村，而且便宜，现在还是有很多人喜欢建土木结构的房子的，建房木匠还是有市场的。

现在，张连春已年近六十，只希望能安享晚年。他将自己的事业交给儿子打理，自己则从旁协助，努力将建房木匠活转到木雕活上。其实，传统的建房木匠技艺现在还是有很多人希望能够学到的，这也是白族的非物质文化遗产之一，希望这种技艺不要失传。狮河村人对鲁班十分敬重，认为他们的始祖就是鲁班。现在，木雕、木匠技艺使得村民的生活得到改善，每年村里都要举办鲁班节，而且非常隆重，他和家人都积极参加，去祭拜和感谢鲁班。

我们采访结束离开张连春家时，他还非常热情地让我们多拿些瓜子之类的东西回去吃。这就是白族人家热情好客的习俗。

我们满载着收获离开了张连春家。

（三）木雕培训优秀教师李兆龙

李兆龙是在我们住的地方接受采访的。当时他刚从外面回到狮河村，因为之前联系过他，他回到村后家都没回就过来找我们了，还很客气地说怕耽误我们的时间。记得那天是农历的七月半，是村里人悼念祖先，给祖先烧纸钱的鬼节，也只有这样特殊的日子，他才回来狮河村，回来家里和家人团圆，并接受了我们的采访。

李兆龙，男，白族，1966 年出生在狮河村上河第五组，今年已经 45 岁了。小时候家里条件不好，那时候生活很艰辛，因而李兆龙很小的时候就开始为生活操劳、奔波，现在的他额头上已经爬了些许的皱纹。他个子不高，皮肤有点黝黑，双手因为常年握着雕刻刀，已经布满了老茧，那些密密麻麻的老茧都是岁月留下的痕迹。

李兆龙 1973 年开始在狮河小学上学，1978 年小学毕业后升入甸南中学，并于 1982 年毕业。他说 1982 年初中毕业后就开始跟着村里会雕刻的人学习木雕雕刻了。我们问他："怎么不继续读书？是因为没考上高一级的学校吗？"李兆龙深深地叹了口气，他说，当时他考取了昆明的一个学院，那个时候经济水平低，家庭都普遍困难，很多人小小年纪就辍学，开始下地干活，帮家里减轻负担，村里能上到中学的人就不多，考上学院的人更是少之又少了。他考取昆明的一个学院本该是一件很高兴的事，但是由于当时家里面太困难了，没有钱为他交学费，而学木雕能帮助家里减轻负担，他就这样跟着村里会木雕的人学习雕刻，从此与学校无缘。他说当时的条件没今天这么好，他们生活在那个年代有太多的无奈，但是现在的好多年轻人却不懂得珍惜。

李兆龙接受我们的采访前，是从山区的木雕培训班赶回来的。他说他才从山区回来，因为之前联系过要采访他，他家也没回就直接到我们住的地方来接受我们的采访了。为了推动木雕事业的发展，同时帮助山里的村民学习一技之长，帮助他们就业，改善他们的生活，云南技术学院和剑川县狮河木雕工艺协会在山区联合主办了几个木雕培训班。他从2010年7月开始，就在山区给山里的村民进行木雕培训，平时都住在那里，长时间不回家。因为那天是农历的七月半，按照农村的习俗，这天要给祖宗烧纸钱，缅怀祖宗，山区的村民也要过这个节，今天他们的木雕培训班因此不开课，他才有时间回来和家人团聚。

李兆龙说1982年他就开始跟着村里的木雕师傅学习雕刻，3个月就学会了。回家后就开始自己雕刻，那时主要是雕格子门、门窗等，雕出来后由自己组装好，再卖给老板，这样一干就是十几年。十几年的雕刻让他有了一定的经验，加上他比较耐心，很乐意帮助别人，因而木雕协会聘用他到山区传授木雕技艺。此时，他在山区教了三个木雕培训班，学员基本上都是该村的村民。木雕协会对于学员有一定的要求，例如，年龄要求在16至39周岁之间，128天为一期，因为培训是免费的，为了提高培训的效率，每个学员只能学一期。上课时间是每天上午8：00~12：00，下午2：00~6：00，大部分老师都在这个时间段才上课，但是李兆龙说他基本上都是每天早上7点就去教室了，下午即使过了6点只要有人愿意学他就会耐心地教他们，直到最后一个学生离开。虽然他是作为老师去教村民做木雕雕刻的，但是因为山区条件不太好，他平时都要自己做饭，逢年过节的时候才会回趟家。问起他在山区教木雕雕刻的经历，他说一开始的时候还是遇到了一些困难。有些学员因为是初学不太熟悉雕刻，会出现木板被雕坏的情况，由于山区交通不方便，把木板运上去很困难，木板对于他们来说很珍贵。不过在李兆龙的耐心指导下，他教过这么长的时间，只有一块木板被学员雕坏。他说，因为来接受培训的学员年龄在16～39岁之间，有些年纪小的学员就会不服管教。有一次，有个学员在上课的时候向他要烟抽，他说当时他只对那个学员说了一句话："作为一名老师，我不是来教你抽烟的。"那个学员因为年轻气盛起初很不服气，不过在和李兆龙相处了一段时间之后，他开始为自己的行为感到羞愧，开始认认真真地学习木雕雕刻，而且再也没向他要过烟。我们问他来学习木雕雕刻的人多吗？他说因为是在山区，很多村民的学习意识不强，没看到长远利益，有许多人认为学习雕刻是浪费时间，宁可出去外面打工挣钱也不愿意接受免费培训。因而，他们经常要去家访，不是因为学员不够，课开不下去，不是仅仅为了保证学员的数量，而是实实在在的为了他们好，毕竟有了一技之长，以后生活能得到很大的改善。他去家访时，总是耐心地告知他们学手艺的好处，培养他们学雕刻的积极性，很多村民在他家访之后来学习木雕雕刻，前几期的学员现在能够从事木雕事业，开始靠手艺赚钱来改善生活了。他说自己是个粗人，没什么文化，但是他一直认为：一个人做人做事一定要理论联系实际。他是木雕工艺协会认定的唯一的一位优秀教师；他对木雕有一股很大的热情，他小学时候就想学木雕改善家里的生活了；他已经在山区教村民雕刻一年多了，他希望能尽自己所能帮助村民习得一技之长，能够改善一下村民的生活。虽然山区条件艰苦，也不能经常回家和家人团聚，但是他说只要有人愿意学，他就会继续教下去。

李兆龙1966年出生，今年45岁了，是家里的经济支柱。他还有一个上初中的女儿，因为自己当年家里面条件不好，对知识很渴望但是最终还是辍学了，他希望女儿能完成他的愿望，他说即使再苦再累，只要女儿愿意读书，他就会努力支持着女儿读下去。他家里面还有一个已经瘫痪14年的老母亲。他曾带着母亲多处求医，但是未果。说到这里，李兆龙流下来几行清泪。医生说他母亲的病是一种"富贵病"，治疗虽然花费了巨额的费用，还是得不到完全的根治。他说小时候母亲为了养育他们很辛苦，当自己有能力回报她的时候，她老人家却患上这样的病，而自己却无能为力，他觉得亏欠母亲了。这14年来，他一直尽心尽力地照顾母亲，他在山区教木雕雕刻，照顾母亲的任务就一直由妻子担任。他说，他最幸运的事情就是娶了一位好妻子，在他家里条件很不好时，跟着他受苦受累却毫无半句怨言，这么多年来，他妻子一直无怨无悔地照顾着他们瘫痪的母亲。在很多个艰辛的岁月里，面对一道道艰难的坎，他都没有流下一滴泪，此时此刻却因为瘫痪的母亲而动容，这才是真正的孝子。

现代社会情感变得越来越淡漠，有多少人缺的正是像李兆龙这样的孝道？14 年来无微不至地照顾着瘫痪的母亲，有多少人还能真正地做到？有多少人能为了父母流“孝子的眼泪”？有句话说“长贫无亲戚，久病无孝子”，而李兆龙确实是一位孝子。

为了提倡孝道，李兆龙和村里的一些人还自编自唱了一些以孝道为主题的白族调。不得不提的是，李兆龙还是狮河文艺队的队长。狮河文艺队由 3 个小队组成，他是三个小队的总队长。文艺队组队时很受欢迎，村民们都积极参加，现在每个小队大概有 20 人。他们主要是自编自演一些以反赌、提倡孝道、歌颂木雕为主题的舞蹈，配以白族调，逢年过节或是遇上喜事的时候，他们就会在人员较集中的地方表演，每到这时就有很多人来看表演，不仅有本村的还有许多别的村庄慕名而来的人。有许多老人难以接受新事物，觉得所谓的文艺队是浪费时间，是不务正业，但是因为狮河文艺队提倡的都是像孝道这样的东西，因此，文艺队很受老人的支持。李兆龙他们的文艺队还经常代表狮河去参加比赛，2009 年狮河狮灯队曾在第二届剑川二月八白族民俗文化节文艺会演中获得三等奖，得了剑川县白族学会和剑川县文化馆颁发的奖状。2010 年，狮河金狮队又参加了二月八白族民俗文化节又获得了三等奖。为了参加比赛又不耽误白天的劳动时间，他们一般都是在晚上排练，有时候在村委会排练，有时候在家里比较宽阔的队员家中。只要没有很重要的事情，队员基本上都会全体到齐。当我们问他文艺队有没有遇到什么困难时，他说最大的困难就是他们缺乏音响等好的设备，村委会不能够给他们提供好的设备，他们也不可能让队员交钱来买好的音响。他们的设备比不上县城里面的文艺队，资金也没县城里面的文艺队那样充足，他们的演出效果会受一定的影响，所以每次一、二等奖都会被县城的队伍拿走。他们现在用的设备基本上都是用比赛获得的奖金买来的。他们还遇到过这样的事情：在他们表演自编的节目时，有人把他们的节目录了下来，稍微改编后就拿去参加比赛，或是刻成光盘去市场上卖，他们不忍心辛辛苦苦创作的东西变成了别人的，而且为了节目的版权问题还和别人吵过架。他说有次他们参加一个比赛，比赛结束后得了二等奖，但是等到去领证书和奖金时，却变成了三等奖，他们没有计较奖次，因为他们组织的文艺队不是为了参加比赛，而是为了宣扬反赌、孝道这些东西，同时鼓励更多的人来把白族调等这些特有的民族文化传承下去的。而且，自从有了狮河文艺队，村里的社会风气改变了许多。据我们观察，村里没有人赌博，每家每户都没使用锁，即使家里没人，家门敞开着也不会出现盗窃事件，让人想到陶渊明笔下的桃花源里面的和谐社会。过年过节时也因为有了狮河文艺队而变得更加热闹了，村民的文化生活丰富了许多，村民也变得更加团结了。

李兆龙要给我们几张光碟，我们跟着他到了他家。在他家我们见到了他瘫痪的母亲，老奶奶当时坐在椅子上晒太阳，眼睛也不怎么好了，看我们都很吃力。虽然瘫痪了好几年了，但是她穿的衣服还是干干净净的，头发也被梳理得很整齐，可以看出就像李兆龙说的那样，他妻子把老人照顾得很好。我们一进门，李兆龙的妻子就热情地招呼我们。李兆龙说他已经很长时间没回家了，但是家里还是和他上次回来时一样的干净、整洁。他说，因为有了这么一位贤淑、孝顺的妻子，他出门在外很长时间不回家也不需要担心家里。他给我们的光碟中有一张是狮河村本主节时录制的，里面有狮河文艺队的精彩表演。还有一张光碟叫“留住母亲”，是李兆龙为母亲过60大寿时拍摄的，地点是在他们家，里面也有狮河文艺队自编的舞蹈；还有白族的霸王鞭；还有李兆龙用白族调唱出的留住母亲，要好好孝敬母亲，报答母亲的养育之恩的心声。

李兆龙说，对于将来他没有具体的打算。只要还有人愿意学，他就会继续在山区教村民学习木雕雕刻，他要把自己所学的技术教给他们，为木雕技术的传播贡献一分力量。同时，他会尽力把白族的歌曲、白族的舞蹈等这些白族文化传承下去，带领狮河文艺队创作更多好的作品，丰富村民的文化生活。更重要的是，他会一如既往的尽心尽力的照顾老母亲，让母亲安享晚年。

我们看到的李兆龙是一位木雕技术的传播者，又是一位民间艺术的传承者，还是一位值得大家学习的大孝子。

（四）木雕绘画师刘灿兴

走进狮河村，空气中弥漫着木材气味和此起彼伏的锯木声，任意推开一户村民家的院门，眼睛所能触及的地方都是木材：堆叠成山的木料，被切割成各种形状的初坯，以及雕上花鸟的格子门，随处可见的是正在雕刻的工匠身影。

然而，我们来到刘灿兴家却是另一番景象。他家院子外开满了大丽菊和向日葵，院子内没有堆叠成山的木料，也没有叮叮当当的雕刻声，只是偶尔能听到外面田野里小麻雀的叫声。整个院子显得很安静，青瓦白墙，木雕的格子门，让我见识了一个典型的白族民居院落，有浓厚的白族传统文化的韵味。

看见我们的到来，刘灿兴的妻子很热情的让我们到他家的“堂屋嘎”（是白语客厅的意思）里坐。刘灿兴是我们在狮河村采访接触的第一位白族木雕绘画的手艺人。第一次见到刘灿兴，与我想象中的不太一样，个头不太高，比起别的当地人来说皮肤要显得白一些，也许是经常待在家里工作的关系吧。他不太善于言辞，给人的第一印象就是很腼腆，但非常踏实。他的妻子很热情，但只会说白语，而刘灿兴不太爱说话，只是低着头认真地画着他手中的画。

木雕绘画技术对刘灿兴来说，可以说是一手绝活了。在他绘制的木雕图案里已将他骨子里的那份柔情尽展无遗。他拿起笔就能画出那些极为复杂的图案，画得那么专注、那么认真。几笔下去，一只传说中的麒麟便衔着仙草而来，再几个起落，一朵祥云就已飘浮在空中。带我们去采访的村委会杨书记告诉他我们的来意之后，他便拒绝了。听他妻子说，之前好几次电视台来采访他，他也都拒绝了。他不太喜欢在众人面前表现自已的手艺，他是一个很淳朴的艺人。经过杨书记和他妻子的一番劝说，他勉强答应了我们的采访。

刘灿兴出生于1968年，今年刚44岁。他家里有6个兄弟姐妹，他的母亲一直在家务农，父亲原来在水利局工作，后来下岗回到家里帮着母亲一起干农活。家里的生活不富裕，他从小就喜欢画山水画，看到哪里有关于山水画的画报就学着画，画出来后还要找到感觉才罢休。由于画报的数量有限，之后发现有些瓷碗边上也有一些图案，就学着上面画。他就这样反复地坚持着画。

到了初中之后，刘灿兴对画画的兴趣更高了。课本里的诗歌有山水的画作为背景的他也学着画，在学校组织的绘画比赛还多次获得了一等奖。后来因贪玩，在朋友的邀约下经常逃课，学习成绩下降了，上了几天初三之后就退学回家了，开始学木雕雕花。学雕花一段时间之后，到了1980年，那时他有14岁，便开始跟着曾健中师傅学习木雕绘画，因为绘画的技术还不错，就边当学徒边给别人免费绘画。刘灿兴学木雕绘画半年之后便自己在家一边绘画一边雕刻。在他16岁的时候，他遇到了张月堂师傅，开始帮张月堂绘画。张月堂师傅有需要画的就给他画，给他提供了不少的机会，让他的绘画技术不断得到提高。他觉得他真正的师父是张月堂。是张月堂给他提供了那么多的机会，才使他有了今天这么好的绘画手艺。我们能看得出来，当他说到这里的时候他眼里流露出感激，他的话也慢慢多起来了。

刘灿兴20岁的时候，他的木雕绘画技术得到了村民们的认可，好多村民都让他帮着画。因为他喜欢吸烟，他帮村里人画后，他们就会给他送香烟。他22岁的时候，帮深圳的一家公司画了一幅，还上了报纸，他的名声越来越大了，他绘画的技术得到了更多人的认可。

刘灿兴到了23岁的时候，便把木雕绘画当作了自己的职业，开始有报酬的帮别人绘画。比较难的图案他一天能画一幅，简单一点的他一天能画好多幅。后来，村子里80%的木雕的绘画都是他画的，他一天的收入就有50元左右。在那个年代，一天能挣50元，算是很不错的收入了。那时一个在国有单位上班的人一个月的收入也就一百多元。

刘灿兴24岁时成家了，妻子协助他一起做木雕绘画。之后，他不仅帮村里的人画画，还帮大理、鹤庆、丽江等外地做木雕的人画画。以木雕格子门窗、屏风、挂屏、古建筑构件等技术含量较高的品种为主，图案内容有四季花卉、山水盆景、花鸟鱼虫、狮鹿虎象、龙凤麒麟、琴棋书画、博古陈设、民间传说故事、福禄寿禧吉祥文图等，其中最能体现狮河木雕特色的是“渔樵耕读”“文房四宝”“二十四孝”“十八学士闹梅花”等图案。

1997年之后，随着木雕生产在剑川的蓬勃发展，很多狮河村的人开始学习木雕，一大批家庭手工作坊纷纷兴起，叮叮当当的声音响遍了整个狮河村，几乎每一个家庭都从事木雕制作。农闲的时候，妇女们也提起斧凿，操起木匠活来帮着做事，家家户户都从事木雕，需要绘画的人也多了。

说到刘灿兴的兴趣爱好和绘画经历，他不再像刚开始那样拘谨了。也许光听他说不能感受到他的技艺精湛，只有亲眼看见了才能知道他技艺的高深。于是，他给我们看了他过去画得比较好的一些作品的照片，那些画画得很逼真，让我大饱眼福。他告诉我们不同的画有不同的含义，葫芦寿喜，牡丹富贵，竹子象征的是节节高升。他又给我们看了他还没雕刻完的五层花的格子门，从中可以看出他手艺的精湛，在格子门的雕刻的绘画中，较为复杂的是多层镂空雕。在这些作品面前，不得不令我们佩服刘灿兴师傅的技艺，让我们看到了深藏在他笔下的深深柔情。

我们看到他的绘画技术很高，却没有听他谈到培养学徒的事，于是很纳闷地问他：“你这么好的手艺怎么没收学徒呢?”他沉默了片刻，似乎有什么难言之隐。他告诉我们绘画是木雕的第一步，要先在木板上把要雕的内容画好，才能进行雕刻。他希望更多的人掌握木雕绘画的技术，把木雕绘画技术传承下去，满足家家户户做木雕的需要。他25岁之后开始收徒弟，已经有十多个徒弟。他很用心的教徒弟，把自己的手艺毫无保留地传给徒弟，让徒弟们从什么都不会到能画出一手好画。还把自己设计出来的图纸给徒弟用。但有的徒弟却对自己有偏见或不理解，还把他设计的图纸外传。因此，他认为收徒弟的时候，人品是最重要的。说到这里，我们能感觉到他情绪上的变化，便没有再继续往下问了。

刘灿兴绘画的收入是他家的主要经济来源。我们能看出他家的日子过得不错，院子里的环境很美，还停放着一辆摩托车，“堂屋嘎”里摆放着各种家电，还有电脑。他告诉我们有大的木雕公司请他画画，但他拒绝了，他还是比较喜欢现在这种没有约束的生活。他兴致高的时候可以多工作几个小时，累了，不想工作了就放下笔休息，作息时间完全由自己安排。由于他手艺的精湛，绘制的木雕画很逼真，让他画画的人应接不暇，有时没时间画，他就会把电话关机了，让自己安安静静地把手头的工作做好。他画的画并没有固定的价钱，有时候，让他画画的人家经济条件差，他就随便收一点。他告诉我们钱多钱少并不重要。和他的谈话中明显能感觉到他性格内向、不善言辞，但他很善良，是个老实人。

刘灿兴有一个女儿和一个儿子，女儿已经嫁人了，还有一个儿子在家。他让儿子学习设计机雕图，同时还教儿子学习木雕手绘画，给他传授自己的手艺。他告诉我们现在用机器雕刻的很多，机器雕刻既省时又省力，但手工雕刻和机器雕刻有着本质的区别。手工雕刻的格子门窗、屏风、挂屏、古建筑构件等带着工匠的情感，是有灵魂的，具备不可复制性、唯一性，称得上艺术品。机器雕出来的产品，图案上面有机器划过的细小的纹路，没有手工雕的光滑。现在好多高档的雕刻还是靠手工来完成，比如五六层的雕花，机器是刻不出来的。刘灿兴必定是一位传统的艺人，所以他看待事物的时候总是会用艺术的眼光去审视它的价值。

刘灿兴还告诉我们，狮河村的木雕历史悠久，源远流长，民间木雕工艺精湛，木雕文化积淀深厚。在村里，木雕作为一种最广泛的职业，是农村家庭重要的经济来源。长期以来农家子弟到了一定的年龄，就要拜师学艺，以师徒相传或父子相传的方式，使木雕工艺代代相传，经久不衰。20 世纪 80 年代后，狮河村的木雕产业发展很快，真正造福于民，名扬四海，走向世界。狮河村木雕产业的发展，带来了村民生活的富裕。目前，全村有木雕专业户 500 多户，木雕雕刻人员 1600 多人，有 20 人获得职称，他的师父张月堂就是其中之一，这些能人每人能带动 2～3 户的木雕专业户。木雕产业的发展使得全村社会治安稳定，村容村貌整洁，邻里乡亲和睦，村风文明，传统木雕产业让村民们过上了好生活。现在，他家的小康生活就得益于木雕产业的发展，家里的主要劳动力有 3 人，他一天的收入在 200 元左右，他妻子和儿子每人的收入在 80 元左右。他觉得现在的生活很幸福。

每一块经过艺人雕刻的木头，都有自己独特的个性，所以它能成为艺术品。然而，每一件木雕工艺品的诞生，都源于木雕绘画师的笔下。木雕绘画师用自己的理解和智慧，描绘着一种独特的世界，他们用千古流传的技艺为人们雕刻出一个极富意蕴的世界，诠释着别样的时尚。刘灿兴就是从审美的角度去绘画，并与民族文化相结合，在经济发展的同时还使白族的木雕文化得到了传承。

狮河村的木雕工艺，已有悠久的历史。这里的木雕绘画者与雕刻者，并不是哪个工艺美院的高才生，他们都是祖祖辈辈生活在滇西北剑川坝子的普通白族人，其精湛的木雕手艺也是世代家传。“狮河木雕村”的美誉名副其实。就是这些世代居住在剑湖边上的白族农家人，在各式名贵或不名贵的木头上每天都在神奇的雕刻着。他们用那些祖传的手艺，雕刻着平凡和平淡的生活，雕刻着已往的和现在的及未来的岁月，维持着生活。刘灿兴只是他们中的一员，不同的是他用画笔，画着那些平淡的生活和平凡的人们。

（五）身残手艺人刘全山

在接近黄昏的狮河村，天气变得微凉，穿着短袖的我们都加了外衣，而太阳也在此时慢慢退隐山顶，空气如黎明般清心。此时，村委会杨主任带我们到准备采访对象家中认门，要同主人约定采访的时间。下了村里的柏油路后，一直往剑湖的方向走，数不清是在第几个拐弯之后，眼前豁然开朗，一片苍翠的稻田呈现在眼前，在橙色的日落下，正在抽穗的稻谷仿佛也低下了头休息。几个外形可爱的稻草人在田中矗立，小鸟在四周盘旋。而在小路的另一边，一排房子安静的坐落着。第二家就是刘全山的家，门口种着梵高画里似的向日葵，它们一朵朵拼命向上生长，为了争取更多的阳光。

踏进刘全山的家中，瞬间感受到与村中其他家里不一样的宁静和干净。狮河村是个以木雕为主要产业的村庄，如今几乎所有农户家中都做木雕，叮叮当当的声音是最常听到的，有的还用电脑程控雕花机，随处可以听到机器嗡嗡的声音。而刘家中却是别样的宁静，也没有机器雕花后四处散落的粉末。一块整洁的挡住堂屋格子门的遮阳网更显得院落的静致。进门往左便可见到两间隔开的屋子，刘全山在靠里的那间雕着窗花。渐渐走近，听到一阵音乐声，原来是他放在木桌上的手机在播放音乐呢，在这大家都忙碌的村子里听到音乐还真是不多见。我们跟着杨书记来到小屋里，杨书记用白语向摔伤致残而坐在轮椅上的刘全山介绍我们来采访的目的和意义，希望他配合我们的采访。只见刘全山笑着答应，笑容中略带拘谨，只怕是我们这突然的到来让他没有准备。约好第二天的采访时间后，我们便礼貌的退去，此时从木门框中望去，夕阳正好。

翌日上午十一点，我和搭档准时来到刘全山家中，不巧他家有亲友过来探望，于是我们又将采访时间改到下午。几个小时后，已是轻车熟路的我们顺利来到刘全山家中，此时他坐在轮椅上，边听音乐边在工作台上雕刻木窗。他的工作间是个有三面墙壁一面窗的房间，十多平方米，粉白了的墙面，木头柱子，靠墙摆放着一张木头做的工作台，长约 2 米，宽约 1 米，台面的斑驳看得出它经历的年月，台上摆放着一套二三十件的雕刻工具，还堆放着些待雕刻的和已画好图案的小木板。地上还有许多已完成的作品一排排靠墙放着，雕刻得精美细致，是与机器雕刻不一样的细腻。工作台旁边有个稍低的小木桩似的台子，平时刘全山的妻子在这里陪着他一起雕花。桌子上、地上四处有些雕刻下的木屑。我们去时，看见他们静静地坐在各自的台前工作着。

刘全山 1970 年出生，今年 41 岁，初中文化，家住狮河村上河下村 2 组 220 号。他有两个妹妹，均嫁在狮河村。1990 年和妻子结婚，育有一个女儿，名叫刘玉娥，今年 19 岁，在狮河村里的宏盛古建筑有限责任公司上班。她没有继承父母的木雕手艺，在甸南一中念完初中后便像村里大多数人一样直接工作了，到了宏盛公司后，由于比较年轻又聪明，被公司送到昆明去学习了三四个月，学习了 Auto CAD，Adobe Photoshop 等编程和绘图软件，还有大量计算机的程控知识，现在公司里负责管理四五台雕花机的工作，当有计算机技术更新时，公司都会送她去外地学习，以掌握最新的技术。当问及刘玉娥对父亲的评价时，她说父亲是个很温和的人，对她也不严厉，非常为她着想。就连当年父亲摔伤去各地医院寻医时也没有告诉她实情，怕她担心影响学习。

刘全山皮肤较白，说话声音不大，语速不急，看起来很有书生气。他是家中祖传的木雕手艺人，不仅可以做盖房子的大木匠，也可以做精细雕刻，还会组装格子门。在上学的时候就靠周末自己做木雕赚取了学费，自立能力很强。小时候家里养着许多牛和猪还有羊，每天放学回来就去放牛放羊，周末不上课的时候就到剑湖去摸鱼，过得很开心。

初中毕业之后，他像村子里的其他人一样，结束了自己的学校生涯，开始做木匠活儿。他一开始做的是大木匠，在本地和外地都参与建造了许多传统的房子，也做雕刻的工作。他年轻的时候去过很多地方做木匠，大理、昆明经常去，还有云南的普洱地区，甚至还和其他人一起到缅甸做过。做了几年后，因为父亲的身体不好就回到村里照顾父亲。1990 年完成了婚事，只是结婚后没多久，他的父亲就去世了，他一直感到很难过。他的母亲还健在，身体也挺好，今年 61 岁，与他同住。他们现在居住的房子是在 2002 年重新盖好的。当我们想当然的问及房子是否是他自己盖成的时候，他却说不是。我们感到很意外。既然他有手艺在手，为何还要请外人。原来这是狮河村的风俗习惯，“自己的头不能剃”，自家的房子不可以自己盖。盖房子也有很多讲究，首先要请风水先生到家中看风水定日子，哪天动工，哪天竖房架，哪天请客等，都得由风水先生定好。定好之后还要请人来做一些法事，保佑家里平安。刘全山家的房子是请村里的张辉龙师傅盖的，他是刘全山的姨夫，在村里是有名的大木匠，村里村外盖过上百所房子。现在他家里的房子有七间，由五六个人共同修建，用木头搭成房架，屋顶铺瓦，木柱间用砖头砌墙，总共用了二十天的时间主体工程就盖成了。

刘全山以前外出的多了，会做的活路也就多，他还学会了古木建筑的修复。刘全山妻子的哥哥张根汉在狮河村开设的宏盛古建筑有限责任公司，在外承包过许多古建筑修复的工程，刘全山随工程队外出做工很多，并管理工程队。在 1997 年和 1998 年的时候，他所在的工程队承包了昆明近郊盘龙寺的修复工作，里面大雄宝殿的屋顶翻修、重新彩绘都是他们做的，盘龙寺里众多庙宇的梁木也是他们更换的。盘龙寺是昆明市香火最旺的寺院之一，它位于滇池东岸盘龙山，距离昆明市区约40公里，与昆明西山、宾川鸡足山，共同被称为云南三大佛教圣地。盘龙寺观庙宇依山而建，占地很广。他们完成这个项目花了两三年的时间，平时都回不来家，每年只有过年的时候才回家休息几天便又返回工程处。当时他们还修复过一尊千手观音的像，重达7吨多，修复好了把观音像又送回寺庙都是一件很困难的事情，一连弄了十多天才安装到位。

刘全山是家里的顶梁柱，不仅做木活儿给家里带来收入，家里的农活儿他基本也包了，犁田、撒种、耕种、收割，这些活他一个人都能做完。家里农田的收成不仅够自己家吃，还有很多剩余地拿到市集上售卖。一家人的生活过得很殷实。

2004年的一天，刘全山在山下的果园里不慎从树上摔下，树不是很高，但是树下有个沟，所以受伤挺严重，再加上受伤后被亲友背到医院，背下山路的过程中又加重了伤势。后来，到大理州医院诊断时已确诊为下半身瘫痪，医生表示无法治愈。家里又赶快到了省会昆明寻找医治的方法，去了很多医院看病都未果。他永远不能站立了。到现在他的下半身都没有一点知觉。生命竟如此突然的急转弯，一下给他如此大的打击。他只能接受生命中这个重大的不幸，今后的一生只能依靠轮椅了。在采访中我们看到这个言语不多，语气平淡，听着音乐工作的刘全山，没有看到他对生活的不满和抱怨，也没有放弃，如果不是杨书记的介绍，我们真看不出他经历了这么大的变故。熟读史铁生的文章那么多年，我依然记得他愤懑的说，地坛它等待我出生，然后又等待我活到最狂妄的年龄上忽地残废了双腿。每次想起这句话，总忍不住猜想那该是一种怎样的悲恸、恼怒、暴躁。生命忽地就开了个这么大的玩笑，忽地就如此不公。而刘全山此刻却如此平静安然地坐在轮椅上，不懈怠地进行着日复一日的木雕工作，那个有音乐的小屋是他如今生活的世界。我不禁在心里惊叹。

刘全山受伤后，家里的农活只能由他的妻子和母亲来做，有时候做不完还将田地盘给别人种。原来家里还有小型拖拉机，刘全山受伤后也卖了。当机器雕花等新技术引进狮河村的时候，他家也购进了刨花机、雕刻机，家里产出木雕门窗的效率很高，只是现在身体不便利了做不了那些大件的雕刻，在2006年的时候又将机器卖了。

刘全山下半身瘫痪后，村里给了他享受低保，每个月有80元的补助，一年总共960元。刘全山受伤致残后，由于坚强的意志继续进行木雕工作，云南省电视台、大理州电视台等都来采访过他的事迹，大理州残疾人联合会也曾几次来看望过他。

刘全山目前的工作是做订单的小型窗户雕花，客户关系大都是以前身体好的时候建立的，也有许多是木雕公司接到订单后交给他来做。接到的订单高档的和低档的都有。接到订单后他首先联系木材商，由木材商将要求的木料送到他家中，之后根据客户的需要绘制雕刻的草图，常规的绘图工作他都可以自己完成。当遇到非常复杂精细的图案时，就到隔壁家请专门绘制木雕草图的师傅绘制。目前雕刻较多的图案有花卉、飞禽、走兽、人物等。雕刻的作品也分许多种，有平雕、浮雕、立雕、镂空雕，他都可以雕刻。客户对木雕的需求他几乎都可以满足，也可以接受工艺品的雕刻。目前由于机器雕刻才刚刚开始，只能进行较简单和单层的雕刻，所以在市场上还是手工作品比较好卖。我们采访他前不久，他接了一批168块小木窗的生意，夫妻两个人六七天就可以完成，做这么一批货可以收入六七百元。但是生意不稳定，有的月份一直很忙，有时又清闲些。2011年1月份到6月份，他家雕花收入有一万元左右。在我们采访的时候，他的妻子在旁边用一块海绵蘸了香油擦在裁好的模板，准备雕刻。他说这批货的原料是水冬瓜，这种木材木质较硬，擦了香油以后木质会松软一些，便于雕刻，而雕刻好的成品也不容易开裂或者变形。

现在，刘全山家里除了农业种植、木雕外，还饲养着猪，前两天刚刚卖出一窝小猪，大约有七八只，每只一千多元。现在家里就留着两只准备过年吃的猪。他说养猪风险较大，容易生病，肉价又忽高忽低，他们也不敢养太多。

在采访过木雕工作的情况之外，我们还采访了刘全山叔叔的爱好和平时的娱乐生活。他说没事的时候晚上喜欢看看电视，比较喜欢 CCTV－3 的节目，也看看 CCTV－7 的农业栏目，平时做木雕的时候喜欢听音乐，而村里亲戚朋友多，大家也经常聚在他家一起聊天、喝茶、打牌。

目前，刘全山的生活安定而充实，由于家里人都有收入，再加上他自己的低保，家里经济负担也不重，可以维持正常的生活。

在采访结束时，我们再一次表达了对刘全山的敬意！并衷心地祝愿他今后身体好转，家庭幸福！

四、文教卫生人士

（一）乡村退休教师杨润谨

杨润谨老人出生于1939年，中专毕业，学的是师范专业。今年已经72岁的高龄，一头的白发，平时梳理得很整齐，脸上总是挂着和蔼的笑容，看起来依然精神十足。在社会上，人们将老师敬称为“先生”，鉴于杨润谨老人是退休的老教师，学识的丰富与渊博，以及老人在村中的威望，所以我觉得用杨老先生来称呼他再合适不过了。在我们的印象中，杨老先生的穿着十分朴素，在他朴实的外表下不乏温文尔雅的一面。在我们采访的过程中，由于老人年纪大了，耳朵不是太好使，所以有时候会听不清我们的问题。但是杨老先生对于我们提问的每个问题总是非常耐心的回答，而且只要是他知道的无所不言。这与他多年的教书有着密切的关系，每位好的老师都会有那种“诲人不倦”的高尚品质。

杨老先生的家住在狮河村的上河自然村，离我们调查驻扎的地方相对较近，这为我们的调查带来了不少方便。我们来到杨老先生的家里，他得知我们是在校的大学生，可能是老人多年从事教育事业的原因，一下子将我们的距离拉近了许多，接下来的交谈自然也就很亲切。

杨老先生的家是典型的白族民居，整个布局是“三房一照壁”，照壁上写着很醒目的“清白传家”几个大字。正房坐北朝南，共有八间房子，厨房是单独盖的一间平房，看得出来房子是新翻修过的。他家里堂屋前堆满了格子门的成品，开始我还以为老人也是从事木雕行业的，后来才知道那是杨老先生儿子的活计。杨老先生有三个姑娘和一个儿子，三个姑娘都已经出嫁了，老人和他的儿子一家生活在一起。现在家里一共有六口人，杨老先生和他老伴，儿子和儿媳以及他的两个孙子。老人说他也算完成了应尽的家庭的义务，自己现在基本上什么也不做，就跟着儿子享清福了。

我们在采访前，还担心老人会因为听力不便等原因妨碍访谈，但后来的采访证明我们原来的担心完全是多余的。杨老先生虽然听力不是很好，却很健谈，而且非常有耐心。老人介绍说：他是1959年中专师范专业毕业的，毕业于以前的大理师范学校。当时能读到中专毕业，在农村来说也算是很高的学历了。村里当时很多人都不读书在家务农，更多的同龄人是学习木匠活或木雕。自己也想过辍学回家帮家里干点农活以减轻父母的负担。但是，出于对学习的热爱以及父亲的支持，就一直坚持下去，直到中专毕业。老人说他很庆幸自己当时的选择，虽然后来也没有能够赚大钱，但是所走的路与自己当初的人生目标是相一致的，成了一名受人尊敬的人民教师，为村里培养出更多懂文化的人，来建设自己的家乡。老人说自己选择的路，虽然一辈子都没有走出过大山，看过外面的世界，但是自己一点也不后悔。老人的一生都奉献给了乡村的教育事业。

杨老先生自1959年毕业后，就被分配到西河小学任教。大概在1965年调到山区的白腊小学任教。之后被调到县教育局工作，担任会计。大概在县教育局工作了7年左右，之后的1980—1983年调到绿寿小学担任校长；1983—1986年调到东岭中学（现在的金华二中）担任校长；1986—1994年在甸南一中任教，杨老先生于1994年在甸南一中退休，当时已经55岁。老人说能在自己家乡的中学退休也算心满意足了，是自己为家乡的文化教育建设曾经做出过努力的见证。谈到教育，老人似乎总有说不完的故事和话题，更多的是他这么多年教书生涯的一些感悟。

1. 要实现梦想就要吃得了苦

杨老先生对于过去的教育生涯记忆犹新，特别是自己刚刚参加工作时候的情景印象特别的深刻。那时候条件非常的艰苦，当时中专毕业就能分配工作，但是师范专业的学生一般都会被分到乡上教书，大部分都要到山区的农村教书。因为那些地方教育非常落后，不光是孩子上不起书，有的连一个老师都没有，孩子就算想上学也没人教。杨老先生当时毕业的时候，便怀揣一颗要为教育事业奋斗的心，但是条件艰苦的程度远远超出了他的想象。他被分到的西河地区，当时非常的落后，校舍十分简陋，连像样的教室都没有，更别说是老师的宿舍了。西河小学离杨老先生家所在狮河村相对较远，所以当时只能靠老师们自己在学校搭灶起火做饭。平时教完孩子们功课，到了吃饭时间就要赶着去做饭，老师们都是轮着来做饭的。老师们的伙食所需物品，都要自己每个星期从家里拿过去，有时候米粮不够或者没菜就要向村里的老乡借一点。老乡们对他们都很热情，每次他们去借米粮的时候都没有二话。那时候大家的生活水平还是比较低下，谁家都不容易，但是老乡们知道他们这些老师是为自己的孩子才来这儿的，感激还来不及又怎么可能不帮助他们呢。说到这些的时候老人的眼里充满了感激，他是被老乡们的朴实所感动了。我觉得西河的人们更应该感激他们这样一群甘愿为乡村教育奉献一生的教师们。老人说当时老乡们生活也都不容易，所以每次借的米都是还的，尽管老乡们一再地拒绝。毕竟我们是拿着国家给的工资的。

杨老先生说，当时自己刚毕业分配到西河的时候，首先是试用期，就是要先考察一段时间，领导认为可以胜任教师这个岗位后才能转正。试用期为一年，工资每个月为25.5元。转正后的工资其实也没有增加多少，为29.5元一个月。虽然当时的消费水平低，但是所得工资明显是不够用的，特别是和那些早就不读书出去赚钱的同龄人相比，他们每个月赚的远比自己多得多。所以当时有一个现象：有些毕业于师范院校的人由于被分配到山区教书，而且工资又很低，就选择放弃教师这个职业而去干别的工作了。杨老先生回忆说，当时自己也有过类似的想法，因为家里的经济条件差，非常艰苦，劳动力也不够。但是想到当初的理想以及父亲的期待，他觉得应该坚持下去。每当感觉看不到前途的时候，他就勉励自己说要实现梦想就得吃苦。杨老先生教书三年后工资涨到了34元，条件再艰苦也从未退缩过。

2. 一师一校的教学岁月

杨老先生说在西河的教学时间不是很长，后来就被调至白腊小学教书，那里的条件比西河更艰苦，环境更为恶劣。老人说条件艰苦并不算什么，关键是当时由于乡村教师的缺乏，白腊小学只有他一个教师。当时他还有些担心，虽然之前在西河的教学让他积累了一定的经验，但是觉得还有很多方面需要学习，现在一下子让自己一个人来负责一个学校，担心胜任不了。但是，他并没有被困难所吓倒，踏入了白腊小学，开始了自己一师一校的教学生涯。

杨老先生说，当时的白腊小学设有一到四年级，因为在山区，来读书的孩子并不是很多，大概加起来有40个。但是，这么多孩子也够他一个人忙的了，更何况一到四年级所开设的课程还不一样。一开始，确实给杨老先生在教学上带来了不少困难，还好山里的孩子都比较听话，学习认真，在学校也没给他惹太多的麻烦。在后来的教学中，杨老先生经过不断摸索，终于创出了自己的一套教学方式，是专门针对一师一校这种教学情况的，他把其称之为“辐射式教育”。所谓辐射式教育，就是要顾及在校所有不同年级的学生，特别是在教学方面。他把所有学生都集中到一间教室内上课，这样既避免了学生们在学校调皮捣蛋，同时更重要的是通过这种方式，可以让各个年级的同学相互影响，高年级的同学帮助低年级的，低年级的同学在上课的时候也能够耳濡目染，到以后真正学到的时候就能相对轻松许多。当然，那是在当时迫不得已的情况下所采取的教学方式。但是现在白族山区仍然存在这样一师一校的情况，在居民分散的情况下，这种教学方式也不失为一种有效的手段。当然面对这样的情况，国家应该加大对落后地区教育事业的投入。同时还要鼓励年轻教师到条件相对艰苦的地方教书，以此来促进我国教育事业进一步发展。

杨老先生还说，当时自己一个人住在学校，到了晚上没事可做，就到村里转转，和老乡们聊天等，老乡们也十分热情，每次他去的时候都拿家里好吃好喝的招待他，这一点也让他非常的感动。但是他也懂老乡们那朴实的笑容后所包含的愿望：希望自己的孩子能靠读书改变他们的命运，脱离祖祖辈辈面朝黄土背朝天的环境。讲到这，杨老先生叹了口气。我们问到他为何叹气时，老人说现在条件虽然比以前好了很多，孩子也不用担心上不了学了，但是现在的孩子都没有以前的那些孩子好学了，过去的那些孩子要是有现在这样的条件，一定能成为对国家建设有用的人才。

3. **离开办公室继续自己的教学生涯**

杨老先生说，一师一校的教学经历对自己来说具有非常重要的意义，虽然条件很艰苦，但是从中也学到了许多，领悟到了人生的真谛。直到1972年，由于工作上的需要，杨老先生被调至县教育局担任会计。他觉得反正是在教育部门工作，应该不会有太大的区别。一开始他仍然像从前一样将自己所有的精力都投入到工作之中。但是慢慢他发现，在县教育局的工作虽然比较重要，无论是工资待遇还是工作环境都要比以前好很多，可怎么也没有了以前站在讲台上的那种激情。意识到这个问题后，杨老先生就开始考虑辞去在县教育局的会计工作，重新回到教学第一线。因为他觉得在那儿才是发挥他才能的地方，在那儿才能激发他人生的激情。

但是，工作的变动不是自己想怎么做就怎么做的，出于各方面的原因，后来杨老先生在县教育局又改任秘书工作。直到1980年，他才又回到了讲台，离开坐办公室的日子，重新开始自己的教学生涯。

杨老先生1980被调至绿寿小学担任校长。这所学校无论是教师资源还是教学条件都比他以前工作过的学校好许多，这更加激励了他将全身心投入到教学中的信心。在他担任绿寿小学校长期间，经过他对教学方式改革，极大地提高了教学资源的利用效率。他说，那时候的农村小学不想读书的情况依然很普遍，所以他做得比较多的工作，就是说服家长让孩子继续完成学业。更重要的是，他不断激发孩子们继续学习的兴趣，让他们懂得要用知识来改变自己的命运。对于农村的孩子来说，很多时候他们的理想都非常的单纯。只希望能够好好读书，将来能够找个好工作，好好孝敬自己的父母。经过他不断对老乡做工作，终于有了成绩。绿寿小学所在地的适龄儿童的入学率有了很大的提高，同时如果没有非常特殊的情况，都没有孩子辍学的现象出现。

直到 1983 年，由于在担任校长期间工作出色，杨老先生被调任至当时的东岭中学担任校长，就是现在的金华二中。杨老先生说以前自己一直在教小学，一下子让自己来教初中，同时还要担任校长，一下子觉得肩上的担子重了不少。可是他依然知难而上，因为他觉得人生就是在各种不同的挑战中不断进步的。当然要胜任这项工作，最重要的就是给自己补充知识，不断为大脑充电。他说，在刚刚开始工作的时候，确实是遇到了许多困难，不过靠着自己多年教学经验以及在县教育局工作的经历，遇到的问题最后都能够解决，新的工作在不断地适应和摸索过程也就渐渐胜任了。杨老先生说当时担任校长每个月的工资为 75.5 元。这对于现在的我们是无法想象的。工资虽然低，但这并没有影响到他为教育事业发展所做的努力，而是更加激发了他为人师表、教书育人的激情。

当时初中升高中是非常困难的，也是改变人们读书生涯的一个非常重要的环节。很多人就是因为考不上高中而纷纷回家务农。所以杨老先生说，他当时做得最多的工作就是教学上的改革，至于学校的硬件设施等他没有去关注太多。他认为环境艰苦不能是学习差的借口，只要教学质量上去，只要学生们学习认真，高升学率就不是问题。在杨老先生担任东岭中学一年后，学校的教学质量就有了明显提高，升学率就是最好的证明。当年东岭中学的初中升高中的升学率是全县第一，超过了金华一中，这与他的努力是分不开的。老先生说到这些的时候，脸上露出了自豪的笑容，更多的是对自己的肯定。从他朴实的笑容里我们看到了一直奋斗在教学第一线的那些乡村教师，他们兢兢业业坚持在自己工作岗位上，尽管条件艰苦，都不会轻易退缩。只因为他们对于教师这个神圣职业的那一份承诺，心中有着梦。

杨老先生在 1987 年的时候离开了东岭中学，被调任至甸南中学。虽然他在东岭中学做出了许多成绩，尽管那儿有许多自己优秀的学生，但是他还是毅然离开了，因为这次调动，他回到自己家乡甸南镇了。落叶归根，老人说自己教了那么多年的书，直到这时候才回到了甸南来从事教育，不过至少能在自己教学生涯的最后阶段为甸南的教育贡献自己的一分力量。来到甸南中学后，杨老先生依然如往常一般认真教书，更多的是将一些先进教学方法借鉴过来，改革甸南中学的教学模式等。在甸南中学工作期间，杨老先生被评为中学一级教师。他就这样一直坚守在教学岗位。直到 1994 年，杨老先生光荣地在甸南中学退休，结束了自己的教学生涯。问及当时的工资，他说退休的时候工资涨到了每月 488 元，老人说那已经是很高的待遇了。

杨老先生说，退休的时候不知为什么感觉心里空落落的，很是失落。突然觉得自己不教书了，以后还能干什么呢。可见杨老先生对教师这个职业的那份深深的热爱之情。

4. 丰富多彩的老年生活

杨老先生和我们说起他退休后的生活。他在村里算是学识渊博的人了，所以比较有威望。老人说，他现在在村里还担任着许多职务，随后开玩笑地补充说不过都是些闲职。他说在狮河村成立木雕协会的时候自己当选为木雕协会的顾问，不过他对于木雕懂得不多，自己的大半辈子都花在教育上了，只是在举办相应活动的时候经常需要他来主持或题字等，出于这些原因很荣幸地被选为协会顾问。自己退休后，还被选为狮河村老年协会会长，直到去年才退下位来。但是，老人退休后在村里还担任的一个最重要的职务是风水先生，因为在农村里看风水、挑日子这些传统的习俗是不能避免的。而杨老先生之所以有风水先生这个称呼，出于两方面的原因：一是杨老先生的父亲以前在村里做的就是这个职业，在他父亲去世后，就没有人来做这项工作，这给村里人带来许多不便的地方，每当到办红白喜事的时候都要到外面请风水先生来帮忙；二是由于自己的兴趣所在，从小的耳濡目染以及自己对易经八卦等的研究，也让他有足够的知识储备来胜任这个工作，为乡亲们免费做一些工作。因为在农村里风水先生这一行很多时候是要收钱的，但是杨老先生说现在自己的儿女都成家立业了，自己每个月都有 2000 多元的退休金，足够自己和老伴二人的开销了，所以做这些的时候都是免费的。当然乡亲们出于对自己的感激，在办事的时候往往会给他象征性的送些礼品，大部分是烟或酒等。

除了做这些，杨老先生平日里爱看看书，和其他老人下下棋，生活也十分惬意。问及以后的打算，老人说自己都那么老了，没有什么太多的打算了。

现在也就是为他的儿子多操操心，儿子和儿媳都很勤快，而且都对木雕产业很感兴趣。所以打算帮助他们将自家的木雕产业能够做成一定的规模，然后就把家里农业种植放弃，一心一意发展木雕，因为鉴于当前木雕在当地的发展态势，前景是非常广阔的。同时他也会将一部分精力用在两个孙子的教育上，虽然他们年纪都还小，但是老人对他们都抱有很大的期望。他说，现在他们爸妈都忙着赚钱，很少照顾到他们的学业，所以大部分时间还得他来管。谈及孩子的教育问题，老人就现在小孩的教育提出了自己的一些观点。他觉得现在孩子们的受教育条件比以前不知提高了多少，但是很多时候却不懂得去好好珍惜。同时，父母对于自己子女的品德教育方面有时候也存在不太恰当的做法，过于溺爱孩子，让他们无所顾忌，这给孩子在学校接受教育带来了许多问题。同时也很为难教书的老师们，特别是对于那些独生子女，即使他们有时候很调皮，但是也不敢过多的干涉。从老人的言语中，不难看出虽然他退休多年却依然牵挂着他一生所从事的教育事业。他的精神让我们肃然起敬，他的这种精神更值得现在许多年轻教师和即将毕业的师范生们学习。

在采访回来的路上，我的脑海中不断浮现的是杨老先生所描述的在山区教学的画面，心底不禁又增加了对献身教学第一线的乡村教师们的敬佩之情。

在此祝愿所有辛勤耕耘的园丁们工作顺利，万事如意！

（二）熟知民间礼俗的木匠师傅张银旺

午后的小雨，湿润了空气，湿润了狮河村里整洁的小道。我们行走在村里的巷道里，不时飘来的是若隐若现叮当的木雕声，让人感受狮河村的宁静，也让我们感受到木雕人的勤劳。若隐若现的叮当声，如狮河村的灵魂一般，环绕着村庄上空，响出了木雕之乡的美誉。穿过蜿蜒的小道，我们来到了张银旺老人家中，刚到门口，老人听到我们的脚步声，便急忙迎了出来，满脸洋溢着笑容，十分热情。没等我们说话就把我们迎进了家门，并赶忙抬凳子让我们坐下，还给端上了热气腾腾的茶水，老人的热情让我们深受感动。

张银旺 1943 年出生，今年 68 岁，家住狮河村上河 3 组，是村里的木匠手艺人，也是村里了解民间礼俗的十分丰富的老人。说起张银旺的学艺经历，他给我们介绍道：他从小学习木匠手艺，小学毕业以后，就到临近剑川的洱源县向当地技艺精湛的木匠师傅拜师学艺。几年后，木匠手艺学成，便回到狮河村做了一名木匠。张银旺做的木匠与木雕虽然听上去只差一个字，但具体要做的工作，差别很大。刚开始的时候，我们也没有弄明白二者的区别，后来听他详细的介绍才清楚。木雕的工作负责的是门窗面板上花纹、图案的雕刻。而木匠的工作主要是负责当地白族传统的木质构架的房屋的修建，房屋内部木质隔板、楼梯的制作、安装以及木质门窗的组合安装（主要工作是将雕刻好的门窗构件组合成完整的门窗），但他们不负责门窗花纹、图案的雕刻工作。此外，他还会制作木质的桌椅板凳。张银旺回家后一直从事木匠的工作，干了几年以后，当时实行集体经济，就到村里生产队当了一名记分员，帮生产队记录各家出勤所得的工分。一年以后，又做了村里的会计。实行家庭联产承包责任制后，各家分到了田地，张银旺便回家搞农业生产，在农闲时兼做木匠。张银旺不仅帮村里有需要的人做木工活，还到洱源、右所等地做过木匠活。

张银旺有四个儿子，都从事木雕手艺。其中大儿子、二儿子和小儿子从事的是木制门窗的雕刻，而三儿子选择做门窗组装工作，即把雕刻好的门窗面板组装起来。四个儿子都从事木雕，是深受父亲的影响。张银旺说，儿子们都很聪明，自己没怎么教，他们都是自学成才。儿子们学成以后，他们负责门窗的雕刻，老父亲则负责把儿子们雕刻好的门窗部件组装成完整的门窗。门窗组合是个体力活，做起来很辛苦。儿子们曾经劝老父亲搞门窗的雕刻，不要再做门窗的组装，但他没有采纳。他做了一辈子木匠，已经有了感情，舍不得改行做木雕，一直做着木匠的工作。现在，张银旺年事已高，儿子们想老父亲辛苦了一辈子，现在该是享福的时候，都劝他不要再干活，在家休养就行。看到儿子们有如此孝心，他十分感动，听了劝，现在已经不再做木工活，安心在家颐养天年。

以前，张银旺家里主要以农作物种植为主，家里5亩多的田地，主要靠妻子来打理。他在外从事木匠工作，遇到农忙时节，会回家帮妻子打理田里的活计。现在四个儿子全都已经成家立业。分家以后，田地分给了四个儿子，由他们各自来打理。现在家里除了老二搬出去了之外，其他三个儿子还跟老人住在一个院子里，一大家子人住在宽敞的大院里十分热闹。张银旺老两口虽然和儿子们住在一个院子里，但却自己开伙。儿子们都让二老跟他们住在一起。他们觉得现在年纪不是很大，身体也很健康，就决定和儿子们分开过。儿子们本来不同意，后来想想两位老人自己开伙，会方便许多，想吃硬的或者想吃软的，都可以自己决定。儿子们要忙做活路，吃饭时间不固定，顾不上老人，便同意了和他们分开过。老人讲到自己儿子们，觉得十分欣慰，因为四个儿子都非常孝顺。虽然分家了，但儿子们对两位老人的照顾一点都没有减少，会经常给两位老人买米、买肉，还会定期给两位老人零花钱。两位老人的日子过得非常安逸。

现在两个老人和三个儿子一起住的院子，宽敞明亮，院子里的房屋都是由张银旺年轻时一手建起来。老人回忆道，当初建北面正房的时候，孩子们都还小，帮不上什么忙。建房的时候缺人手，他和妻子只有加班加点地干，最终顺利完成了房屋的建造。修建两边耳房的时候，大儿子已经学会了木匠手艺，帮了不少的忙。老人感慨当初建房的时候，条件十分艰难。那个时候村里实行集体经济，生产效率不高，又遇到天灾，导致当地粮食减产，许多人家都没有粮食吃，自己家里也是一样。在这样艰苦的情况下，家里还在修建房屋，更是艰难。由于经济条件限制，家里请不起人来帮忙，只有自己干。街坊邻居看到夫妻两个人建房十分辛苦，主动提出要来帮忙，却被他们婉言拒绝。老人回忆说，自己很感谢他们，但是他们来帮忙建房，家里没有粮食，不能请帮忙的人吃饭。如果答应街坊邻居来义务帮忙，还得各自回家吃饭，心里实在过意不去，便婉言谢绝了大家的热心帮忙。

张银旺是个多才多艺的人，除了会木匠手艺外，还会演奏三弦、二胡和笛子等多种乐器。这些乐器都是他自学而成，是他凭着对乐器的喜爱慢慢琢磨学会的，是他在学习木匠手艺的那几年里学会的。他在洱源县学习木匠手艺的时候，白天忙做活计，晚上吃过晚饭后，就没什么事。那时没有多少可供娱乐消遣的事，为了打发时间，他学习吹笛子、拉二胡、弹三弦来打发空余时间。渐渐地，演奏乐器就成了他生活中不可缺少的一部分，一有空他就会拿出乐器演奏。

除了在闲暇时演奏乐器作为消遣，他还参加村里办红白事的人家演奏。在白族地区，白族人家里办喜事，要请人演奏乐器来助兴，办白事要请人演奏乐器为逝者送行，是白族一种古老民俗。他参加村里办红白喜事的人家演奏，起初纯属偶然。当时，有人家去世要办白事，平日演奏乐器的人临时有事到不了，需要有人来顶替，村里有人知道他会演奏乐器，就来请他去演奏。这一次之后，大家知道了他会演奏乐器，家里有需要的时候就来请他去演奏。他说，都是乡里乡亲，去了这家，不去那家说不过去，所以只要乡亲有需要，就会去帮忙演奏，这件事一直做到了现在。

除了演奏乐器之外，他还在白族民间传统祭祀仪式中担任礼师，白族民间称为“喊礼”，主持祭拜仪式。比如某家办白事，在给亡灵念经的时，他拉二胡伴奏。有时还负责主持对逝者的追悼仪式，宣读亲友给亡灵的祭文。有时，他还帮忙为逝者书写“祭文”，表达对逝者的哀思。

张银旺给我们介绍道，狮河村有一个特殊的节日叫作“鲁班节”。鲁班是木工的鼻祖，被当地木工手艺人奉为是大师傅，受到当地木工艺人的极大尊崇。每年的农历八月初八，村里以及临近村庄从事木雕、做木匠的人都会汇集到狮河村来祭拜鲁班大师傅。大家到本主庙祭拜鲁班神像，杀猪宰羊，还会用歌舞表演来助兴，场面十分热闹。老人高兴地向我们介绍道，这个节日是狮河村独有的节日，独具特色，大理州政府曾组织电视台来拍摄电视片，还做了相应的报道。那一次的鲁班节是历年来规模最大的一次，来的人非常多，村里还请了剑川歌手李宝妹来现场演唱白族调助兴，使节日增添了光彩。

在鲁班节那天，张银旺担任祭拜鲁班大师傅的仪式的礼师，主持整个仪式。祭拜仪式是鲁班节中重要的环节，一般在吃晌午饭之前举行，大约是下午两点左右。在仪式正式开始之前，需要准备并摆放好祭拜仪式用的猪头、鸡、香斋、茶砌、酒砌、果品、馒头等贡品。祭拜仪式用品摆放好后，参加拜祭的木工手艺人开始就位准备祭拜。这些都准备好后，由礼师主持祭拜仪式。当礼师喊道：“狮河木雕村鲁班盛会开始，鲁班弟子就位。”即宣布仪式的开始。鲁班弟子就位后，礼师会喊道“整理衣冠”。这时在场的鲁班弟子们便会整理自己的帽子、领带，做到衣冠整齐，举止规矩，这表示了村里木雕人的尊师重教的传统。接着礼师会喊道：“向我们民间的大师傅鲁班师傅行礼，鲁班弟子跪。”老人介绍道，在向鲁班师傅行礼的时候要行三跪九叩礼。听到“跪”之后，鲁班弟子们要向鲁班跪拜并叩首三次。接着礼师会继续喊道：“起”、“再跪”、“起”、“再跪”。第三次跪下的时候，开始给鲁班大师傅敬献贡品。这时礼师会喊道“献茶、献酒、敬献香斋、敬献果品”。于是，大家将事先准备好的贡品先给鲁班大师傅，表达鲁班弟子对他的崇敬之情。敬献完毕后，鲁班弟子在向鲁班大师傅叩首三次，至此“三跪九叩”之礼才算完成。众弟子叩首结束后，礼师会喊道“起礼，礼毕。”这时众弟子就会起身，接着礼师会说几句吉利话，为大家祈福，比如“祝鲁班弟子身体健康、万事如意、技艺提升、精益求精、生意兴隆、恭喜发财。”整个仪式礼师用带有白语腔调的方言来主持，非常富有白族特色。

我们得知张银旺是村里深知民间礼俗知识的老人后，就想向他多了解一些情况。在我们的请求下，他又给我们做了简单的介绍。如办喜事的时候，主人家首先要做的就是下请柬，需要把村里村外的亲戚理一遍，确定要请的亲戚的名单，通知亲友举办喜事的日期。请好客后，主人家开始准备办事用的食材，请帮忙做厨的师傅。禁忌方面，老人介绍道，女方怀孕以后，不能到刚有小孩的产妇人家去，如果去了，刚有孩子的这家产妇就会奶水不足。这个时候，刚有孩子的产妇人家就要到怀孕的女方家要一壶水，快到家门时，把水倒了，边倒口中边喊“回来了，回来了，奶回来了。”这样做了以后产妇的奶水才会又多起来。这种做法虽然有些迷信，但不得不感叹民间力量的神奇。

以上介绍的只是张银旺老人丰富礼俗知识的一角。作为在传统白族文化下成长起来的他从小耳濡目染，民俗知识十分丰富，涉及白族群众生产、生活的方方面面。老人的知识都是来自长期的生产生活，并没有刻意地去学习，就能积攒了这么丰富的知识，让我们十分佩服。

谈到以后的打算，老人谈到，自己现在年纪也大了，以后家里的发展要看年轻一辈，让儿子们自己来安排。现在几个儿子都发展得不错，他相信自己的儿子有这样的能力，把家里发展得越来越好。他现在什么也不用多想了，只要听儿子们的话，好好保重身体，在家里休养就可以。

我们祝老人身体健康，长命百岁。

（三）白族民间文化的传承者段亦平

狮河村有着极其深厚的文化底蕴，是一个典型的白族村寨，村庄的各个角落都散布着白族文化的踪迹。村子里不仅有很多木雕文化的传承者，还有许多白族传统文化的传承者，段亦平就是其中一个。在村委会主任的带领下，我们来到了狮河村下河自然村的段亦平家中，拜访了他。因为没有事前约定，我们的来访，让他觉得有几分突然。说明来意后，他热情地接待了我们，并跟我们热情地谈起了他所钟爱的白族文化。

段亦平现担任云南技师学院木雕协会副会长，还担任云南技师学院剑川木雕培训站的副校长。他给我们介绍道，2009 年木雕培训班在剑川招募了 400 名学员，2011 年计划招 1000 名学员。他还给我们介绍，今后剑川县要以烤烟、木雕为支柱产业。狮河村是剑川有名的木雕之乡，木雕产品销往全国各地，甚至销到外国。“木雕之乡”这个称号是村委会的干部们颇费周折才争取到的。这个称号宣传了狮河村木雕，让许多商家慕名而来，现在村里木雕生产订单不断，供不应求，这促进了狮河村木雕产业的快速发展。

段亦平生于1955年2月19日，今年56岁。身为白族的他，从小在传统白族文化的熏陶下长大，心底有着对白族文化的深深热爱。年轻的时候，他努力发展自己、建设家庭，自己事业有成，让家人过上了衣食无忧的日子，是村里数一数二的人家。经过几十年的拼搏，现在四个孩子都长大成人，各有自己的事业。现在，他赋闲在家，享受着天伦之乐，将自己的精力投向白族文化的挖掘整理。段亦平眼光独到，他看到在经济迅速发展的今天，白族传统文化正不断地流失，那些代表着白族文化的符号正一点点消失。为了更好地保护白族传统文化，给后人留下一些精神财富，他努力收集整理散落在民间的白族文化，并潜心进行研究。

有着高中学历的段亦平，在村里可以算得上是个文化人。他7岁开始读书，小学就读于发达红星小学，毕业后顺利升入甸南中学读初中。1971年9月13日，升入剑川中学就读高中。1973年8月高中毕业，当时因为正值“文化大革命”，大学不招生，所以作为知识青年回乡参加生产劳动。

段亦平回家后到了县里的木雕学校学习木雕。经过几个月的学习，从木雕学校顺利结业，1974年开始从事木雕，可以算是狮河村第一批从事木雕的人。当年8月，遇昆明铁路局材料总厂来剑川储运木材，村里将一块包谷地提供给他们作储木场。他在那里当了3年的发料员。

段亦平说，他是幸运的人，这一生中老天给予了他很多眷顾。1974年3月23日，作为发料员的他，外出运木料。汽车行在驶往红旗林业局途中，在驶出羊岑11公里300米处突然翻车，他清晰地记得事发的时间是下午一点三十四分。当时车里共有11人，当场死去了3人，其余受伤。自己十分幸运，只是受了点轻伤。在做发料员的三年里，他还幸运地遇到自己后来的妻子段秀兰。1976年从发料场回家后，他与段秀兰结了婚，并生育了两男两女。后来，他带着狮河村数名村民到米子坪修建电站，还担任海虹、回龙、狮河三个村的事务长。

段亦平有了子女之后，家里上有老，下有小，负担明显加重，生活困难。在电站上班所得收入，难以支持家里的开销，所以让妹妹秀英顶替他在电站的工作。回村后，他作为生产队抽出的百分之二十男劳动力，外出搞副业。就这样，他带着十多个人到石鼓一带搞副业，这一去就是五个年头。期间，他学会了烧砖瓦的技艺，后来回本村建了瓦窑烧制砖瓦，干了一年。1983 年，剑川县农机研究所推广农机具，县财政给他提供了 2700 元的无息贷款，购买了一台手扶拖拉机，帮助农机研究所推广农机。

1985 年，而立之年的段亦平开始了事业的上升阶段，并逐步走向红火。他凭借之前所学的砖瓦烧制技术，在父亲的介绍下，幸运地到宾川县机制砖厂搞筹建工作，机制砖厂建成后，担任宾川县机制砖厂厂长三年。之后，他随同云南省砖瓦工业协会到各县搞砖瓦创业的技术服务。

在接下来的几年中，他的事业发展得越来越火红。他在云南、贵州、海南、缅甸开办红砖厂。先后在云南开办了 34 个红砖厂，还在贵州平坝办了 1 个厂、海南办了 3 个厂、缅甸办了 2 个厂。他们的红砖产品市场销售广，不仅在西南销售，还远销东南亚的多个国家。1993 年，段亦平到安宁新福村华厦机制砖厂任出纳。

段亦平在做红砖产业的几年，给家里积攒下了丰富的物质财富，不仅大大改善了家里原本困难的经济情况，让家人过上了丰衣足食的日子，也为后来从事白族文化的研究打下了一定的物质基础。

1996 年，所谓叶落归根，段亦平回到了家乡狮河村。回家后新建了 9 间房，实现了安居乐业。段亦平眼光长远，看到了当时当地人很少有人搞运输，便搞起了运输，开车营运。先后购买过三辆车，分别是车号为 13248 的微型车，车号 29133 为面包车，和车号为 54265 的面包车。开车营运的这几年，家里生活水平不断提高，解决了个人及家庭的基本生活问题。其间，为了解决女儿的就业问题，他创办了剑川县第一所民办教育幼儿园。

凭着对白族文化的喜爱，段亦平在闲暇时从事着白族文化的研究工作。他看着许多代表白族文化的民歌渐渐被人遗忘，心里非常着急。为了挽救这些正消失在田间地头的白族文化经典，段亦平决定出资整理白族民间传唱的《黄氏女对金刚经》。这是一部传统白族民间叙事诗，全诗共 2317 行。黄氏女的故事在大理白族地区几乎家喻户晓，特别是黄氏女死后能知身后事，游地府，回阳间与其子女相会时撕心裂肺的哭诉惨境的描写，曾打动了许许多多白族儿女的心。

段亦平于 2005 年开始收集整理，为了收集到丰富全面的第一手资料，他走家串户或到田间地头做一点点的收集。经过一年的收集整理，终于编写成了《白族民间传统民歌精粹——黄氏女对金刚经》一书，并出资录制成VCD。他个人出资18万，经过层层审批，2006年《黄氏女对金刚经》最终在中国民族音像出版社正式出版。他的作品得到了大理州政府的嘉奖，更得到了剑川白族人民的好评。

接着他又开始收集整理民歌《梁山伯与祝英台》，并录制成VCD，在云南音像社出版。

这两部作品都受到了白族群众的喜爱。《黄氏女对金刚经》分上下集，批发价每套25元，零卖每套35元。盗版制作成本低，一套只卖5元钱，这导致他正版的光碟在市场上无法销售。盗版光碟卖出了10万多套，而正版光碟只卖出了1万多套。现在家里屋里堆着许多滞销的正版光碟，无法出售。因为这个原因，段亦平到现在还没有收回成本。他说，现在以每套5元钱出售，自己更是血本无归，所以他计划先不卖，先压着，等到他70岁的时候再拿出来卖。他想自己70岁的时候，《黄氏女对金刚经》对大家来说，又是一个新鲜的东西。年轻一代，已经长大为人父母，更能深刻体会到父母对子女的恩情，更懂得做父母的难处。对《黄氏女对金刚经》会更有兴趣，到时候市场会更广。《梁山伯与祝英台》发行了1万张，很快都被卖了出去，收回了成本。现在段亦平正准备收集整理另一部当地传唱甚广的白族民间歌曲《青姑娘》。他说，他做这些事情，并没有想过要赚多少钱，只是想尽自己的努力把这些快要被埋在地下的文化遗产挖掘出来，为白族的子孙后代留下一笔精神财富。

除了潜心收集研究白族的民歌经典外，段亦平还是村里的礼师。帮村里有需要的人家主持白事、红事、建房仪式以及庙里的各种盛会。段亦平在民间礼俗方面的知识十分丰富，与村里七八十岁的老人相比并不逊色。他不仅懂得很多礼俗方面的知识，还对其进行系统的整理研究，因此对民间礼俗有较深的了解。

段亦平为人十分热心，在村里做礼师，都是义务的，不求任何回报。他说，在自己有生之年，只要还有一口气，就会尽力帮忙。他觉得能帮乡亲解决问题，自己心里十分满足。他认为，谁家里有人去世，要办丧事，主人家一般抽不开身料理所有的事。这时候去帮忙料理一些杂事，对自己来说只是顺便的事，但能切切实实的帮到主人家，能让自己心里觉得舒坦。去一些家里经济条件比较好的人家帮忙，结束后主人家会给一点“四色礼”：两包烟，一包茶叶，一瓶酒，但不会收取任何报酬。

做礼师的同时，段亦平也帮忙书写祭文，当地人又称白叙文。白叙文，是用汉字记白文的方式书写的悼念逝者生平的文章，由礼师用白族话来宣读，文章感人肺腑，极具白族特色。白叙文，分为三线，一线是生病至去世前的事情，二线是生平，三线是送葬。段亦平找出他多年来书写的白叙文，并欣喜地为我们展示起来。我们看到厚厚一沓白叙文都是由他亲自书写，字迹十分清秀整齐，让我们都自愧不如。他边介绍，边给我们诵读了起来。极富白族特色的吟咏中，是亲人对已逝故人的怀念，十分感人。段亦平的白叙文写得非常好，参加过白叙文的现场创作比赛。当时比赛要求在规定时间内根据所给的去世时间生平来创作，他的作品打动了评委，获得了第一的好成绩。他写的几篇白叙文，还被送到云南省白语研究中心研究。现在，段亦平在研究八卦卜算，来确定丧葬礼仪中装棺、出丧日期的选择。在与其交谈中，我们感受到了他对白族文化深深的热爱之情。

段亦平的思想比较超前，不论对家庭或对狮河村都有很大的影响。对于家庭来说，作为家里的户主，家里的家当都是他一手创建的。用他的话说就是“我找，我用，我说了算”。为了让家里人能过上好日子，他一直在外奔波，尽力发展自己，为家里创作更多的财富。在他的不断努力下，家里人过上了好日子。那时他们家在整个狮河村可以算得上数一数二的人家。他是村里第一个拥有自行车的人，他还清楚地记得那辆自行车是永久牌的，花了176元。电视机、电饭锅、电炒锅等电器类，也是村里较早拥有的人家。他记得家里第一个电饭锅，是1984年自己从海南买回来的，花了84元。家里买的第一台电视机是日立牌的十四寸黑白电视机，也是村里的第一台。家里最早购买了手扶式拖拉机，他还清晰地记得牌照是081。买来以后就开始营运，帮村里有需要的人运送东西赚点钱，由于信誉好，大家有什么运的都会主动找上门。后来买了一台微型车，车牌是13248，是一辆五菱牌双排座的微型车。两年以后又买了新车，车牌是29133。没开多久，就换了一辆，车牌是54265。就这样，家里先后换了三辆车。现在家里的房屋，都是自己一手建起来的。1996年，他家率先采用钢筋混凝土的结构修建了新式的房屋。

段亦平也坦言，以前自己家可以说是狮河村的首富，但现在就算不上了。自己年纪大了，事业交给了儿子们，本人潜心研究自己热爱的白族文化。

对于对狮河村来说，不论对村里的经济还是文化的发展，段亦平都做出了很多的贡献。作为村里较早发展起来的人家，给村民树立了榜样。自己家的不断发展给村民们带来了动力，大家通过努力发展了自己，都过上更好地日子。另外，他在创业过程中，给村里提供了许多就业的信息，帮助村民找到更多的致富之路。

在白族文化的传承方面，段亦平更是做出了自己的贡献。凭着对白族文化的深厚感情，以及身为白族人要发展白族文化的使命感，他积极整理研究散落在民间的白族文化典籍，保护了一些正在流失的白族文化，为白族人民留下了宝贵的精神财富。

（四）乡村医生杨珍琴

在宁静的狮河村，我有幸采访了一位朴素平凡却着实令我肃然起敬的乡村医生，她娇柔的身躯却暗藏着远大的理想，给我留下了深刻的印象。

初见杨珍琴医生，她棱角分明、相貌美丽、黑葡萄似的大眼睛看上去清澈且炯炯有神，但不太善言辞，似乎有几分拘谨。接触后，她渐渐地打开了话匣子，将自己的经历娓娓道来，让人不禁为她一路走来的艰辛而唏嘘，为她的坚强而钦佩，更为她现在的美好生活而欣慰。

杨珍琴，1975年生于狮河村下辖的下河村一个普普通通的五口之家，家中除了身为第二个孩子的她之外，还有父母和哥哥、弟弟。原本就不富裕的家境，却养了三个小孩，日子因此也过得比较拮据。然而尽管家境拮据，父母对于她们姐弟三个的爱却一点不少。尤其是对她，家人把她当作小公主般地宠爱，但是这些并没有让她恃宠而骄。贫穷的家境让她很小就懂得了生活的不易，她主动帮父母做农活，还学会了做饭和做家务。小学一年级时，由于家里实在无法继续支付她的学费（当时义务教育还未普及，学费也还没有进行减免），她于是辍学在家一年。期间，她和父母一起到农田里帮人干农活。虽然生活很艰苦，但是乐观、懂事的她未曾有过抱怨，反而笑呵呵地过着每一天。她一直坚信面包和牛奶总会有的，幸福的生活也必将会到来的。在家人的共同努力之下，一年后她复学了。

然而复学的欢愉尚未结束，突来的噩耗却先打垮了她。二年级的一天，她最爱的父亲由于疾病猝然离世。而父亲之所以突然去世，很大的原因在于医治不及时使原本轻微且根本无致命威胁的病情恶化。患病初期，父亲认为自己的病不严重，过几天自然会好，其实他是舍不得花钱为自己看病。他认为既然不是大病就没必要到医院去花冤枉钱，于是他偷偷地对家人隐瞒了自己的病情。因为父亲的病是身体内部的病，外部症状表现并不明显，父亲没说，家人亦都没有发现父亲生病一事。所以当发现父亲患病且病情比较严重时，家人都很惊讶，但更多的是为父亲不舍得花钱替自己看病而难过。那个时候家里为了维持基本的日常生活费用和她们姐弟三人的上学开销，实在是拿不出而且也无法拿出多余的钱送父亲到好一些的大医院去。父亲的死，对于这个家庭来说无疑是晴天霹雳，她无法接受这一事实，曾一度心如死灰。后来在母亲、哥哥和弟弟的陪伴与劝慰下，她才渐渐地走出了悲痛，也暗暗下定决心要好好学习，努力当一名能够救死扶伤的医生，虽然这是出于自己的兴趣使然，但父亲的去世却是她立志学医的“导火索”。

1992 年剑川职中在全县仅招收一个班总共 88 名学生，她有幸成为这八十八分之一，和她同村而且学医的人就仅有两人，在家人的支持与政府补贴的资助下，1996 年她从剑川职中顺利毕业。毕业后，其余的同学大都纷纷从事了木器木雕业，而她依然一心一意地坚持自己的从医理想，回乡开起了自己的私营诊疗所。在将近四年的时间里，她虽然也曾遇到过种种磨难，但是在家人的鼓励、支持以及自己的坚持下，她的诊所在当地也有了一定的名气。可是由于她自身还有很多不足之处，仅能医治某些常见病症，这让她感到很不满足，她想凭借自己的双手去救助更多的伤患。于是她决定继续深造，并于 1999 年考取了大理卫校函授班。函授就读期间，她一直坚持经营着自己的诊疗所，尽管学业繁忙，她亦从未放弃过。2003 年她以优异的成绩毕业，开始全身心地投入到乡村医疗的工作中。经她救治过的伤患越来越多，技艺也愈益精湛、纯熟，经验也越来越丰富。她的诊所得到村民们的认可。

据杨珍琴回忆，她有两段经历至今印象深刻，对她坚定在乡村行医生涯有着重要影响。其中一段经历是就读函授期间的某个周六下午，一个男人慌慌张张地冲进她的诊疗所，拉住她的衣角，嘴里叽叽喳喳地说着什么，身子不住地颤抖着，眼眶很湿润，衣服和裤子上还有明显的血迹。由于男人情绪太过激动，讲话语速太快，她根本没反应过来这男人到底是要干什么。焦急疑惑之余，她打断男人的话，加大声音对男人询问，到底是出了什么状况。这时男人好像才如梦初醒般地缩回自己拉住她的白大褂的手，似乎是意识到了自己的言行太过于激动，男人不好意思的挠挠头，徐徐将情况道来。原来这个男人的妻子怀孕已 8 月有余，刚才不小心摔倒，羊水已经破了，而且还有出血现象。他想送妻子到县城医院，可是妻子太过难受，况且县城医院离他家较远，说不定母子二人在半路上会出现更糟糕的状况。他实在是没有办法了，因为太担心大人和肚里的小孩会出事，所以他希望杨珍琴医生能帮帮忙，赶去他家看一下他的妻子。

救人于万般危难之中本是医生的天命，然而对于那时的杨珍琴来说，这就意味着这即将是她从医生涯里的第一次接生，而且还是面临着如此紧急和突然的状况。因为没有实践操作经验，加上孕妇状况貌似不太乐观，总之种种不利因素汇集在一起，不可避免地，使她感到前所未有的紧张。她虽然是非常愿意帮忙的，但她更担忧的是从未有过接生经验的自己能否帮得上忙，会不会造成更坏的影响。踌躇片刻后，她索性把心一横，决定无论如何还是得先赶到现场再说，她带上相关器械和男人赶赴他家。到了男人家，他的妻子早已疼得满身是汗，羊水果然破了，情况真的是既紧急又不乐观，如果不立即进行施救，恐怕母子二人都难保。在这个艰难的时刻，杨珍琴当机立断，决定在男人家直接接生。她拿出相关医疗器械，开始接生。刚刚开始时难免有点有些慌乱，在将孕妇的血止住以后，接生过程渐渐有条不紊地进行着，书本上所教授的有关接生方面的知识不断地在她脑海中闪现，虽然是第一次接生，可是在渐渐的冷静下来之后，接生过程似乎进行得更顺利了。将近一个半小时之后，伴随着婴儿响亮的啼哭声，接生手术也圆满完成，妻子给男人生了个大胖儿子。这个孩子除了因为提前分娩有点轻微的营养不良之外，其他各项都很正常，母子二人都很平安，总算是有惊无险。

对于杨珍琴来说，这是她第一次通过自己的双手迎接一个崭新的小生命，相比以前替伤患者医治好病痛是完全不同的体验。看着小孩粉嫩的身躯，软绵绵的小手小脚，特别是看到初为父母的那个男人和妻子眼眶里兴奋的泪水，她的内心竟是如此的欢愉。忽然之间，这一切让杨珍琴感慨万千，因为她不仅深深地感受到了生命的神奇与微妙，也意识到自己的使命是如此艰巨，自己的双手承担着多少家庭的幸福，这是在此之前自己没有意识和深入思考过的。她突然想到了父亲："父亲生前很乐于助人，尽管自家家境也不是很好，可是父亲还总是常常带着礼物去孤寡老人家，看望他们，陪他们聊聊天；无论是谁，父亲总会在其有需要时挺身而出，给予他们力所能及的帮助。尽管父亲走了这么多年，但假若他看到我现在能够为别人的家庭带去快乐，他肯定也会高兴吧。”这件事以后，她更加发奋学习，对医疗事业也更加上心了，她决心更加珍视自己和他人的生命，认认真真地过好每一天。

由于她的刻苦努力，她以优异的成绩函授毕业，仍夜以继日的奋斗在自己的诊疗所，渐渐的声名鹊起。这时出现了第二段经历：在一个医疗会议上，她遇到了一个大医院的院长，他想邀请杨珍琴到他的医院就职。与自己经营私营诊疗所的收入以及因为经营诊疗所可能导致亏本而要承担巨大风险来相比，院长开出的条件非常优厚，院长还向杨珍琴承诺，只要她愿意去，医院会送她出去继续深造。对于这些她不是没有想过，她开始犹豫了。就在她几乎就要答应院长时，院长一段无心的话，使得她意识到了她还有未完成的对自己也是对乡民的重大使命。院长说：“到大城市、大医院可是明智之举啊，因为在那里你才能增长见识、开阔眼界、得到更好的历练。留在落后贫穷的小山村，是永远不会有出息的。乡下人无知而粗鲁，文明习惯又差，还满口脏话，为了这种人，你真的没必要留在这里浪费时间”。院长的话深深地回响在她的心扉，激起阵阵涟漪。沉思许久之后，她舒了一口气，郑重而礼貌地拒绝了院长的邀请。她选择了留下来，留在这个看似偏僻落后却宁静而且充满了她的一路艰辛、一路拼搏和美好回忆的家乡，因为她热爱自己的家乡，热爱自己的乡民，深深地爱着自己的邻里乡亲，爱着自己家乡的每一寸土地。院长的一席话，同时让她明白了外人对她的乡民们甚至于对经济发展相对落后的地区的人们，存在着太多的误解和偏见，这让她感到愤懑的同时，更加意识到自己肩上的重任。她暗暗下定决心要尽自己的绵薄之力来改变外人莫名的误解，而要改变这一切首先要做的就是对乡民们的健康负责。只要乡亲们有了强健的身体，才能去从事一切想做的事，去阅读更多的书籍、接受更多的知识、学习更多的技艺、体验更缤纷的生活。就这样，她将自己的乡村医疗事业坚持了下来。提及自己的选择，她笑呵呵地说，她觉得自己的选择是明智的，因为至今为止她都没有发现有后悔过，当然以后她也不可能会后悔。

后来，国家开始实行农村医疗改革，私营医疗所不再被允许独立经营。2009 年 11 月，村民委员会决定将原有私营诊疗所组织起来，建立全村共有的一个卫生所。由原来的私营诊疗所经营者来共同负责维持卫生所的运营，并建立了卫生所的值班制度。这时的狮河村卫生所里名誉上有 6 名医生，实际行医人员 4 人，每两个人负责一个班次，每一次班为两个工作日。相比以前虽然收入少了很多，但以前需要每日每夜独自奋斗在病人间。现在实行轮换值班制，要轻松多了，而且和同事一起值班，也不再感到孤独。还有了业余时间，还可以由自己支配。杨珍琴对于这一切变化，总体上来还是挺能适应的，况且她也有了更多的时间陪伴在丈夫、孩子和父母的身旁，这可是无比幸福的。

随着农村医疗改革的进一步实施，农民得到了实惠，医生的物质和精神生活也都有了进一步的保障。现在，杨珍琴每年有 18000 多元的收入，全家年收入 50000 元左右，生活水平蒸蒸日上，杨珍琴感到很满足。她说，丈夫是一位人民教师，能够传授给大家知识。而自己是一名医生，虽然自己无法像丈夫一样可以教大家学习知识，但是她会以自己的方式，为狮河村乡亲的健康服务。她将肩负自己的使命，一直努力下去。

听了她的经历，让人不由得眼眶一热。这个外表朴素，但做事兢兢业业的乡村医生，她那柔弱娇小的身躯里却装着这样一个淳朴的梦想，怎能不叫人钦佩？在如今的社会，似乎看惯了太多的尔虞我诈、明争暗斗、违法犯罪，使得我们原本干净清澈的眼睛和心灵渐渐疲惫。有时，我们过分地放大了对一些事物的偏见，对这个世界也有过抱怨，忘记了去欣赏那不经意间流露出来的美，错过了人生旅途中的很多风景。我们何不收起那颗因戒备而逐渐僵硬了的心，去体味人间尚存的美好！就像杨珍琴医生一样，只要心存梦想，就不会再彷徨，自己的生活也会因此变得绚烂。

（五）乡村医生罗汉梅

罗汉梅是狮河村的乡村医生，在村里的卫生所上班。狮河村卫生所坐落在村委会旁边。卫生所总共有 6 个医护人员，每两个人一班，两天一轮班。值班的这天，早上 10 点到下午 5 点上第一次班，晚上 9 点又接着上班，一直到第二天早上 10 点交班。

我们采访的乡村医生罗汉梅这天刚好在卫生所值班。我们走到卫生所门口，就有个穿着白大褂的医生微笑着用当地的白族语言向我们问好，招呼我们进去坐。狮河村的卫生所很小，只有两个房间。一间是药房，另外一间用帘子分为前后两半，前面半间用来看病。房间虽然有点小，但布置得井井有条，除了医生就诊的办公桌，还有病人候诊时休息的长靠椅。后面半间放有一张病床和体检用的器材。医生正给一个病人看病，旁边还有几个候诊的病人。一会儿的工夫，候诊的病人都看完了，该轮到我们了。她们还不知道我们的来意，要给我就诊。我问哪位是罗汉梅医生，并说明了我们的来意，才知道刚招呼我们的医生就是罗汉梅。

罗汉梅医生中等身材，一张圆润的脸总伴有一丝微笑。她性格较为开朗，总是很和善而又大方的和人说话，诊所里面充满她的笑语。她的笑容能够感染到身边的病人和同事。

她知道我们的来意之后，非常热情的答应并接受了我们的采访。她的开朗以及健谈，使这次采访更像是和朋友聊天。

罗汉梅1976年的春天出生在狮河村下河十组的普通农户家。她在家排行老四，之后还有个妹妹，家中共有五个兄妹。家里人口多，负担很重，但父母亲非常重视对他们的教育。在父母的支持和教育下，兄妹几个的学习成绩非常好。大哥大姐相继考上大理师专，并分别于1989年和1992年毕业。1991年和1992年，她和二姐相继初中毕业，但她们都没有顺利地考上理想中的中专，而考上了高中。在当时的教育环境下，许多农村人家都认为中专要比高中好很多，高中三年后还要考大学，而中专三年毕业就由国家分配工作。所以她们初中毕业后的第一选择是考中专。由于家中相继把大哥大姐供读完师专，家里的境况非常的艰难，她和二姐就决定放弃读高中，出去外面打工。

罗汉梅在外打工不是一件轻松的事，很辛苦，而且因为只是初中毕业，工资也很低。做了半年的工作，她深深地体会到缺少文化做苦力的艰辛。随即回来和家人商量想继续读书。这样打工半年后又一次拿起久违的书本，开始复习准备下一年的考试。但是由于复习的时间太短，这一次仍没有考上中专。现实再一次考验着她和家人的意志。有过打工经历的她，再次坚定的选择继续复读，父母和家人也给予她支持和鼓励。又经过一年的充分复习，这一次她考上了剑川职业中学的医师班。

经过两年的学习，1996年7月她从职中毕业了。两个月后，她在狮河村开办了自己的私人医疗室，开始步入了行医生涯。当时，狮河行政村里的医生包括她只有3个，而在她家的下河自然村没有医生，村里人生病要到上河村就医。她毕业回来开办的个人医疗室，很好地解决了村里看病麻烦的问题。再加上她开朗而又和善的性格，认真给村民看病并准确的诊断，很快就得到村民们的认可和喜欢。虽然在村里开诊所，看病、拿药等的利润并不是很多，但来看病的人挺多，所以她的收入比当时村里平均经济收入水平要高得多。之后，一些学医的村民也回村里开起了诊所，村里的诊所增加到了三四个，方便了村民看病。

此时，罗汉梅的大哥大姐相继从民办教师转正为公办教师。自己也有部分收入补贴家用，家中只剩小妹一人读书，生活开始有所好转。

村里的私人诊所增多，可是看病过程中遇到的一些病症不能解决，促使罗汉梅萌生了继续进修医学的想法，并了解到可以报考医学函授。通过一年的自学，她如愿的在1998年考上了函大，进入大理卫校学习。当时刚好遇上“中国加拿大乡村医师班”在云南省开办的机会，她免费参加了两个月的医疗培训，增进了很多医学方面的知识。由于函大是每年的1、2、7、8这四个月上课，是正常学年的寒暑假时期，其他时间她都在村里为大家看病，这样既实践了自己所学的知识，又有点经济收入。很快两年的学习时间过去，罗汉梅函大毕业后到剑川县人民医院实习了一年，之后又回村继续开私人诊所。

这时，罗汉梅家里仅有小妹一人读书，其他四兄妹都有经济收入，家里的经济开始好转起来，并有了一定的积蓄。但突如其来变故使她家又一次走向困境。2000年中期，母亲因患有癌症，为了医治母亲的病，不但把家里的积蓄花完，还欠下巨额债款。2001年，小妹高中毕业以优异的成绩考上了中西医结合学校，但因母亲正在接受治疗，家里已经没有钱支付学费，艰难的环境使小妹学业止步。全家人经过两年艰辛而又积极的治疗，仍没有使母亲的病情好转。2002年春天，罗汉梅的母亲去世。往后的几年，兄妹几人一起努力才把母亲生病欠下的债还完。

不知不觉中罗汉梅到了该结婚的年龄了。在她25岁这年，和同村做木雕的小伙情投意合，两人就结婚了。婚后一家人和和美美，一年后女儿出生更为家里增添了喜气和欢乐。她的丈夫继续从事木雕活，她继续经营着她的私人诊所。

罗汉梅的私人诊所经济效益非常好。虽然村里还有其他诊所，但很多村民愿意并喜欢找她看病。因为她有自己行医的准则：在医学上精益求精；关心病人，急病人所急，用自己的良心给人看病，以微笑善待病人。她良好的医德及精湛的医术得到村民的认可，村民得病了都愿意找她看病。那时，虽然她才三十来岁，是一个普通的乡村医生，但是她身上体现着质朴而又让人尊敬的气质。

罗汉梅家里的经济收入以她的诊所和她丈夫的木雕收入为主。此时，狮河村的木雕产业正快速发展，村里和家里的经济收入也在快速提升。曾经贫穷落后的小村庄，开始脱离贫困走向富裕。罗汉梅家里的基本建设完善，生活也全部走入电气化。

在罗汉梅的行医过程中，经历了几次国家政策的变动或改革。

2007 年，国家推行的新型农村合作医疗的惠民政策在剑川县实施。实行合作医疗经费年度缴纳制度，个人承担部分以户为单位缴纳。年保险费用为每人 3 元，在合作医疗定点医疗机构医疗的费用可以报销 15%，个人承担 85%。

2007 年下半年，新型农村合作医疗政策继续调整，在合作医疗定点医疗机构医疗的费用报销幅度增加到 20%，村里的所有诊所都加入了新型农村合作医疗，当然也包括罗汉梅的诊所。村民到她们的诊所看病就可以享受优惠。报销的部分，由她们在年终将报表上交到乡镇府新型农村合作医疗管理办事处，在领取报销经费的同时接受上级政府的监督管理。体现和达到了新型农村合作医疗实施下对小诊所的管理要求，从根本上解决了乱收费现象。

新型农村合作医疗政策在实施中不断得到完善。2008 年的年保险金额增加到每人 20 元；在合作医疗定点医疗机构医疗的费用报销幅度增加到 30%；在乡镇级以上的医院住院的报销比例为 75%。

新型农村合作医疗政策的实施减少了农民看病的花费，对个人诊所的利益没有受到太大的影响，只是避免了乱收费现象和统一规范了用药。对一向实事求是行医的罗汉梅却获得很多利益，比如以前有些村民得了感冒等小病，忍着扛着的多，现在有医保，到诊所看病买点感冒药后去掉报销，自己支付很少，所以来看病的人增加，自己的收入也增加。

为了更好地对新型农村合作医疗管理，2009 年年底，狮河村把所有私人诊所合并到村卫生所，重新编制，村民委员会联营，执行国家统一规定用药及统一药价，实行零差价政策。

罗汉梅经历了从私人诊所，到实行新型农村合作医疗政策，以及新型农村合作医疗政策的修订完善，直到现在建立村卫生所统一管理的全过程，切身体会到政策在不断完善，惠民的政策在不断地增多，国家对农民的重视程度也在不断地增强，初步帮助农民解决了看病难的问题，从根本上解决了农民看不起病或没有地方看病的难题。

她们统一在村卫生所上班，虽然收入没有以前自己开私人诊所时多，但在罗汉梅的言谈中没有一点抱怨，而是不断地感叹如今政策之好。当我们问到现在收入相对于以前少一点，心里面会不会有点难受时，她开朗大方地说："希望将来大家看病都不用花钱，我们的工资也由政府支付，收入为正常水平就可以。"虽然她的话很朴实，但充分的表达了她的殷切希望，希望我们的国家变得更加强盛，人民生活更加的富足。

现在她每年的收入为10000元左右，她丈夫的收入为15000元上下。再加上农作物的部分收入，家里总共每年纯收入近30000元，在狮河村里属于中下的水平。村里很多木雕公司或者私人家庭木雕作坊都逐步引入数控雕刻机，但她家里仅有丈夫一人做木雕，虽然她也会木雕（在狮河村木雕是男女老少都会的一个技能），但要在村卫生所上班。如今从事木雕产业的经济效益很好，但她一心一意的当好乡村医生，还在行医中不断地学习。她原来学的是西医，现在她还会一些中医。用她的话说，行医和学医是一生的事情。确实，如今社会发展了，人们的生活好了，有病看得起了，要求也高了，作为医生如果没有适时地学习，就会和这个社会脱节。

罗汉梅的努力和付出村民们看在眼里。2011年她被推选参加乡镇的中国共产党党员代表大会，认真学习了解党的最新思想和路线。她的思想也得到了很大的提高，对于农村的医疗卫生事业也有了更新更好的认识，更明白作为乡村医生的她肩负的责任和使命。

罗汉梅是一名平凡的乡村医生，她在自己岗位上默默地付出着。虽然身边木雕产业在蓬勃的发展，曾经在村里行医的一部分人选择转入木雕产业中。她是第一批在村里开私人诊所，曾经收益较好。如今，行医的收入远不如木雕收入，但她一颗行医的心不变，她要尽自己的努力保障村民的健康。

她总带有甜美的笑容，那是发自内心的笑，对每一个病人，她都用最真诚的心去关怀他们，努力为他们解除痛苦。她的微笑，她的话语在我的心里留下了深深的印象，那朴实的笑容是那么的亲切，那质朴的语言是如此的真切。在我们社会生活当中，每个岗位，每个角色都要有人来扮演，哪个环节缺少，就不能正常运转。狮河村的村民离不开身边的乡村医生。她们的存在，为狮河村更好的发展起到积极的促进作用。她们的存在，是狮河村的村民安定的生活和创造财富的保障。

附 录

附录1：依托资源优势　突出民族特色　创民间工艺品牌

——论做强做大狮河文化旅游木雕村

甸南镇狮河村位于剑川坝东南角，前依高原明珠——剑湖，背靠狮子山，环剑湖公路穿境而过，有官登、上河、下河等三个自然村。全村共566户，总人口2695人，其中白族人口占总数人口的99%；全村实有耕地2584亩，年农作物播种面积4394亩，粮食总产量117万公斤，2002年农村经济总收入579.36万元，农民人均纯收入为1146元。木雕工艺总产值达500万元，木雕工艺加工收入192.5万元，仅木雕产业年人均收入达714元。由于其传统的悠久文化，独特、精湛、专业的木雕技艺，木雕工艺产品以其古朴典雅、雕刻精美、创意独特、别具一格、专业性强而被誉为“木雕之村”。2003县镇党委、政府，经深入调查研究，科学论证，从培植富民强县的支柱产业，增加农民收入出发，提出建“狮河文化旅游木雕村”，突出特色打造民间工艺品牌。

一、现状

剑川木雕起源于唐朝天宝年间，历史悠久，源远流长，而且世代相传，木雕工艺产品集艺术、观赏、珍藏、实用价值为一体，形成以古建筑装饰、木雕家具、旅游小件三大类为主的100多个花色品种，产品远销国内外。

目前全村从事木雕工艺生产395户占总户数的70%，从业人员598人占全村总劳动力1495人的40%，还形成分散加工，集中经营的如张月堂、李海龙等30多户木雕经营大户。有设计师20人，工艺美术师15人，雕刻师28人，他们个个都是能工巧匠。特别是近年县职中举办的木雕工艺班中有74人参加学习毕业，形成一支有文化、有知识、有经营头脑，熟练掌握木雕技艺的专业队伍，并吸引了一批农村剩余劳动力加入到木雕生产中，在木雕从业人员中有残疾人 5 人、妇女 125 人。形成全村男女老少齐动手，家家户户抓经营的格局。

二、发展优势

1. 木雕产品文化底蕴深厚，体现传统文化灵魂

《今日民族》（2003. 2）黄静华写到“由于绘画语言和雕刻语言的存在和转换，木雕艺人们的心灵世界被凝固外化成可见的视觉图景”，由于狮河人长期的乡土生活，在浓郁的白族文化生活中，保存了特色，体现了传统，正是白族世世代代的辛勤劳动，不断在生产劳动中积累创造，可以说每一件木雕产品都饱含着白族人民的勤劳和智慧，体现着浓郁的白族传统文化。全村 5 个业余文艺表演队，形成传统的文化与现代文明的交相辉映。

2. 自然资源区位优势突出，区域经济呈势明显

随着大理、丽江和剑川石宝山旅游风景区的发展和大理机场通航，广大铁路，楚大公路、大丽公路、剑兰公路的通车及大兰坪的开发，已经形成一个四通八达的交通网络，特别是剑川环剑湖公路的全线贯通，给狮河村的发展带来了无限生机。村内有一所完小，一所幼儿园，每星期三为狮河街天，境内有风景秀丽的白塔寺景点，葱郁的天然林区和剑湖风景区，形成山影倒映、天水一色、绿树成荫，在风清月朗的夜晚观湖赏月将是一幅美好的画卷。

3. 市场需求，发展趋势旺盛，民族工艺走向世界

随着现代生活的日益紧张，竞争的日益激烈，民族传统工艺由于其高贵、典雅及其自身的乡土风味和民族特色走进了更多居民的生活，在剑川这个“中国木雕之乡”谈及木雕，人们都会想到狮河。从大理周城扎染、鹤庆新华制银工艺及洱海周边的大理石加工的发展，我们可以看到，狮河木雕有其发展的根基。看看白族的民居建筑和旅游景点的园林建筑，木雕有其发展的强劲势头，木雕是一种浓郁的民族特色与传统的文化艺术的结合。随着大理建设文化大州试点的铺开，结合大理、丽江、剑川旅游业的不断发展壮大及甸南被列入全省中心城镇，将会有更多的人将目光投向传统的木雕技艺，走进木雕文化，木雕文化旅游业将有更广阔的发展前景。

三、存在的困难和问题

1. 基础设施不完善：通过各级各部门的共同努力，环剑湖公路全线贯通，狮河集贸市场的兴建等给狮河村的发展带来了无限商机。然而长期以来的农耕思想束缚，村庄道路、庭院建设、公共娱乐场所不健全，许多游人在观光旅游时对狮河村容、村貌无不感叹，2003 年通过多方争取实施了上河村巷道建设，以鹅卵石镶嵌铺筑路面，形成了民族特色，但还需要不断地完善。

2. 特色不明显：作为“木雕之村”，不论从房屋建筑、装饰、生产生活用具等都应以木雕为先导。然而在狮河村多数家庭都出现“烧瓦的不用瓦”“搞木雕的不用木雕”的现象，没有体现白族风格，木雕文化从建筑特色来讲体现不明显。

3. 木雕木器业面临一些困难：一是由于中央对木材资源严控采伐，造成资源短缺，原料不足；二是规模小，散乱经营；三是投资装备难、科技含量低、产品单一；四是信息来源单一、销量受限；五是无统一品牌、没有商标注册；六是没有集团化、规模化经营、市场竞争能力弱、甚至出现个别经营户之间不正当竞争。

4. 没有形成一个定位：狮河村经过多年的实践，形成木雕主产业，但多数生产者只就木雕而生产，就生产而经营。受传统的思想观念制约，没有开拓创新意识，不敢想、不敢闯，对木雕村如何发展，如何建设文化旅游木雕村没有一个定位。受小农经济的制约，怕“树大招风”而满足于自家的小打小闹经营，没有充分利用区位自然资源优势和民族文化特色。有学者提出：“狮河要继续以现有模式为人们提供木雕产品，保持传统文化的灵魂，成为现代都市的多元并存？还是抛弃它的日常生活传统，作为文化遗存保留下来，仅只承载怀旧的文化情怀，成为认识历史的凭借？或是接受现代规划的思路成为供人们观光旅游、休闲度假的民俗风情旅游村。”县党委政府结合实际提出建狮河文化旅游木雕村，但如何建还是要靠广大的群众去思考、去创造。

四、发展设想

狮河村有着一批木雕老艺人、传统工艺和民族特色代代相传，木雕产业已成为农村经济的重要支柱。如何做强做大狮河木雕业，建议结合文化旅游业的发展，建成文化旅游木雕村，树一个典型，辐射全镇，树一个优秀品牌，走向市场，走向世界。具体意见如下：

（一）打造传统文化品牌

甸南具有悠久的历史，灿烂的文化。1956 年发觉的天马海门口约公元前 135 年的青铜农耕文化遗址，是元世祖忽必烈远征大理时驻跸的地方，也曾是唐南诏吐蕃争夺的要塞。厚重的历史和多彩的文化在这里积淀，形成了具有明显特色的“白族本主”文化。木雕工艺历史悠久，从居民建筑的简单雕刻装饰到木雕工艺，从艺术到商品，无不饱含浓厚的白族传统文化。迄今为止，国内各省和首都北京及周边许多国家的重要景点的许多名山胜景，随处可见狮河木雕精品展示。木雕以一种独特的民族传统文化走进城乡居民的生活。目前作为“中国木雕之乡”的狮河木雕村已久负盛名，要以民族的传统优势，以白族文化和木雕技艺结合来营造文化氛围和底蕴，向外界展示自己独具一格的工艺文化，要做好以下几方面的工作：

1. 加大对外宣传力度，增加知名度，让更多的人了解狮河，了解木雕工艺。

2. 迅速成立狮河木雕协会，形成民间力量。

3. 加强对外交流，借助 2003 年 1 月 13 日中国云南剑川甸南镇与日本福岛县大沼郡三岛町的关于“乡村文化资源保护与产业开发合作协议”，力争结成“民间工艺姐妹乡”，促进对外交流与合作。

4. 与重点院校及科研单位合作开发。

5. 走出去，看大理周城白族扎染、鹤庆新华制银工艺等创剑川狮河木雕工艺文化品牌。

6. 借助大理旅游及剑川石宝山、千狮山、剑湖旅游开发，形成木雕文化品牌。

（二）依托旅游休闲业

充分认识狮河木雕手工艺术品的独特作用，认真研究狮河木雕业的发展潜力和途径，借助云南省建设旅游文化大省，依托旅游休闲业，与旅游业的深度合作实现多重增值。让更多的旅游者感受到狮河木雕的创作、生产、加工，体验劳动，实现现场展示，整体推动文化、旅游业的发展。

1. 做好整体规划，完善基础设施和配套服务设施。要以体现白族“三坊一照壁”轻描淡写的建筑风格，形成错落有致，体现特色的民居建筑。完善村内道路，公共卫生等村容村貌改善，不断强化旅游服务设施建设，形成一个舒适的旅游环境。

2. 加大木雕工艺产品开发力度。从大件产品逐步转向与旅游小件的开发生产相结合。

3. 成立展览室，定期举办木雕工艺展示会，解决旅游看什么，怎样看的问题。

4. 与相关旅游部门合作开发。利用滇西北区域旅游市场，打造狮河木雕文化旅游。

（三）扶强龙头企业

目前由于农户的分散、零星生产经营，没有规模生产，要在规模化、集约化、效益化发展上下功夫，形成一个或数个档次高、规模大、市场开拓能力强的龙头企业，建立“公司 + 基地 + 农户”的生产经营模式，在年初组建狮河木雕公司的基础上，一是要进一步完善公司章程，按照现代企业的管理规范运行。二是要在投资装备上下功夫，提高科技含量，增加品种。三是要建立统一品牌，以一个拳头对外，树狮河木雕新形象。四是要加大融资力度，多方面吸引资金。五是要强化包装，狮河村格子门一堂价格在 700 元至 1200 元之间居多，与县木器厂及我省其他特色产品的包装、相互借鉴，提高知名度。六是设立专门科研机构，设立年度性奖励，包括产品设计、服务、销售、利润实现等，特别是注重新、优、名、特产品的开发利用，提高设计和制作水平，使其能够符合现代消费者，特别是外来旅游的需求。借助木器木雕工艺特有优势，结合扶强龙头企业，不断做强做大狮河木雕工艺品牌。

五、强化整体功能，推进规模效益化发展

随着国家对西部大开发的扶持力度不断加大，甸南镇列入云南省 100 个中心城镇，以狮河木雕工艺驰名世界的独特文化，以白族文化，人文风俗为依托，建文化旅游木雕村，形成规模化经营，建立规范的木雕文化市场格局，弘扬狮河木雕文化品牌，突出传统木雕文化与白族民居建筑相结合，不断完善基础设施和公共设施。结合狮河依山、傍水的环境优势，开发文化农家乐与剑川布扎、白族土八大碗，形成狮河木雕的规模化、市场化、基地化、产业化的格局，集中狮河木雕文化品牌，打造黄金旅游，形成集文化、旅游与商贸于一身。不断发展壮大狮河木雕文化，增加群众收入，力争木雕收入占群众收入的60%以上，不断推进狮河及整个甸南小康社会建设的进程。

（狮河村村委会供稿）

附录 2：剑川县甸南镇社会主义新农村狮河示范村建设实施方案

剑川县社会主义新农村建设领导组办公室

2008 年 11 月

甸南镇狮河村位于大理州剑川县剑湖东岸，依山傍水，环剑湖公路穿村而过，交通便利，东部与鹤庆县交界，南连本镇回龙村，西傍剑湖北和本县金华镇青瓦场村相邻，是甸南镇第三大村。全村由官登、上河、下河三个自然村组成，下辖十个村民小组，总户数 637 户（其中非农业人口为 65 户），总人口 2736 人，其中农业人口为 2675 人，白族占总人口的 98.9%，从事木雕传统工艺生产的有 532 户，占总户数的 83.5%，有 1146 人从事木雕产业，占总人口的 42%，占劳动人口的 77%。耕地面积 2581 亩，其中水田 1740 亩，作物以水稻、小麦、大麦、油菜、包谷、蚕豆为主，经济林果以泡核桃、柿子、苹果、李子、梨、梅子为主，养殖业以鸡、猪、鱼、羊为主，全村都实现了“三通”，并用上程控电话、有线电视及现代通信设备。

狮河村有历史悠久的木雕工艺，从原居民建筑的简单雕刻装饰演变到专业从事木器木雕工艺，木雕木器从艺术到商品，大量的进入流通市场，通过木雕老艺人的传授，全村涌现出了大批木雕工艺的能工巧匠，由小打小闹发展到一定的规模，生产的格子门、美女床、九龙壁、家具、龙床、贵妃床、挂屏、屏风及旅游小件等产品畅销到四川、贵州、上海、北京、广州、西藏、香港、台湾及全省各地，同时还销往美国、日本、新加坡、泰国、缅甸等国家和地区。特别值得一提的是北京天坛的龙椅和 99 昆明世博会台湾馆内参展的龙舟皆出自该村工匠之手。2001 年被省委、省政府命名为“文化旅游木雕村”。境内有风景秀丽的白塔山景点和剑湖风景区，形成了水影倒映，天水一色，绿树成荫的汇集旅游文化、民间传统工艺为一体的专业村。全村不但木雕工艺精湛，群众文化生活也丰富多彩。目前全村组建了四个业余文化表演队和一个狮灯表演队，建成了“百县千村宣传文化活动中心”，建成了农贸市场，建立了一所幼儿园，一所完小。目前，几乎男女老少动手，家家户户经营木雕工艺，全村已形成了以木器木雕为基础的木器木雕支柱产业。通过几年的努力，狮河村的基础条件有了明显的转变，全村社会经济生态呈现出逐步和谐发展的良好局面，狮河村产业发展潜力大，代表性强，为了努力把狮河村建设成我县的新农村示范村之一，按照州县扶贫开发千村推进工作会议精神、《大理州2007年小康示范村建设实施方案》和《剑川县关于推进社会主义新农村建设实施意见》的总体安排和要求，结合狮河村的实际情况，现制定本实施方案。

一、指导思想

以邓小平理论和“三个代表”重要思想为指导，全面落实科学发展观，坚持工业反哺农业、城市支持农村和多予少取放活的方针，按照“生产发展、生活宽裕、乡风文明、村容整洁、管理民主”的要求，以建设小康、文明、生态、和谐的社会主义新农村为目标，以木器木雕、旅游文化两大产业为核心，以加快农村经济社会发展、增加农民收入为中心，以“好规划、好路子、好村庄、好体系、好村风、好班子、好制度”为主要任务，以深化改革为动力，以强化政策支持为保证，坚持规划先行，以人为本，强化基础，产业支持，提高素质，创新机制，健全制度，实现民富、村美、风气好，科学管理，社会和谐。

二、基本原则

一是坚持以发展农村经济为中心，进一步解放和发展生产力，促进农村发展、农民增收、生产条件不断改善；二是坚持以人为本，着力解决农民生产生活中最迫切的实际问题，让农民得到实惠；三是坚持农村基本经营制度，尊重农民的主体地位，不断创新农村发展的机制体制；四是坚持科学规划，实行因地制宜，分类指导，量力而行，有计划有步骤有重点地稳步推进；五是坚持发挥各方面的积极性，依靠农民的辛勤劳动、国家扶持和社会力量的广泛参与，使新农村建设成为全党全社会的共同行动；六是坚持统筹城乡协调发展，统筹城乡发展措施、区域布局、工作机制，实现城乡经济社会的协调发展；七是坚持讲求科学，突出特色，传承地方优秀历史文化，实现人与自然的和谐。

三、发展目标

甸南镇狮河行政村作为我县重点实施建设的新农村示范村之一，通过新农村的建设，要把示范村建设成为全县具有示范性、代表性的社会主义新农村建设样板之一。

经济建设方面：突出木雕木器、旅游文化两大核心产业，抓紧木器木雕加工生产、旅游文化、木器木雕工艺培训三大基地，以基地为载体，形成木器木雕产业带动旅游文化产业发展，旅游文化产业促进木器木雕产业壮大的良性发展格局。做到进村公路、村内主干道、巷道硬化和绿化；普及农户用电和液化气、沼气为主的清洁能源；做到饮用水安全卫生；到2009年，争取农民纯收入达到3600元以上；消费水平提高，消费结构优化，居住条件改善。

政治建设方面：做到定期召开村民大会，形成完善的村民大会议事、决策制度；民主法制、村规民约健全完善。

文化建设方面：做到村内文化室、阅览室、黑板报及娱乐设施场所健全，全村精神文明创建活动和以传统文化和民族文化为主要内容的文化体育活动能正常开展；适龄儿童能全部就学，劳动力平均受教育程度八年以上；90%以上的用户拥有电视机和电话；行政村四周植树绿化、村内主干道及公共场所绿化美化、农户庭院绿化硬化。

社会建设方面：做到万人刑事案件数不超过15件；贫困人口比例在1%以下；以教育、科技、文化、卫生等为主要内容的社会事业完善；逐步建设贫困救济、养老保险、医疗保险、人身保险、财产保险等制度，基本实现农村居民老有所养、病有所医和贫有所济的社会发展目标。

党的建设方面：做到配齐配强村党支部，使行政村有一个好班子；把村党支部建设成为领导班子好、队伍素质好、制度建设好、工作业绩好、群众反映好的坚强战斗集体和新农村建设的“领路人”。积极做好三培养工作，着力把党员培养成致富能手，把致富能手培养成党员，把党员致富能手培养成村干部。积极做好党建带团建工作，着眼增强狮河村发展后劲，着力培养一支合格的团青队伍，筑牢村党支部的青年群众基础。

四、主要任务

以培育新优势、打造特色产业、实现产业致富，增强新动力、依托致富能手、实现能人带村，推广新科技、加强教育培训、实现素质强村，塑造新形象、倡导新型文明、实现文明兴村、构建新和谐、扩大基层民主、实现民主治村，创建新机制、争创五好支部、实现以支部领村为载体，按照好规划、好路子、好村庄、好体系、好村风、好班子、好制度的要求，重点抓好以下工作：

（一）制定切实可行的好规划。规划是龙头，是科学建设和管理的基础和前提。根据甸南镇狮河村的实际情况，按照“生产发展、生活宽裕、乡风文明、村容整洁、管理民主”的要求，搞好建设规划。一是遵循全面性和综合性原则。经济建设、政治建设、文化建设、社会建设和党的建设都要统筹考虑，从农户的房、厕、灶、厩、院到村的山、水、田、林、路、电都要综合规划，配套建设。二是遵循突出重点、重视发挥优势的原则。从实际出发，发挥资源优势，在木器木雕特色产业、增加农民收入上下功夫，在展示自身特有的文化内涵，提升文明程度和塑造村组良好形象上下功夫。三是遵循示范性、样板性、典型性原则。把新农村示范村建设成为地方学习榜样，增强带动功能。四是遵循分类指导原则。要因地制宜，实事求是，制定出切实可行的村庄规划指导新农村示范村建设。五是遵循动态性原则。规划着眼长远，内容要全面、留有余地，同时有阶段性的目标，循序渐进，分步实施，不断完善。

（二）走出经济发展的好路子。以农业为基础，以木器木雕、旅游文化两大核心产业为支撑，加大劳动力转移，着力推进新农村建设。一是高度重视粮食生产，大力推广普及实用科技和良种良法，提高粮食单产，促进群众多增收。发展优势特色生态农业基地 1000 亩，包括培植高产稳产啤大麦示范 450 亩，优质高原粳稻示范 500 亩，灯盏花 59 亩。发展经济林果 200 亩，高稳农田建设 1600 亩，恢复水毁农田 300 亩。二是围绕特色优势产业，以市场需求为导向，以提高效益为核心，大力发展狮河村木器木雕特色产业，形成木器木雕协会，实现“公司 + 基地 + 农户”的规模生产经营，壮大经济实体。三是以木器木雕加工生产为载体，以剑湖、田园风光为依托，加大狮河旅游文化建设，形成强大支撑的旅游产业，通过机制体制创新和政府推动，拉长产业链，增加附加值。四是坚持政府引导，强化服务，能人带动，有计划、有组织输出农村劳动力，通过减少滞留在农村的剩余劳动力，提高劳动生产率，增加农民收入。五是大力发展庭院经济、规模经济。狮河村要发展300户木雕专业户，形成1个木器木雕协会，注册2家木器木雕公司（公司+基地+农户），培养37个木雕经纪人，2户百货自选商场。

（三）建设整洁秀美的好村庄。坚持以人为本，着眼于方便生产生活，提高村民生活质量，统筹考虑村庄的供水、供电、出行、娱乐、培训、休闲等设施的配套设施。坚持以农民投入为主，国家投入为辅，积极实施饮水安全工程，保证农民喝上卫生安全的饮用水；引导农民建沼气池，安装太阳能，实行改灶、改厕、改厩；因地制宜，把发展经济林和生态林结合起来，搞好村庄绿化；突出特色，从一家一户到整个村庄，做到干净整洁、美化亮化、户户青瓦白墙，体现人与自然的和谐，体现村民的文明程度；加快城镇化步伐，抓好道路硬化绿化、文化室、阅览室、电教室、医疗室、娱乐健身场所及卫生公厕（含淋浴室）等小集镇基础设施建设重点项目。

（四）构建公共服务和社会事业协调发展的好体系。一是完善农业科技创新和推广服务体系。加大科技示范户培育力度，抓好农业科技示范工程，增强辐射带动作用，提高科技覆盖率。加大品种选育推广、动植物疫病防控，以主要粮食作物和重点农业产业化项目为重点，实施好冻精改良和品种培育、畜种引进。二是加快现代化流通体系建设。积极推进农产品批发市场升级改造，大力发展农产品、农业生产资料和消费品连锁经营，建立集中采购、统一配送为核心的新型营销体系，改善农村市场环境。培育和发展农村经纪人队伍。加快现代化经营网络建设，为农产品流通和农民生产生活资料供应提供服务。三是健全完善法律服务体系。鼓励发展法律中介服务组织，积极开展法律援助，高度重视和调处解决好因农民负担、土地承包、土地征用、拖欠农民工工资、假劣农资等引发的利益矛盾纠纷，维护社会稳定。四是健全全村社会保障体系。逐步加大对农村社会保障的投入力度。积极稳妥地推进与农村经济发展水平相适应、与其他保障措施相配套的农村社会养老保险制度。建立健全农村医疗救助制度和社会救济保障制度，逐步完善农村五保户供养、特困户生活救助、丧失领导能力的贫困人口救助和灾民救济补助等社会救助活动，逐步探索建立农村最低生活保障制度。积极探索建立与完善以县为龙头作指导、乡为主体搞服务、村为基础抓落实的农村社会保障服务网络。五是完善农村基层组织保障体系。充分发挥基层党组织的领导核心作用，为建设社会主义新农村提供坚强的政治和组织保障。

（五）营造守法文明的好村风。大力开展农村劳动力科技培训，普及法律知识和科学文化知识，提高村民综合素质，培养造就有文化、懂技术、会经营的新型农民。整合农村各种教育资源，发展农村职业教育和成人教育。大力发展农村义务教育，巩固“普六”、“普九”成果。加大中小学校排危力度，进一步改善办学条件。繁荣农村文化事业，丰富农民精神文化生活。加强农村精神文明建设，树立社会主义荣辱观，弘扬艰苦奋斗、自力更生、团结互助的传统美德，加强公民思想道德建设，大力普及公民基本道德规范，引导农民崇尚科学、抵制迷信、移风易俗、破除陋习，树立先进的思想观念和良好的道德风尚，倡导科学健康的生活方式，积极推进和谐家庭、和谐村组建设。广泛开展文明村、十星级文明户创建活动，加强农村法制建设，深入开展农村普法教育，增强农民的法制观念，促进农民知法、守法。

（六）造就务实能干的好班子。以建设社会主义新农村为主题，进一步巩固和扩大保持党员先进性教育活动成果，实施“云岭先锋”工程，加强队伍建设，提高党员和基层党员领导干部素质，把能带头致富的农民培养成党员，把能带领大家致富的党员培养成基层干部，不断增强基层组织的战斗力、凝聚力和创造力。进一步推进村民自治，扩大农村基层民主，实行村务公开，民主管理，认真坚持“一事一议”制度，全面推进民主监督，强化政务、村务管理的监督约束机制，建立和完善村干部的激励约束制度，逐步形成管理民主的长效机制。认真贯彻执行《云南省农村工作守则》，着力解决村级组织中存在的突出问题，切实做到以真挚的感情认识群众，以开拓的思维组织群众、以扎实的作风联系群众、以良好的形象影响群众，使农村基层干部牢固树立开明开放的形象、求真务实的形象、廉洁奉公的形象、靠得住能致富的形象，把广大农民群众团结到建设社会主义新农村的伟大事业上来。

（七）形成长效管用的好制度。农村基层的制度建设要着眼于把党的各项方针政策贯彻好、落实好、维护好，实现好人民群众根本利益。要认真坚持农村基层党组织“三会一课”制度、村“两委”工作协调制度、村务公开和民主管理制度、农村党员目标管理和民主评议党员制度、民主评议村干部制度、农村无职党员设岗定责制度、农村外出务工党员管理制度、村级干部民情恳谈制度、村委会便民服务代理制度、党员和村民代表民主议事（听证）制度。要结合实际，解决个别“肠梗阻”、不作为、乱作为的问题，对上级安排的基础设施建设资金、种植养殖补助、救灾救济款、征地拆迁补偿费、计划生育奖优免补、义务教育的政策性补助等，要有规范的管理制度，严格按政策规定兑现落实。制定完善村规民约，村干部带头并督促村民严格遵守。坚持完善村民委员会、村民代表会、村民大会的各项议事和民主管理制度。

五、资金筹措

狮河新农村示范村建设采取多方筹集、多元投入。预计共投入1200万元左右，资金来源渠道主要有：

（一）财政资金：州级财政筹措100万元，县级财政筹措100万元，州、县财政共筹集200万元，主要扶持村庄基础性、公益性项目。

（二）整合相关部门可用新农村示范村建设的资金200万元左右，主要扶持基础设施项目。

（三）协调信贷资金200万元左右，主要扶持产业发展项目。

（四）引导群众投工投劳、自筹投入600万元，主要用于群众自己的住宅改造，庭院绿化美化。

上列资金，州县财政筹措部分，项目实施第一年全部到位，其他资金在建设期内有计划投入到位。

六、考核验收

示范村建设考核的对象、原则，内容及评分标准，考核的程序、方法和评价验收按照《大理州2007年度小康示范村建设考核验收办法》执行。

示范村建设要立足当前，结合实际，稳步推进。把规划、项目实施、检查验收等工作有机结合起来，要根据工作时间表，统筹安排。周密计划，依靠群众，组织群众。从村庄规划入手，以村庄整治为突破口，制订出一个好的村庄发展规划，完成水、电、路、公共活动场所等基础设施建设，做好住宅、灶、厕、厩改造，打好产业发展基础。按照村庄发展规划和示范村建设的要求全面推进各项建设任务。示范村建设涉及面广，甸南镇和有关部门要统一思想、提高认识、密切配合、相互支持，确保甸南狮河示范村建设工作顺利开展。

附表 2－1　**甸南镇狮河村新农村示范村建设项目计划表**

主要任务	归口类别	建设内容	概要（万元）	建设时限	资金来源	备注
好规划	建设	1. 完成《狮河村新农村示范村村庄规划》	5	2008.11—2009.2	上级补助	重点项目
		2. 村庄外业测量	3	2008.11—2009.2	上级补助	
好路子	农业	1. 优势特色产业基地培植1000亩，其中高产稳产啤大麦示范田450亩，每亩投资种子、化肥款50元；优质高原粳稻500亩，每亩投资种子、农药款76元；灯盏花50亩，每亩投资花苗款100元；2. 高稳农田建设1600亩。3. 发展经济林果200亩。4. 恢复水毁农田300亩，每亩投资1900元。	57.3	2009.1—2009.12	部门整合与自筹	重点工作
	产业培植	木器木雕方面：发展木器木雕精加工300户，形成一个木器木雕工艺协会，注册2家木器木雕公司，形成木雕经纪人37户，发展2家无烟炭生产企业。旅游方面：发展木雕展销10户，旅游型农家乐5户，建立2户百货型自选商场	378.8	2009.1—2009.12	贷款及自筹	重点项目
	木器木雕工艺	木器木雕工艺技术培训基地	8	2009.1—2009.12	上级补助及自筹	重点工作

续表

主要任务	归口类别	建设内容	概要（万元）	建设时限	资金来源	备注
好村庄	建设硬化美化绿化	1. 对 572 户农户进行厨房、浴室、畜厩改造，庭院绿化	45.15	2009.4—2009.8	上级补助及自筹	重点工作
		2. 村容村貌整治工程：对 572 户居民住房进行墙体粉刷和部分墙体彩绘	60	200.1—2009.4	部门整合与自筹	重点工作
		3. 绿化美化工程：入村公路两侧（2200 米）和村内美化绿化	35	2009.3—2009.5	部门整合与自筹	重点工作
		4. 实施沼气池 200 户	60	2008.11—2009.2	上级补助及自筹	重点工作
		5. 新建一座公厕（含沐浴室及地面）	30	2009.1—2009.6	上级补助及自筹	重点工作
		6. 村民大门改造（把铁制大门改造成木雕门）	1.2	2009.1—2009.8	上级补助与自筹	
		7. 自来水供水主干和支干建设 6835 米	102.53	2009.8—2009.12	上级补助、部门整合与自筹	重点工作
		8. 学校教学大楼操场厕所围墙建设	92.7	2009.1—2009.12	部门整合与自筹	重点工作
		9. 村委会公厕及院心绿化与硬化	5	2009.3—2009.5	上级补助及自筹	重点工作
	文化	1. 完善文化活动室、图书室，配备文化娱乐设施	11.5	2009.2—2009.12	部门整合与自筹	重点工作
		2. 村委会电教室建设	2	2009.3—2009.5	部门整合与自筹	重点工作
	交通	道路硬化工程：1. 上河村主干道，长 2300 米，宽 3 米，路面类型为 C35，概算投资 21 万；2. 官登村主干道，长 1778 米，宽 5 米，路面类型 C35，概算投资 135.17 万元；3. 下河村主干道，长 3690 米，宽 3 米，路面类型 C35，概算投资 23.91 万元	180.08	2009.3—2009.8	上级补助、部门整合与自筹	重点工作

续表

主要任务	归口类别	建设内容	概要（万元）	建设时限	资金来源	备注
好体系	卫生	1. 建设医疗室	8	2009.3—2009.5	部门自筹	
		2. 旅游垃圾处理	2	2009.3—2009.12	部门整合与自筹	
	广播电视	扶持架设有线电视入网610户	19.5	2009.1—2009.3	部门整合与自筹	
	电信	扶持安装固定电话580部	16	2009.1—2009.4	部门整合与自筹	
	民政	动员政府、社会、企事业单位和个人力量，对失业、养老、医疗、工伤及意外事故等实施援助，逐步建立和完善农村贫困救济、养老保险、医疗保险、人身保险、财产保险等制度	15	2009.1—2009.12	自筹	
好村风	民风治理	巩固新农村建设成果，制定好较为完备的村规民约	1	2009.8—2009.12	部门整合与自筹	
	科普	科普协农兴村	2.5	2009.1—2009.12	上级补助	
	司法	农村普法运动（含设黑板报）	1	2009.1—2009.12	部门整合	
好班子	政府	加强队伍建设，提高党员和基层党员干部的素质，加强班子的凝聚力	1	2009.1—2009.12	自筹	
好制度	政府	建立健全各种规章制度，把党的各项政策方针贯彻好，落实好，维护好	1	2009.1—2009.12	自筹	
合计			1144.26			

（狮河村村委会供稿）

附录3：剑川县甸南镇狮河小康示范村建设工作情况汇报

——剑川县人民政府

（2010年11月29日）

各位领导：

首先，热烈欢迎州领导组一行人来剑川进行小康示范村的考核验收和检查指导工作。下面，我代表县人民政府将我县甸南镇狮河小康示范村建设工作的情况向大家作汇报，请各位领导批评指正。

一、甸南镇狮河小康示范村基本情况

狮河村位于剑川县剑湖东岸，甸南镇东部，距县城12公里，距镇政府3公里，是甸南镇第三大村，水源充足，物产丰富。全村由官登、上河、下河三个自然村组成，下辖10个村民小组，总户数是609户（其中非农65户），总人口2811人，其中白族占总人口的98.9%，中共党员共有62名，残疾人24人，4个五保户家庭，现共有28人享受低保户待遇，全村从事传统木雕工艺生产占总数的41%，占劳动力的77%，全村耕地面积2581亩，其中水田1740亩。农作物以水稻、小麦、大麦、油菜、包谷、蚕豆为主，经济林果以苹果、李子、梨、梅子、柿子为主，养殖业以鸡、猪、鱼、羊为主。2009年全村经济总收入838万，农民人均纯收入2981元，2010年全村经济总收入1054万元，农民人均纯收入3750万元。经济总收入增216万元，农民人均纯收入增769元。

狮河村被列为小康示范建设村后，在各级党委、政府及相关部门的帮助支持下，狮河村两委班子根据《实施方案》和州政府相关要求，坚持“以人为本、循序渐进、突出特色、可持续发展、共同富裕”的建设原则，以“生产发展、生活宽裕、乡风文明、村容整洁、管理民主”的新农村二十字方针为总要求，高度重视，精心组织，深入宣传，为小康村建设的顺利推进营造了良好的社会气氛。三年来其完成投资1155.06万元，其中：州级补助100万元（2008年补助0万元，2009年补助100万元，2010年补助0万元），部门整合150万元，信贷350万元，群众自筹550.06万元。全村物质文明、政治文明、精神文明得到了全面建设，小康示范村建设工作取得显著成效。

二、齐心齐力，多方援助，物质文明建设成效明显

（一）农业农村经济加快发展。小康示范村建设以来，进一步加强和巩固了农业的基础地位，严格坚持耕地保护制度，确保农田总量不减，质量不降，投资420万元完善了生活等农业基础设施项目，对全村农田稳产高产起到了重要作用，2008年粮食总生产98.3850万斤，人均占有粮食350公斤，2009年粮食总产134.928万斤，人均占有粮食480公斤。以鸡、猪、鱼、羊的养殖业，2008年总收入812万元，2009年总收入838万元，全村规划性养殖的有，鸡2户、猪21户、鱼5户、羊8户，木雕532户。全村实现了水通、电通、路通，并用上了程控电话，有线电视和现代通讯设备。

（二）基础设施建设得到进一步加强。紧紧围绕新农村建设的验收标准以项目强化基础。目前完成了墙体粉刷425户、墙体彩绘72户，村内道路90%以上达到硬化和绿化，已完成新农合医疗卫生室65平方米，医疗卫生事业卫生协调发展，完成一座旅游公厕，全村85%的农户家庭实现庭院硬化和绿化；现狮河村的基础设施做到了户户通电、电视普及率达90%以上、电话普及率已达到信息村、无刑事案件、医疗保险全面落实，村委会办公地点的硬化和绿化已全面完成、完成村内垃圾的定点堆放基础建设、完成村民文化建设广场和老年活动中心、各种村规民约已完善。人畜饮水工程正在实施当中，目前新农村建设共完成投资约1155.06万元。通过社会主义新农村建设，基础设施得到了改善，经济得到了发展，邻里关系进一步和谐，群众普遍得到实惠。抓好基层党组织建设，为社会主义新农村建设提供组织保障。为了扎实地抓好狮河社会主义新农村建设工作，两委从党建示范点抓起。充分发挥基层组织的战斗堡垒作用和基层党员的先锋模范作用。

（三）木雕产业蓬勃发展。狮河村以宏盛古建公司和金达木雕公司为龙头企业，拉动狮河村木器木雕产业的发展，使狮河村木雕产业不断发展壮大。在村委会和木雕协会的领导下，木器木雕产业得到了长远发展，现有从事木雕产业人员1146人，培训员工2200余人，带动了数百农户。以“公司+基地+农户”经营模式，三年内带动500名农村剩余劳动力转移，促进农民增

收284万元，实现企业产值2400万元，利润300万元。

三、立足实际，与时俱进，不断推进政治文明建设

（一）狠抓基层组织建设。小康示范村建设工作开展后，按照上级州、县关于农村基层组织建设的相关要求，切实加强村两委班子的建设工作，使基层组织的战斗堡垒作用和党员的先锋模范作用充分发挥。先后对农村基础设施、水利建设、村容村貌等进行了全面的改造建设，继续抓好“云岭先锋”工程、科学发展观学习实践，不断推进“创先争优”活动的开展。共组织召开两委班子会议35次，村民代表会议6次，老干老协会议5次，党总支部会议8次，共参加人数161人，进一步提高了党员的综合素质，使党员在小康示范村建设工作中真正发挥先锋模范作用。2008年发展党员5名，2009年发展党员6名。对村规民约及各项规章制度进行了修改完善，得到了村民的一致赞同，使制度深入人心，形成了一套好制度，建立起了长效机制，为制度管人管事创造了有利条件。

（二）全村各项社会保险得到全面加强。示范村的贫困救济、养老保险、医疗保险、人身保险、财产保险等工作取得了较好的成效。全村609家农户中有605户2802人参加了医疗保险和人身保险，全村共有贫困户8户28人，贫困人口比例0.9%，同时按照相关政策积极落实五保户工作。全村残疾人24人，对残疾人在政策允许范围内给予扶持帮助，同时积极鼓励他们在力所能及的条件下自食其力，有所作为，逐步摆脱贫困线。投资15万元进一步完善和规范村内的医疗室，有效解决了村民看病难，看病贵的问题，全村村民基本实现了人人享有初级卫生医疗保健服务。

（三）村民的综合素质不断得到提高。三年内共组织培训8次，参加人数达2200人次，主要培训了现代农业内涵、科技养殖技术以及木器木雕、法律法规等相关知识，使村民的综合素质得到了进一步提高，法律、法规意识进一步增强。三年内无刑事案件发生。

四、改善环境，提高素质，狠抓精神文明建设

（一）校园建设和通信网络建设工作取得实效。全村实施小康示范村建设

以来，投入298万元进一步完善学校的教育教学环境，巩固了“普九”成果，全村适龄儿童入学率达100%，全村无辍学人员的良好现状得到了巩固。劳动力平均受教育程度达9年。移动、联通信号覆盖全村，截至2009年全村共安装了固定电话598部，拥有移动电话11部，使用率达100%，有线电视收视率达100%。

（二）村容村貌得到全面改善。小康示范村建设实施前，全村大部分农户存在人畜没有分开，缺少卫生厕、卫生间、村内卫生状况和村容村貌较差，脏、乱、差现象严重。小康示范建设工作实施后，镇、村工作组深入农户进行宣传动员，在农户给予适当补助的基础上，全面完成了农户住房墙体粉刷425户，墙体彩绘72户，村内道路90%以上达到硬化和绿化，完成一座旅游公厕，全村85%的农户家庭实现庭院硬化和绿化，使村貌得到了较好改善。

（三）大力开展文化娱乐活动。积极组织村民开展娱乐活动，狮河村全村共有6支文艺演出队，每年春节、火把节等重大节庆日，均组织开展丰富多彩的传统群众文艺活动，村内文化室、阅览室向村民开放，通过两年多的努力，狮河小康示范村建设工作达到了预期目标，给广大村民带来了看得见、摸得着、能享受的实惠，精神上更加充实，综合素质上有了较大的提高。我们取得的主要经验有：一是加强组织领导，宣传到位，建立统一协调机制是新农村建设顺利推进的前提和保证；二是群众参与是基础，充分尊重群众意愿，发挥群众的主观能动性和主人翁精神才能使新农村建设工作取得实效；三是努力开辟农民增收渠道，挖掘产业内部增收潜力，有效转移富余劳动力才能更好地实现农民增收，真正解决新农村建设中的核心问题；四是资金投入是关键，只有依靠省、州部门和社会各界的大力支持，加大投入，将有限资金发挥出最大效益，才能稳步推进项目建设；五是部门协作是保障，只有各部门同心协力，尽职尽责，狠抓落实，才能保障新农村建设目标的实现。

五、几点认识和今后努力方向

建设社会主义新农村，既是解决“三农”问题的现实需要，也是全面建设小康社会，加快现代化建设的要求，这是一项长期的历史任务，需要不断探讨思索，坚持不懈地努力。

（一）新农村建设必须以科学发展观统领全局。坚持以科学发展观统领全局，才能保证新农村建设的正确方向，切实把新农村建设的各项任务落到实处。新农村建设内涵包括农村经济、政治、文化、社会和党的建设各项领域，涉及农村、农民、农业问题的方方面面，必须按照物质文明、政治文明、精神文明与构建和谐社会“四位一体”的要求系统推进。

（二）新农村建设必须以农民增收为核心。新农村建设只有通过产业结构调整和因地制宜的发展特色产业，加快农村经济发展，增加农民收入，积极拓宽农民增收渠道，才能真正为农民群众解决实际问题，让群众在建设中得到实惠。

（三）完善机制，加大资金投入。要进一步建立稳定的投入机制，充分体现财政预算安排的倾斜原则，扩大公共财政覆盖农村的范围。同时，采取以“资源”吸引“资本”的方式，融合各方面的资金来加大对新农村建设的投入，实现投资主体多元化、资金来源多渠道，达到全社会共同建设社会主义新农村的目的。

狮河村小康示范村建设取得了明显成效，但与社会主义新农村的建设要求还有一定差距，今后要在巩固成果的基础上，围绕“生产发展、生活宽裕、乡风文明、村容整洁、管理民主”的主题，进一步做好发展工作，开创全村更加美好的明天。

我的汇报完了，谢谢大家！

（狮河村村委会供稿）

附录4：剑川县甸南镇狮河村党总支以创先争优推进木雕产业又好又快发展

2010年11月03日

在创先争优活动中，剑川县甸南镇狮河村党总支以“创先争优显特色、党员干部受教育、发展木雕有成效”为主题，立足村情，结合实际，创新活动载体，强化工作措施，奏响了创先争优活动的“四支曲子”。

选好载体，奏响创先争优活动“主题曲”。狮河村党总支部立足村情，以“创先进班子，干一流工作”为目标，以“促进农民增收，破解集体经济‘空壳’”为切入点，以“推进狮河木雕规模化产业化发展”为载体，抓特色树典型，精心设计创先争优活动的主题，全力推进狮河村经济社会又好又快发展。目标的清晰，载体的鲜明奏响了创先争优活动的“主题曲”。

转变思路，奏响创先争优活动“进行曲”。狮河村党总支着眼于做大做强木雕产业，在对村情及木雕企业现状进行再分析的基础上，进一步转变观念，理清发展思路，采取有力措施推进木雕产业又好又快发展，带动了农村经济发展和农民增收致富。一是将分散的个体经营户组织整合为金达、宏盛两个公司，成立了木雕协会，组建木雕协会党支部和金达木雕公司党支部。以“党总支+支部+协会+农户”的模式，根据市场需求，指导木雕生产户引进先进设备，转变设计理念，开发产品种类。二是充分利用全村62名党员中有58名党员从事木雕产业的实际，要求党员亮出身份、树立形象，在传授技能、原料供应、产品销售上充分发挥共产党员户的示范带头作用，积极在木雕创业一线创先争优。奏响了一支协会与公司携手共进的“进行曲”。

突出发展，奏响创先争优活动“交响曲”。狮河村党总支以“推进狮河木雕规模化产业化发展”为开展创先争优活动的载体，充分发挥支部、党员的战斗堡垒作用和先锋模范作用。一是充分利用党总支与云南农业大学、云南省技师学院、大理学院搭建的技术教育平台，先后在全县5个培训点举办了12期木雕技艺培训班，共培训出450名木雕技师，有效地提升了狮河木雕的工艺水平。二是充分发挥支部党员的先锋模范作用。由狮河村党总支牵头，狮河村党员木雕致富能手担任培训教师，在全县22个山区、半山区自然村开展了“送技进山”活动。活动共设立12个木雕技艺教学点，为农村无职青年、返乡农民工、残疾人、退伍军人等共计1008人提供了免费的培训服务。在为木雕产业发展提供人员保障的同时，辐射带动了山区村社的发展，有效地促进了农村稳定和农民增收，奏响了一支县校共赢，辐射带动的“交响曲”。

抢抓机遇，奏响创先争优活动“奋进曲”。狮河村党总支紧紧抓牢“建设木雕工业小区”这一历史机遇，在园区立项规划征地过程中认真履职，充分发挥党总支的战斗堡垒作用，在充分保证群众利益的前提下，采取多种措施争取群众对项目建设的理解和支持。目前占地为500多亩的狮河木雕工业小区标准厂房建设已经启动，拟建成木雕精品加工基地。在此基础上，狮河村党总支联合木雕协会进一步理顺村内分散加工、无序经营问题，充分整合资金、技术、人才等资源，不断规范生产经营。一是为宏盛古建有限公司办理了木材经营许可证，确保了原料供应渠道的畅通。二是为本村企业办理了木制品经营许可证，使木雕产业的发展环境不断优化，发展后劲进一步增强。支部服务理念的加强，协会管理措施的得力，有效地增强了木雕生产户的抗风险能力和整体竞争力，奏响了一支支部、协会并肩前行的“奋进曲”。

（本文来源：中直党建网2010年11月3日，次日，被剑川县“争先创优办”转载）

附录5：雕凿富裕与文明

——剑川县狮河木雕专业村

2002 年 10 月 23 日

“情哥哥哟，你肩上扛着一块大木头，急急忙忙到何方？这块木头有啥用？为什么不离你的身？和你难逢又难见，难道阿哥你变了心？”

“情妹妹哟，手弹三弦你听真，县里举办了木雕班，我学门手艺讨你心。这块木头是精心选，我要用它雕出牡丹，再雕一对金凤凰，阿哥对妹情最深。”

这是记者 9 月 3 日在剑川石宝山歌会节上听到的白族男女青年的对歌，歌声倾诉的虽然是爱慕的感情，但歌词中提到的剑川木雕却使人感受到木雕工艺早已深深植根于当地百姓心中，成为他们生活的重要组成部分和农村家庭最重要的经济来源。1996 年，剑川县被文化部命名为“中国木雕之乡”。目前，全县从事木器木雕的工匠艺人达 7000 多人，木雕生产的年总收入达 1500 多万元。其中，远近闻名的木雕专业村——甸南狮河村已成为生产木雕产品的代表。

狮河村位于剑川县有名的湖泊——剑湖东岸，距县城 10 多公里，全村 601 户白族人家，394 户专业从事木雕生产和加工，占全村总户数的 66%。除县木器厂外，这里是县内最大的木器加工基地了。我们走进村里，穿行在街道上，便听到从各家各户院子里传出的锯木声和叮叮当当的斧凿声。县里陪同我们的老张同志介绍说，剑川白族木雕艺术古来盛行，源于唐代，元、明、清时期，剑川木雕因其精湛的工艺传遍滇、贵、川、藏等省区，甚至远销缅甸、泰国等地。俗话说：“丽江粑粑鹤庆酒，剑川木匠到处有。”过去这里的人靠种地打鱼为主，农闲时，就背起木匠工具，出门挣些手艺钱。近十几年来，村里的工匠们索性在家里办起了木器厂，外边的人到剑川找上门来买木雕。狮河村专门从事营销的人家就有 32 户，年收入近 600 万元，占全村经济收入的 53.6%。

在老张的带领下，我们找到了木雕艺人杨宇堂。杨宇堂是个 30 来岁的白族农民，他说，家里的木雕生产是与哥哥杨子堂共同开发。哥哥负责产品设计和外销工作，自己则担任“车间主任”的角色，负责产品的生产和加工。他说，村里最受商家欢迎的传统产品是云南民居常见的格子门。这种门民族特色浓厚，是白族地区群众首选的装饰大件，技术质量要求高。因为狮河村生产的格子门质量高，规格全，来进货的商家都喜欢这一产品。木雕内容有四季花草和马鹿、狮子、麒麟等象征吉祥如意的动植物图案，也有神话传说，人物故事题材，常见的有“八仙过海”、“桃园结义”、“岳母刺字”、“天女散花”等。除此之外，建筑木雕和摆设小件也是狮河村的传统产品。6 年前，家里就在丽江古城开了专卖店，村里其他人家也在大理、巍山等地开有门市，生意不错。为适应旅游者需要，这几年，他们家还研制开发了木雕小件和批量的木雕佛像、匾联，产品因雕琢细腻精美，受到旅游者喜爱，有的产品远销到日本、比利时、美国等地。

哥俩作农民经纪人也有 4 至 5 年时间了，订单多时，就把活计分给亲朋好友加工，后来家里慢慢有了一定的资金积累，商家订单也增多，哥俩就想到，村里家家都有做木匠的好手，可以带动大伙一块做，提高群众的收入。于是，购买木料，按商家要求把木料分到村里人家生产加工，回收成品经过验收后发给商家，形成进料、加工、销售一条龙生产，既提高了经济效益，又增加了村民收入。如今，这个村已有 60 多户加入到生产联合体中，木雕一项他自家的木雕收入每年在 20 万左右，村中的群众每户也有数千至一万、二万元的收入，因为带领村民共同富裕有方，哥哥杨子堂还被团省委和省科委评为 1999 年度云南青年星火带头标兵。他说，现在村里人均年收入大概在 2 万左右。村里人有了钱，大多到外地学习，村民们意识到只有在保持传统工艺的同时雕出新意，才能不断满足商家和旅游者的需要。

杨宇堂说，狮河村的木雕手艺世代相传，村里的人有的还是小孩子的时候，就已经学着父辈拿起斧凿了。木雕这一行靠的是口传心授，父传子，子传孙。过去不传给女的，现在也传了。村子里有 225 名白族农家妇女也操起了斧凿，有些妇女的手艺还很不错呢。有了一技之长，有了较稳定的经济来源，这一切增强了妇女在经济生活中的地位，塑造了新一代白族妇女的新形象。

归途中老张继续介绍说，近年来，县委政府把木器木雕产业作为支柱产业加以精心培植，木雕从业队伍壮大，木雕产业发展迅速。全县木雕产业现已发展到嵌石木雕家具与现代家具、园林古建筑装饰与室内装饰等领域，旅游工艺小件三大门类共200多个花色品种，远销130多个国家和地区。县里通过狠抓龙头企业的辐射功能，带动农村劳动力结构调整，基本形成以县木雕集团有限责任公司为核心的木器木雕产业集团，“公司+基地+农户”的发展格局逐步向规模化、效益化、社会化方向发展。金华镇、剑阳镇、甸南镇共有8家木雕企业和1500多户个体私营业主，每年可转移农村剩余劳力3000多人，直接增加农民收入2000多万元，地方财政得到增收，剑川木雕已成为一项强县富民的重要产业。

（本文来源：云南民族网2002年10月23日）

附录6：剑川木雕之乡的英雄儿子

——罗金勇

（2009年8月18日）

编者按 罗金勇，云南省临沧市永德县公安局民警。1974年10月出生，白族，中共党员，云南大理州剑川县狮河村人。1999年毕业于云南民族学院（云南民族大学）数学系。2005年10月，罗金勇在休假途中与3名毒贩进行了殊死搏斗，因寡不敌众身受重伤成了“植物人”。被云南省公安厅授予二级英模称号。妻子罗映珍在丈夫昏迷的600多个日子里，不离不弃，精心照顾，含泪写下了600多篇爱的日记，每天念给丈夫听，用爱和信念书写了一曲呼唤生命的动人旋律。

摘编自：“百度百科”

剑川这个位于滇西北，至今总人口不过17万的小县份，却在历史长河中，有着非凡的辉煌历程。早在3000多年前，剑湖之滨的海门口，就已经出现了庞大的干栏式建筑聚落，白族先民在这片土地上，率先种植水稻，并最早开创了云南青铜文明，成为云南文明的重要起源地。自明代在云南开科取士以来，剑川这个边陲小县，更是人才辈出，堪称滇之翘楚，被冠以“文献名帮”称号。近代以来，又有周钟岳、赵藩等这样杰出的学者名流，及云南第一个共产党员——张伯简和数不清的文人墨客、能工巧匠。他们使剑川声名远播。剑川源远流长的重视文教和耕读传家的良好风气，养育了一代又一代优秀的剑川儿女，他们中的许多人往往能在各自的行业出人头地，成为祖国的栋梁之材。

1974年，罗金勇就出生在剑湖之滨的剑川“木雕之乡”——狮河村。父亲王政显政是个老实巴家的木匠，常年走乡串寨，帮人做木工盖房子，挣钱养家糊口，母亲罗吉善是个勤劳能干的农村妇女，罗金勇上有两个长兄，一个姐姐，他是小幺。在那个困难的年代，要养活四个孩子，还要侍奉一个年老的婆婆，罗金勇父母可没少吃苦。都说“穷人家的孩子早当家”，罗金勇打小就是一个父母眼中听话的乖孩子，常常一边上学，一边帮家里吆牛做农活，上初中时，也经常是一身泥一身汗急匆匆赶往学校上课。尽管在这样的学习条件下，由于他的刻苦努力，凭着像牛一样的犟劲，他还是以优异成绩于1995年考入云南民族学院数学系，乡下的艰苦环境和剑川淳朴的民风，造就了罗金勇不爱多说话、踏实干事的作风；他的为人处世深得老师同学的信赖，这个憨厚，甚至有点木讷的剑川小伙被推选为班上团支部组织委员，他经常帮助同学、为班级出板报、打扫卫生，工作做得一丝不苟，学习成绩优异，深得师生们的喜爱。四年的民院生活，使他增长了不少才干，临毕业，老师对他的评价是：这个腼腆的剑川小伙子极具亲和力，组织能力强，是块当干部的料。雏鹰的翅膀硬了，他就要离开妈妈的怀抱，远走高飞了。

1999年，他平生第一次违背了母亲的意愿，只身来到边陲县份临沧地区永德县，加入了光荣的人民缉毒警察队伍。这一走就是整整六年，他先后在永德县小勐统镇派出所和永德县公安局履职，由于他的质朴和真诚待人，工作细致到家，深得山乡群众信赖，群众亲切地称他：罗警长。罗金勇在小镇颇有人缘，群众基础好，往往能从群众中获得有价值的破案线索，仅在小勐统派出所工作的四年里，罗金勇就参与查破贩毒案件12起，抓获毒贩20名，缴获海洛因等各类毒品52767克，运毒车一辆，手榴弹4枚，手枪1支，子弹15发，狠狠地打击了贩毒分子的嚣张气焰，有力地震慑了毒品违法犯罪。永德县禁毒大队大队长李国臻说："凡是我们县禁毒大队到小勐统办案，考虑人选时，我们首先挑选的人是罗金勇，每次我们到小勐统执行任务，都少不了罗金勇。每次设卡埋伏抓捕，罗金勇总是沉着冷静、身先士卒。战友们一提到罗金勇，都异口同声说："罗金勇真是一个缉毒勇士。"罗金勇在边陲小镇小勐统，不仅工作出色，而且还收获了爱情，他把小勐统最漂亮的计生服务员罗映珍追到了手，善良美丽的爱林（他对罗映珍的昵称）善解人意，给予罗金勇工作上不少帮助和支持。这对令人羡慕的新婚夫妇憧憬着未来幸福的生活，探讨各自的理想和信念，计划着要一个属于他们的可爱的孩子。

当时间定格在2005年10月1日这一天，一切都改变了。罗金勇、罗映珍小夫妻俩乘坐客货两用车，准备回湾甸村大龙塘的娘家探亲，凭着他几年的缉毒经验，罗金勇发现和他同排坐的三个人神色慌张、有点不大对劲，肯定携带毒品。车行至旧街坝后进行检修，罗映珍和同车的另两位妇女下车找厕所。罗金勇出示警官证，要求检查这几个可疑人物随身携带的物品，穷凶极恶的歹徒眼看事情就要被败露时，慌忙抄起地上的石块和垫车枕木，向罗金勇劈头打来，他瞬时昏倒在地，血流满地，但他仍然紧紧抱住其中一名犯罪分子的腿。当罗映珍回到他身旁时，昔日生龙活虎的她心爱的人，已在仅仅离开几分钟之内变了样子。她一边悲痛地喊着罗金勇的名字，一边在附近群众的帮助下，对罗金勇进行简单必要的救治处理。及时抓捕了其中一名犯罪分子。当闻讯赶来的小勐统派出所的民警到来时，罗金勇已陷入昏迷状态，只听见他嘴边含糊地说着："800 多克，800 多克"（对罪犯携带毒品克数的估计），这是他对罗映珍说的最后一句话。

此后，一场生命的接力赛和感天动地的爱的传递，由这位弱小的警嫂——罗映珍手中开始了。600 个日日夜夜，对着深度昏迷的爱人爱语呢喃，杜鹃啼血亦如此：

"我们说过：'执子之手，携手白头'，请你不要放手，握住我的手，永远不可以放。这是妻子最大的心愿，也是唯一的希望。一定要答应我！"……"老公你还有呼吸，老婆就永远陪在你的身边，永远不抛弃你。这是我们俩的约定"。"执子之手，携手白头"，这是他们曾经终身厮守的约定。这个终身厮守的约定使我想起了我们白族传唱千百年的一首老情歌："相好五年还是十年，相爱百年也不够，直到头发花白、牙齿都掉落，拄着拐杖来相会。"罗映珍，这个白族人民的好儿媳，今天是在用杜鹃啼血的方式，来演绎这首千年的老情歌。

"记住，记住，永远记住，你还有一个家，还有一个妻子，将来还会有一个孩子，这个家是完整的。"……正是因为这位白族好儿媳的不离不弃，坚守他们曾经的终身约定。英雄醒来后的第一句话是，写在纸上的弯弯扭扭的字迹："我爱你，罗映珍。"她的如泣如诉的天地情语，终于感动了上苍，使死神也望而却步；600 个日日夜夜的杜鹃啼血，创造了生命的奇迹，血泪使英雄的生命之花永不凋谢。600 个日日夜夜，600 篇日记，构成了美丽的爱情童话故事。

他们的爱情故事被人们知道后，罗映珍这个来自临沧偏僻山乡的基层计生服务员，这个白族人民的好儿媳，感动了亿万中国人。她获得"2007 年感动中国十大人物"的最高荣誉，当这位个子不高，有点腼腆的小女子，站在高高的中央电视台演播大厅领奖台上时，她只是谦逊地说："……我每天只为一个人，就是我的丈夫。我只不过是照顾我的丈夫，他是我身边的人，每一个处在我这种情况的人，都会这样做。我愧对这个奖。""如果我们每一个人都能照顾好身边的人，这个社会不就阳光、和谐、生动了吗?”著名中央电视台主持人白岩松如此回答。激起了台下经久不息的掌声，把整台晚会推向了高潮。正是这个极普通的柔弱女子，保持着中华民族传统美德，用真诚的爱来唤醒了沉睡的丈夫，精心呵护着这个不堪一击的小家庭，创造了生命的奇迹，谱写着一曲大爱无疆的歌。难道这个创造奇迹的人还不应该获得人们的尊敬，不配拿这个奖吗?

在我们剑川的石宝山有一个“甘露观音”的石窟雕像，她掏出自己的心来感化众人，脸上充满对人世间的慈爱，她是我所见过最美的女神雕像。她是一千年前的白族工匠，依着白族最美、最善良的民间女子的模样雕下来的，仔细端详分明就是一个活脱脱的白族美少妇。如果我是那个工匠，今天叫我雕一尊“甘露观音”像，我肯定会雕成白族人民的好儿媳——罗映珍的脸，因为她是我心目中一切美和善良的象征，她就是“东方维纳斯”、“剑川的甘露观音”。

“道德力量是国家发展，社会和谐，人民幸福的重要因素。”当胡锦涛总书记了解到罗金勇、罗映珍的事迹后，深有感触地说：“你们身上体现了中华民族的优秀品质，反映了我国社会发展进步的时代精神。”大爱无疆，洒向人间的都是情和爱。罗金勇为了人民安宁祥和的生活甘洒热血在南疆，罗映珍则用血泪来滋润英雄的生命之花。罗金勇、罗映珍身上所展现出来的，这种舍小家为大家，珍爱生命，热爱生活的时代风范，正是我们新时期建设富强民主的文明社会所必需的优秀品质。他们所代表的是一群人：罗金勇身后有小勐统派出所曾经朝夕相处的兄弟、永德县及临沧市公安局和全国千万缉毒警；有近几十年来，在云南缉毒战线上牺牲的几百名烈士和上千名在战斗中受伤的战友；有党中央和全国人民作为坚强后盾，他们为我们筑起一道人民禁毒战争的钢铁长城。英雄的背后必然有一个善良贤惠的妻子，正是因为全国千万个缉毒警背后有深明大义、善良贤惠的警嫂们，他们才能安心地保卫着人们和平、幸福的生活。而剑川的婆婆罗吉善和千万个剑川的母亲又何尝不是这样，她们为了家庭、为供养孩子上大学，使他们早日成为祖国的栋梁之材，甘愿自己脸朝黄土背朝天，终日劳累在田间地头，回来还要绕着锅边灶头转，服侍一家老小的生活，长年累月，她们累弯了腰，可是她们仍无怨无悔。今天罗金勇在剑川的年迈多病的父母，仍然在家里一边带孙儿，一边帮助家里做力所能及的家务活，为远在北京，还未完全康复的小儿子祝福祈祷。当在临沧第一次看到儿子躺在病床上昏迷不醒时，他们甚至已经做好了最坏的打算，要按白族的风俗把孩儿的魂招回故里。不要责怪他们的无知，当他们看见儿子深眠不醒时，他们的内心也在流血，他们也多么希望儿子能醒过来，叫他们一声：爹、娘。就是这对木讷甚至还不大会用汉话和其他人交流的老夫妇，在这种情况下，在剑川乡下他们安于清贫的乡下生活，没有向组织提过一次要求，他们只求儿子有一天能平安回到剑川家乡，来看看他们，再喊他们一声“阿爹、阿姆”（白族话爹、娘）。

正是这些普通的民警们、妻子们、父母们，一切安于清贫的善良的人们，共同托起了祖国的不屈脊梁。人民，只有人民才是历史的创造者，才是推动历史车轮不断前进的不竭力量源泉。一切善良的人们和为祖国、为人民利益不惜牺牲自己一切的英雄们，他们的名字将永远铭记在人们心中，而一切损害国家和人民利益的人，将会被永远地钉在历史的耻辱柱上。

罗金勇和罗映珍身上闪现出的道德光芒，将永远涤荡着我们每个人的心灵，感召着我们在建设富强、民主、文明、进步的和谐社会的大道上奋勇前进！

（本文来源：新浪网 2009 年 8 月 18 日）

参考文献

[1] 杨聪．中国民族百科全书·白族　傈僳族　纳西族　怒族　独龙族卷［M］．西安：世界图书出版公司，2012.

[2] 编写组．中国大百科全书（民族卷）·白族［M］．北京·上海：中国大百科全书出版社，1986.

[3] 编写组．中国少数民族·白族［M］，北京：人民出版社，1981.

[4] 编写组．白族简史［M］．昆明：云南人民出版社，1988.

[5] 杨聪．大理经济发展史稿［M］．昆明：云南民族出版社，昆明，1986.

[6] 徐琳，赵衍孙．中国少数民族语言简志丛书·白语简志［M］．北京：民族出版社，1984.

[7] 戴庆厦，刘菊黄，傅爱兰．关于我国藏缅语族系属分类问题［G］//藏缅语族语言研究．昆明：云南民族出版社，1990.

[8] 杨应新，张化鹏．云南省少数民族语言志·白族语言文字［M］．昆明：云南民族出版社，1998.

[9] 剑川．民间生活与习俗［M］．昆明：云南民族出版社，2009.

[10] 杨政业．白族本主文化［M］．昆明：云南人民出版社，1994.

后　记

狮河村调查，是按中央民族大学“985 工程”中国少数民族村庄经济调查的总体部署，由杨聪教授负责，组织 12 个人课题组共同完成的。该课题组除了杨聪、王科琼、杨健理 3 位老师外，其他 9 人是学生。他们是：李新宇、赵勇慧、李泽安、张梦婷、李天羽、杨雄飞、李雪巧、杨涵玲、赵培丹。

接受该调查任务后，我们根据有关方面专家的推荐，选择了云南省大理州剑川县甸南镇狮河村作为调查对象，并开展了大量的准备工作。在疏通各种关系、收集有关资料的基础上，按“985 工程”办公室的要求，组织课题组全体人员进行培训，严格按照村庄、农户、村民三大部分拟订调查提纲。突出村庄调查的特点，大量收集该村各相关材料；突出经济调查的特点，展现经济发展规律与趋势；突出民族的特色，注重访谈获取第一手资料。对农户和村民的选择，坚持典型性，在摸清基本情况的基础上，尽可能将各自的特点总结归纳出来，树立个性特征。

2011 年 8 月 11 日，我们课题组全体人员刚到狮河村，大家便按照分工积极主动地开展工作。我们在狮河村期间，看到干部和村民都非常的忙，开展调查采访比较困难。有时，为了按计划找到一户人家，常常要跑多次；有的人村委会要通知他们从外地赶回来。加上经常下雨，给我们的工作带来许多不便。另外，为了保证调查出行中的安全，我们把同学 2～3 人编成一组，其实这样做只有一半时间是用于自己分工内的调查，另一半时间是互相陪伴。但是，大家特别能理解，特别能吃苦，千方百计挤出时间，推进工作。每当看到同学们不能按时回到住所，或是不能按时回来吃饭的时候，作为课题负责人的杨聪教授，心里不由产生心疼和感激之情。

在村里的调研结束后，同学们又利用暑假时间各自回家撰稿。由于大部分同学没有社会调研的经历，在大学所学的专业各不相同，文字水平参差不齐，完成的稿件差异很大。在此基础上，杨聪教授对所有稿件逐字逐句进行修改。有的稿子确实较差，为了培养和鼓励学生，尊重学生的劳动，同时对狮河村和白族人民负责，杨聪教授只有反复用电话与狮河村的干部和村民联系，查阅了大量的资料，通过增补或删除许多原稿文字，按统一体例形成此书稿。

在调研中，我们同时注重图片资料的摄制，要求课题组所有人员要随时拍摄相关照片。于是，产生了千余幅素材，为后期的挑选奠定了很好的基础。

这次调研工作，是在大理州白族文化研究所及剑川县政府、甸南镇政府等有关部门的大力支持下完成的。其中，大理州白族文化研究所副所长赵润琴为我们疏通了剑川县政府的关系。通过剑川县政府发文，将调查采访接待工作交由甸南镇政府落实。按照我们要住在村里的要求，镇政府专门为我们新购置了行李，并与狮河村村委会杨继兴书记商量，让我们住在了村里的宏盛古建筑公司。我们到达的那天，杨书记亲自到距离狮河村3公里的镇政府接我们，并把我们送到住所。公司的领导和员工对我们的关心和照顾更是无微不至，让我们非常感动。在我们进村采访的第三天遇到了许多困难，杨书记为我们请来了狮河村上河三组的组长刘玉根协助我们工作。刘玉根原是上河自然村的村长，大家都称呼他“老村长”。他工作很有魄力，人缘关系好，大家又赋予“刘摆平”的雅号。在刘玉根“老村长”的全力支持下，我们顺利地完成了对狮河村的调查采访任务。

客观地说，没有以上各方面人士的帮助与支持，如此庞杂的调研工作是不可能在十天半月完成的。我们回到北京后，还有许多问题是由课题组人员通过电话询问狮河村人解决的。正是课题组全体人员和各方面人员的大力支持，大家不计较时间、精力和费用的投入，才使调研与撰稿工作得以完成。这一切，已经无法按市场规则给予经济补偿，只能在这里表示衷心的感谢！

白族村庄《狮河村调查》一书终于完成了。由于时间仓促和各方面条件的限制，加上我们水平所限，书中错误或不妥之处，请广大读者指正。

狮河村调查组

2011年12月28日于北京

计和外销工作，自己则担任“车间主任”的角色，负责产品的生产和加工。他说，村里最受商家欢迎的传统产品是云南民居常见的格子门。这种门民族特色浓厚，是白族地区群众首选的装饰大件，技术质量要求高。因为狮河村生产的格子门质量高，规格全，来进货的商家都喜欢这一产品。木雕内容有四季花草和马鹿、狮子、麒麟等象征吉祥如意的动植物图案，也有神话传说，人物故事题材，常见的有“八仙过海”、“桃园结义”、“岳母刺字”、“天女散花”等。除此之外，建筑木雕和摆设小件也是狮河村的传统产品。6 年前，家里就在丽江古城开了专卖店，村里其他人家也在大理、巍山等地开有门市，生意不错。为适应旅游者需要，这几年，他们家还研制开发了木雕小件和批量的木雕佛像、匾联，产品因雕琢细腻精美，受到旅游者喜爱，有的产品远销到日本、比利时、美国等地。

哥俩作农民经纪人也有 4 至 5 年时间了，订单多时，就把活计分给亲朋好友加工，后来家里慢慢有了一定的资金积累，商家订单也增多，哥俩就想到，村里家家都有做木匠的好手，可以带动大伙一块做，提高群众的收入。于是，购买木料，按商家要求把木料分到村里人家生产加工，回收成品经过验收后发给商家，形成进料、加工、销售一条龙生产，既提高了经济效益，又增加了村民收入。如今，这个村已有 60 多户加入到生产联合体中，木雕一项他自家的木雕收入每年在 20 万左右，村中的群众每户也有数千至一万、二万元的收入，因为带领村民共同富裕有方，哥哥杨子堂还被团省委和省科委评为 1999 年度云南青年星火带头标兵。他说，现在村里人均年收入大概在 2 万左右。村里人有了钱，大多到外地学习，村民们意识到只有在保持传统工艺的同时雕出新意，才能不断满足商家和旅游者的需要。

杨宇堂说，狮河村的木雕手艺世代相传，村里的人有的还是小孩子的时候，就已经学着父辈拿起斧凿了。木雕这一行靠的是口传心授，父传子，子传孙。过去不传给女的，现在也传了。村子里有 225 名白族农家妇女也操起了斧凿，有些妇女的手艺还很不错呢。有了一技之长，有了较稳定的经济来源，这一切增强了妇女在经济生活中的地位，塑造了新一代白族妇女的新形象。

归途中老张继续介绍说，近年来，县委政府把木器木雕产业作为支柱产业加以精心培植，木雕从业队伍壮大，木雕产业发展迅速。全县木雕产业现已发展到嵌石木雕家县与现代家县、园林古建筑装饰与室内装饰等领域，旅游工艺小件三大门类共200多个花色品种，远销130多个国家和地区。县里通过狠抓龙头企业的辐射功能，带动农村劳动力结构调整，基本形成以县木雕集团有限责任公司为核心的木器木雕产业集团，“公司+基地+农户”的发展格局逐步向规模化、效益化、社会化方向发展。金华镇、剑阳镇、甸南镇共有8家木雕企业和1500多户个体私营业主，每年可转移农村剩余劳力3000多人，直接增加农民收入2000多万元，地方财政得到增收，剑川木雕已成为一项强县富民的重要产业。

（本文来源：云南民族网2002年10月23日）

附录6：剑川木雕之乡的英雄儿子

——罗金勇

（2009 年 8 月 18 日）

编者按 罗金勇，云南省临沧市永德县公安局民警。1974 年 10 月出生，白族，中共党员，云南大理州剑川县狮河村人。1999 年毕业于云南民族学院（云南民族大学）数学系。2005 年 10 月，罗金勇在休假途中与 3 名毒贩进行了殊死搏斗，因寡不敌众身受重伤成了“植物人”。被云南省公安厅授予二级英模称号。妻子罗映珍在丈夫昏迷的 600 多个日子里，不离不弃，精心照顾，含泪写下了 600 多篇爱的日记，每天念给丈夫听，用爱和信念书写了一曲呼唤生命的动人旋律。

摘编自：“百度百科”

剑川这个位于滇西北，至今总人口不过 17 万的小县份，却在历史长河中，有着非凡的辉煌历程。早在 3000 多年前，剑湖之滨的海门口，就已经出现了庞大的干栏式建筑聚落，白族先民在这片土地上，率先种植水稻，并最早开创了云南青铜文明，成为云南文明的重要起源地。自明代在云南开科取士以来，剑川这个边陲小县，更是人才辈出，堪称滇之翘楚，被冠以“文献名帮”称号。近代以来，又有周钟岳、赵藩等这样杰出的学者名流，及云南第一个共产党员——张伯简和数不清的文人墨客、能工巧匠。他们使剑川声名远播。剑川源远流长的重视文教和耕读传家的良好风气，养育了一代又一代优秀的剑川儿女，他们中的许多人往往能在各自的行业出人头地，成为祖国的栋梁之材。

1974 年，罗金勇就出生在剑湖之滨的剑川“木雕之乡”——狮河村。父亲王政显政是个老实巴家的木匠，常年走乡串寨，帮人做木工盖房子，挣钱养家糊口，母亲罗吉善是个勤劳能干的农村妇女，罗金勇上有两个长兄，一个姐姐，他是小幺。在那个困难的年代，要养活四个孩子，还要侍奉一个年老的婆婆，罗金勇父母可没少吃苦。都说“穷人家的孩子早当家”，罗金勇打小就是一个父母眼中听话的乖孩子，常常一边上学，一边帮家里吆牛做农活，上初中时，也经常是一身泥一身汗急匆匆赶往学校上课。尽管在这样的学习条件下，由于他的刻苦努力，凭着像牛一样的犟劲，他还是以优异成绩于1995年考入云南民族学院数学系，乡下的艰苦环境和剑川淳朴的民风，造就了罗金勇不爱多说话、踏实干事的作风；他的为人处世深得老师同学的信赖，这个憨厚，甚至有点木讷的剑川小伙被推选为班上团支部组织委员，他经常帮助同学、为班级出板报、打扫卫生，工作做得一丝不苟，学习成绩优异，深得师生们的喜爱。四年的民院生活，使他增长了不少才干，临毕业，老师对他的评价是：这个腼腆的剑川小伙子极具亲和力，组织能力强，是块当干部的料。雏鹰的翅膀硬了，他就要离开妈妈的怀抱，远走高飞了。

1999年，他平生第一次违背了母亲的意愿，只身来到边陲县份临沧地区永德县，加入了光荣的人民缉毒警察队伍。这一走就是整整六年，他先后在永德县小勐统镇派出所和永德县公安局履职，由于他的质朴和真诚待人，工作细致到家，深得山乡群众信赖，群众亲切地称他：罗警长。罗金勇在小镇颇有人缘，群众基础好，往往能从群众中获得有价值的破案线索，仅在小勐统派出所工作的四年里，罗金勇就参与查破贩毒案件12起，抓获毒贩20名，缴获海洛因等各类毒品52767克，运毒车一辆，手榴弹4枚，手枪1支，子弹15发，狠狠地打击了贩毒分子的嚣张气焰，有力地震慑了毒品违法犯罪。永德县禁毒大队大队长李国臻说："凡是我们县禁毒大队到小勐统办案，考虑人选时，我们首先挑选的人是罗金勇，每次我们到小勐统执行任务，都少不了罗金勇。每次设卡埋伏抓捕，罗金勇总是沉着冷静、身先士卒。战友们一提到罗金勇，都异口同声说："罗金勇真是一个缉毒勇士。"罗金勇在边陲小镇小勐统，不仅工作出色，而且还收获了爱情，他把小勐统最漂亮的计生服务员罗映珍追到了手，善良美丽的爱林（他对罗映珍的昵称）善解人意，给予罗金勇工作上不少帮助和支持。这对令人羡慕的新婚夫妇憧憬着未来幸福的生活，探讨各自的理想和信念，计划着要一个属于他们的可爱的孩子。

当时间定格在2005年10月1日这一天，一切都改变了。罗金勇、罗映珍小夫妻俩乘坐客货两用车，准备回湾甸村大龙塘的娘家探亲，凭着他几年的缉毒经验，罗金勇发现和他同排坐的三个人神色慌张、有点不大对劲，肯定携带毒品。车行至旧街坝后进行检修，罗映珍和同车的另两位妇女下车找厕所。罗金勇出示警官证，要求检查这几个可疑人物随身携带的物品，穷凶极恶的歹徒眼看事情就要被败露时，慌忙抄起地上的石块和垫车枕木，向罗金勇劈头打来，他瞬时昏倒在地，血流满地，但他仍然紧紧抱住其中一名犯罪分子的腿。当罗映珍回到他身旁时，昔日生龙活虎的她心爱的人，已在仅仅离开几分钟之内变了样子。她一边悲痛地喊着罗金勇的名字，一边在附近群众的帮助下，对罗金勇进行简单必要的救治处理。及时抓捕了其中一名犯罪分子。当闻讯赶来的小勐统派出所的民警到来时，罗金勇已陷入昏迷状态，只听见他嘴边含糊地说着："800 多克，800 多克"（对罪犯携带毒品克数的估计），这是他对罗映珍说的最后一句话。

此后，一场生命的接力赛和感天动地的爱的传递，由这位弱小的警嫂——罗映珍手中开始了。600 个日日夜夜，对着深度昏迷的爱人爱语呢喃，杜鹃啼血亦如此：

"我们说过：'执子之手，携手白头'，请你不要放手，握住我的手，永远不可以放。这是妻子最大的心愿，也是唯一的希望。一定要答应我！"……"老公你还有呼吸，老婆就永远陪在你的身边，永远不抛弃你。这是我们俩的约定"。"执子之手，携手白头"，这是他们曾经终身厮守的约定。这个终身厮守的约定使我想起了我们白族传唱千百年的一首老情歌："相好五年还是十年，相爱百年也不够，直到头发花白、牙齿都掉落，拄着拐杖来相会。"罗映珍，这个白族人民的好儿媳，今天是在用杜鹃啼血的方式，来演绎这首千年的老情歌。

"记住，记住，永远记住，你还有一个家，还有一个妻子，将来还会有一个孩子，这个家是完整的。"……正是因为这位白族好儿媳的不离不弃，坚守他们曾经的终身约定。英雄醒来后的第一句话是，写在纸上的弯弯扭扭的字迹："我爱你，罗映珍。"她的如泣如诉的天地情语，终于感动了上苍，使死神也望而却步；600 个日日夜夜的杜鹃啼血，创造了生命的奇迹，血泪使英雄的生命之花永不凋谢。600 个日日夜夜，600 篇日记，构成了美丽的爱情童话故事。

他们的爱情故事被人们知道后，罗映珍这个来自临沧偏僻山乡的基层计生服务员，这个白族人民的好儿媳，感动了亿万中国人。她获得"2007 年感动中国十大人物"的最高荣誉，当这位个子不高，有点腼腆的小女子，站在高高的中央电视台演播大厅领奖台上时，她只是谦逊地说："……我每天只为一个人，就是我的丈夫。我只不过是照顾我的丈夫，他是我身边的人，每一个处在我这种情况的人，都会这样做。我愧对这个奖。""如果我们每一个人都能照顾好身边的人，这个社会不就阳光、和谐、生动了吗?”著名中央电视台主持人白岩松如此回答。激起了台下经久不息的掌声，把整台晚会推向了高潮。正是这个极普通的柔弱女子，保持着中华民族传统美德，用真诚的爱来唤醒了沉睡的丈夫，精心呵护着这个不堪一击的小家庭，创造了生命的奇迹，谱写着一曲大爱无疆的歌。难道这个创造奇迹的人还不应该获得人们的尊敬，不配拿这个奖吗?

在我们剑川的石宝山有一个“甘露观音”的石窟雕像，她掏出自己的心来感化众人，脸上充满对人世间的慈爱，她是我所见过最美的女神雕像。她是一千年前的白族工匠，依着白族最美、最善良的民间女子的模样雕下来的，仔细端详分明就是一个活脱脱的白族美少妇。如果我是那个工匠，今天叫我雕一尊“甘露观音”像，我肯定会雕成白族人民的好儿媳——罗映珍的脸，因为她是我心目中一切美和善良的象征，她就是“东方维纳斯”、“剑川的甘露观音”。

“道德力量是国家发展，社会和谐，人民幸福的重要因素。”当胡锦涛总书记了解到罗金勇、罗映珍的事迹后，深有感触地说：“你们身上体现了中华民族的优秀品质，反映了我国社会发展进步的时代精神。”大爱无疆，洒向人间的都是情和爱。罗金勇为了人民安宁祥和的生活甘洒热血在南疆，罗映珍则用血泪来滋润英雄的生命之花。罗金勇、罗映珍身上所展现出来的，这种舍小家为大家，珍爱生命，热爱生活的时代风范，正是我们新时期建设富强民主的文明社会所必需的优秀品质。他们所代表的是一群人：罗金勇身后有小勐统派出所曾经朝夕相处的兄弟、永德县及临沧市公安局和全国千万缉毒警；有近几十年来，在云南缉毒战线上牺牲的几百名烈士和上千名在战斗中受伤的战友；有党中央和全国人民作为坚强后盾，他们为我们筑起一道人民禁毒战争的钢铁长城。英雄的背后必然有一个善良贤惠的妻子，正是因为全国千万个缉毒警背后有深明大义、善良贤惠的警嫂们，他们才能安心地保卫着人们和平、幸福的生活。而剑川的婆婆罗吉善和千万个剑川的母亲又何尝不是这样，她们为了家庭、为供养孩子上大学，使他们早日成为祖国的栋梁之材，甘愿自己脸朝黄土背朝天，终日劳累在田间地头，回来还要绕着锅边灶头转，服侍一家老小的生活，长年累月，她们累弯了腰，可是她们仍无怨无悔。今天罗金勇在剑川的年迈多病的父母，仍然在家里一边带孙儿，一边帮助家里做力所能及的家务活，为远在北京，还未完全康复的小儿子祝福祈祷。当在临沧第一次看到儿子躺在病床上昏迷不醒时，他们甚至已经做好了最坏的打算，要按白族的风俗把孩儿的魂招回故里。不要责怪他们的无知，当他们看见儿子深眠不醒时，他们的内心也在流血，他们也多么希望儿子能醒过来，叫他们一声：爹、娘。就是这对木讷甚至还不大会用汉话和其他人交流的老夫妇，在这种情况下，在剑川乡下他们安于清贫的乡下生活，没有向组织提过一次要求，他们只求儿子有一天能平安回到剑川家乡，来看看他们，再喊他们一声“阿爹、阿姆”（白族话爹、娘）。

正是这些普通的民警们、妻子们、父母们，一切安于清贫的善良的人们，共同托起了祖国的不屈脊梁。人民，只有人民才是历史的创造者，才是推动历史车轮不断前进的不竭力量源泉。一切善良的人们和为祖国、为人民利益不惜牺牲自己一切的英雄们，他们的名字将永远铭记在人们心中，而一切损害国家和人民利益的人，将会被永远地钉在历史的耻辱柱上。

罗金勇和罗映珍身上闪现出的道德光芒，将永远涤荡着我们每个人的心灵，感召着我们在建设富强、民主、文明、进步的和谐社会的大道上奋勇前进！

（本文来源：新浪网 2009 年 8 月 18 日）

参考文献

[1] 杨聪．中国民族百科全书·白族　傈僳族　纳西族　怒族　独龙族卷［M］．西安：世界图书出版公司，2012.

[2] 编写组．中国大百科全书（民族卷）·白族［M］．北京·上海：中国大百科全书出版社，1986.

[3] 编写组．中国少数民族·白族［M］，北京：人民出版社，1981.

[4] 编写组．白族简史［M］．昆明：云南人民出版社，1988.

[5] 杨聪．大理经济发展史稿［M］．昆明：云南民族出版社，昆明，1986.

[6] 徐琳，赵衍孙．中国少数民族语言简志丛书·白语简志［M］．北京：民族出版社，1984.

[7] 戴庆厦，刘菊黄，傅爱兰．关于我国藏缅语族系属分类问题［G］//藏缅语族语言研究．昆明：云南民族出版社，1990.

[8] 杨应新，张化鹏．云南省少数民族语言志·白族语言文字［M］．昆明：云南民族出版社，1998.

[9] 剑川．民间生活与习俗［M］．昆明：云南民族出版社，2009.

[10] 杨政业．白族本主文化［M］．昆明：云南人民出版社，1994.